Edition Monat
BELTZ

Charlotte Wolff

Augenblicke verändern uns mehr als die Zeit

Edition Monat
BELTZ

Charlotte Wolff

Augenblicke verändern uns mehr als die Zeit

Eine Autobiographie

Beltz Verlag · Weinheim und Basel

Die Originalausgabe erschien unter
dem Titel „Hindsight“

Aus dem Englischen von Michaela Huber
Von der Autorin durchgesehene und
autorisierte Ausgabe

CIP-Kurztitelaufnahme der Deutschen Bibliothek
Wolff, Charlotte:
Augenblicke verändern uns mehr als die Zeit : e.
Autobiographie / Charlotte Wolff. [Aus d. Engl.
von Michaela Huber]. – 1. Aufl. – Weinheim ;
Basel : Beltz, 1982.
(Edition Monat)
Einheitssacht.: Hindsight <dt.>
ISBN 3-407-39003-3

Erste Auflage 1982

Lektorat: Barbara Scharioth
Umschlaggestaltung: Zembsch'
Werkstatt, München
Gesamtherstellung: Beltz Offsetdruck,
6944 Hemsbach über Weinheim
Printed in Germany
ISBN 3-407-39003-3

Vorwort

Es ist mir eine besondere Freude, daß meine Autobiographie „Augenblicke verändern uns mehr als die Zeit“ in deutscher Sprache erscheint. Nach mehr als vier Dekaden habe ich wieder Kontakt mit dem Land meiner Geburt gefunden und dort neue Freunde gewonnen.

Ich danke dem Beltz Verlag für die Veröffentlichung und Michaela Huber für die Übersetzung dieses Buches sehr herzlich.

London im Dezember 1981 — Charlotte Wolff

Inhalt

Eine deutsche Kindheit

Riesenburg heißt das Städtchen, in dem ich geboren wurde, doch es trägt seinen Namen zu Unrecht. In dieser 4000 Seelen-Gemeinde gab es nur zwei wirkliche Anziehungspunkte: den Großen und den Kleinen Markt. Zum letzteren gelangte man durch das Riesenburger Tor, eine mittelalterliche Ruine – Überrest einer ruhmreichen Vergangenheit; durch seinen Bogen betrat man die Altstadt. Doch weder die Anlage der Stadt noch die Architektur ihrer Gebäude verwiesen auf irgend etwas Altehrwürdiges oder Bemerkenswertes. Nichts konnte darüber hinwegtäuschen: Riesenburg war nur eine langweilige Kleinstadt. Um das Städtchen herum lagen Wiesen und Felder. Doch wanderte man etwa acht Kilometer weiter nach Süden, dann betrat man einen ausgedehnten, unberührten Wald, den Großen Wald; und drei Kilometer weiter nördlich befand sich ein kleiner Nadelwald auf sandigem Boden, der Kleine Wald. Der Große Wald besaß die Attraktion eines reichhaltigen Tier- und Pflanzenlebens, während der Kleine Wald als beliebtes Ausflugsziel galt.

In meiner Erinnerung hat Riesenburg heute noch eine romantische Anziehungskraft. In seiner Nähe fließt die Liebe, ein Nebenfluß der Weichsel, die vor dem Ersten Weltkrieg die Grenze zwischen West- und Ostdeutschland bildete. In die Liebe mündet der Sorgensee, ein Name, der geeignet ist, die Phantasie mit Sehnsuchtsgedanken anzuregen. Sowohl der Fluß als auch der See spielten in meiner Kindheit eine wichtige Rolle.

Riesenburg, diese so ganz und gar deutsche Stadt, lag inmitten polnischen Landgebietes, wenige Kilometer von der polnischen Grenze entfernt. Äußeres und Charakter seiner Bewohner waren geprägt vom deutschen „Wesen“, das niemals durch ausländische Einflüsse verändert worden war.

Im Westen der Weichsel lag die Provinz Westpreußen mit ihrer Hauptstadt Danzig. Die Stadt, die ein wechselhaftes Schicksal erlebt hat, gehörte im Mittelalter zum festen Besitztum des mächtigen Deutschen Ritterordens, später war sie einmal preußisches, dann wieder polnisches Territorium. Sie erhielt ihre einzigartige, internationale Bedeutung als Hansestadt und Handelszentrum. Danzig war unsere Metropole, und als ich neun Jahre alt war, wurde die Stadt zu meiner zweiten Heimat.

Westpreußen war deutsch, obwohl in unserer Mitte viele Polen lebten. Doch sie schienen eher nur dem Namen nach vorhanden zu sein. Die „Polnische Frage“ wurde vor 1918 nie öffentlich diskutiert, und die Polen waren sich nicht bewußt, daß sie mit der Unsicherheit ethnischer und politischer Probleme lebten.

So war die wichtigste Person meiner Säuglingszeit eine polnische Frau. Sie war meine Amme, und mit ihrer Milch wurde ich länger als ein Jahr ernährt. Sie blieb bei uns bis ich zwei Jahre alt war, und später sagte meine Mutter, ich hätte mich seit ihrem Weggang grundlegend verändert. Diese früheste Zeit meiner Kindheit hat in meinem Gedächtnis keine Spuren hinterlassen, doch ein Photo, das ich wie einen Schatz hütete, zeigte ein glückliches, entspanntes Baby in den Armen einer dunkelhäutigen, stämmigen Polin, die es mit zärtlichem Ausdruck ansah. Alles, was ich von ihr weiß, hat mir meine Mutter erzählt: daß sie mit ihrem kleinen Jungen zu uns gekommen war, mit dem ich wohl die Milch teilen mußte. Die einzige Erinnerung an sie war dieses Photo, das mir so viel bedeutete, daß ich es später einer russischen Frau, die ich liebte, schenkte. Ich sah es niemals wieder.

Es mag in Westpreußen zwar unterschwellig schwelende Antipathien den Polen gegenüber gegeben haben, aber kein Anzeichen meiner frühen Umgebung deutete darauf hin, daß ähnliche Vorbehalte gegenüber den Juden bestanden. Eine Handvoll jüdischer Familien und einige unverheiratete Frauen verbrachten hier ein friedliches Leben als deutsche „Staatsbürger jüdischen Glaubens“, ohne irgendeine spürbare Diskriminierung. Die Geschichtsschreibung spricht von einem angeborenen deutschen Antisemitismus, der im ausgehenden 19. und frühen 20. Jahrhundert bösartig wieder aufgelebt sei. Tatsächlich waren der Pfarrer E. Stöcker und K. Jahn, ein fanatischer Christ, diejenigen, die am stärksten gegen die Juden hetzten, aber ihr Einfluß war noch nicht bis in unser friedliches Städtchen vorgedrungen. Vor Beginn der 30er Jahre habe ich weder einen öffentlichen Antisemitismus bemerkt, noch eine persönliche Herabsetzung erfahren.

Ich war das zweite Kind jüdischer Eltern der damaligen Mittelschicht. Ihr erstes Kind war ebenfalls ein Mädchen, und mit dieser Tatsache mag teilweise der komische Irrtum zu erklären sein, der meine Geburt begleitete. Mein Vater kündigte das freudige Ereignis seinem Bruder am Telefon mit den Worten an: „Mein kleiner Junge ist angekommen". Möglicherweise war hier der Wunsch der Vater des Gedankens, denn die Hebamme hatte mich eindeutig als Mädchen identifiziert. Ich hörte diese Geschichte erst als Teenager. Mein Onkel Josef erzählte sie mir mit nachdenklichem Gesichtsausdruck und den Worten: „Du warst immer schon ein getarnter Junge".

Was auch immer meine Eltern sich gewünscht haben mögen – das „falsche Geschlecht" tat ihrer Fürsorge und Liebe keinen Abbruch. Sie waren stolz auf ihre Kinder, und mein Vater führte mich mit offensichtlicher Zufriedenheit seinen Freunden und Kunden vor. Ich war mir sicher, daß er mich gern um sich hatte, denn er nahm mich mit auf seinen Ausritten, wenn er Bauern und Großgrundbesitzer aufsuchte, um Weizen einzukaufen. Ich liebte es, mit ihm im offenen Einspänner zu fahren. Ich schmiegte mich an ihn, er legte seinen Arm um mich, und ich schlüpfte mit dem Kopf unter das Cape seines braunen Herrenmantels. Er redete mit mir wie mit einer Erwachsenen und verbreitete überall, daß ich ihm geschäftlich gute Ratschläge erteilen würde – im Alter von vier Jahren. Sein Vater war wie er Getreidehändler gewesen und hatte ihm Haus und Geschäft überlassen. Noch aus dieser Zeit stammte ein Emailleschild neben dem Hauseingang: „C. Wolff, Getreide". Mein Großvater, Caspar Wolff, hatte nach der Heirat seines Sohnes die Stadt verlassen und zwar nach Zoppot an die Ostsee gezogen.

Unser Haus stand in der Hauptstraße, der Lange Straße, die in unserer unmittelbaren Nähe eine scharfe, abschüssige Kurve machte. Deshalb sah das Haus ein wenig schief aus, denn die eine Seite stand höher als die andere. Neben uns wohnte ein Metzger. Dann kam der Bäcker, der in einem Eckhaus zu einer schmalen Seitenstraße hin lebte, aus der ein starker Kloakengeruch zu uns herüberwehte. Dahinter kam der Lebensmittelhändler. Eine Seite seines Ladens war in unserer Straße, während die Vorderfront auf den Großen Markt hinausging. Wie in allen Kleinstädten, verlieh der Marktplatz Riesenburg Seele und Leben, mit seinen großen Geschäften, einer Apotheke, einer Kurzwaren- und einer Eisenwarenhandlung. Alle zwei bis drei Wochen wurde der Große Markt zusätzlich belebt durch die Bauern der Umgebung, die hier ihre Tiere – Pferde, Rinder und Schweine – zum Verkauf anboten. Sie brachten Geld und fremde Gerüche mit, was nicht nur Käufer und Verkäufer, sondern auch Kinder wie mich anzog. Wir schlichen vorsichtig um Bauern und Tiere herum und belauschten die Gespräche und Verhandlungen.

Auch Klatsch und Gerüche kennzeichneten unsere Stadt. Ein kleiner Schwatz mit den Nachbarn diente als Entspannung nach einem harten Arbeitstag, und wenn das Wetter schön war, saßen meine Eltern abends im Eingang unseres Hauses, beobachteten, wer vorüberging, grüßten und tauschten Neuigkeiten aus. Sie verhielten sich dabei genauso wie unsere Nachbarn und die Leute gegenüber. Bei schlechtem Wetter mußten die Fenster als Ersatz für den kommunikationsfreundlicheren Hauseingang herhalten. Ein kleiner Nähtisch aus Mahagoni mit bunten Wollknäueln, Scheren und anderen Utensilien stand am Fenster unseres Wohnzimmers; von dort aus hatte man einen guten Blick auf die Straße. Meine Eltern saßen sich an diesem Tisch gegenüber, sahen nach draußen und plauderten über das Geschäft und die Nachbarn. Diese hübschen Nähtischchen waren ein unentbehrliches Requisit in bürgerlichen Häusern. Für meine Mutter oder gelegentlich eine Näherin war es ein vorzüglicher Vorwand, dort nähend oder mit dem Stopfzeug in der Hand zu sitzen und die Welt an sich vorbeiflanieren zu lassen. Ich starrte auf die Straße und beobachtete die Leute ohne die Entschuldigung einer Arbeit. Ich konnte mich nicht von dem kleinen Tisch losreißen. Doch mein Interesse galt weniger den Leuten auf der Straße, als dem Garten gegenüber. Er war verlassen und verwildert, als stünde er unter einem bösen Fluch. Doch in einer scharfen Biegung, genau in meinem Blickfeld, stand eine Akazie, die mich begeisterte. Ich weiß nicht genau, warum sie mich so magisch anzog, außer daß sie, wenn sie in Blüte stand, wie ein Weihnachtsbaum im Sommer aussah. Der Garten fiel schräg ab und gehörte zu einem größeren und repräsentativeren Haus, als sie in unserer Straße standen. Es gehörte dem Besitzer einer Sägemühle. Ein schmaler Weg trennte das Haus von dem verlassenen Garten, ein Pfad, der zum Sorgensee führte. An kalten Wintertagen war der See zugefroren und wir konnten auf ihm Schlittschuh laufen. Meiner Schwester und mir machte es großen Spaß, allein oder Hand in Hand über die eisige Fläche zu gleiten. Mit der Zeit erwarben wir darin einiges Geschick, liefen schon einmal einen Halbkreis oder versuchten uns in ein paar ungeschickten Tanzschritten. Wir waren nahe genug an der Ostsee, um in den Genuß eines gesunden Klimas – kalte Winter und heiße Sommer – zu kommen. Die belebende Winterluft machte das Leben außerhalb und innerhalb des Hauses zu zwei verschiedenen Welten.

Wer aus der Kälte ins Haus kam, den erwartete die Wärme des Kachelofens. Er war vom Boden bis zur Decke in eine Wand eingelassen und heizte gleichzeitig zwei Zimmer. Man wärmte sich auf, indem man sich mit dem Rücken an den Ofen lehnte. In einigen deutschen Altbauten findet man heute noch diese vielleicht gesündeste Form der Heizung. Der Kachelofen wurde mit Anthrazit, Steinkohle oder Torf beheizt, und es wurde darauf geachtet, daß er nie ausging. Die behagliche Wärme der Wintermonate zu Hause, die herrlichen Sommer mit ihrem endlosen Himmel und dem warmen Wind, klingen in meiner Erinnerung nach wie ein Kinderlied. Ob es sich dabei wohl nur um ein Trugbild vergangenen Glücks handelt, das die Kindheit so schön erscheinen läßt wie einen aus der Asche erstandenen Phönix ? Ich glaube nicht, daß diese Erinnerungen eine Art Fata Morgana sind, sondern vielmehr, daß es sich um unverdorbene Wirklichkeit handelt, unberührt vom trügerischen Schein der Erwachsenenwelt.

Der Hof unseres Hauses verwies auf den Beruf meines Vaters. Im Hintergrund stand ein großer Kornspeicher, der fest zusammengebundene Säcke mit Weizen, Roggen und Gerste enthielt. Chemische Düngemittel, die sich schon zu Beginn des 20. Jahrhunderts in der Landwirtschaft durchgesetzt hatten, waren in einem anderen Teil des Speichers gelagert. Entlang der Mauer, die unseren Hof vom Grundstück des Nachbarn trennte, befanden sich drei interessante „Gebäude“: Neben dem Speicher ein Stall, in dem vier schwere Zugpferde Platz hatten; dann ein ummauerter Misthaufen aus Pferdedung und Hühnermist. Holzbretter mit Eisengriffen bedeckten ihn und bewahrten uns vor dem unangenehmen Gestank. Daran angrenzend kam ein Hühnerhaus aus engem Maschendraht, in dem etwa ein Dutzend Hühner und ein schöner Hahn gehalten wurden. Ich habe keine Ahnung, ob der Grund für die Hühnerhaltung ökonomischer Natur war oder einfach die Freude an Hühnern. Dem Stall gegenüber stand ein Plumpsklo, das im wesentlichen aus einer schmalen Bank mit einem Loch in der Mitte bestand. In kleine Vierecke geschnittenes Zeitungspapier befand sich an beiden Seiten daneben.

Der mit Kopfstein gepflasterte Hof und seine Nebengebäude waren typisch für das Anwesen eines Getreidehändlers in einer damaligen Kleinstadt. Das Kinderzimmer lag zum Hof hinaus, der für meine Schwester und mich eine Art privater Spielplatz war. Wir beobachteten Hühner und Pferde und spielten hinter den Säcken im großen Speicher Versteck. Arbeiter luden Korn ein und aus und jagten uns hinaus. Der Kutscher aber hob uns manchmal auf ein Pferd, wenn er gute Laune hatte.

Ich hatte noch einen zweiten Spielplatz – die Straße. Dort knüpfte ich meine ersten sozialen Kontakte und spielte mit den Kindern von nebenan. Ihr Vater war Maler und Dekorateur; die Familie wohnte in einem bescheidenen einstöckigen Haus. Der Junge war in meinem Alter, das Mädchen ein Jahr älter. Zu uns Dreien gesellten sich manchmal die Söhne eines Obersten der Kürassiere: Adalbert, Manfred und Rüdiger. Die Eltern hatten ihnen jedoch verboten, in der „Gosse“ zu spielen, und so wurden wir eingeladen, zu ihnen in den Garten zu kommen. Ich hatte einen besonders guten Kontakt zu Adalbert, dem ältesten, der ein offensichtliches Vergnügen daran hatte, mich auf der Schaukel anzustoßen. Er war auch mein Lieblingspartner auf der Wippe in der Mitte des Gartens. Sein Vater – in seiner leuchtend weißen Uniform und den schwarzen Reitstiefeln mit silbernen Sporen – strich uns über den Kopf, wenn er ins Haus ging, doch seine Frau würdigte uns keines Blickes. Wir wurden auch niemals nach „Drinnen“ eingeladen. Und doch gab es keine offenkundigen Klassenschranken zwischen den Einwohnern unserer Stadt. Alle verhielten sich grundsätzlich freundlich gegenüber ihren Nachbarn, unabhängig von Reichtum, Klasse, Rasse oder Religion. Verklärte Kindheitserinnerungen? Keineswegs. Das Deutschland zu Beginn unseres Jahrhunderts war ein tolerantes Land, denn es gab Arbeit für jeden. Es hatte eine stark vereinfachte soziale Ordnung, verstärkt durch die Gebote der Bibel. Die Menschen akzeptierten ihre Stellung in der Gesellschaft noch als eine Art göttlicher Wille. Die Religion hatte ihre Macht über die Armen noch nicht verloren, und leise Stimmen der Rebellion änderten bis zum Ersten Weltkrieg nichts an dieser Sachlage. Juden konnten ungestört und in Frieden leben. Sie waren in ihren Berufen und als Geschäftsleute wohlangesehen.

Das beste Geschäft der Stadt gehörte den Eltern meiner Schulfreundin Netty. Bei ihr zu Hause wurde ich mit Wärme, Herzlichkeit und gutem Essen empfangen, was mich für eine gewisse Kälte im Temperament meiner Mutter entschädigte. Aus einem ganz anderen Grund hatte ein weiteres Geschäft, das einem Freund meiner Eltern gehörte, für mich eine besondere Bedeutung. Dort gab es Knaben-Bekleidung im Schaufenster, die ich immer sehnsüchtig betrachtete. Ich bat meinen Vater, mir einen solchen Anzug zu kaufen, weil ich lieber wie ein Junge aussehen wollte. Ich hatte zwar nie eine Bevorzugung von Jungen oder Männern in meiner Familie wahrgenommen, doch ich hatte das Gefühl, daß Kleider nicht das Richtige für mich waren. Erst als ich um die 20 war, wünschte ich, ich wäre als Junge auf die Welt gekommen, aber nur, weil die Mädchen und Frauen, die ich liebte, sich zu Männern hingezogen fühlten.

Eine Familie bildet einen engen Kreis, und das läßt oft wenig Zeit für Freundschaften. Eine jüdische Familie war damals ein Musterbild eines dichtgewebten sozialen Netzes, eine Gemeinschaft, die zusammengehalten wurde durch gegenseitige Zuneigung und Hilfe. Selten ließ man seine Verwandten im Stich, auch wenn widersprüchliche Gefühle, Eifersucht oder gar Feindseligkeiten die Beziehung erschwerten. Freundschaften mit anderen Juden ähnelten positiven Familienbanden, waren aber eher flüchtig, und Kontakte mit Nicht-Juden gingen über Bekanntschaften nicht hinaus.

Diese gewisse Isolation der Juden war selbstgewählt, der Antisemitismus hatte sein häßliches Gesicht in meiner Kindheit nicht einmal andeutungsweise gezeigt. Im Gegenteil: Ich bemerkte eine Art gönnerhafte Herablassung auf seiten der Juden gegenüber den Nichtjuden. So hörte ich zum Beispiel einmal meinen Vater zu meiner Mutter sagen: „Er ist schon ein recht anständiger 'Goy', aber naiv wie *sie* gewöhnlich sind.“ Solche feinen Unterscheidungen unter Erwachsenen betrafen uns Kinder glücklicherweise nicht. Die Wahrheit ist: Deutsche Juden hatten eine emotionale Affinität zueinander, sie fühlten sich zueinander hingezogen und das schloß tendenziell Nichtjuden aus.

Lange Zeit dachte ich, daß dieses Verhaltensmuster auf rassischen Bindungen beruhte. Mehr als 1800 Jahre lang lebten Juden überall auf der Welt in Gettos, verfolgt und verachtet. Sie hatten keine andere Wahl, als innerhalb ihrer kleinen Gemeinschaften zu heiraten, und immer mehr Familien waren untereinander verwandt. Im Grunde genommen waren es inzestuöse Bindungen, die eine Rassenidentität aufrecht erhielten. Die Merkmale des Jüdischseins wurden von Generation zu Generation weitergegeben, solange Mischehen eher die Ausnahme als die Regel waren. Juden sind und bleiben in erster Linie Juden, ob sie nun in einem Gastland als gleichberechtigte Bürger gelten oder nicht. Diejenigen Juden, die behaupteten, so deutsch wie andere Deutsche zu sein, weigerten sich, der Wahrheit ins Auge zu sehen. Nur die Zionisten, die ihre jüdische Identität an die erste Stelle setzten und sich der Integration in eine fremde Gemeinschaft verweigerten, erkannten die Tatsachen. Sie handelten in Übereinstimmung mit ihren Überzeugungen und bereiteten sich auf ihren Exodus nach Palästina vor. All das blieb glücklicherweise einem Kind verborgen, dessen Eltern sich niemals für etwas anderes als deutsche Juden gehalten hatten, und die in Frieden mit ihren Nachbarn lebten. Vielleicht war es ihre Haltung, die mich dies erst einsehen ließ, als ich erwachsen war.

Obwohl ich mich in der Schule mit allen meinen Klassenkameraden gut verstand, fühlte ich mich besonders zu jüdischen Mädchen hingezogen. In ihrer Gegenwart fühlte ich mich entspannter, vor allem bei Netty, deren Mutter mir sehr gut gefiel. Die Wärme und Gastfreundlichkeit, die in ihrem Hause herrschte, fehlte mir in den

Elternhäusern meiner christlichen Klassenkameraden. Nur ein christliches Mädchen ist mir im Gedächtnis geblieben und das aus gutem Grund: Lieschen Senkbeil. Sie wohnte am unteren Ende unserer Straße, kurz bevor diese in einer Wiese endete. Lieschen ging auf ihrem Schulweg immer an unserem Haus vorbei, und ich kam dann herunter und schloß mich ihr an. Meistens gingen wir zusammen zurück, und manchmal begleitete ich sie nach Hause. Sie war anders als die anderen Mädchen, denn sie hatte rote Haare, eine blasse Haut und wasserblaue Augen. Lieschen war ein lebhaftes und kluges Mädchen, aber ich war weniger an ihr interessiert als vielmehr an der Schmiede ihres Vaters. Wenn wir an ihrem Haus angekommen waren, fanden wir die Tür der Gießerei weit offen. Dort blieb ich meist stehen und sah zu, was da vor sich ging: Ihr Vater hämmerte Eisen auf einem Amboß, und seine Lehrlinge zogen die Eisenstücke in seltsame Formen. Der Lärm machte einen fast taub, Funken flogen. Dies war eine Männer-Küche, die Höhle eines Zauberers. Mir war noch niemals etwas Derartiges begegnet, der Anblick hypnotisierte mich, und ich blieb wie angewurzelt stehen. Ich bewunderte Lieschens Vater und seine Arbeit. Unter den Juden gab es keinen Schmied, überhaupt keine Handwerker, die ihr Geld mit ihrer Muskelkraft verdienten.

Ich bemerkte noch einen weiteren grundlegenden Unterschied zwischen Juden und Christen, der mir in meinem zweiten oder dritten Schuljahr schwer zu schaffen machte: der Religionsunterricht. Ich fühlte mich ausgeschlossen und bat meine Klassenkameraden, mir von ihrem Unterricht zu erzählen. Und so lernte ich aus zweiter Hand etwas über das Christentum. Ich erfuhr von Jesus und seinen Wundern, und daß Er der Retter der Welt war, der alle Menschen liebte, besonders Kinder. Ich beneidete meine christlichen Mitschüler und bekam den Eindruck, daß mir als Jüdin etwas fehlte. Warum sollte ich nicht mit den Christen das Glück teilen, einen kinderliebenden und Wunderwerke vollbringenden Jesus zu haben? Ich kann mich daran erinnern, daß ich insgeheim und intensiv Nacht für Nacht zu Jesus betete. Wie lange ich mich dieser Übung hingab, weiß ich nicht mehr. Jedenfalls kam sie meiner anderen unbefriedigten Sehnsucht gleich und übertraf sie sogar noch: Jungenkleider tragen zu dürfen. Doch keine der beiden

Frustrationen war stark genug, mir meine Lebensfreude zu nehmen. Ich fühlte mich von meinen Eltern geliebt und hatte eine Vertraute in meiner Schwester Thea, die ich liebte und haßte, wie es Geschwister tun.

Während der Jahre, die ich die Höhere Töchterschule in Riesenburg – eine Privatschule für Kinder wohlhabender Eltern – besuchte, wurde ich von meiner Schuldirektorin bevorzugt. Fräulein Lange machte keinen Hehl aus ihrer Vorliebe für mich. Sie erlaubte mir, Klassenarbeitshefte zu tragen, die sie zu korrigieren hatte, und sie auf ihrem Heimweg zu begleiten. Ich sah zu ihr auf mit einer Mischung aus Liebe und Selbstzufriedenheit; denn triumphierend stelle ich fest, daß ich in ihren Augen meine Klassenkameraden ausgestochen hatte.

Bevor ich zur Schule ging, war mein Vater für mich der Mittelpunkt meiner kleinen Welt. Meine Mutter dagegen erweckte sowohl Zuneigung als auch Angstgefühle in mir. Eines Tages – ich schlief damals noch im elterlichen Schlafzimmer – sah ich sie nackt. Ich war etwa drei Jahre alt und eingesperrt in ein kleines Kinderbett aus Eisen mit hohen seitlichen Gittern, die man herunterklappen konnte. Der Anblick dieser mir gigantisch erscheinenden Person mit riesigen Brüsten und schlaffer Haut entsetzte mich. Die Tatsache, daß ich aus der Rückenlage zu ihr aufsah, muß diesen Eindruck verstärkt haben. Über diese Erfahrung habe ich nie gesprochen, sie aber auch niemals vergessen. Ein paar Monate später versetzte sie mir den nächsten Schock. Ich hatte eine böse Erkältung und konnte eines Nachts nicht mehr aufhören zu husten. Plötzlich beugte sie sich über mein Bett und sagte ärgerlich: „Hör' auf zu husten, ich kann nicht schlafen". Ich versuchte, den Hustenreiz zu unterdrücken, aber es gelang mir nicht. Auch dieses Ereignis hinterließ in mir einen nachhaltigen Eindruck. Es konditionierte mich darauf, mich schon bei der Vorstellung zu ducken, daß irgendein Geräusch von mir einen anderen aufregen könnte.

Und doch wußte ich, daß meine Mutter mich liebte. Sie redete mich mit zärtlichen Worten an und ließ sich auf meine eigenartigen Eßgewohnheiten ein. Da ich keine Milch mochte, belohnte sie mich mit Schokoladenwaffeln, wenn ich ein halbes Glas davon hinuntergewürgt hatte. Spinat, den ich – wie viele Kinder – nicht ausstehen konnte, wurde ein Hochgenuß, wenn sie ihn mit Erdbeeren dekorierte. Manchmal hing ich an ihrem Schürzenzipfel, manchmal entzog ich mich ihr. Meine Ambivalenz, die sie bemerkt haben mußte, machte sie diplomatisch: Sie kaufte mir Süßigkeiten als eine besondere Vergünstigung, wenn sie etwas von mir wollte. Sie hatte Gewichtsprobleme, gegen die sie bewußt anging. Eine ihrer Maßnahmen war eine Quelle größter Heiterkeit für uns Kinder. Eines Tages stellten wir mit Erstaunen fest, daß ein Ruderboot im Kinderzimmer installiert wurde. Mutter, spärlich bekleidet, kletterte hinein und ruderte von da an jeden Tag exakt 30 Minuten auf der Stelle. Meine Schwester und ich versuchten, ihr nachzueifern, aber wir stellten fest, daß es wesentlich lustiger war, sie zu beobachten, als es ihr nachzumachen. Auch die Medizin hat ihre zyklisch wiederkehrenden Moden. Etwa 70 Jahre nach der Ruderkur meiner Mutter in ihrem orthopädischen Boot sind diese Exerzitien wieder eine beliebte Methode, sich fit zu halten.

Das Bewegungsbedürfnis meiner Mutter beschränkte sich jedoch nicht nur auf das Haus. Sie erlegte sich lange Spaziergänge auf, und um sich diese ungeliebte Pflichtübung zu erleichtern, verlangte sie nach einer Begleitung. Ihre Wahl fiel auf mich. Ich muß wohl dagegen protestiert haben, gegen meinen Willen benutzt zu werden. Jedenfalls kaufte sie mir Sahnekuchen, um mich gefügig zu machen. Erst dann willigte ich ein, mit ihr zum Großen Wald zu marschieren, immerhin ein Weg von acht Kilometern. Der Spaziergang war lang und langweilig, die Straße staubig von den uns überholenden Frachtkarren und bedeckt mit Pferdemist. Aber die Ankunft war jedesmal ein Triumph. Unsere Wangen glühten nach dem langen Weg. Wir waren beide zu müde, um tiefer in den Wald hineinzugehen und ließen uns in einem nahe am Waldrand gelegenen Biergarten nieder. Ich aß meine Tortenstücke und trank Limonade, während meine Mutter sich mit Kaffee erfrischte. Da ich zu erschöpft war, um noch weiter herumzulaufen, verbrachte ich meine Zeit damit, den Klängen eines Musikautomaten zu lauschen. Meine Mutter versorgte mich mit Pfennigen, die ich in den riesigen, im viktorianischen Stil gehaltenen Apparat, aus dem die Schlager der Saison tönten, einwarf. Ich liebte den sentimentalen Rhythmus, und bis heute hege ich eine heimliche Liebe für Schlagermusik.

Die Rückkehr war für uns beide eine Qual. Ich war müde und mürrisch, meine Mutter zwar zufrieden mit der absolvierten Pflichtübung, aber schuldbewußt, weil sie mich so übermäßig beansprucht hatte.

Der Große Wald erstreckte sich etwa 80 Kilometer bis nach Marienwerder. Dort hatten wir Freunde, und an klaren Wintertagen kamen wir nach einer vierstündigen Schlittenfahrt, warm in Pelzdecken eingehüllt, bei ihnen an, um sie für ein paar Tage zu besuchen. Der Große Wald war Teil eines ausgedehnten Waldgebietes, das sich von der baltischen Senke nach West- und Ostpreußen erstreckte. Er öffnete mir die Augen für die Schönheiten der Natur, und ich lernte eine Menge über die Bäume und Tiere, die er in sich barg. An Sommertagen fuhr die ganze Familie in einer Kutsche in den Wald, um an einer abgelegenen Stelle zu picknicken. Der Duft des sonnendurchfluteten Waldes, die wilden Erdbeeren, die Rehe und Hasen waren für mich ein *wirkliches* Bilderbuch, das ich einem gemalten vorzog.

Aber die Wälder waren nicht die einzige Attraktion der äußeren Welt für mich. Auch der Fluß Liebe enthielt aufregende Versprechungen. Auf den Wiesen an seinen Ufern blühten Gänseblümchen, Butterblumen und Veilchen. Aber unser Interesse galt vor allem den Schmetterlingen: Kohlweißlinge, rote Admirale, Schildpatt-Falter und andere. Wir liefen ihnen nach, um sie mit unseren Schmetterlingsnetzen zu fangen. Manchmal suchten wir ein kleines Badehäuschen auf und zogen uns unbequeme Badekleider an, um in der Liebe zu schwimmen.

Zeit scheint in der Kindheit endlos zu sein, ihre „goldenen" Tage sollten nicht als Mythos belächelt werden. Kinder sind der Wirklichkeit nahe, nach der wir das ganze Leben lang suchen und die wir niemals erreichen. Es ist das Vorrecht des Kindes, jeden Eindruck auf eine neue Art und Weise zu gewinnen. Dies ist das Vorspiel zu einem Leben aus erster Hand – wenn es der Gesellschaft nicht gelingt, alle Spontaneität zu unterdrücken.

Mir ist bewußt, daß Amors Pfeile ihr Ziel schon bei sehr jungen Menschen erreichen können, allerdings nicht so früh, wie es die Psychoanalytiker gerne hätten. Ich kann mich erinnern, daß ich mich das erste Mal im Alter von drei Jahren verliebte. Es geschah, als meine Mutter und ich Verwandte in einer Kleinstadt unweit Berlins besuchten. Man führte uns durch die Hintertür ins Haus, wobei wir einen großen Hof überqueren mußten. Dort sah ich einige Pfauen, sie schlugen Rad und präsentierten uns dabei ihre Federn in voller Pracht. In diesem Augenblick kam uns die 16jährige Cousine meiner Mutter aus dem Haus entgegen, die bei unserer Ankunft nicht am Bahnhof gewesen war. Sie ging lächelnd an den prächtigen Pfauen vorbei und begrüßte uns – ein liebenswürdiges schwarzhaariges Mädchen mit dunklen Augen in einem blassen, runden Gesicht. Sie hatte eine frauliche Figur, sah älter aus als sie war, und ihr kurzer Hals ließ sie kleiner erscheinen. Meine Erinnerung an diese Situation ist wie eine gestochen scharfe Momentaufnahme. Es war Liebe auf den ersten Blick. Die Gewalt eines neuen Gefühls traf mich wie ein Schlag. Ich erinnere mich nicht nur an ihr Gesicht, ihren Gang und ihr Lächeln, sondern an die gesamte Szenerie dieser Begegnung. Während unseres Besuches hatte ich nur Augen für sie. Ich brachte es immer fertig, bei Tisch neben ihr zu sitzen und schmiegte mich an sie. Nirgendwo wollte ich ohne sie hingehen, ich folgte ihr überallhin. Meiner ersten Liebe ging ein emotionales Ereignis voraus, das damals mein Verständnis überstieg. Ich war noch nicht ganz drei Jahre alt und lag ganz still in meinem Bett. Plötzlich fühlte ich in mir den Zwang aufzustehen. Ich stellte mich hin und berührte meinen Körper überall. Ein immenses Glücksgefühl, das ich kaum ertragen konnte, durchströmte mich, so daß ich tief und schnell atmen mußte. Heute betrachte ich dieses Erlebnis als einen Geburtsvorgang ohne die damit sonst verbundenen Qualen und Schmerzen. Es war die Geburt meines Selbst. Von diesem Augenblick an fühlte ich mich getrennt von meinem geliebten Vater und meiner mich manchmal beängstigenden Mutter. Ich war Ich, ich war das Zentrum meines Lebens. Das gab mir die Macht, mein Augenmerk auf all das zu richten, was *ich* sehen wollte. Es war die Geburt meiner Identität, und von da an reagierte ich auf äußere Eindrücke auf meine ganz eigene Art und Weise. Mein Bezugspunkt wurde dieses neugeborene Selbst.

Liebe ist inzwischen ein häufig mißbrauchtes Wort geworden.

Sie hat zu viele Facetten, um eine klare Kontur zu besitzen. Für meine Eltern empfand ich eine emotionale Liebe, die mich mit Dankbarkeit für ihre Fürsorglichkeit erfüllte. Die Stärke dieser Liebe wurde mir bewußt, als ich im Alter von fünf Jahren an einer schweren Grippe erkrankte und eine ganze Weile das Bett hüten mußte. Meine Eltern wurden niemals müde, zu mir in das Krankenzimmer zu kommen und mich zu fragen: „Fühlst Du Dich jetzt ein wenig besser? Möchtest Du irgendetwas zum Spielen, etwas zu essen?" Ich kann mich nicht an meine Antworten erinnern, nur an ihre liebevollen Gesten und Worte. Als ich mich fast erholt hatte, überreichte mir mein Vater ein großes Päckchen, das mit der Post gekommen war. „Das ist für Dich", sagte er. Ich war sehr aufgeregt, öffnete das Päckchen und fand ein Tweedkleid im Schottenmuster mit einem roten Gürtel. Meine Eltern hatten es aus Berlin bestellt, um meine Genesung zu feiern. Noch nie in meinem Leben hatte ich ein so schönes Kleid gesehen, und ich war restlos begeistert. Ich trug es die ganzen nächsten Jahre und vergaß darüber meine Vorliebe für Jungenkleidung. Immer wieder bewunderte ich mich darin im Spiegel und stolzierte an meinen Eltern und Freunden vorbei wie ein Pfau. Ich hatte es zu einem Teil meines Selbst gemacht, und ich werde nie vergessen, wie wohl ich mich darin fühlte.

Meine Eltern verhätschelten, verwöhnten und beschützten ihre Kinder zu sehr. In ihrer Erziehung gab es keinen rechten Platz für Disziplin. Aber das hatte auch Vorteile: Es verlieh mir ein grundlegendes Vertrauen in andere Menschen und auch ein beträchtliches Selbstvertrauen. Andererseits kann ein verwöhntes Kind später im Leben große Enttäuschungen erleiden, wenn andere seine Gefühle nicht erwidern. Ich hatte die naive Vorstellung, daß alle Leute mich mochten. Viele Jahre später, während meines Aufenthaltes in Frankreich, sagte die Rote Emma (Goldmann) einmal zu mir, indem sie meine fehlgeleiteten Bedürfnisse auf den Punkt brachte: „Sie leben von Hoffnungen und Erwartungen".

Ich hatte das Glück, in den Genuß der positiven Seiten des Kapitalismus in der friedlichen Zeit vor dem Ersten Weltkrieg zu kommen. Unter einer toleranten Monarchie galt der individuelle Kampf ums Dasein als legitim, und kollektiv solidarisches Verhalten steckte noch in den Kinderschuhen. Die jüdischen Familien waren sich sicherlich nicht bewußt, daß ihre deutsche Staatsangehörigkeit niemals voll von den Nicht-Juden anerkannt werden und sie auch nicht für immer schützen würde. Sie verhielten sich wie andere Deutsche auch. An Kaisers Geburtstag stellte man Kerzen ins Fenster, und die jüdischen Häuser bildeten da keine Ausnahme. In der Weihnachtszeit hatten sie eine ebenso liebevoll dekorierte Tanne im Wohnzimmer stehen wie ihre christlichen Nachbarn. Weihnachtslieder wurden gesungen, Geschenke an die Lieben unter den Tannenbaum oder auf einen beigestellten Gabentisch gelegt. „Stille Nacht, Heilige Nacht" klang es aus unserem Haus wie aus allen anderen, und die aufgeregte Spannung stieg, bis es am Heiligen Abend endlich dunkel war und wir die Geschenke auspakken durften. Danach gab es das Festtagsessen: Weihnachtsgans mit Rotkohl und hinterher einen schweren Weihnachtspudding.

Ein anderes, denkwürdiges Ereignis waren die Besuche des Kaisers in den entlegenen preußischen Gegenden. Die Leute kamen von weither, um einen Blick auf ihn zu werfen, und so machten wir es gelegentlich auch. Wilhelm II. liebte die Jagd und kam häufig zum Gut des Grafen Finck von Finckenstein in der Nähe von Christburg. Wir fuhren die weite Strecke dorthin in unserem Landauer, um den Kaiser zu sehen und bei dieser Gelegenheit unsere Verwandten aus Saalfeld (Ostpreußen) zu treffen, eine sechsköpfige, sehr wohlhabende Familie. Mein Onkel Bernhard, Getreidehändler wie mein Vater, hatte geschäftlich wohl großen Erfolg. Tante Emma war eine anmutige, fröhliche Frau mit blauen Augen; sie gab in ihrer Familie den Ton an. Und meine beiden Cousinen, hübsch wie die Mutter, konnten ihren Vater um den Finger wickeln. Mein Onkel sah aus wie ein Boxer, schielte und sprach kaum ein Wort. Seine Söhne machten ihm keine besondere Freude, denn sie hatten seine körperliche Vitalität nicht geerbt. Man versicherte uns, er habe ein Herz aus Gold, aber den Beweis dafür blieb er mir schuldig. Tante Emma, die 90 Jahre alt wurde, gab hin und wieder einige Weisheiten von sich, über die sich meine Eltern lustig machten. Ich aber war sehr beeindruckt, besonders von ihrem Ausspruch: „Es zerkömmt sich alles". Wie oft wünschte ich, sie möge recht haben: „Alles geht am Ende gut aus!"

Für uns Kinder war es immer ein ganz besonderer Festtag, in die Wälder um Christburg zu fahren, um unsere Verwandten anläßlich des kaiserlichen Besuches zu treffen. Nach einem Picknick im Wald fuhren wir zum Gut Finckenstein. Eingezäunt und von der Straße ein gutes Stück zurückgesetzt, lag der Jagdsitz des Grafen. Durch ein besonderes Hupen kündigte sich die Ankunft des kaiserlichen Wagens an, und bei diesem Klang begannen unsere Herzen höher zu schlagen. Die Leute reckten die Hälse und neigten sich nach vorn, um besser sehen zu können, wobei sie fast die Hecke niedertrampelten. Da war er! Man sah nur einen glitzernden Helm und einen schwarzen Schnurrbart. Er nahm die Hurra-Rufe seiner Untertanen lächelnd und mit einem leichten, würdevollen Winken entgegen, und jeder hatte seinen kleinen großen Augenblick der Ekstase. Danach fuhren wir nach Hause, erschöpft aber freudig erregt über unseren flüchtigen Blick auf den Herrscher.

Solange ich klein war, habe ich nie jemanden sterben sehen, aber ich erfuhr, was es heißt, lebendig begraben zu sein. Zwei Tanten meines Vaters, die einzigen unverheirateten jüdischen Frauen, die ich kannte, lebten in einem alten, feuchten Haus nicht weit von uns. Ich brachte ihnen oft etwas zu essen oder Geschenke von meinen Eltern. Um zu ihnen zu kommen, mußte man einen übelriechenden Weg entlanggehen. Diese unangenehme Begleiterscheinung verstärkte den Eindruck, daß sich die beiden Frauen bereits jenseits des Lebens befanden. Sie trugen immer Schwarz, hatten weiße Gesichter, erschreckte Augen und gestikulierten wild mit ihren dünnen Händen. Sie schwatzten ohne Unterlaß über Trivialitäten. Diese Vogelscheuchen im Garten meiner Kindheit waren Menschen mit dem ungeheuren Mut, den äußeren Schein aufrechtzuerhalten, ohne die finanziellen Mittel dazu zu besitzen. Sie erschreckten und faszinierten mich zugleich, denn es waren gute Menschen, die man wie Ausgestoßene behandelte. Sie hatten das Ende ihres Lebens erreicht, ohne jemals gelebt zu haben. Als wir später einmal in den Ferien nach Riesenburg kamen, wurden Thea und ich nicht mehr dazu angehalten, sie zu besuchen, sondern erfuhren, daß sie gestorben waren.

Der Tod war kein Thema für Unterhaltungen, doch wurde er wie ein Fest gefeiert. Ich konnte nicht begreifen, warum meine Mutter und ihre Brüder so fröhlich waren, nachdem wir gerade gesehen hatten, wie ihre Mutter auf dem jüdischen Friedhof begraben worden war. Speisen und Getränke gab es so gut und reichlich wie bei einer Hochzeitsfeier. Die lebhafte Gemeinde hätte genausogut tanzen können, anstatt sich über „sie" zu unterhalten und darüber, wieviel „sie" allen bedeutet hatte. Ich konnte diese vergnügte Heiterkeit ebensowenig begreifen wie die Tatsache, daß sich die Gespräche ständig ums Geld drehten. Meine Großmutter war immer gut zu mir gewesen, und ich wünschte mir, daß sie noch am Leben wäre.

Das Tabu des Todes ist das Gegenstück zum kapitalistischen Tabu. Man sprach auch nicht von seinem „Kapital", man hielt seine finanzielle Situation geheim wie eine außereheliche Liebesaffäre. Und doch hatten die zärtlichsten Ausdrücke in jüdischen Familien kapitalistische Nebentöne. Meine Eltern nannten mich „Goldchen", wenn sie besonders zärtlich zu mir waren. Doch obwohl Geld ihnen ebensoviel bedeutete wie allen Kapitalisten, hatten Gesundheit und Ausbildung ihrer Kinder Priorität – auch auf Kosten finanzieller Opfer. Meine Eltern wollten, daß wir eine gute Figur und eine gute Ausbildung bekamen. „Es kann sein, daß ihr auf eigenen Füßen stehen müßt", sagten sie zu uns. Und so wurden wir zu Tante Auguste nach Danzig in „Pension" gegeben, als meine Schwester zwölf und ich neun Jahre alt war.

Es scheint merkwürdig, daß ich mir meiner Schwester zu Hause wenig bewußt war; sie wurde für mich erst wichtig, als wir zusammen in eine neue Umgebung verpflanzt wurden. Ich machte eine zweite Trennung durch von Menschen, die ich liebte. Die erste, verdrängt und vergessen, war die Trennung von meiner polnischen Amme, die zweite kam jetzt: Trennung von meinen Eltern und ihrer Welt, die auch die meine gewesen war. Jetzt nahm ich meine Schwester wahr. Sie war hübsch und hatte die gleiche Himmelfahrts-Nase wie meine Mutter, braune Locken und vergißmeinnichtblaue Augen. Auch bemerkte ich, daß Tante Augustes Sohn, ein 18jähriger Lümmel, ein Auge auf sie geworfen hatte, mich aber keines Blickes würdigte. Ich war sehr froh darum, denn seine klobige Gestalt und die riesigen, schielenden Augen erschreckten mich. Das gleiche galt für die eingedrückte Boxernase in seinem fleischigen Gesicht. Ich sah von ihm weg und meine Tante an, als ob ich bei ihr Zuflucht suchte, und bald begann ich, sehr an ihr zu hängen. Sie war eine bildschöne Jüdin des sephardischen Typs. Schon früh war sie Witwe geworden; sie litt unter der Ménièreschen Krankheit, zu der möglicherweise der Verlust ihres geliebten Mannes beigetragen hatte. Bald nach seinem Tod war sie fast taub geworden und entwickelte eine große Geschicklichkeit darin, von den Lippen zu lesen; manchmal benutzte sie auch ein Hörrohr in Form einer Trompete. Ich fühlte mich sehr zu ihr hingezogen. Wahrscheinlich hatte ich Heimweh und war verwirrt von der neuen Umgebung, jedenfalls wanderte ich nachts oft in einem tranceähnlichen Zustand in ihr Schlafzimmer. Dann öffnete sie wortlos die Arme, und ich schlief an ihrem Busen ein. Sie hielt es für vernünftig, mich wegen meiner nächtlichen Ruhelosigkeit und meinem Herzklopfen einem berühmten Arzt vorzustellen. Dieser versicherte ihr, ich sei körperlich gesund, und erklärte meine Beschwerden mit akuter Nervosität.

Ich war in Riesenburg drei Jahre zur Schule gegangen, bevor ich mein Leben in Danzig begann. Der erste Schultag wurde fast so gefeiert wie mein Geburtstag. Die neuen Schüler wurden einzeln photographiert, und man machte viel Aufhebens um sie. Ich war sehr gespannt darauf, zur Schule zu gehen und meinen Lehrern zu gefallen. Ich wurde eine gute Schülerin, allerdings niemals die Erste, sondern immer die Zweite in der Klasse. Vielleicht ahnte ich schon in diesem Alter die Nachteile, die es mit sich bringt, Erste zu sein. Wer an zweiter Stelle steht, verspricht immer, noch Besseres leisten zu können.

Mir war nicht bewußt, wie sehr mich das Verlassen meines Elternhauses traf, doch meine Wurzeln waren in Riesenburg. Obwohl ich mich mit der Zeit an die große Stadt Danzig und meine neue Umgebung gewöhnte, sehnte ich mich stets nach den Ferien, in denen meine Schwester und ich zu unseren Eltern nach Hause fuhren. Ich kannte jede Bahnstation, durch die der Zug fuhr, wo er hielt und wo wir umsteigen mußten. Jedesmal, wenn wir kurz vor Dirschau waren, stand ich auf und betrachtete die große Brücke über die Weichsel, mit ihren massiven Stahlträgern an jeder Seite. Nach der Unterzeichnung des Vertrages von Versailles im Jahre 1918 wurde Dirschau ein bedeutender Umsteigebahnhof, Ausgangspunkt des Polnischen Korridors. Jeder Zug wurde hier angehalten, und alle Passagiere mußten aussteigen. Einige Züge wurden von dort aus zu den ostpreußischen Städten weitergeleitet, etwa nach Königsberg oder Memel, andere nach Marienburg. Aber in meiner Kindheit war Dirschau eine ganz normale Bahnstation, und unser Zug hielt hier nicht, sondern fuhr geradewegs nach Marienburg. Dort mußten wir umsteigen und auf einer Nebenstrecke weiter in Richtung polnische Grenze fahren. Nach längerer Zeit erreichten wir endlich unser Ziel. Der Zug war durch ein ausgedehntes Ackerland gefahren, und einige Stationen hatten polnische Namen. Heute erscheint es mir seltsam, daß wir sie passierten als existierten sie gar nicht, aber ich erinnere mich, daß ich die eintönigen, grauen Häuser und vernachlässigten Gärten nahe der Bahnstation traurig betrachtete. Die Menschen, die hier leben mußten, konnten unmöglich wie wir sein, dachte ich. Deutschland war für mich das Herzstück der Welt, und andere Länder und Völker konnte man nur bedauern. Wie früh sich doch ein solch unangebrachter Nationalismus gefühlsmäßig ausdrückt! Kindliche Unschuld weiß es nicht besser. Die kleine Welt eines Kindes erscheint ihm wie die gesamte Welt, fremde Länder und Menschen existieren kaum. Nationalismus ist ihm so natürlich, wie er bei einem Erwachsenen kindisch ist.

Abgesehen von Netty hatte ich in der Höheren Töchterschule meiner Heimatstadt keine wirklichen Freunde gefunden, aber während der Ferien gewann ich einige Spielgefährten. Dazu gehörten Lieschen Senkbeil und einige Jungen, die so alt waren wie ich oder sogar älter. Der liebste von ihnen war mir Arthur, ein großer, schlaksiger Junge mit einer langen jüdischen Nase und einem ausgeprägten Sinn für Humor. Aber die Hauptattraktion an ihm war, daß er uns Zugang zu verbotenen Früchten in Form von Zigaretten verschaffen konnte. Sein Vater besaß einen Tabakladen am Großen Markt, und Arthur gelang es, hier und da ein paar Päckchen mitgehen zu lassen. Mit dieser Beute in der Hand begaben wir uns zu einem geheimen Ort, um dort unserem „Laster“

gemeinsam mit drei oder vier „sicheren“ Gefährten zu frönen. Meistens setzten wir uns hinter eine große Scheune am Rande der Stadt und rauchten in gespielter Tapferkeit und aufregend-ängstlicher Geheimnistuerei. Das Abenteuer band uns aneinander, denn wir bildeten eine Art Geheimbund. Seine Mitglieder mußten Karamelbonbons und Schokolade abliefern, die wir nach dem Rauchen aßen, um unsere „Sünden“ den Eltern nicht preiszugeben. Während wir diese kleinen Betrügereien geheimhalten konnten, kamen wir bei einem anderen Abenteuer nicht so leicht davon.

Es verlockte uns, auch sexuelle Spiele auszuprobieren, und vier von uns ergriffen die Gelegenheit für ein solches Experiment, als Arthurs Eltern in die Ferien gefahren waren. Auf Zehenspitzen schlichen wir in ihr Schlafzimmer und sprangen in das Doppelbett. Wir zogen uns halb aus, behielten aber unsere Unterwäsche an. Wir dachten, das Richtige wäre jetzt, sich anzufassen, aber wir waren verlegen und wußten nicht, wie und wo wir damit anfangen sollten. Das Ganze war eine Übung im Fummeln, mit leisen Gesprächen und viel Gekicher. Es passierte am hellichten Tag, während in dem Geschäft unter uns die Kunden bedient wurden. Wir fühlten uns ganz sicher, weil die Verkäuferin unten beschäftigt war, aber sie muß uns doch gehört haben. Urplötzlich kam sie die Treppe herauf und jagte uns aus den Betten, wobei sie gräßlich fluchte und drohte, unseren Eltern zu erzählen, wie schrecklich wir uns benommen hatten. Glücklicherweise waren wir nicht nackt und kamen so leicht aus dem Haus. Ich weiß nicht, wie es Arthur mit seinen Eltern erging, meine haben unser Geheimnis nie erfahren. Für mich war damit alles in Ordnung. Aber nachdem wir durch diese Entdeckung einen Dämpfer erhalten hatten, gehörten unsere Sexspiele ein für allemal der Vergangenheit an. Ich bedauerte es nicht, mir hatte das Rauchen ohnehin besser gefallen.

Die Reisen zwischen Danzig und Riesenburg und die Ferien mit Eltern und Freunden wurden zu einem Lebensrhythmus, den ich mir nicht wegdenken konnte. Der wichtigste Grund, warum meine Eltern mich und meine Schwester nach Danzig schickten, war unsere Gesundheit. Wir hatten beide eine Wirbelsäulenverkrümmung, die nach Angaben unseres Hausarztes durch eine orthopädische Behandlung korrigiert werden konnte. Meine Eltern stellten uns in Danzig einem orthopädischen Spezialisten vor, Dr. Wolff, der uns zu einer Behandlung in seinem Institut riet, und meine Eltern stimmten zu. Es war keine Zeit zu verlieren. Wir begannen sofort mit den Übungen an orthopädischen Apparaten, die zu dem Zweck konstruiert worden waren, daß man darauf lernen sollte, seinen Körper wieder richtig zu gebrauchen. Einer davon war eine Art Fahrrad. Wir wurden auf dem Sitz festgebunden und sollten Kopf und Rücken aufrecht halten. Dann radelten wir auf der Stelle, während unsere Arme sich entlang zweier Holzbretter auf und ab bewegen mußten, die am Rückenteil unseres Sitzes befestigt waren. Und mitten zwischen anderen Apparaten entdeckten wir Mutters Ruderboot! Die genial konstruierten Maschinen sahen zum Fürchten aus, aber sie erfüllten ihren Zweck: mangelhaft ausgebildete Muskelpartien zu kräftigen, Wirbelsäulenverkrümmungen zu korrigieren und den ganzen Organismus zu beleben. Die Tretmaschine war dafür ein gutes Beispiel. Man mußte sich darauf konzentrieren, jeweils nur mit einem Fuß zu arbeiten. Beide Füße waren mit Lederriemen an ein schweres Eisenpedal gebunden, und es war keine leichte Aufgabe, sie hinunterzudrücken. Dr. Wolffs Institut war stadtbekannt und hatte einen ausgezeichneten Ruf. Ausgebildete Krankenschwestern leiteten uns an und beobachteten das Training, und nach einer Stunde Übungen wurde jeder Patient mit einer 20minütigen Massage belohnt, die zugleich Behandlung wie Entspannung bedeutete.

Wir gingen vormittags von acht bis ein Uhr in die Schule und fuhren dann mit der Straßenbahn zum Mittagessen nach Hause. Nach dem Essen machten wir uns auf den Weg zum Orthopädischen Institut. Es lag zufällig in derselben Straße, dem Poggenpfuhl, wie unsere Schule. Das war ein gutes Stück von der Pfefferstadt entfernt, wo meine Tante eine Fünfzimmer-Wohnung hatte. Spät am Nachmittag kamen wir zurück, und bis zum Abendessen machten wir unsere Hausaufgaben. Das war ein ausgefülltes und anstrengendes Leben, und es blieb uns nicht viel Zeit für Spiele und andere Vergnügungen.

Scherlers Höhere Töchterschule hatte den Ruf, eine gründliche Vorbereitung für eine höhere Ausbildung zu liefern. Waren meine sehnsüchtigen Erinnerungen an Riesenburg und die Schwierigkeiten der Umgewöhnung daran schuld, daß weder Lehrer noch Schüler in meinem Gedächtnis eine Spur hinterlassen haben? Ich kann mich nur noch daran erinnern, daß ich eifrig darauf bedacht war, alles zu lernen, was ich nur konnte, denn ich wollte später auf die Viktoria Schule gehen, ein Realgymnasium für Mädchen. Ich hatte mich innerlich darauf eingestellt, später einmal zu studieren.

Unsere täglichen Straßenbahnfahrten führten uns durch sehr schöne Stadtteile von Danzig. Jeden Morgen um 7.30 Uhr bestiegen meine Schwester und ich die Straßenbahn am Hauptbahnhof, fuhren den Stadtgraben entlang, überquerten den alten Holz- und Kohlenmarkt, und weiter ging es entlang der eleganten Langgasse, die am Rathaus mit seinem außergewöhnlich schönen Turm endete. Dieser Turm war das erlesenste Beispiel mittelalterlicher Architektur dieser Art. Am Rathaus stiegen wir aus und gingen zu Fuß weiter durch die enge Töpfergasse bis zu unserer Schule im Poggenpfuhl. Und um 14.30 ging die Reise dann den gleichen Weg wieder zurück. Doch damals beeindruckte mich Danzigs Schönheit noch nicht besonders. Sie wurde mir erst viel später bewußt.

Der jüngste Bruder meines Vaters bewohnte ein altes Patrizierhaus in der Frauengasse, das überall in Deutschland wegen seiner einzigartigen Architektur bekannt war. Die Frauengasse lag im Schatten der mächtigen Marienkirche, einem hervorragenden Beispiel gotischer Architektur, das ein eindrucksvolles Monument und zugleich ein Ort der Anbetung war. Ihr kostbarster Besitz war das „Jüngste Gericht“ von Hans Memling. Diese größte protestantische Kirche der Welt bedrückte mich, so wie mich hohe Berge immer bedrückt haben, solange ich mich erinnern kann. Aber das Haus meines Onkels zog mich schon an, bevor ich um seine besondere Bedeutung wußte. Über der Veranda konnte man lesen, daß es 1632 erbaut worden war. Eine schwere Tür mit Holzschnitzereien gab den Weg frei zur Eingangshalle, mit der Treppe an einer Seite und dem *comptoir* – den Geschäftsräumen meines Onkels – auf der anderen. Wir Kinder durften diesen Tempel des Mammon nicht betreten. Er befand sich am Ende eines langen, dunklen Korridors, der mich ebenso mit einer Art Ehrfurcht erfüllte wie die langen, schmalen Räume mit ihren hohen Decken. Die erste Etage war die größte, dort wohnten die Jungen aus Saalfeld. Mein Onkel hatte sie aufgenommen, um ihrer Mutter, seiner Lieblingsschwester, einen Gefallen zu tun und ihnen eine gute Ausbildung zukommen zu lassen.

Samstags und sonntags besuchten meine Schwester und ich die Jungen, die etwa in unserem Alter waren. Unsere Verwandten meinten wohl, daß wir die geeignete Gesellschaft füreinander wären. Stundenlang saßen wir in ihrem großen Zimmer und fühlten uns ungemütlich, denn wir konnten wenig miteinander anfangen. Ich kann mich erinnern, daß unsere Stimmung sich immer schlagartig aufhellte, wenn die Erwachsenen sich zu uns gesellten und wir eine Laterna magica-Vorführung miterlebten, in der sich die Bilder auf wundersame Weise bewegten; ein Vorgang, der unser Begriffsvermögen überstieg. Das waren die ersten bewegten Bilder, die wir jemals zu sehen bekamen.

Unsere aufgezwungenen Besuche wurden regelmäßig von unseren Cousins in der Wohnung unserer Tante in der Pfefferstadt erwidert; diese ungeliebten Zusammenkünfte hielten uns davon ab, mit irgendwelchen anderen Leuten Kontakt aufzunehmen. Doch die Langeweile verschwand, wenn wir vier die Straßenbahn nach Langfuhr bestiegen, um die jüngste Schwester meines Vaters und ihre Familie zu besuchen. Ihr Mann war ein Beamter mit allen Kennzeichen und Eigenarten eines dekadenten deutschen Staatsdieners der damaligen Zeit. Er trug den entsprechenden Anzug und Stehkragen seiner Klasse, ein Kneifer balancierte auf seiner Nase, und zu allem Überdruß hatte er auch noch einen Mittelscheitel. Meine Tante war hübsch, hatte aber einen Buckel. Aus ihren lebhaften Augen betrachtete sie ihren Mann mit Zurückhaltung und ihre Kinder voller Hingabe. Ihr Sohn, Cousin Leo, hätte ein Findelkind sein können. Er schien weder in seiner Erscheinung, noch in seinem Charakter irgend etwas von seinen Eltern geerbt zu haben. Er hatte eine zarte und gespannte Gesichtshaut, und seine braunen Augen sahen eher von den Menschen weg, als sie anzusehen. Seine „musikalische Nase“ war scharf und feingeschnitten, und schon von frühester Kindheit zeigte sich sein musisches Talent. Er wurde ein Schüler Joseph Joachims, eines der besten Violinisten im damaligen Deutschland. Was das Temperament anging, waren wir uns sehr ähnlich, und so schlossen wir enge Freundschaft. Seine

Schwester wiederum kam mit der meinen gut zurecht, und beide Mädchen hatten einen besseren Kontakt zu den Saalfeld-Jungen als Leo und ich.

Langfuhr, ein hübscher Vorort von Danzig, hatte einen Wald vor seiner „Haustür", durch den wir sechs entweder als Gruppe oder paarweise spazierengingen oder herumrannten. Besondere Ereignisse auf diesen Spaziergängen sind mir nicht in Erinnerung geblieben, außer daß die Erwachsenen unser Kommen und Gehen nicht kontrollierten. Wir waren entweder zu jung oder zu unschuldig, um diese Freiheit auszunutzen. Die meisten Kinder und Jugendlichen haben das Bedürfnis, sich in Gruppen zusammenzuschließen und einen oder zwei Menschen für eine enge Freundschaft auszuwählen. Ich war bis zum Alter von 13 Jahren keine Ausnahme von dieser Regel. Von da an brauchte ich das Alleinsein, ein Bedürfnis, das mit den Jahren zunahm.

Meine Zeit bei Tante Auguste und die Ferien in Riesenburg gingen zu Ende, als meine Eltern Haus und Geschäft verkauften, um nach Danzig zu ziehen. Sie waren immer noch jung, mein Vater gerade über 40, meine Mutter zehn Jahre jünger. Schon von Kind an war es der Wunsch meines Vaters gewesen, eine kurze Zeit lang hart zu arbeiten und genug Geld zu verdienen, um in Danzig von seinen Dividenden zu leben. Er stellte sich ein Leben in Muße als erstrebenswerte Existenz vor, und es kam ihm niemals die Idee, er könnte in ein langweiliges Leben hineingeraten. Das aber ging meiner Mutter durch den Sinn, die diesem folgenreichen Schritt nur unter der Bedingung zustimmte, daß er dem Großhandelsgeschäft ihres Bruders in Danzig beitrat. Er kam ihrer Bitte nach, hoffte aber auf eine stille Teilhaberschaft, die ihm Zeit genug lassen würde für die Vergnügungen, die eine solche Stadt zu bieten hatte. In seinem Innersten war er kein Kapitalist, sondern ein Träumer auf der Flucht vor der Realität. Von allen Menschen sind die eigenen Eltern am schwierigsten zu verstehen aufgrund der Tatsache, daß ihr Sexualleben tabu ist, und die Kinder ihre Eltern nicht als körperliche Wesen betrachten, sondern als ältere Leute, von denen sie geliebt und beschützt werden. In meiner frühen Jugend habe ich sie nie kritisiert. Mein Vater hatte gearbeitet, um jetzt die Freizeit genießen zu können, meine Mutter – niemals zufrieden mit dem, was sie hatte – verlangte nach immer mehr materiellen Gütern. Sie hatte eine „Sisyphus"-Mentalität, und er war ein Romantiker. Beide aber waren Menschen mit ehernen Prinzipien. „Ehrlich währt am längsten" und „Tue recht und scheue niemand" waren ihre beliebtesten Redensarten.

Solche ehernen Regeln gab man niemals preis, wie ein unvergeßliches Ereignis mich lehrte, als ich ungefähr vier Jahre alt war. Unser Dienstmädchen hatte mich und meine Schwester auf einen Spaziergang rund um den Großen Markt mitgenommen. Plötzlich blieb ich immer weiter zurück, denn ein großes Faß voll Plätzchen mit rosa Zuckerguß zog mich magisch an. Ich konnte nicht widerstehen, und nahm eines mit. Das Dienstmädchen hatte es nicht gesehen; sie ging mit meiner Schwester weiter, ohne auf mich zu achten. Ich hielt das Plätzchen einige Sekunden in meiner Hand – dann legte ich es zurück. Niemand wußte von dem Konflikt, den ich erlebt hatte, und von meiner Erleichterung, der Versuchung widerstanden zu haben. Es muß mich einen schweren inneren Kampf gekostet haben, denn ich kann noch heute vor meinem geistigen Auge meine verstohlene Handlung und die Stelle, wo das Ganze geschah, erstehen lassen. Der moralische Kodex meiner Eltern war mir Befehl.

Die Trennung von meinen Eltern und das Zusammensein mit ihnen in den Ferien hatte unsere gegenseitige Zuneigung verstärkt. Zwischen meinem neunten und 13. Lebensjahr barg mein Leben alle Elemente, um aufregend und erfüllt zu sein: die Chance einer höheren Ausbildung, die erfolgreiche Behandlung meines Wirbelsäulenschadens und insgesamt eine gute Gesundheit. Wenn die Kinder wissen, daß sie alles für ihre Eltern bedeuten, unterdrücken sie Widersprüche und Kritik. Und ich befand mich mit den meinen in perfekter Harmonie. Die Ferien wurden gefeiert wie ein großes Fest, alte und neue Freunde kamen zu uns, spielten und unterhielten sich mit uns. Meine Eltern waren so froh, uns zu Hause zu haben, daß sie es uns besonders schön machten: Sie fuhren mit uns nach Christburg oder Saalfeld, zum Großen Wald oder zu Freunden, den Rosens, die im nahegelegenen Rosenberg wohnten.

Um nach Saalfeld zu gelangen, mußten wir sieben oder acht

Stunden mit dem Landauer fahren, was bedeutete, daß wir dort übernachten mußten. Meine Verwandten faszinierten mich. Sie lebten in einer von einem großen Garten umgebenen Villa; auf der Rückseite befand sich ein Obstgarten, und vor dem Haus hatten sie Blumenbeete angelegt. Meine hübschen Cousinen beeindruckten mich mit ihren schönen Kleidern und den sportlichen Leistungen, die sie vorweisen konnten. Die Erwachsenen sprachen übers Essen und ihre Geschäfte, wir Kinder redeten über die Schule, spielten Tischtennis und gingen spazieren oder schwimmen. Eine Sägemühle in der Nähe war unser beliebtes „Jagdrevier“ für Versteckspiele mit den Söhnen des Besitzers. Der Duft von frisch gesägtem Holz hat eine belebende Wirkung. In der Nähe der Sägemühle hob sich meine Stimmung, und ich fühlte mich kräftiger, und noch heute erinnere ich mich sehnsüchtig an den Duft von frischgeschnittenem Holz.

Nach Rosenberg zu fahren, bedeutete dagegen für uns nur einen Tagesausflug. Die Rosens hatten ein Geschäft am Marktplatz. Ihr einziges Kind, Günther, war so alt wie ich und mein besonderer Freund. Die wenigen Stunden, die wir mit seiner Familie verbrachten, saßen wir meist bei einer guten Mahlzeit und unterhielten uns. Anschließend wurde Karten gespielt, im allgemeinen Poker, aber um uns Kindern einen Gefallen zu tun, gaben die Erwachsenen schon einmal nach, und wir spielten „Gottessegen bei Cohn“, ein stupides Glücksspiel. Aus mir hätte ein leidenschaftlicher Spieler werden können, denn mein Interesse am Spiel war vor allem: zu gewinnen.

Diese fröhlichen Ausflüge hatten ein Ende, als meine Eltern von Riesenburg nach Danzig umgezogen waren. Ich brauchte nicht lange, um zu merken, daß der Verlust meiner Heimatstadt größer war als der Gewinn durch unser neuerliches Zusammenwohnen. Der erste Schauplatz meines Lebens, wesentlich verbunden mit einem idealisierten Bild meiner Eltern und einer glücklichen Kindheit, war unwiederbringlich dahin. Die Eindrücke und Erfahrungen in meiner Geburtsstadt hatten mein Leben ausgemacht. Vom eigenen Ursprung entwurzelt zu werden, bedeutet einen Schock, dessen Auswirkungen sich sofort zeigen können, aber in der Regel durch Umstände verzögert werden, die einem eigenen Zeitplan folgen.

In der Welt unserer kleinen Stadt konnte ich überall allein hingehen – auf die großen Straßen ebenso wie in die kleinen Seitenwege mit ihrem Gestank nach Abfall und Kloake. Meinem Bedürfnis, das Leben um mich herum zu erfahren, waren keine Grenzen gesetzt. Und es gab einen besonderen Tag in der Woche, auf den man sich freuen konnte – den Sabbat, der von meinen Eltern begangen wurde. Freitags abends stellte meine Mutter zwei Silberleuchter auf den Tisch; es gab besonders gutes und reichliches Essen und hinterher ein kleines Glas Portwein. Obwohl wir uns an diesen jüdischen Brauch hielten, betrachteten wir uns als Deutsche und Deutschland als unser Heimatland. Erst nach einem Besuch in Paris, als ich etwas über zwanzig war, bekam ich eine dunkle Ahnung, daß andere Menschen, andere Länder, nicht nur erheblich verschieden von meinem Geburtsland, sondern auch um einiges zivilisierter sein konnten.

Ich war ein kluges Kind, vielleicht bei weitem zu klug, doch es tat mir nicht besonders gut, daß mein Vater mich seinen Freunden als Wunderkind vorführte. Zu jener Zeit betrachteten Eltern ihre Kinder als kleine Erwachsene. Die Psychologie hatte sich im Denken der Öffentlichkeit noch nicht durchgesetzt. Nur die intellektuelle Avantgarde in Österreich, Deutschland und vielleicht in Amerika kannte so einen merkwürdigen Menschen wie Sigmund Freud. Meine Eltern hatten jedenfalls noch nie von ihm gehört. Und vielleicht hätte es auch keinen Unterschied gemacht, wenn sie von der Psychoanalyse gewußt hätten. Das Etikett eines klugen Kindes haftete mir so oder so an. Sicherlich führte das dazu, daß aus mir ein ehrgeiziger Mensch wurde, der dazu neigte, Ziele anzustreben, die außerhalb seiner Reichweite lagen.

Meine Eltern paßten eigentlich nicht zusammen. Sie unterschieden sich ganz wesentlich in allem, vom Aussehen bis zur Weltanschauung. Aber bevor sie nach Danzig umzogen, hatte die Unvereinbarkeit ihrer Charaktere keinen Einfluß auf mich. Sie waren wohlhabend genug, um ihren Kindern allen Komfort zu bieten, den wir uns nur wünschen konnten. Die Familie meines Vaters hatte ein mediterranes Aussehen und gehörte wahrscheinlich der sephardischen Linie der Juden an. Die Familie meiner Mutter, blond und zu Übergewicht neigend, kam ursprünglich aus Polen. Die beiden „Stämme" unterschieden sich wie Feuer und Wasser. Seit den entsetzlichen 30er Jahren ist mir bewußt geworden, daß Juden eine Rasse sind. Ich erkenne einen Juden, gleichgültig aus welchem Land er kommen mag. Meine Mutter, blond, blauäugig, mollig, mit ihrer Himmelfahrtsnase, konnte man auf den ersten Blick für eine typisch deutsche Hausfrau halten, aber Körperhaltung und Ausdruck waren jüdisch. Mein Vater mit seinen dunklen Augen, dunklem Haar und einem Bauch sah aus wie eine Mischung zwischen einem spanischen und einem deutschen Juden. Die Unbestimmtheit seiner Erscheinung galt auch für seinen Charakter. Man konnte ihn nicht durchschauen; schnell ging er auf jeden Vorschlag ein, mit einer Mischung aus Freundlichkeit und dem Wunsch zu gefallen. Doch seine Mutter und zwei seiner Schwestern hätten aus Goyas Bildern stammen können. Sie waren schöne, virile Frauen.

Die lange Zeit der Akklimatisierung an ihre Gastländer hinterließ bei den Juden der verschiedenen Ursprungsländer ihre Spuren und beeinflußte ihre Erscheinung und ihre Handlungen. Sie bewirkte, daß einige Juden unjüdisch aussahen und sich auch so verhielten. Mein Onkel, der Beamte, den ich schon erwähnte, war hierfür ein treffendes Beispiel. Er sah aus wie ein altmodischer Deutscher und benahm sich auch so. Und doch war er ein bemerkenswertes Mitglied seiner Rasse. Als er in Auschwitz interniert wurde, zeigte er sich außerordentlich mutig und war seinen Mitgefangenen im Konzentrationslager Trost und Hilfe.

Mein Vater hatte eine Schwäche für schöne Dinge, für Bildung und Reisen und betrachtete Geld vor allem als Mittel zum Zweck. Meine Mutter dagegen bewunderte gebildete Leute und fühlte sich wahrscheinlich von Anfang an in ihrer Ehe frustriert, denn ihre erste Liebe war einer ihrer intellektuellen Cousins gewesen, ein Medizin-Professor. Ihre ursprüngliche Natur war möglicherweise recht verschieden von der Person, die sie später wurde. Sie machte einen depressiven Eindruck und lebte ständig in Angst, besonders nachdem ihre beiden Brüder während des Ersten Weltkrieges

Selbstmord begangen hatten. Kein Wunder, daß sie von ihrer Erscheinung her als ein in sich zurückgezogener Mensch wirkte und nur sehr selten ihre Zuneigung für uns Kinder nach außen zeigte. Ihre ewigen Sorgen, das Geld könnte nicht reichen, ließ sie gierig darauf bedacht sein, mehr und mehr anzuhäufen. Sie konnte niemals ausruhen und wollte auch nicht, daß mein Vater sein Leben „vertrödelte". Beständig trieb sie ihn zur Geschäftigkeit an und dazu, sein Ansehen zu verbessern. Während er sich nicht darum scherte, ob andere Mitglieder der Familie erfolgreicher waren als er, haßte sie es, die ärmere Verwandte zu sein. Der jüngere Bruder meines Vaters war ein reicher Mann geworden, und das verübelte meine Mutter ihm gründlich.

Im März 1913 zogen meine Eltern nach Danzig und mieteten eine Sechszimmerwohnung in der Fleischergasse 60. Mein Herz hüpfte vor Freude. Wie wenig wußte ich damals über den unwiederbringlichen Verlust, den die endgültige Trennung von meiner früheren Heimat bedeutete! Ungefähr zur selben Zeit gab es eine weitere Veränderung für mich. Ich wurde in der Viktoria Schule angemeldet, die für ihren hohen Ausbildungsstandard bekannt war. Ihr abstoßendes Äußeres ging zurück auf das frühe 19. Jahrhundert, als öffentliche Gebäude wie eine Mischung aus Kirche und Arbeitshaus aussahen. Aber der Innenhof, auf dem die Schüler während der großen Pause ihr Frühstück verzehrten, war hell und freundlich; umso düsterer sahen die Klassenräume aus. Mein neuer Wohnsitz in der Fleischergasse war nur ein Steinwurf von der Schule entfernt. Alles paßte gut zusammen, und es schien vorherbestimmt zu sein, daß ich zur gleichen Zeit, als meine Eltern ihren Wohnsitz änderten, Schülerin des berühmten Gymnasiums wurde.

Die Würfel waren gefallen, und alles sah so aus, als wären mir die Sterne wohlgesonnen. Doch das stimmte nur zum Teil. So gut es mir in der Schule ging, zu Hause fühlte ich mich mehr und mehr unwohl. Ich vermißte Riesenburg schrecklich. Wir verbrachten jetzt alle Sommerferien in Bad Flinsberg in Schlesien. Das waren gesunde und aufregende Ferien, aber die Lücke, die Riesenburg hinterließ, konnte durch nichts gefüllt werden. Flinsberg war ein bekannter Kurort; er lag in 600 Meter Höhe nahe der böhmischen

Grenze. Die Stadt war umgeben von Kiefernwäldern, die die Luft mit ihrem Duft tränkten. Die meisten Kurgäste, wir eingeschlossen, wohnten dort in Villen inmitten undurchdringlicher Gärten. Vermietet wurden sie von älteren Damen, die damit ihr schmales Einkommen aufbesserten. Jeden Morgen gingen wir den leicht ansteigenden Kurpark hinauf und spazierten die überdachten Kolonaden auf und ab, wobei wir durch einen Strohhalm Wasser aus der berühmten Flinsbergquelle tranken. Dieses Wasser wurde empfohlen als Heilmittel gegen Rheumatismus, Anämie, Leberschäden und andere Beschwerden. Um die „Kur“ abzurunden, nahmen wir zweimal in der Woche ein Fichtennadelbad. Diese wohlduftende Vergnügen half vielleicht nicht, aber auf alle Fälle erhöhte es unsere Lebensfreude. Meine Mutter wurde während dieser Ferienaufenthalte ein anderer Mensch. Sie begann zu leben. Sie hatte den Kampf um ihr Gewicht nicht aufgegeben und kletterte unter der Begleitung neuer Bekannter auf die umliegenden Berge. Diesmal mußte sie mich nicht überreden mitzugehen. Ich liebte diese Klettertouren über Bergwiesen mit Blumen von unverdorbener Reinheit und durch den Paß, der nach Böhmen führte. Ich erlebte die Aufregung, eine Grenze zu überqueren und genoß die seltsame Atmosphäre eines Cafés in einer kleinen böhmischen Stadt, wo wir uns einen starken Kaffee und Kirschtorte mit Sahne gönnten. Die Kellnerinnen, die im Café bedienten, bewegten ihre korpulenten Körper gelassen und graziös. Sie trugen Trachtenkleider in hellen Farben, in denen sie noch dicker aussahen als sie waren. Ihre schwarzen Augen leuchteten freundlich, und ich starrte sie an, als wären sie übergroße Puppen.

Aber jedesmal vor der langen Reise von Danzig nach Flinsberg wurde ich krank vor Aufregung, und dasselbe geschah vor der Heimreise. Und doch brachte mich das meiner Mutter näher, die zu diesen Zeitpunkten in Hochform war und meiner Schwester und mir gegenüber rückhaltlose Zuneigung an den Tag legte. Die nervliche Anspannung, die sie in mir hervorrief, war vergessen, aber sie kam in der alten Umgebung zurück. Die Streitereien über geschäftliche Dinge zwischen meinen Eltern, die meist von ihr entfacht wurden, waren mir zuwider. Dieses Thema dominierte in ihren Unterhaltungen, besonders während der Mahlzeiten. Ich verhielt mich still, sah zu, daß ich so schnell wie möglich mit dem Essen fertig wurde und flüchtete in mein Zimmer. Ich wünschte mich weit weg, wo ich „sie" nicht mehr hören oder sehen mußte. Sie hatten sich verändert. Ihr Horizont hatte sich verengt, alle ihre Gedanken kreisten um den Verlust ihres blühenden Geschäftes, um Heim und Herd. Sie müssen große Umstellungsschwierigkeiten gehabt haben; mein Vater wurde nicht mit der Situation fertig, daß er plötzlich wirklich soviel Freizeit hatte, meine Mutter nicht mit ihren eingeschränkten Lebensbedingungen. Sie konnte sich einfach nicht damit abfinden, finanziell schlechter dazustehen als vorher. Die Differenzen zwischen meinen Eltern wurden jetzt unüberbrückbar. Der Stolz meiner Mutter war verletzt, nicht nur, weil sie sich jetzt einschränken mußte, sondern auch, weil sie in Danzig „niemand" war, während sie in Riesenburg als wohlangesehene Bürgerin gelebt hatte.

Mein ausgefülltes Leben bei meiner Tante in Danzig hatte mir nicht viel Zeit für Freundschaften gelassen. Doch nach der Ankunft meiner Eltern und unserem Umzug in eine Wohnung in der Nähe meiner Schule wurde das anders. Vor dieser Zeit hatte ich kaum Kontakte zu anderen Schülern gehabt; das erhöhte mein Heimweh nach Riesenburg noch, was mich vielleicht davon abhielt, neue Freunde kennenzulernen. Jetzt aber orientierte ich mich nach außen. Kurz nach meiner Einschulung in die Viktoria Schule fühlte ich mich sehr zu einem jüdischen Mädchen meiner Klasse hingezogen, und ich sehnte mich danach, in ihrer Nähe zu sein. Sie hatte eine schlanke und elegante Figur, war aber ärmlich gekleidet. Weder ihr Benehmen noch ihre Erscheinung waren irgendwie unkonventionell, mit Ausnahme ihrer erwachsen wirkenden Zurückhaltung. Sie sprach nie von sich selbst und schien auch sonst wenig zu sagen zu haben. Entweder konnte sie nicht Nein sagen oder sie wollte es nicht, wenn ich sie fragte, ob wir uns nach der Schule treffen könnten. Und so lernte ich auch ihre Familie kennen. Die Mutter meiner Freundin – eine intelligente Frau – war kurz nach der Geburt des Kindes Witwe geworden. Die Dreizimmerwohnung in einem baufälligen Haus im Altstädtischen Graben, einem Armenviertel von Danzig, unterstrich die deprimierende

Atmosphäre ihrer Existenz. Doch beide, Mutter und Tochter, zeigten die Gelassenheit von Menschen, die bessere Tage gesehen hatten. Die Mutter arbeitete als Sekretärin, und ein älterer Bruder lebte bei einem Onkel in Berlin. Lotte E. und ich verbrachten viele Nachmittage in ihrer Wohnung. Ich wollte ihre Hand halten und sie küssen. Sie sagte nichts, gab aber nach. Warum hatte ich mich in sie verliebt? Sie war keine Schönheit, eher eine graue Maus, mit ihren ausdruckslosen grünen Augen und ihrem dünnen Mund, der das Lachen vergessen hatte. Ihr fliehendes Kinn verstärkte den Gesamteindruck eines schwachen Menschen. Und doch vergaß ich sie nie, auch nicht, als ich mich ein oder zwei Jahre später in Ida verliebte, eine russische Jüdin mit der empfindlichen Sommersprossenhaut der Rothaarigen und dem Gang einer siamesischen Katze.

Was für ein Unterschied zwischen diesen beiden Mädchen! Idas hohe Backenknochen und große, graue Augen waren charakteristisch für eine Russin, das Gleiche galt für ihren Mund, dessen aufgeworfene Lippen die Worte gründlicher zu formen schienen als die der Deutschen, und die das Auge des Betrachters auf ihre untere Gesichtshälfte lenkten. Dieser Mund war wie der Punkt am Ende eines Satzes, eine definitive Aussage. Ich wollte in ihren Armen liegen, sie küssen, mit ihr schlafen, ohne auch nur eine geringste Ahnung zu haben, wie ich das anstellen sollte. Zur selben Zeit betörte mich ein anderes jüngeres Mädchen in der Schule, mit dem ich während der großen Pause auf dem Schulhof am liebsten zusammen war. Nicht älter als 13, hatte sie schon das Gesicht einer Musikerin, eine straffe Haut und eine feingeschnittene Nase. Die hohe Stirn dominierte ihr Gesicht, das insgesamt ein durchsichtiges Aussehen hatte. Ihr Vater war ein bekannter Arzt, und ihr Interesse umfaßte sowohl Medizin als auch Musik. Ich hielt nach ihr Ausschau, ging oft an ihrem Haus vorbei, in der Hoffnung, sie zu treffen, wagte aber nie, ihr meine Gefühle einzugestehen. Zufall oder nicht – alle meine frühen Lieben waren Jüdinnen. Ich sehe dies in einem größeren Kontext; wahrscheinlich handelt es sich um eine natürliche Geistesverwandtschaft. Doch der Mittelpunkt meines Lebens war Ida, 16 Jahre alt, drei Jahre älter als ich. Während des Sommers mieteten ihre Eltern in Zoppot eine Wohnung und luden mich ein, sie an den Wochenenden zu besuchen.

Ida war das Ebenbild ihrer Mutter, die ich bewunderte, nicht nur weil sie und ihre Tochter sich so ähnlich sahen, sondern weil sie die Großzügigkeit besaß, uns alles zu erlauben, was wir wollten, und für uns köstliche russische Gerichte kochte. Vielleicht mochte ich sie auch, weil sie so ganz anders war als meine Mutter, immer gleichmäßig gut gelaunt, immer lächelnd und zudem noch geschmackvoll gekleidet. In ihrem Hause gab es niemals Streit. Der Vater sprach nie ein Wort und schien auch nicht zuzuhören – er hätte taubstumm sein können. Seine Hauptbeschäftigung war, von morgens bis abends Patiencen zu legen. Gelegentlich lächelte er uns an und aß den köstlichen „gefillte Fisch", den seine Frau servierte und den es mittags als warme, abends als kalte Mahlzeit gab.

Die Frage, warum man sich zu einem Menschen oder einer Familie hingezogen fühlt, läßt sich niemals schlüssig beantworten. In diesem Fall mag es die Wärme und Menschlichkeit des Familienlebens russischer Juden gewesen sein, die auch auf die Freunde der Kinder übertragen wurde. Alle russischen Juden, die ich kennenlernte, hatten ein starkes Selbstbewußtsein, denn sie hatten ihre jüdische Identität nicht verloren. Ich empfand das positiv und sah den Gegensatz zu meinen Verwandten und jüdischen Bekannten, die sich selbst als *Deutsche* betrachteten.

Weder Ida noch ich hatten jemals den Begriff Homosexualität gehört, noch wußten wir irgend etwas über gleichgeschlechtliche Liebe. Wir erlebten unsere Zuneigung ohne Angst, ohne Etikett, ohne Liebesvorbilder. Wir liebten uns ganz einfach. Uns zu küssen, bedeutete die größte Lust, und wir küßten uns zu jeder Stunde. Wenn wir miteinander schliefen, lagen wir mit engumschlungenen Beinen da und unser beider Münder verschmolzen zu einem. Das waren die glücklichsten Nächte, die ich je erlebt hatte. Wir hatten keine Angst, kein Schuldgefühl, und unsere Eltern, denen unsere Zuneigung wohl bewußt war, sahen entweder nichts Außergewöhnliches darin, oder wenn, ließen sie es uns nicht merken. Vielleicht waren sie so naiv wie wir. Später stellte ich fest, daß meine Eltern um meine Liebe zu Frauen wußten. Sie stellten mir keine Fragen, sondern akzeptierten mich so, wie ich war. Ihre Einstellung war konträr zu allem, was das Alte Testament und der Talmud in Sachen unorthodoxes Geschlechtsleben zu sagen haben.

Bis auf den heutigen Tag danken männliche Juden Gott in Gebeten, daß sie als Mann und nicht als Frau auf die Welt kamen. Damit läßt sich der männliche Chauvinismus orthodoxer Juden in wenigen Worten zusammenfassen. Emotional leben sie im Mittelalter und glauben immer noch, daß das alte Gebet die wahre Stellung von Mann und Frau widerspiegelt. Doch liberale Juden hatten schon damals eine ganz andere Einstellung. Meine Eltern und Verwandten hätten solche altmodischen Überzeugungen als widernatürlich angesehen. Im wilhelminischen Deutschland lebten die Juden ein freies Leben, erwarben eine gute Ausbildung, und viele folgten kulturellen Ambitionen und machten sich in Kunst und Wissenschaft einen Namen. Der altmodische, orthodoxe Jude hatte für sie den Geruch des Gettos an sich; sie betrachteten ihn als Fremden. Meine Eltern machten sich keine Gedanken um das Geschlecht ihrer Kinder. Es kam ihnen niemals in den Sinn, für Jungen und Mädchen eine unterschiedliche Ausbildung vorzusehen. Sie wollten, daß wir die beste Schulausbildung bekamen und zur Universität gehen konnten, wenn wir es wollten. Viele jüdische Familien waren gleicher Ansicht, und so ist es nicht überraschend, daß damals Jüdinnen einen Großteil aller Studentinnen ausmachten.

Mein Glück mit Ida half mir jedoch nicht, das Leben zu akzeptieren, das ich bei meinen Eltern führen mußte. So sehr ich um ihre Zuneigung und ihr Verständnis für mich wußte, so abstoßend fand ich ihren Materialismus. Ich verachtete die Geschäftswelt, die ich für eine Form des Diebstahls hielt. Die Familie meiner russischen Freundin war so ganz anders. Sie bestand für mich aus Idealisten, Menschen, die verfolgt worden waren, ohne moralischen Schaden zu nehmen. Im Gegenteil, sie waren daran gewachsen. Sie hatten in meinen Augen die „richtigen" Werte. Wie wenig materieller Besitz wert ist, wußten sie, denn sie hatten schon einmal alles verloren. Sie waren Pogromen in Rußland und Polen entkommen, und ihr Leid hatte ihnen eine sanfte Melancholie und eine Freigiebigkeit verliehen, die in ihrem Gesicht, ihren Gesten und Handlungen erkennbar war. Menschlichkeit stand bei ihnen an erster Stelle. Sie verbeugten sich nicht vor dem Gott des Mammon, und doch florierte ihr Geschäft. Sie besaßen eine überraschende

Gabe, sich einem neuen Leben anzupassen und schienen immer auf die Füße zu fallen und glückliche Umstände anzutreffen.

Eines Tages zeigte mir Ida ein Photoalbum und deutete auf das Bild eines faszinierend aussehenden Mädchens, das ihre beste Freundin in Odessa, ihrer alten Heimat, gewesen war. Das Gesicht dieses Mädchens beeindruckte mich. Sie hatte dunkles Haar, ungewöhnlich hoch angesetzte Augenbrauen, große schwarze Augen, ein Mona Lisa-Lächeln und den sinnlichen Mund einer orientalischen Frau. Ich fragte Ida, ob die Familie ihrer Freundin asiatisches Blut in sich hätte. „Nein, es sind russische Juden. Lisas Vater ist in Rußland geblieben, aber sie lebt in Berlin mit ihrer Mutter, einem Bruder und einer Schwester. Sie ist sehr klug."

Die Photographie ließ vor meinem inneren Auge das Bild von Dostojewskis Nastasia Filippowna erstehen, einer Frau zum Träumen. Ich hatte bis dahin die meisten seiner Romane gelesen; geradezu verschlungen, und immer wieder aufs Neue gelesen hatte ich „Der Idiot". Ich hatte mich in die Figur der Nastasia verliebt, eine der attraktivsten Frauen, die jemals in einem Roman dargestellt worden waren. Ich verheimlichte meiner Freundin die Gefühle, die das Photo in mir ausgelöst hatte. Lisa war die Reinkarnation meines weiblichen Ideals. Doch sie war keine Romangestalt, sie lebte eine nur zehnstündige Zugfahrt von Danzig entfernt, und ich würde ihr vielleicht eines Tages begegnen. Diese Vorstellung erregte mich sehr. Von dem Tag an begann ich ein Doppelleben. Ich „existierte" nur in meiner alltäglichen Umgebung. Mechanisch lebte ich als Schulmädchen in Danzig, während mein wirkliches Leben in meiner Phantasie stattfand. In meinen Tagträumen traf ich Lisa und führte Gespräche mit ihr. Ich phantasierte Tag und Nacht über sie und glühte dabei vor Aufregung. Mehr als je zuvor suchte ich die Einsamkeit, denn ich wollte allein sein mit der Frau meiner Träume. Doch ich besuchte Ida weiterhin und gab mir Mühe, sie die Veränderung meiner Gefühle nicht merken zu lassen. Mit der Zeit machten mich meine leidenschaftlichen Träume krank. Ich litt an Magenverstimmungen, Herzklopfen und Migräne, den psychosomatischen Symptomen emotionaler Verstörung. Meine Eltern stellten sich nie gegen die Wünsche ihrer Kinder und zeigten Verständnis für mein besonderes Bedürfnis nach Einsamkeit. Sie erlaubten mir, in ein kleines Zimmer umzuziehen, das zur Straße hinausging und mir die größtmögliche Distanz zu den anderen Familienmitgliedern verschaffte. Die Tür zu diesem Zimmer war mein „Sesam öffne Dich". Ich beendete meine Hausaufgaben immer so schnell wie möglich, um Zeit zu haben für meine Träume, für das Lesen philosophischer und poetischer Texte und für das Schreiben eigener Gedichte.

Außerdem verbrachte ich viel Zeit mit meiner russischen Freundin. Die schwierige Situation zwischen uns wurde jedoch durch ihre Abreise aus Danzig gelöst. Ihre Familie zog während des Ersten Weltkrieges nach Stockholm. Wieso sie sich ausgerechnet diese Zeit dazu ausgesucht hatten und auch tatsächlich in Schweden ankamen, war mir und vielen anderen ein Rätsel. Obwohl ihre Abreise in mir ein emotionales Vakuum erzeugte, fühlte ich mich gleichzeitig wie befreit. Ich weiß nicht, wie es mir gelang, das Eigenleben meiner Phantasie mit der schulischen und häuslichen Routine zu vereinbaren. Doch ich hatte eine gewisse Geschicklichkeit entwickelt, meinen Eltern meine jeweiligen Absichten und Ziele plausibel zu machen. Sie stellten keine Fragen und ließen mich meinen Weg gehen, wo immer er auch hinführen mochte. Es rührte mich, daß sie mir so vertrauten, und ich war dankbar dafür. Vielleicht war es die Einsamkeit, die der Schule für mich zu diesem Zeitpunkt eine neue Bedeutung verlieh. Ich war begierig, Wissen zu erwerben, und ich lernte schnell. Meine Lehrer sahen in mir eine vielversprechende Schülerin. Zu zweien von ihnen entwickelte ich eine besondere Beziehung, die deren Fächer für mich in den Mittelpunkt der Aufmerksamkeit rücken ließ. Mein Lateinlehrer, Dr. Maynard, muß angenehm überrascht gewesen sein festzustellen, daß ich einen besonderen Eifer im Erlernen dieser Sprache an den Tag legte, während meine Mitschüler sich gräßlich langweilten. Er schien mich auf eine recht unbeholfene Weise besonders zu mögen. Die Klasse pflegte sich über sein merkwürdig exzentrisches Verhalten lustig zu machen, doch in mir weckte gerade seine linkische Art Sympathie und Bewunderung. Als er mich eines Tages zu sich nach Hause einlud, stand für mich zweifelsfrei fest, daß ich ihm mehr bedeutete als andere Schüler. Ich hatte den Eindruck, daß wir uns ähnlich waren, verbunden durch ein unsichtbares Band. Er redete mit mir wie mit einer Erwachsenen, und wir diskutierten über Philosophie und Erziehung. Ich war stolz auf das Interesse, das er an mir fand, aber gefühlsmäßig blieb ich von ihm unberührt. Dagegen weckte Romana Haberfeld, meine Deutschlehrerin, in mir ganz andere Emotionen. Ich bewunderte ihre Intelligenz und Phantasie, mit der sie ihren Schülern ein Verständnis deutscher und ausländischer Literatur beibrachte. Sie war eine ziemlich korpulente Frau, breitschultrig und kraftvoll, mit dem Gang einer sich bewegenden Statue. Die Klasse stand sofort auf, wenn sie eintrat. Ihre Körperhaltung und Autorität ließen uns mit absoluter Aufmerksamkeit und vor Staunen geöffneten Mündern zuhören. Nicht nur ich, fast alle Schüler bemühten sich, ihr zu gefallen. Wenn sie mit ihrer heiseren Stimme zu sprechen begann und ihre blauen Augen aufleuchteten, versank die eintönige Umgebung um mich herum. Ich war nicht nur darin vertieft, ihren Worten zuzuhören, sondern auch eifrig damit beschäftigt, die seltsame Schönheit ihres Gesichtes zu betrachten. Das schwarze Haar wuchs ihr üppig über eine eher niedrige Stirn, und ihr voller roter Mund bebte vor sinnlichem Entzücken, wenn sie uns von Lenau, Brentano, der Günderode oder den Liedern der Minnesänger erzählte. Sie war eine kreative Lehrerin. Jedes ihrer Worte hatte den Beigeschmack von etwas noch nie Gehörtem. Sie übte eine ähnlich magische Anziehungskraft auf mich aus wie Konrad Lorenz auf seine Graugänse, die ihm überall hin folgten, als wäre er ihre Mutter. Ich lief nachmittags oder abends durch die Straßen wo sie wohnte, in der stillen Hoffnung, sie zu sehen. War es nur die Backfischschwärmerei einer Schülerin für ihre Lehrerin? Stereotype Interpretationen aller Art sind ebenso falsch wie herablassend. Sie gehen völlig am Kern der Sache vorbei.

Die erotische Liebe eines Schülers für einen Lehrer gleichen Geschlechts ist eine natürliche Leidenschaft, auf die ein Großteil nicht nur der antiken griechischen Kultur zurückzuführen ist. Zu jedem Zeitpunkt der Geschichte waren Jungen und Mädchen, die diese Sehnsucht nach einem älteren und weiseren Menschen durchlebten, Lieblinge der Götter. Solch eine Erfahrung kann ihr soziales Verhalten, ihre moralischen Werte und ihren Sinn für Schönheit entscheidend beeinflussen. Ich habe Romana Haberfeld nie vergessen: ihr Gesicht, ihre niedrigen Brauen, ihre stolze Haltung. Und als ich in dem Roman von Günter Grass „Aus dem Tagebuch einer Schnecke“ über sie las, kehrten alte Gefühle zurück. Grass beschreibt sie als eine dieser ungewöhnlichen Frauen, die niemals ihren Posten verlassen. Wie jeder andere im Staatsdienst beschäftigte Jude wurde Romana Haberfeld 1933 von den Nazis entlassen und verlor ihre Stellung an der Viktoria Schule. Aber sie unterrichtete weiter in Danzig, das zu diesem Zeitpunkt bereits zu Nazi-Deutschland gehörte. Sie hatte sich mit einer anderen Lehrerin ihrer Rasse, Ruth Rosenbaum, zusammengetan, die 1934 eine private jüdische Oberschule in einem Vorort der Stadt gegründet hatte. Die Schule wurde 1939 von den Nazis geschlossen. Ruth Rosenbaum gelang es, außer Landes zu fliehen und nach Israel zu emigrieren. Sie fand ihre neue Heimat in Haifa, wo Grass sie besuchte. Doch sein Roman erzählt nichts darüber, wie es Romana Haberfeld erging. Man muß das Schlimmste befürchten.

Meine Liebe zu Romana Haberfeld und meine Zuneigung zu Dr. Maynard, so unterschiedlich sie waren, hatten eine gemeinsame Auswirkung: Ich vergaß sie nicht. Erinnerungen werden durch starke Emotionen stimuliert. Deshalb habe ich diese Lehrer im Gedächtnis behalten und nicht meine Klassenkameraden, die mich kalt ließen. Doch da gab es noch eine andere Lehrerin, Fräulein Böse, die mich derart befremdete, daß ich mich auch an sie noch gut erinnern kann. Sie unterrichtete Französisch, und zwar so gut, daß ich später in der Lage war, Baudelaires „Les Fleurs du Mal“ ins Deutsche zu übersetzen. Fräulein Böses Gesichtsausdruck rechtfertigte ihren Namen. Sie sah aus wie eine Kriegerin, jederzeit bereit, einen Feind zu erschlagen. Ich sah sie niemals auch nur lächeln. Ihre fest zusammengepreßten Lippen und ihre buschigen Augenbrauen verwiesen darauf, daß sie unter Belastungen litt und unfähig war, unangenehme Gedanken abzuschütteln. Sie vermied persönliche Kontakte zu den Schülern, und doch war sie einer der besten Lehrer an der Viktoria Schule. Ihre Rätselhaftigkeit, ihre Reserve, ihre offensichtliche Isolation, beeindruckten mich ebenso wie ihre Art zu lehren. Manchmal schienen ihre Augen einen

Moment lang auf mir zu ruhen, aber sobald ich den Eindruck hatte, ich könnte ihren Blick festhalten, schaute sie weg.

Nicht lange, nachdem meine russische Freundin Danzig verlassen hatte, zogen wir von der Fleischergasse in den Langgarten, und diese Veränderung bedeutete für mich den Verlust meines schönen, ruhigen Zimmers, das mein geliebter Elfenbeinturm gewesen war. Unsere neue Wohnung in einem modernen Haus hatte einen Aufzug und andere Annehmlichkeiten, die einen Vorteil für meine Eltern bedeuteten, für mich aber überhaupt nicht von Interesse waren. Langgarten war eine breite und belebte Straße am Rande der Stadt. Eine Straßenbahnlinie, die das Werder Tor mit dem Danziger Hauptbahnhof verband, führte durch unsere Straße. Wir lebten nahe den Weiden von Werder, ein Landstrich mit fruchtbaren Äckern, Obstbäumen und gutgenährtem Vieh. Für den Verlust der Fleischergasse gab es hier jedoch einen gewissen Ausgleich. Mein neues Zimmer war wiederum so weit wie möglich von den Räumen meiner Schwester und meiner Eltern entfernt. Und meine neue Umgebung bot mir auch ein neues Erfahrungsfeld. Wir wohnten nahe der Langebrücke, eine von Danzigs ältesten Straßen. Sie führte entlang der Motlau und wurde der attraktive Mittelpunkt vieler einsamer Spaziergänge, die zu dieser Zeit anfingen, mir Freude zu machen. Auf der einen Seite der Langebrücke standen alte Gebäude, stolze Machtsymbole der alten Hansestadt. Die andere Seite wurde beherrscht von großen Kaianlagen und Kornspeichern, wie sie für Danzig als bedeutendem Handelszentrum charakteristisch waren. Auch andere Schätze enthüllten sich mir durch unseren Umzug. Auf meinem Weg zur Schule überquerte ich die Langebrücke und ging durch den Langemarkt mit seiner Börse aus der Zeit der Renaissance und anderen berühmten Gebäuden des 16. Jahrhunderts. Der Langemarkt war ein architektonisches Juwel von historischer Bedeutung. Seine Patrizierhäuser gehörten zu den feinsten Beispielen für Danzigs alte Gebäude. Einige waren im Privatbesitz, andere in Geschäftsgebäude umgewandelt worden.

Ich war 16 Jahre alt, als wir in den Langgarten umzogen, und erst jetzt begann ich zu *sehen*, während ich mich vorher darauf konzentriert hatte, Distanzen zu überbrücken. Daß mir „die Augen aufgingen“, mag mit einem seltsamen Erlebnis zusammenhängen, das ich zu dieser Zeit hatte. Man mag sich wundern, wie es mir möglich war, gleichzeitig in eine Lehrerin verliebt zu sein, leidenschaftlich von einer Frau zu träumen, die ich noch nie gesehen hatte und mich körperlich zu jüngeren Mädchen in der Schule hingezogen zu fühlen. Die Fähigkeit emotionaler Gleichzeitigkeit ist Privileg und Pein der Jugend. Jugend und Alter sind zwei Zeitabschnitte, in denen man sich darüber wundern kann, wie sehr unsere Emotionen von unseren Hormonen abhängen. Doch sie können nicht alles erklären, und ich glaube nicht, daß mein „Erlebnis“ auf meine damalige hormonelle Ausstattung zurückzuführen ist, obwohl es etwas damit zu tun haben mochte. Es war auf meinem Schulweg, aber an diesem Tag ging ich wie ein Roboter durch die Stadt und war mir meiner Umgebung nicht bewußt. Plötzlich mußte ich aus keinem mir ersichtlichen Grund stehenbleiben. Ich war unfähig, mich zu bewegen. Eine noch niemals empfundene, ungeheure innere Kraft überwältigte mich und erfüllte mich mit einem Gefühl unermeßlichen Glücks. Ich mußte schwer und tief atmen, und währenddessen schien sich mein Körper zu verändern. Ich wurde größer als ich in Wirklichkeit war, meine Hände – auch sie erschienen mir größer als je zuvor – öffneten sich mit den Handflächen nach oben. Doch die merkwürdigste Empfindung war: Ich fühlte einen bläulichen Kristall direkt zwischen den Augen an meiner Nasenwurzel. Ich nannte ihn den Amethyst. Ich habe einen Amethyst in meinem Kopf, flüsterte ich fast verrückt vor Glück. Was war über mich gekommen? Wo kam diese Kraft her, die von mir Besitz ergriffen hatte? Ich fühlte das ganze Universum in meinem Kopf. Ich hatte die Empfindung, daß ich alles wußte, was jemals geschehen war und was sich in Zukunft abspielen würde. Mein Geist war allwissend.

Während der ganzen Zeit stand ich wie angewurzelt auf der rechten Seite der Rosengasse hinter dem Postamt. Ich bemerkte eine Reihe von Frachtkarren mit nach oben ragender Deichsel im Hof. Die Einzelheiten meiner damaligen Umgebung erstehen heute so lebhaft vor meinem geistigen Auge wie an dem Tag, als das alles geschah. Ich stand in der Nähe eines Juwelierladens und bemerkte die glitzernden Steine in seinem Schaufenster. Ich hatte mich weit von meinem früheren Selbst entfernt. Und doch war ich eine Schülerin in der Sekunda der Viktoria Schule, und gerade auf meinem Weg dorthin. Vage kann ich mich erinnern, daß ich die nahegelegene Hundgasse erreichte, aber ich habe keine Ahnung, ob oder wann ich in der Schule ankam und wie ich mich dort verhielt. Ich würde vermuten, daß ich mich benahm wie immer und daß niemand die Veränderung an mir bemerkte. Doch alles *war* anders von diesem Augenblick an. Die Turbulenz in meinem Inneren setzte eine psychische Revolution ingang. Ich hatte mich nie mit esoterischer Literatur beschäftigt, und der Begriff des „dritten Auges" war mir unbekannt. Auch hatte ich keine Vorstellung von den Veränderungen des Körperbildes, die sich bei Jugendlichen abspielen können. Dies war meine ureigene Erfahrung. Ich hatte kein Vorbild, noch wußte ich von irgendjemandem, der etwas Ähnliches erlebt hatte. Mir bisher unbekannte Kräfte hatten sich zu erkennen gegeben. Man weiß bis heute nichts darüber, welche Menschen eine Sensibilität für die verborgenen Kräfte des Geistes entwickeln und welche nicht. In „Die Pforten der Wahrnehmung" schrieb Aldous Huxley über solche unbekannten geistig-seelischen Fähigkeiten, die ein Schlüssel zum Verständnis meines Erlebnisses sein könnten. Wer sich seiner Umgebung entfremdet fühlt, kompensiert diese Entfremdung nicht selten dadurch, daß er sich in seiner Phantasie selbst erhöht. So kann die Entfremdung ihren physischen Ausdruck in einer Veränderung des Körperbildes finden. Doch psychologische Erklärungen können dem Phänomen nicht gerecht werden. Endokrine Funktionen können einen gewissen Anteil zu einer sinnvollen Erklärung beitragen. Die Hirnanhangdrüse, die das Körperwachstum reguliert, könnte bei dieser Veränderung der Körperwahrnehmung beteiligt sein. Das Glücksgefühl mag auf androgyne Hormone zurückzuführen sein, die durch die Aufregung freigesetzt wurden. Aber diese Versuche einer rationalen Erklärung genügen den Ansprüchen nicht. Mir war etwas Unerklärliches zugestoßen; ich fühlte, wie mich „kosmische" Energie durchflutete. Sie machte mich eins mit dem Universum. Das mag ein wenig pathetisch klingen, aber genau so war es.

Obwohl mir dieses Ereignis völlig unvorbereitet zustieß, hatte es seine Vorboten. Die Pubertät ist ein Lebensabschnitt, in dem sich für einen offenen Geist Wunder ereignen. Das Gleiche gilt für einen Körper, der nach Erfahrungen hungert. Meine vielfältigen Liebesempfindungen und gleichzeitig die Entfremdung von meinen Eltern hat vielleicht diese geistige Implosion hervorgerufen, gerade zu einem Zeitpunkt hormoneller Hyperaktivität. Aber warum ein Wunder zu erklären versuchen und ihm dadurch das Wunderbare rauben?

Bis zu diesem Zeitpunkt hatte ich die Schönheit Danzigs nicht wahrgenommen, obwohl sie mich unbewußt sicher beeinflußt hatte. Ich war durch das Grüne Tor gegangen, das vom Langen Markt zur Langen Brücke führte, und hatte die Erhabenheit dieses Bauwerkes aus dem 16. Jahrhundert nicht bemerkt. Ich hatte ihn oft gesehen, den im Renaissance-Stil erbauten Artushof mit seinem Neptun-Brunnen davor, aber ich hatte nicht in mich aufgenommen, was ich sah. Mit einer Ausnahme. Als ich noch in Tante Augustes Obhut war, mußten meine Schwester und ich immer vor dem Rathaus in eine Straßenbahn einsteigen, die uns zurück in die Pfefferstadt brachte. Der Rathausturm beherbergte ein berühmtes Uhrwerk. Zu jeder vollen Stunde ertönte das Glockenspiel mit einer bekannten Hymne. Gleichzeitig trat eine von insgesamt vier Apostelfiguren aus dem Uhrwerk auf einen schmalen Balkon. Wir liebten diese buntbemalten Figuren und versuchten, immer rechtzeitig von Dr. Wolffs Orthopädischem Institut zurückzusein, um sie zu sehen und dem Glockenspiel zuzuhören. Später in der Straßenbahn, die zur Pfefferstadt fuhr, passierten wir die schönsten Gegenden Danzigs. Dem Fahrer machte es Spaß, durch ein Klingelzeichen anzukündigen, daß er gleich zur Höchstgeschwindigkeit beschleunigen würde, ließ aber durch ein ganz entschiedenes Klingeln erkennen, daß die nächste Haltestelle erreicht wurde. Im Hindurchfahren durch das Langgasser Tor, warfen wir einen Blick auf die angrenzende Passage, in der sich Danzigs feinstes Blumengeschäft befand. Danach passierten wir den Stockturm auf dem Kohlenmarkt, ein grimmiger Bau aus dem 15. Jahrhundert, der einst ein Kerker gewesen war. Die unteren Etagen hatte man inzwischen in eine große Halle verwandelt, die jetzt eine Reihe von Buchantiquariaten beherbergte. Dann fuhren wir an Freymanns

Warenhaus vorbei und hielten am häßlichen Danziger Stadttheater. Das alte Arsenal zwischen diesen beiden modernen Scheußlichkeiten lag ein gutes Stück von der Straße zurückgesetzt. Es schien weit weg zu sein in seiner Pracht aus dem 16. Jahrhundert, die es ernst und bedrohlich wirken ließen. Danach stürzte sich die Straßenbahn hinab auf den Holzmarkt, den Schnittpunkt vieler Straßen. An einer Ecke befand sich die beste Apotheke der Stadt, doch die riesigen grünen Flaschen im Schaufenster waren eher ein Symbol der Alchemie als der Medizin. Wir fuhren jedoch nicht direkt an der Apotheke vorbei, denn die Straßenbahnlinie machte eine scharfe Linkskurve in den Stadtgraben hinein, eine neugebaute Straße, in der sich das Hauptquartier des Militärkommandanten von Danzig, General von Mackensen, befand. Er war ein Bild von einem Soldaten, und ich war sehr von ihm beeindruckt, als ich ihn einmal leibhaftig vor mir sah. In seiner Husarenuniform mit goldenen Epauletten, goldenen Streifen und einem riesigen Pelzhut sah er aus wie eine Märchenfigur; sein weißer Schnurrbart paßte gut zu seinen wasserblauen Augen. Er erwarb sich große Verdienste als Hindenburgs rechte Hand im Ersten Weltkrieg und wurde daraufhin zum Oberkommandierenden des Generalstabs ernannt. Danzig dankte ihm seinen außerordentlichen Dienst in dieser Zeit, indem es ihm die Ehrenbürgerschaft verlieh.

Nach meinem außergewöhnlichen Erlebnis war es mir wie Schuppen von den Augen gefallen, und die alte Architektur Danzigs wurde für mich lebendig. Von jetzt an fand ich die Gegenwart meiner Mitschüler unerträglich. Ich hatte mich ohnehin nicht zu ihnen hingezogen gefühlt und bereits sehr früh eine Abneigung gegen das Gekicher und Getuschel der Mädchen über Lehrer entwickelt. Nun fühlte ich mich wie in einer anderen Welt, eingesperrt in eine falsche Gesellschaft. Nur meine Liebe zu Fräulein Haberfeld und meine Zuneigung zu Dr. Maynard machten es mir möglich, ein junges Mädchen zu mimen, obwohl ich schon längst erwachsen war. Meine Gefühle gegenüber meinen Eltern waren seit unserem Zusammenleben in Danzig ambivalent, und ich fühlte mich nicht in der Lage, mit ihnen oder meiner Schwester irgendeine emotionale Erfahrung zu teilen, geschweige denn über meine Gedichte zu sprechen. Doch die Entfremdung löste Schuldgefühle und Trauer um den Verlust unserer früheren Nähe aus. Meine Schwester hatte einen vergleichsweise schmalen Part in meiner Kindheit gespielt, über lange Zeiträume hinweg nahm ich sie kaum wahr. Doch es gab ein Band zwischen uns, das auf ihrer Seite stärker war als auf meiner. Das bewies sie mir durch großzügiges Verhalten, das sie in Schwierigkeiten mit meinen Eltern hätte bringen können. Es zeigte mir, wie selbstsüchtig ich war und wie sehr sie mich liebte. Von dieser Zeit an schätzte ich sie sehr und vertraute mich ihr an.

Ich entfernte mich allmählich immer weiter von meiner unmittelbaren Umgebung. Ich ging auf rosa Wolken, und meine gehobene Stimmung ließ mich auch solchen Menschen wohlgesonnen sein, die ich nicht besonders mochte, und äußere Umstände halfen dabei, einen besseren Kontakt zu meinen Eltern wiederherzustellen. Das Großhandelsunternehmen, dem mein Vater beigetreten war, nahm einen Großteil seiner Zeit in Anspruch. Auch meine Mutter beteiligte sich an dem Geschäft, zusammen mit der jungen Frau ihres Bruders, Recha. Die beiden Frauen hatten einen größeren Geschäftssinn als ihre Männer, die ihrerseits zugaben, daß ihre guten Umsätze auf Rat und Initiative der Frauen zustande kamen. Recha und meine Mutter verstanden sich so gut, daß sie Freundinnen wurden. Daraufhin entspannte sich die Familienatmosphäre und wurde zeitweise so angenehm wie in früheren Tagen. Nun ging es uns finanziell wieder gut, was meiner Mutter gefiel, doch immer noch konnte sie ihren Groll gegen den jüngeren Bruder meines Vaters nicht überwinden. Sein mit exquisiten Möbeln ausgestattetes Haus und sein großer Reichtum machten sie immer noch verdrießlich.

Es stimmte, daß Onkel Josef meinem Vater, der es nicht ganz „geschafft" hatte, mit Herablassung begegnete. Seine große, dünne Frau amüsierte sich über die arrogante Persönlichkeit ihres Mannes. Sie bemerkte anscheinend die Antipathie meiner Mutter nicht, oder sie machte sich nichts daraus. Ich fand sie attraktiv, nicht nur, weil sie Onkel Josef vom Benehmen her überlegen war, sondern auch wegen ihrer Eleganz, ihrer Zurückhaltung und ihrer literarischen Interessen. Meine Mutter lehnte sie weniger ab als ihren Mann und machte einige ironische Bemerkungen über meinen Onkel, auf den seine Frau herabsehen konnte. Er war klein und kräftig, hatte ein hervorstehendes Kinn, einen großen Mund und eine tiefe Stimme. Seine klugen braunen Augen blitzten seine Umgebung prüfend an. Zurecht behauptete er, Menschen auf den ersten Blick zu durchschauen; seine schnelle Erkenntnis von Charaktermerkmalen war in ihrer Treffsicherheit unheimlich. Obwohl er von Beruf Börsenmakler war, galt sein eigentliches Interesse der Musik. Er besuchte fast jedes Konzert und lernte Flöte spielen, eine Kunst, die er liebte, aber selten ausübte. Er war den Freimaurern beigetreten, was seinen Bekanntenkreis um Angehörige unterschiedlicher Bevölkerungsschichten erweiterte. Es war mir ein Rätsel, wie Tante Bertha mit seinem ausgeprägten Geselligkeitsdrang zurechtkam, doch die beiden machten den Eindruck eines harmonischen Paares, das ein beneidenswertes Leben mit seinen beiden Kindern in einem wunderschönen Haus führte. Auf meinen Spaziergängen durch Danzig, die für mich nach meinem ungewöhnlichen Erlebnis eine Fluchtmöglichkeit darstellten, ging ich oft bei meiner Tante in der Frauengasse vorbei. Sie schien meine Besuche gern zu sehen. Sie begrüßte mich auf ihre ruhige, zurückhaltende Art, aber mit einem Lächeln und einem freundlichen Blick. Wir „plauderten" nicht miteinander, sondern diskutierten über Bücher und die Zukunft. Eines Tages überraschte sie mich, als sie mich wegen eines ihrer Kinder um Rat fragte. Ihr Sohn, vier Jahre jünger als ich, machte ihr große Sorgen. Er grimassierte und war übernervös, außerdem weigerte er sich hartnäckig, zur Schule zu gehen. Ich schlug vor, mit ihm zu Dr. Freyhan zu gehen, der mir geholfen hatte, indem er den psychologischen Ursprung meiner Krankheit erkannt hatte. Sie suchte den Arzt auf, der ihr die Symptome ihres Sohnes nicht erklären konnte, ihr aber versicherte, daß es keine Anzeichen einer geistigen Erkrankung gab. Mein Cousin blieb ein Problemkind bis in sein Erwachsenenalter hinein. Aber die Diagnose des Arztes hatte sie von der Furcht befreit, ihr Sohn könnte psychotisch veranlagt sein.

Der Lebensstil in der Frauengasse regte meine Phantasie an, und ich erlebte eine angenehme Beziehung zu einer älteren Frau, die meine Mutter hätte sein können. Meine Tante ahnte oder kannte meine Gefühle für Romana Haberfeld, entweder intuitiv oder durch eine zufällige Bemerkung, die mir entschlüpft war. Sie hatte von ihr gehört, daß sie eine der besten Lehrerinnen Danzigs war. Als sie mir erzählte, daß auch sie sich in ihrer Jugend emotional zu einer Lehrerin hingezogen gefühlt hatte, sprach ich offener mit ihr als vorher, und auch sie ging lebhafter auf mich ein. Doch konnte ich mich nicht überwinden, ihr zu erzählen, daß ich Gedichte schrieb, vor lauter Angst, auch sie könnte der überall geäußerten Ansicht zustimmen, Dichter wären soziale Exzentriker.

Seit den Anfängen meiner Pubertät war die Poesie meine Welt. Im Alter von etwa zwölf Jahren begann ich Gedichte zu schreiben, wobei ich mir die Romantiker zum Modell nahm: Heine, Lenau, Novalis und Brentano. Wenige Jahre später begann ich, meine eigene Ausdrucksweise zu finden. Inspiriert durch das Alte Testament, schrieb ich Gedichte über Israels Propheten, bevor ich mich mir selbst zuwandte und über meine eigenen Erfahrungen schrieb. Ich brauchte einen spirituellen Rahmen für meine unruhige Jugend, den mir die Liebe sowie Bücher über östliche Religionen und philosophische Schriften lieferten.

Trotz aller meiner Aktivitäten gehörte der größte Teil meiner Zeit meinen Tagträumen. Die Kluft zwischen Wirklichkeit und Phantasie war höchstwahrscheinlich verantwortlich für das labile Gleichgewicht meiner psychischen und physischen Gesundheit. Nachdem Riesenburg aus meinem Gesichtskreis verschwunden war, wuchs in mir das Bedürfnis nach Flucht und Abenteuer, um die entstandene Leere zu füllen. Schließlich ließ meine Sehnsucht nach Lisa den Plan aufkeimen, sie zu besuchen, koste es was es wolle. Eines Tages hatte ich den richtigen Einfall, und plötzlich wußte ich, wie ich das Problem angehen mußte. Seit ich zehn Jahre alt war, litt ich unter einer chronischen Kiefern- und Stirnhöhlenentzündung, und ich mußte nicht nur häufig deswegen in der Schule fehlen, sondern auch sehr unangenehme Behandlungen über mich ergehen lassen. Ich machte meinen Eltern klar, daß meine Stirnhöhlenentzündung mir solche Schmerzen bereitete und mich derart nervlich belastete, daß mein schulischer Fortschritt ernsthaft gefährdet war. Ich bat sie, noch die Meinung eines zweiten Experten einzuholen. Meine Eltern willigten ein, und eine Konsultation bei Dr. Jansen in Berlin, einem international bekannten Spezialisten, wurde rasch arrangiert. Am zehnten Januar 1917 reisten meine Mutter und ich nach Berlin. Meine Mutter mietete für uns zwei Zimmer in einer Pension in der Tauentzienstraße, während ich zunächst in Dr. Jansens Klinik aufgenommen wurde. Er empfahl zwei alte Hausmittel – Inhalationen mit Kamillentee und Leinsamenumschläge. Das bedeutete, die schmerzhaften Spülungen hatten ein Ende! Schon allein dieses Ergebnis war für mich die Reise wert, und meine Mutter freute sich mit mir.

Ich wußte, daß Lisa in München war, aber am zwölften Januar zurück sein würde. An diesem Tag telefonierte ich mit ihr, und sie sagte zu, am darauf folgenden Tag um fünf Uhr nachmittags zu mir in die Pension zu kommen. Meine Mutter ging vor dieser Zeit aus dem Haus, um eine Tante zu besuchen. Unruhig lief ich in den beiden angrenzenden Zimmern auf und ab. Russen haben einen wenig ausgeprägten Zeitsinn, und ich war darauf vorbereitet, warten zu müssen. Aber ich irrte mich. Lisa kam pünktlich und reichte mir mit einem angedeuteten Lächeln die Hand, wobei sie mir fest in die Augen sah. Sie war drei Jahre älter als ich, zu diesem Zeitpunkt ein großer Unterschied. Ich fühlte mich wie ein schlaksiges Schulmädchen, das einer eleganten russischen Dame begegnet. Sie trug einen schwarzen Sealmantel und eine Pelzmütze. Sie war eine kleine, schmal gebaute Frau, deren Kopf ihren Körper zu dominieren schien. Ich sah nur ihr Gesicht – wie ich es kannte! Diese großen, melancholischen Augen verrieten ihre orientalische Herkunft. Doch woher kamen die beiden hervortretenden Knochen auf der Stirn über ihren Augen? Dies war die Stirn eines Denkers, und sie erinnerte mich an die berühmte Skulptur von Rodin. Ich konnte meine Augen nicht von dieser schönen Frau wenden. Ja, die hohen Backenknochen, ihr großer Mund mit den dunkelroten Lippen und das leicht zurücktretende Kinn stellten einen scharfen Kontrast zu dieser Stirn dar und gleichzeitig eine Bestätigung ihrer Weiblichkeit. Wie russisch sie aussieht, dachte ich. Da stand sie in Fleisch und Blut vor mir, die Frau meiner Phantasie: Nastasia Filippowna leibhaftig. Ich hatte mich vor zwei Jahren in ihre Photographie verliebt – und jetzt liebte ich *sie*.

Ich weiß nicht, ob ihr bewußt war, was sich in mir in dieser

Stunde in der Tauentzienstraße abspielte. Auch habe ich keine Ahnung, was sie mir gegenüber empfand, außer daß sie mich offensichtlich kennenlernen wollte. Unsere gemeinsame Freundin Ida hatte ihr von mir erzählt. Lisa schlug mir vor, daß wir uns schreiben sollten und versprach lachend, immer zuverlässig zu antworten. Wir begegneten uns am Nachmittag vor dem russischen Neujahrstag. Um sechs Uhr mußte sie bereits fort, um ein Fest in ihrem Hause vorzubereiten. Als sie sich verabschiedete, kam sie auf mich zu, nahm meine beiden Hände und küßte mich auf die Stirn. Und fort war sie, lautlos wie ein Geist. War sie überhaupt hier gewesen?

Als meine Mutter wiederkam, sprach ich wenig, war aber außer mir vor Aufregung und Glück. Sie verhielt sich so, wie ich es mir immer von ihr wünschte. Keine Fragen, nur: „Was sollen wir heute Abend machen?" „Laß uns in ein Variété gehen", sagte ich. „Fein", war ihre Antwort. Wir gingen in ein Bumslokal in der Nähe des Nollendorfplatzes und blieben dort bis Mitternacht. Keine von uns wollte schlafen gehen. Hatte sie ihren Cousin getroffen, statt ihre Tante zu besuchen? Sie sah liebenswert und glücklich aus, und ich wunderte mich! Wir lauschten der vulgären Musik und den Witzen und aßen Bockwurst mit Sauerkraut. Für mich hätte es genauso gut Lachs oder Kaviar sein können. Der Lärm und die fröhliche Atmosphäre nahmen uns ebenso gefangen wie der Rhythmus der eingängigen Schlagermelodien. So lange ich mich erinnern konnte, hatte ich mich meiner Mutter noch nie so nahe gefühlt. Am nächsten Tag fuhren wir wieder zurück nach Danzig, und ich war froh, wieder allein zu sein, um nachdenken zu können. Der Besuch hatte Konsequenzen. Ich ging zur Schule wie ein Automat, und nur in den Unterrichtsstunden meiner Lieblingslehrer kam Leben in mich. Ich vernachlässigte meine Hausaufgaben.

Lisa und ich tauschten viele Briefe aus, und einige Monate nach unserer Begegnung lud sie mich ein, die Sommerferien mit ihr und ihrer Familie zu verbringen. Ich hätte ein Zimmer bei Freunden in der Nähe, könnte aber mit ihnen die Mahlzeiten einnehmen. Meine Eltern hatten nichts gegen diesen Vorschlag einzuwenden, wenn ich es nur wollte, und an einem heißen Sommertag nahm ich den Schnellzug nach Berlin. Lisa erwartete mich am Bahnhof Zoo. Jede

Ankunft an einem neuen Ort ist für einen nervösen Menschen schwierig. Aber wie sollte ich eine Brücke schlagen zwischen der Welt, die ich verlassen hatte und der, die ich erreichte und die so ganz verschieden war von allem, was ich kannte? Wahrscheinlich gelang mir das nie. Ich wurde bei russischen Freunden von Lisas Familie untergebracht, mit deren Tochter Raja ich mich auf Anhieb gut verstand und die später meine Freundin wurde. Lisa zeigte sich zunächst abwartend und behandelte mich manchmal grausam. Sie zog mich auf wegen meiner provinziellen Kleidung und den langen Haaren. „Du siehst aus wie ein Schulmädchen", sagte sie zu mir. Diese Haltung verwirrte und verletzte mich. Doch ihre Familie faszinierte mich vom ersten Augenblick an. Sie kamen mir vor wie Romangestalten. Ihre Mutter, eine unergründliche Frau, überließ ihre drei Kinder sich selbst und verfolgte ihre eigenen Ziele. Ihr Bruder Grischa, ein Schüler von Ferruccio Busoni, gehörte einem Zirkel von Künstlern und Literaten an. Einige von ihnen kamen gelegentlich zu Besuch und schienen daran interessiert zu sein, mich kennenzulernen. Grischa stellte mich immer als *seine* Freundin vor. Einer seiner liebsten Gesprächspartner war Walter Mehring, ein attraktiver junger Mann mit flinken Augen und schwarzem Haar, das ihm in die Stirn fiel. Er gestikulierte wild um sich und fuhr sich dabei immer wieder mit einer Hand durchs Haar, als ob er dessen Sitz prüfen wollte. Er amüsierte mich mit seiner schnellen Redeweise ebenso wie mit seinen witzigen und ätzenden Bemerkungen. Man konnte nie alle seine Worte verstehen; sie jagten einander, als hätte er Angst, auf halbem Weg unterbrochen zu werden.

Lisa und ich gingen ziemlich unbeholfen miteinander um. Nach der Intimität der Briefe und Gedichte, die ich ihr geschickt hatte, fühlte ich mich in der neuen Situation verloren. Auch Lisa war vermutlich wie gelähmt, genau wie ich, und wir zwangen uns ein emotionales Versteckspiel auf, das mich erschöpfte. Sie hatte eine hypnotische Kraft, wie viele russische Frauen, ein Mysterium, das sie wie eine Aura umgibt. Ich war jedoch verständig genug, um mich nicht an sie zu hängen. Jeden Morgen ging ich allein oder mit Raja den Kurfürstendamm hinunter zum Café des Westens, einer der beiden berühmten Treffpunkte von Künstlern und Schriftstellern; der andere war das Romanische Café in der Nähe der

Gedächtniskirche. Eines Tages setzte sich eine ältere Frau in langen Hosen zu Raja und mir an den Tisch. Sie hatte ein sensibles Gesicht – zerfurcht, aber immer noch schön – und trug ihr schwarzes Haar in einem Pagenschnitt. Ich hatte ihr Gesicht schon einmal gesehen, gezeichnet von ihr selbst, in ihrem Gedichtband. Es war Else Lasker-Schüler. Ich fand sie bezaubernd und sonderbar zugleich, und obwohl es mir schmeichelte, daß sie mich ansprach, empfand ich ihr gegenüber keine Scheu. Ich erzählte ihr, wie sehr ich ihre Gedichte mochte. Hatte sie mir zugehört? Ihre Augen huschten durch das Café, als ob sie immerzu etwas suchte, was sie nie finden würde. Dabei runzelte sie beständig die Stirn.

An den folgenden Tagen ging ich immer allein zum Café des Westens. Jedesmal kam sie an meinen Tisch und erzählte mir von ihrem Sohn. War er die Person, nach der sie so ängstlich Ausschau hielt? Sie machte sich sicher Sorgen um ihn. Eines Tages kam sie auf die seltsame Idee, ich sollte ihm schreiben. „Sie wären gut für ihn", sagte sie. Ich verstand wirklich nicht, warum und wie sie auf diesen unbegründeten Vorschlag kam und sagte ihr, ich könne nicht einfach jemandem schreiben, den ich noch nie gesehen hätte, außerdem wüßte sie nicht einmal, ob ihr Sohn den gleichen Wunsch hätte wie sie. „Sie müssen ihn treffen", entschied sie. So geschah es, und wir konnten uns auf den ersten Blick nicht leiden, zumal wir beide den festen Vorsatz hatten, daß wir nichts miteinander zu tun haben wollten. Er muß ihr erzählt haben, daß er mich nicht mochte und nicht in eine Brieffreundschaft einwilligen würde. So ließ sie die Idee fallen, hielt aber einige Jahre einen freundlichen Kontakt zu mir aufrecht. Meine Bekanntschaft mit Elsa Lasker-Schüler brach das Eis zwischen Lisa und mir. Nach etwa einer Woche verbrachten wir den größten Teil des Tages zusammen und pflegten Arm in Arm den Kurfürstendamm hinaufzugehen zum zuständigen Polizeirevier, wo sie sich als Angehörige des „feindlichen Auslandes" täglich zu melden hatte. Häufig nahm sie mich anschließend mit zu Willy Jaeckels Atelier. Dieser übergroße Junge mit dem kleinen Kopf einer dänischen Dogge konnte sich in der Unterhaltung seltsam schlecht ausdrücken. Seine Intelligenz lag in seinen Händen. Er hatte sich bereits als Expressionist einen Namen gemacht. Während er mir einige seiner Gemälde zeigte, ließen seine kleinen, blauen

Augen Lisa keine Sekunde los. Er war von ihr besessen. Seine große, platinblonde Frau, die im Gegensatz zu ihm in der Lage war, klug und gewählt zu formulieren, verbreitete die Atmosphäre einer gebildeten Gastgeberin. Auch sie schien unter Lisas Bann zu stehen. Als ich das Portrait sah, das Jaeckel von meiner Freundin gemalt hatte, wurde ich seine Verehrerin. Für mich war es eine seiner schönsten Arbeiten. Er hatte sie als eine orientalische Version der Mona Lisa gemalt, mit einem großen roten Mund, einem dunklen Gesicht und einer weißen Stirn, die durch ihre Höhe und Farbe hervorstach. Später wurde das Bild von der Hamburger Kunsthalle erworben. Ich frage mich, ob es die Vernichtung „entarteter Kunst" in den 30er Jahren überstanden hat. Lisa verhielt sich Jaeckels Frau gegenüber weitaus freundlicher als zu ihm selbst. Ich hatte das Gefühl, daß sie sich vor ihm fürchtete. Nach etwa zwei Wochen hatten wir uns ein Stückweit aufeinander zubewegt, aber nur, wenn wir uns außerhalb ihres Hauses befanden, in dem ständig unterschiedliche Menschen aus und ein gingen. Ich fühlte mich bei ihr zu Hause niemals wohl, und die immerzu wechselnden Besucher irritierten mich. Das ganze Haus war wie ein russisches Märchen: Da war Lisas besondere Freundin und Lehrerin, die Bildhauerin Lis Gleistein, die sich dort mit Schriftstellern, Philosophiestudenten und Journalisten einstellte. Sie alle kamen, um Lisa und Grischa zu besuchen. Andererseits traf ich dort auch häufig deutsche Offiziere, die zum Abendessen geladen wurden. Sie kamen, um Lisas Mutter zu besuchen. Sie verhielten sich höflich und charmant und führten interessante Gespräche mit uns. Warum kamen sie überhaupt? Aber ich hatte aufgehört, überrascht oder durch meine ungewöhnlichen Erlebnisse verstört zu sein.

Nach fünf Wochen außergewöhnlicher Ferien in Berlin fuhr ich nach Danzig zurück, physisch und psychisch erschöpft. Noch lange führte ich ein Doppelleben, die Notwendigkeiten des Alltags erfüllte ich mechanisch. Es war immer noch Krieg; der Kaiser hatte abgedankt, und Deutschland war in Aufruhr. Einige handgeschriebene Notizen an den Holzrahmen von Eckhäusern in bestimmten Straßen erinnerten mich an den Krieg, der mir die meiste Zeit nicht bewußt gewesen war. Er brachte sich mir hauptsächlich durch die

Verschlechterung und Rationierung von Nahrungsmitteln in Erinnerung. Hühner hatten immer einen „haut goût", Brot enthielt außer Möhren und Steckrüben noch andere, unidentifizierbare Zutaten. Es war unmöglich, richtigen Kaffee zu bekommen, und ein Gebräu aus Pflanzen oder sogar Unkraut wurde als „Ersatz" serviert. Doch der Schwarzmarkt florierte und lieferte Butter, Sahne und Fleisch, wenn man nur genug dafür bezahlen konnte.

Bald nach meiner Rückkehr aus Berlin lud Lisa mich ein, die Weihnachtsferien mit ihr zu verbringen. Am 20. Dezember 1917 fuhr ich zurück, um mich von ihr zu verabschieden, denn kurz darauf würde sie mit ihrer Mutter und Schwester nach Rußland zurückkehren – damals bereits ein kommunistischer Staat. Diesmal waren meine Eltern gegen meine Reise und weigerten sich, ein abenteuerliches Unternehmen zu finanzieren, das mich das erste Mal hatte krank heimkehren lassen. Aber sie konnten mich nicht zurückhalten. Meine Schwester bot mir ihre Ersparnisse an, um meine Reise zu finanzieren. Ich akzeptierte ihr großzügiges Geschenk. Bereits seit einigen Monaten hatte ich meiner Mutter täglich kleine Summen aus dem Portemonaie genommen. Damit war das Problem gelöst, jetzt hatte ich genug Geld, um durchzukommen. Heimlich fuhr ich ab. Lisa erwartete mich wieder einmal am Bahnhof Zoo. Aber diesmal umarmte sie mich heftig. Ich wohnte bei denselben Freunden in der Konstanzer Straße, aber ich ging nicht mehr jeden Tag ins Café des Westens. Lisa und ich trafen uns jeden Morgen in einer kleinen Konditorei, wo wir uns stundenlang unterhielten, lachten und einander ansahen. Der Krieg war noch nicht vorbei, aber Lisa bereitete sich darauf vor, nach Rußland zurückzugehen, trotz der kommunistischen Revolution. Wie ihre Mutter sich in dem neuen Rußland zurechtfinden sollte, war ihr ein größeres Rätsel als ihre eigene Schwierigkeit, sich an einen kommunistischen Staat zu gewöhnen. Weder erwähnte Lisa irgendein Problem, das diese einschneidende Veränderung in ihrem Leben mit sich bringen mußte, noch sprach sie über ihren Vater und seine Zukunftspläne. Ihr Verhalten hatte die aufgeregte Lebhaftigkeit, hinter der sich Verzweiflung verbirgt. „Laß uns in den Tag hinein leben", rief sie. Sie zog mich an sich und küßte mich immer wieder. Für mich waren diese Küsse der Höhepunkt erotischer Lust, sie durchdrangen den Körper und gruben sich für immer in meine Seele ein.

Ein paar Tage später mußte ich abreisen, weil meine Schulferien zu Ende waren. Lisa und ich konnten uns nicht voneinander verabschieden. Wir betrachteten die Trennung als unwirklich. Ich verließ sie am Bahnhof mit einer merkwürdigen Ruhe und winkte, als der Zug abfuhr. Als ich an einer großen Bahnstation mitten zwischen Berlin und Danzig ankam, sprang ich aus dem Zug und kletterte in den Gegenzug auf der anderen Seite des Bahnsteigs, der mich zu ihr zurückbrachte. Meine unerwartete Rückkehr war eine Sensation. Lisa behandelte mich wie eine kostbare Geliebte. Während der nächsten drei Tage, die mir mein Abenteuer gewährte, waren wir unzertrennlich. Als wir uns schließlich trennen mußten, flüsterte sie mir ins Ohr: „Du bist der Mensch, den ich liebe". Ich fuhr fort, wie betäubt und empfand keinen Trennungsschmerz – noch nicht. Ich hatte meinen Eltern ein Telegramm geschickt, daß ich wegen einer Erkältung nicht rechtzeitig nach Hause zurückkehren konnte. Mir war sowohl wegen meiner Lüge als auch wegen meines fluchtartigen Aufbruchs nach Berlin unwohl bei der Heimreise. Meine Schwester holte mich vom Bahnhof ab, und als wir im Langgarten ankamen, waren meine Eltern so glücklich, mich wohlbehalten wieder zu Hause zu haben, daß sie meine Eskapade nicht einmal erwähnten. Von diesem Zeitpunkt an bis zu ihrem frühen Tod wurde meine Schwester meine beste Freundin.

Lisa war abgereist, aber ihr Bruder blieb in Berlin. Viele Jahre lang war er meine einzige Verbindung zu ihr. Ich führte weiterhin mein Alltagsleben in Danzig, und meine Tante Bertha half mir. Sie dachte, ich litte unter Lethargie aufgrund von Vitalitätsmangel und schickte mir mehrere Flaschen Portwein, von dem ich täglich ein Glas voll mit einem geschlagenen Ei trinken mußte. Doch Tante Berthas Diagnose war falsch. In Wirklichkeit hatte ich ein neues Leben begonnen, das zu einer gesteigerten lyrischen Produktion führte. Denn ich wußte nicht, wie ich meine emotionale Krise überwinden sollte, die mich zu Hause ruhelos machte, in der Schule unaufmerksam und langweilig in der Gegenwart anderer. Zu diesem Zeitpunkt begann ich Danzig *wirklich* kennenzulernen.

Meine einsamen Spaziergänge waren eine Art Sicherheitsventil, um mich vor meinem unbefriedigenden Elternhaus zu retten, gleichzeitig waren sie aber auch so etwas wie ein angenehmer Geschichtsunterricht. Ich brauchte sie als Ausgleich für die Anforderungen des täglichen Lebens. Doch trotz der ästhetischen Befriedigung, die mir diese Stadt verschaffte, fühlte ich mich durch Danzig unterdrückt, es war wie ein schönes Gefängnis, das ich in meinem Kopf in eine Märchenwelt verwandeln wollte, ohne daß es mir wirklich gelang. Daher empfand ich ein dringendes Verlangen, so oft wie möglich dieser einengenden Atmosphäre zu entfliehen. Ich machte Ausflüge nach Oliva und Zoppot, traf mich mit „Freunden" in Cafés und genoß den Duft von Kiefernwäldern und der Ostsee. Die Freundschaft mit meinem musikalischen Cousin ging weiter, war aber nicht sehr befriedigend. Denn sie hatte etwas Künstliches: Nur unser Geist, nicht unsere Herzen hatten uns zusammengeführt. Im letzten Schuljahr hob sich eine neue Freundschaft aus dem Einerlei oberflächlicher Alltagsbeziehungen ab. Ich traf Walli auf dem Tennisplatz. Tennis war eine der wenigen Sportarten, in denen ich nicht erfolglos blieb. Walli war groß, hatte gelbblonde Haare über niedrigen Brauen und hohe Backenknochen. Ihre kleinen, fast könnte man sagen: Schlitzaugen waren klar und blau. Ihre Familie hätte aus Finnland oder Lappland kommen können, aber sie waren Deutsche. Walli war nicht nur eine intelligente und talentierte Malerin, sie verstand auch etwas von Lebenskunst. Ihre Beobachtungsgabe und ihr Sinn für Ästhetik waren frappierend. Und noch etwas beeindruckte mich: ihre Sinnlichkeit. Wir fühlten uns sofort zueinander hingezogen. Ihre Figur und ihr ungewöhnliches Gesicht zogen mich an, vor allem aber waren es ihre Hände, die so sanft über mein Gesicht, meinen Hals, meinen ganzen Körper glitten, die mich so erregten, wie ich noch nie zuvor erregt worden war. Doch ich liebte sie nicht, ich war verrückt nach ihr. Und ich war sicher, daß sie mir gegenüber dasselbe empfand. Sie war so vollständig anwesend, wenn wir zusammen waren, und doch war sie für mich „aus den Augen – aus dem Sinn". Wenn wir durch die Wälder von Oliva und an den Stränden der Ostseeküste entlanggingen, sprachen wir kein Wort. Wir wußten, wo wir verschwiegene Orte finden konnten, die außer uns niemand kannte.

Wir lagen Seite an Seite, berührten uns, umarmten uns, fühlten uns; sie bereitete mir nie vorher erlebte Lustgefühle, denen ich mich frei hingeben konnte, ohne Angst oder quälende Vorstellungen. Sie machte mein letztes Jahr in Danzig zu meinem glücklichsten, und wir setzten unsere Beziehung noch lange fort, nachdem ich die Stadt verlassen hatte.

Der Vorteil eines verwöhnten Kindes bei der Konfrontation mit den Härten des Lebens ist sein Vertrauen darin, bevorzugt zu werden, bevorzugt vom Schicksal und von anderen Menschen. Doch die Gefahr der Enttäuschung durch andere bewirkt eine Verletzbarkeit, die sich auswirkt wie die Nacht auf bestimmte Pflanzen: Sie schließen ihre Blüten. Das Risiko neurotischer Erkrankungen ist immer präsent bei Menschen, die entweder zuviel oder zu wenig umsorgt werden. Depressive Zustände und Angstanfälle warten immer „um die Ecke". Der Schutzengel des Glücks kann jedoch dabei helfen, eine Anpassung an die Risiken des Lebens zu ermöglichen. Während der letzten Monate vor dem Abitur mußte ich mich äußerst zusammenreißen, um mich auf diese schriftlichen und mündlichen Prüfungen vorzubereiten. Doch ich war mir sicher, daß ich nicht durchfallen würde, denn ich vertraute meinen Lieblingslehrern so weit, daß sie das nicht zulassen würden. Doch ich glaubte nicht, daß ich zu den Glücklichen gehören würde, denen eine mündliche Prüfung erspart blieb. Der große Tag kam, an dem die schriftlichen Ergebnisse verkündet wurden und man die Namen derjenigen erfuhr, die jetzt schon bestanden hatten, ohne noch einmal mündlich geprüft zu werden. Ich wollte meinen Ohren nicht trauen, als ich hörte, daß mein Name dabei war. Ich rannte nach Hause, außer mir vor Stolz und Glück, fing meine Mutter ab, die gerade im Begriff war, das Haus zu verlassen, umarmte und küßte sie und rief: „Sie haben mich vom Mündlichen befreit!" Sie freute sich mit mir, und wir gingen zusammen in die Stadt, um für mich die rote Mütze zu kaufen, die die Abiturienten an ihrem Ehrentag tragen durften. Das Abitur war ein Ereignis, an dem die ganze Stadt Anteil nahm. Die glücklichen Schulabgänger flanierten stundenlang die Langgasse auf und ab. Die Jungen des Gymnasiums in der Fleischergasse hatten am selben Tag wie die Mädchen der Viktoria Schule ihre Abschlußprüfung. Wer das Glück gehabt hatte, schon vor dem „Mündlichen" bestanden zu haben, war zuerst auf Danzigs Straßen zu sehen. Jungen und Mädchen verbrüderten sich, liefen Arm in Arm durch die Stadt und riefen sich Glückwünsche zu.

Einen Monat später verließ ich Danzig, um an der Freiburger Universität zu studieren. Ursprünglich hatte ich vor, mich in Philosophie und Literaturwissenschaften einzuschreiben, doch meine Eltern überredeten mich, ich solle doch Ärztin werden. „Dann hast du dein Auskommen", meinte mein Vater, und ich stimmte ihm zu.

Studienzeit

Im Mai 1920 fuhr ich mit dem Zug nach Berlin, um dort in einen Anschlußzug nach Freiburg im Breisgau umzusteigen. Denn ich wollte mein erstes Studienjahr in Freiburg verbringen. In demselben Jahr wurde Danzig zur Freien Stadt erklärt. Der Vertrag von Versailles hatte den Polnischen Korridor geschaffen, der Westpreußen in zwei Teile trennte. In seiner isolierten Lage ähnelte Danzig damals dem heutigen Berlin, mit einer deutlichen Ausnahme: Seine Einwohner konnten sich auf Antrag einen Paß der Freien Stadt Danzig ausstellen lassen. Man ließ ihnen die Wahl, entweder Danziger oder deutsche Staatsbürger zu werden. Ich hatte einen deutschen Paß beantragt, denn mein Leben würde sich größtenteils außerhalb des schönen „Gefängnisses“ Danzig abspielen. Meine Wahl war eine rein praktische, ohne politische Hintergedanken. Ich hatte mehr oder weniger die Ereignisse verschlafen, die die deutsche Geschichte verändert hatten. Es hört sich heute unglaublich an, daß Ereignisse wie die folgenden auf mich so wenig Eindruck gemacht hatten: die deutsche Niederlage im Ersten Weltkrieg, die sozialistische Revolution und der kommunistische Putsch, als Kurt Eisner in München kurzfristig das Kommando übernahm. Sogar die Ermordung Rosa Luxemburgs und Karl Liebknechts bewegten weder meine Familie noch mich selbst besonders tief. Hintergründe und Bedeutung dieses sozialen Aufruhrs wurden von uns gedanklich nicht erfaßt. Schon der Erfolg der bolschewistischen Revolution 1917 war für uns kein wichtiges Ereignis. Wir waren nicht die einzigen, deren Sensibilität für politische Geschehnisse derart abgestumpft war. Viele Menschen, gleichgültig ob Juden oder Christen, auch wesentlich ältere Leute, waren nicht in der Lage, die Tragweite der historischen Aufstände in Deutschland und Rußland zu begreifen. Nur mein Onkel Josef hatte die Zeichen der Zeit erkannt und bereitete sich darauf vor, Danzig und Deutschland zu verlassen. Doch meine Eltern schlugen seine Warnungen leichtfertig in den Wind.

Im Juni 1922 wurde Walther Rathenau, deutscher Außenminister und Jude, durch Offiziere des faschistischen deutschen Freikorps ermordet. Doch nicht einmal die deutschen Juden, meine Eltern eingeschlossen, wurden dadurch aus ihrer Lethargie aufgeschreckt. Und mich interessierten mit 19 Jahren nichts anderes als mein Studium und meine Gedichte.

Trotz der faschistischen Wolke am Horizont, war das Deutschland der 20er Jahre eine demokratische Republik, in der Juden nicht diskriminiert wurden. Es gab an keiner Universität einen Numerus Clausus. Der Staat mischte sich nicht in die universitäre Ausbildung ein. Studieren war eine Privatangelegenheit. Die Eltern bezahlten alles, und wir waren vom Geld und dem guten Willen unserer Familien abhängig. Dafür konnten wir unser Studium so frei gestalten, wie wir wollten. Wir waren für uns selbst verantwortlich und mußten unser Wissen erst im Examen unter Beweis stellen. Die Studenten profitierten von dieser Freiheit, indem sie lernten, auf eigenen Füßen zu stehen und Selbstvertrauen und Selbstsicherheit zu gewinnen. In meinen Augen war diese Situation den heutigen universitären Gepflogenheiten, die die Studenten zu Rädchen im Getriebe machen, überlegen. Wir konnten nicht nur unser Studium selbst gestalten, sondern uns auch, wenn wir wollten, gleichzeitig in zwei Hauptfächern einschreiben. Ich nahm diese Möglichkeit wahr. Mein Wunsch war es, Philosophie zu studieren, aber ich hatte mich aus Vernunftgründen entschieden, die Medizin zu meinem Beruf zu machen. Also belegte ich in Freiburg Vorlesungen in beiden Fakultäten.

Freiburg galt damals als Eldorado für Philosophiestudenten. Die alte deutsche Universität wurde zu einem Anziehungspunkt durch den wachsenden Ruhm von Edmund Husserl, dem Gründungsvater der Phänomenologie. Er war der Vorläufer existenzialistischer Philosophen. Zwar hat sein Schüler und Assistent Martin Heidegger sich diesen Ruf erworben, doch seine Philosophie verdankt Husserl so viel, daß er eher als Botschafter denn als Begründer existenzialistischen Denkens gelten kann. Husserl verlor seinen Lehrstuhl in Freiburg während der 30er Jahre aufgrund seiner jüdischen Abstammung. Ich kann mich nicht erinnern, ob ich schon damals ahnte, welches Glück ich hatte, bei den beiden bedeutendsten Philosophen der Zeit studieren zu können, aber später wurde mir dieses Privileg bewußt. Ich belegte außerdem Veranstaltungen in Physiologie und Chemie, die für Medizinstudenten Pflicht waren.

Freiburgs Attraktivität beschränkte sich jedoch nicht auf die Universität. Aus aller Welt kamen Touristen, die diese hübsche Stadt am Fuße des Schwarzwaldes besuchen wollten. Kein Wunder, daß ich Schwierigkeiten hatte, bei meiner Ankunft ein Hotelzimmer zu bekommen, und ich stellte fest, daß ich möglicherweise kein möbliertes Zimmer in Freiburg bekommen würde. Die Stadt platzte buchstäblich aus allen Nähten. Während ich ein Anschlagbrett mit Wohnungsanzeigen studierte, tippte mir jemand auf die Schulter: Es war Sonja Lubowski, eine schöne Russin, die ich vor einigen Jahren bei Lisa getroffen hatte. Sie studierte jetzt im zweiten Jahr Medizin und hatte sich zusammen mit ihrem Bruder Walter in dem nahegelegenen Dorf Günterstal ein Zimmer genommen. Sie bot mir an, ihre Vermieterin zu fragen, ob sie auch ein Zimmer für mich hätte. Noch am selben Tag wurde ich ihre und ihres Bruders Zimmernachbarin. Als eines Tages ein junger Perser in ihrem Zimmer auftauchte, während wir drei zu Abend aßen, wurde mir schlagartig klar: Er war in Sonja verliebt, und er war glücklich darüber, daß ich dabei war, weil wir so den Anschein zweier Pärchen erwecken konnten. Er versuchte zu verbergen, daß er Sonja für sich allein haben wollte. Doch man mußte mich nicht dazu drängen, das Spiel mitzuspielen. Walter und ich mochten uns sofort, und wenig später verbrachten wir sowohl viele Stunden allein, als auch mit den beiden.

Die Anregungen durch Husserls Lehrveranstaltungen und die gemeinsamen Unternehmungen mit meinen neuen Freunden wurden zu den Polen meiner Existenz. Dagegen ließen mich meine medizinischen Vorkurse ziemlich kalt. Ich werde Husserls Erscheinung nie vergessen. Sein ergrauendes Haar und sein bleiches Gesicht wurden verschönt durch ein Ziegenbärtchen und einen sorgfältig gepflegten Schnurrbart. Seine Augen blickten freundlich auf die Studenten, doch in seinem sanften Auftreten lag Autorität. Er sprach mit leiser Stimme, wenn er demonstrierte, wie man ein

Verständnis für Ideen und Objekte aus erster Hand gewinnen konnte. Ich höre ihn immer noch sagen: „Verlassen Sie sich nicht auf Autoritäten, betrachten Sie alles auf neue Art und Weise mit ihren eigenen Augen, mit Ihrem eigenen Verstand und Ihrer eigenen Intuition. Legen Sie die Scheuklappen des Lernens aus zweiter Hand ab." Ich war eine aufmerksame und enthusiastische Schülerin. Und so durfte ich in meinem zweiten Semester zusammen mit insgesamt zehn Studenten auch an Heideggers Seminar teilnehmen. Die beiden Männer hätten kaum unterschiedlicher in Erscheinung und Temperament sein können. Husserl hatte etwas Ätherisches an sich; Heidegger dagegen sah aus wie ein Bauer, war eher mürrisch, und man konnte seine Einstellung zu uns nicht erahnen. Während Husserl seine Studenten anzusehen pflegte, betrachtete Heidegger seine Hände oder den Tisch. Dieser Tisch ist mir unvergeßlich. Er war aus massivem Holz, wahrscheinlich Eiche, und von ovaler Form. Wir Studenten saßen zusammen mit Heidegger um diesen Tisch herum. Heideggers Lehrveranstaltungen beeindruckten mich durch dessen sorgfältige Definitionen und scharfen Urteile. Ihm entging nicht das kleinste Detail unserer Diskussion. Er beleuchtete ein Thema bis ins Letzte, manchmal bis zum Überdruß. Ich bewunderte ihn, aber ich mochte ihn nicht wegen seiner erdrückenden Präsenz. Heideggers Seminar war eine elaborierte Version dessen, was wir von Husserl lernten, doch mit dem entscheidenden Unterschied unserer aktiven Teilnahme.

Heidegger konnte sich jedoch erst richtig entfalten, als er das Erbe Husserls in den 30er Jahren antrat. Dies mag der Grund sein, warum seine Arbeiten gerade zu einem Zeitpunkt erschienen, zu dem sie auf den entstehenden Existenzialismus Einfluß nehmen konnten. Wir wissen wenig über die Gesetzmäßigkeiten, denen zeitliche Planung und Synchronität von Ereignissen unterliegen, doch beide spielen unzweifelhaft eine wichtige Rolle, wenn es darum geht, wissenschaftliche und künstlerische Arbeiten entweder berühmt werden oder unentdeckt bleiben zu lassen.

Günterstal war eine gute Wahl und brachte mir Glück. Das Dorf schmiegte sich an einen Hügel am Fuße des Schwarzwaldes und war von Wiesen umgeben. Das dörfliche Leben wurde angenehm unterbrochen durch die Anwesenheit einer Reihe von Studenten, die wie ich in Freiburg selbst kein Zimmer bekommen hatten. Doch man war in 20 Minuten mit der Straßenbahn in der Stadt, und meine drei Freunde und ich fuhren jeden Tag in der Woche hin und zurück. Wir studierten an verschiedenen Fakultäten der Universität, und während Sonja und ihr persischer Poet unzertrennlich waren, gingen Walter und ich unsere eigenen Wege. Bald wurden wir Mitwisser einer bezaubernden Liebesgeschichte und spielten unsere Rolle mit lächelnder Diskretion.

Häufig unternahmen wir gemeinsam lange Wanderungen durch den Schwarzwald; manchmal waren es nur kurze Ausflüge, manchmal kamen wir bis zum Titisee. Die Luft der Kiefernwälder war die kräftigendste Medizin für mich, seit ich nicht mehr an der Ostseeküste lebte. Wir vier fühlten uns zusammen wohl und waren uns so vertraut, daß wir auch zusammen schweigen konnten, wenn uns danach zumute war. Unsere Freundschaft erreichte ihren Höhepunkt bei einem Kurzurlaub in Konstanz. Das Wetter war günstig: heiß und diesig, und wir genossen die architektonische Schönheit dieser alten Stadt, der das Konzil von Konstanz die historische Bedeutung verliehen hat. Wir gingen in den Parks und am Ufer spazieren, aber vor allem genossen wir die langen Bootsfahrten auf dem See. Die beiden Männer ruderten, Sonja und ich dösten oder gaben uns Tagträumen hin, atmeten die herrliche Luft und betrachteten das Ufer. Unser Boot, das im Sonnenschein glänzte, trug uns bis Meersburg und einmal sogar bis nach Lindau. Wir fühlten uns wie glückliche Kinder, unser Boot war unsere Wiege. Der persische Poet zitierte aus seinen Gedichten, deren Rhythmus mit den Bootsbewegungen eins wurde. Nachts schliefen wir in dem alten „Hotel Barbarossa“. Wir hatten zwei Zimmer gemietet, eines für die Männer, das andere für Sonja und mich. Eines Morgens wachte ich auf, und als ich nachsehen wollte, ob Sonja schon wach war, stellte ich fest, daß Walter neben mir lag. Mir blieb vor Verblüffung die Luft weg. Wir sahen uns beide an und mußten lachen. „Warum hat sie mir nicht gesagt, daß sie das Bett mit dir tauschen wollte?“ „Sie kam in unser Zimmer und bat mich darum. Ich konnte ihr den Gefallen nicht abschlagen.“ Ich fand es natürlich, daß die beiden Verliebten zusammen schlafen wollten und war den Lubowskis nicht böse, daß sie mich überrumpelt hatten. Doch ich bat sie,

Walter ein eigenes Zimmer für den Rest unseres Aufenthaltes zu besorgen. Es hatte mir Spaß gemacht, dem Liebespaar zu helfen. Die Ausstrahlung dieser beiden glücklichen und dankbaren Menschen war eine Belohnung für sich. Der Perser mit seinen schwarzen Locken und der olivfarbenen Haut bewegte sich wie eine Katze. Sie war kräftiger, eine blonde Jüdin, deren graue Augen von ihren herabgezogenen Oberlidern halb bedeckt wurden. Ihre hoch angesetzten Augenbrauen und die griechische Nase paßten nicht recht zu ihrem großen Mund mit den blutroten, sinnlichen Lippen. Sie hielt sich immer sehr gerade, und ihr wohlgeformter Körper hatte mit den breiten Schultern und der schmalen Taille ein androgynes Aussehen. Sie beeindruckte mich als eine der wenigen Frauen, deren natürliche Autorität sich mit der Gabe, zuhören zu können, und mit menschlicher Wärme paart. Walter dagegen war von der Natur nicht gerade bevorzugt behandelt worden: Er war dick und schlaff und mußte seit frühester Kindheit eine Brille tragen. Das machte ihn zu einem Sklaven – nicht nur seine schöne Schwester, auch jeder andere konnte ihn beliebig ausnutzen. Doch ich mochte ihn sehr. Er war ausgesprochen intelligent und kannte sich nicht nur in seinem Metier – der Medizin – aus, sondern auch in politischen und sozialen Themen. Seine breit gestreuten Interessen machten ihn zu einem unterhaltsamen Gefährten.

Wir vier bildeten eine kleine Gemeinde, ohne je eine Gemeinschaft zu sein. Wir waren jung und gesund und lebten in der Weimarer Republik, die uns eine fast unbegrenzte Freiheit ermöglichte. Wir waren privilegiert, weil wir die Zeit und die Mittel hatten, ein Studentenleben ohne Beschränkungen zu genießen.

Nach einem Jahr in Freiburg reiste ich mit einem Gefühl der Dankbarkeit ab. Das Schicksal hatte mir vergönnt, bei Husserl und Heidegger zu studieren, und zudem hatte ich die Erfahrungen konfliktloser Freundschaften machen können.

In der Zwischenzeit war meine russische Freundin Ida aus Schweden nach Deutschland zurückgekehrt, und die Familie hatte sich in Königsberg niedergelassen. Ida äußerte den Wunsch, unsere Freundschaft zu erneuern. Und so kam es, daß ich meine Studien an Kants Universität fortsetzte. Der Wechsel von der leichtlebigen

Stadt Freiburg zu dieser grimmigen Stadt in Ostpreußen war für mich nicht nur ein klimatischer Schock. Er veränderte meinen Lebens- und Studierstil, und er veränderte mich persönlich. Die Familie meiner Freundin hatte sich eine Wohnung am Stadtrand gemietet, und für mich mieteten sie ein Zimmer im Haus nebenan. Mir war, als kehrte ich nach Hause zurück. Ida und ich machten dort weiter, wo wir uns getrennt hatten und setzten unsere vertraute Intimität fort. Doch es stellte sich bald heraus, daß sie nur eine Ersatzfunktion hatte. Ida verbarg nicht, daß sie heiraten und Kinder bekommen wollte. Dennoch behauptete sie, mich immer noch zu lieben. Ich war mir nicht sicher, ob sie unsere gemeinsam verbrachte Zeit wirklich genoß oder nur so tat als ob. Einige Wochen lang trafen wir uns täglich, und dann wußte ich, daß es falsch gewesen war, eine Beziehung wieder aufzunehmen, die wir besser in guter Erinnerung behalten hätten. Daraufhin vermied ich es, mit ihr allein zu sein und zog die Gegenwart anderer vor. Ich wandte mich ihrem jüngeren Bruder zu, der Mitglied der Zionistischen Bewegung, die eine ihrer Hochburgen in Königsberg hatte, geworden war.

Ich wurde alsbald eine Musterstudentin, die regelmäßig die vorgeschriebenen Veranstaltungen in Zoologie, Biologie und Botanik besuchte. Ich wollte das Physikum mit fliegenden Fahnen bestehen – was mir in der vorgeschriebenen Zeit auch gelang.

Kant hatte dieser Universität seinen Namen gegeben, aber man fand keinen kongenialen Nachfolger, weder in der Philosophie noch in irgendeinem anderen Wissenschaftszweig. Doch die Erinnerung an ihn verlieh dieser Ausbildungsstätte immer noch Glanz. Ich hatte Kants Bücher im Alter von 14 oder 15 Jahren gelesen. Auf meinem Schreibtisch hatte ich die Arbeiten dreier philosophischer Giganten gestapelt: Kant aus Königsberg, Schopenhauer aus Danzig, Spinoza aus Amsterdam. Inzwischen war zu jedem von ihnen für mich eine fast persönliche Bindung gewachsen. Ich studierte an der Universität, die Kant berühmt gemacht hatte, war oft an Schopenhauers Geburtshaus in der Heilig-Geist-Gasse in Danzig vorbeigegangen und fühlte mich innerlich Spinoza stets verbunden, dem jüdischen Philosophen und Diamentenschneider. Mein Studium bei Husserl und Heidegger hatte meine persönliche Verbindung zu ihm vertieft. Diamanten sind von vortrefflicher Reinheit, und genau dies galt durchweg für Spinozas moralische Lehre.

Gleichzeitig interessierten mich in Königsberg aber auch andere Dinge. Ich fühlte mich der Familie meiner Freundin sehr nahe, die mich als eine der ihren behandelte. Sie waren Zionisten wie die meisten Juden, die Rußland während der Pogrome im Jahr 1905 verlassen hatten. Sie waren „gebrannte Kinder" und hatten gute Gründe, sich nach einem Heimatland zu sehnen – Palästina. Beide, die ältere und die jüngere Generation russischer Immigranten, bildeten das Zentrum der zionistischen Bewegung in Deutschland. Sie hatten sich hauptsächlich in Königsberg und Danzig niedergelassen. Unter den Angehörigen der älteren Generation gab es viele Kaufleute, und diese beiden Städte, Zentren des Handels mit Osteuropa und Rußland, hatten sie sich bewußt als neue Heimat ausgewählt. Aber ihre Kinder erlernten neue Berufe. Immer schon legten die Juden den größten Wert auf eine gute Ausbildung für ihre Kinder. So ist es nicht verwunderlich, daß eine beträchtliche Anzahl der Königsberger Studenten aus russisch-jüdischen Elternhäusern stammten. Andere Jugendliche wiederum wandten sich dem Bankwesen zu oder machten eine handwerkliche Lehre, um sich auf ihr neues Leben in Palästina vorzubereiten; und schließlich gab es junge Männer und Frauen, die aus eben diesem Grund auf dem Lande arbeiteten. Sie durchbrachen die Barrieren beruflicher Einschränkungen, unter denen die Juden jahrhundertelang gelitten hatten. Diese Barrieren fielen nicht zufällig in der Weimarer Republik; die jungen Zionisten der 20er Jahre brachen mit einem Tabu und bereiteten das Israel der 40er Jahre vor.

Die Zionistische Gruppe in Königsberg repräsentierte einen Querschnitt verschiedenster Berufe. Alle Juden waren bei den zionistischen Treffen willkommen, ob sie nun der Organisation angehörten oder nicht. Mich beeindruckte der Idealismus und das Sendungsbewußtsein dieser Zionisten. Sie durchlebten aufs Neue den Exodus der Juden aus ihrem Heimatland, der im Alten Testament so poetisch beschrieben wird: „An den Wassern von Babylon setzten wir uns nieder und weinten." Ich bewunderte ihren Glauben an sich selbst und an eine bessere Zukunft, doch der Zionismus blieb für mich eine romantische Idee. Wie seltsam, daß es mir zu dieser Zeit überhaupt nicht in den Sinn kam, ich könnte in demselben Boot sitzen wie sie! Solch mangelndes Bewußtsein ist ein weiterer Beweis für den Selbstschutz, für die Scheuklappen, die Menschen daran hindern, ihre eigene, wenig schmeichelhafte Situation zu durchschauen. Heute wünsche ich mir oft, ich hätte diesen eingeengten Blickwinkel schon damals ablegen können. Das hätte mich von der falschen Vorstellung befreit, Deutschland sei *mein* Land. Ich konnte mich nicht als ein Außenseiter fühlen, wie es diese Zionisten taten. Obwohl ich gern bei ihnen war und ihre Begeisterung mich ansteckte, schloß ich mich ihnen nicht an, denn ich wähnte mich sicher. Niemandem, der sich diese jungen Zionisten ansah, konnte die Veränderung des jüdischen Typs entgehen. Männer und Frauen arbeiteten gleichberechtigt Hand in Hand. Ich kannte jüdische Mädchen, die sowohl studierten, als auch auf einem Bauernhof arbeiteten. Wie gesund und stark sie waren, wie wenig sie sich um die konventionellen jüdischen Vorstellungen von Weiblichkeit scherten! *Sie* waren die Avantgarde der Frauenbewegung. Diese jungen Zionisten können als revolutionäre Wegbereiter eines neuen Israels gelten, das die Wüste zum Blühen brachte und Wissenschaft und Menschlichkeit eine neue Heimat gab.

Obwohl ich mich nicht mit den Zionisten identifizieren konnte, hatte ich ihre Überzeugung wahrscheinlich unbewußt akzeptiert, denn ich erinnerte mich lebhaft an sie, als auch für mich die Zeit kam, mir ein neues Heimatland zu suchen. Die Art wie sie lebten, trug damals schon – lange vor den Juden der heutigen Generation – dazu bei, die karikaturhafte Vorstellung über „den Juden" zu ändern, eine Vorstellung, die für die Erniedrigung der Juden und einen Gutteil des Antisemitismus verantwortlich war.

Meine Eltern waren enttäuscht, als ich meinen Aufenthalt in Königsberg bereits nach zwei Semestern wieder beendete. Sie hatten sich gefreut, mich in der Nähe von Danzig zu wissen, doch ich versprach ihnen, sie regelmäßig während der Ferien zu besuchen. Ich war von einem Ende Deutschlands zum anderen gereist, um einem Ruf aus der Vergangenheit zu folgen, der mir das Wiederaufleben einer intimen Freundschaft und eine Umgebung versprach, die mir lieb und vertraut war – das Milieu russischer Juden. Doch meine Begeisterung verblaßte unter der verhaltenen

Ablehnung meiner Freundin Ida, und jetzt wollte ich so weit fort wie möglich. Ich faßte den Plan, an eine andere Universität in Süddeutschland zu gehen, um mich auf mein Studium zu konzentrieren und vielleicht neue Freunde zu finden.

Bevor ich wieder gen Süden fuhr, stattete ich meinen Eltern einen längeren Besuch ab. Es war eine Zeit des Ausruhens und Nachdenkens. Mein alter Widerwille gegen den Beruf meines Vaters und das Temperament meiner Mutter kehrten wieder. Wie früher fühlte ich mich ihnen sehr fremd. Damals hatte ich mir sogar manchmal vorgestellt, ich wäre ein Findelkind, weil ich nicht glauben mochte, daß ich die Tochter dieser Menschen war, deren Interessen und Wertvorstellungen sich so fundamental von den meinen unterschieden. Zu diesem Zeitpunkt hatte ich mich auf die Suche gemacht nach einer neuen Familie in einer anderen Welt. Unerfüllte Bedürfnisse machen Menschen ruhelos, und sie kehren ihren morbiden Blick nach innen. Ich jagte den Schmetterlingen meiner Phantasie nach und gab mich viele Jahre lang Illusionen hin – was, wenn man es nur zeitweilig macht, keine schlechte Sache ist.

Meine Versenkung in philosophische Texte war während meiner Schulzeit zunächst hauptsächlich Flucht, wurde aber später lebensbestimmend. Das zwanghafte Bedürfnis, Gedichte zu schreiben, folgte demselben Muster, doch wurde es von einer anderen Quelle gespeist. Kreative Regungen sind in uns allen vielleicht angeboren, von mir ergriffen sie wie ein körperliches Bedürfnis Besitz. Wir wissen nichts darüber, welche Impulse den Geist zwingen, inneren Rhythmen zu lauschen und Bilder in Poesie umzusetzen. Dies war das wirkliche Leben für mich. Es verschaffte mir Befriedigung, obwohl ich unter dem Auf und Ab zwischen Euphorie und Depression litt, den notwendigen Begleitumständen kreativer Bemühungen. Doch der Geist muß auch von außen gespeist werden, und was kann erfüllender sein als gegenseitige Liebe? Die späteren Gedichte, die ich schrieb, waren ausnahmslos Liebesgedichte. Poesie ist naturgemäß oft schwärmerisch und das Ergebnis halb oder gar nicht erfüllter Sehnsüchte nach erfahrenen oder vergangenen Dingen. Meine Muttersprache war Deutsch. Die Bilder in meinem Geist wurden in mir geweckt durch deutsche Menschen, deutsche Bücher. Ich wußte damals noch nicht, daß es einen grundlegenden Unterschied gab zwischen deutschen Nichtjuden und deutschen Juden. Ich wußte damals noch nicht, daß mir eines Tages der Boden, auf dem sich meine Begabung entwickelte, unter den Füßen weggezogen werden würde, daß ich eine Illusion lebte.

Die meisten meiner Gedichte waren Liebesgedichte für Frauen. Mein Gefühl, daß Liebe eine Sache ist, die sich nur zwischen Frauen abspielt, entsprach meiner festen Überzeugung, solange ich mich erinnern kann. Diese Sicherheit änderte sich nicht, obwohl ich klar erkannte, daß dies *meine* Art zu lieben war, und sie sich von der vieler anderer Menschen unterschied. Obwohl ich nie eine unkontrollierbare Sehnsucht nach irgend einem Mann empfand, hatte ich zu vielen eine platonische Beziehung, manche davon stark emotional gefärbt. Da war mein Gefühl für meinen Cousin Leo, den Musiker, mit dem ich mein Interesse für Poesie teilte und der ebenfalls Medizin studierte. Aber ich vergaß ihn sofort, als ich mich in eine Frau verliebte. Etiketts wie „lesbisch", „hetero"- oder „homosexuell" hatten in meiner Welt keinen Platz. Selbst als ich die Arbeiten von Krafft-Ebing, Magnus Hirschfeld und anderen studiert hatte, wandte ich solche Begriffe niemals auf mich selbst an. Nachdem ich jetzt die letzten 15 Jahre über menschliche Sexualität geforscht habe, erkannte ich, wie richtig meine Ablehnung solcher Etiketts gewesen war. Ich konnte in meiner sexologischen Forschung nachweisen, daß alle gesellschaftlich definierten sexuellen Kategorien falsch und unsinnig sind.

Aber zurück zu meiner Studentenzeit. Nachdem ich mich entschlossen hatte, Königsberg zu verlassen, wählte ich Tübingen als nächste Station. In dieser Wahl lag mehr als eine geographische Vorliebe. Mein Cousin Leo hatte sein Medizinstudium in dem nicht allzu weit entfernten Heidelberg fast abgeschlossen. Er fühlte sich dort sehr wohl, weniger als Medizinstudent, als vielmehr in seinem Freundeskreis von Künstlern und Schriftstellern um Stefan George. Ich wollte das Leben meines Cousins nicht teilen, lehnte daher seinen Vorschlag, mein Studium in Heidelberg fortzusetzen, ab und ging stattdessen nach Tübingen. Aber Besuche zwischen den beiden Universitäten waren eingeplant, und das war mir sehr recht.

Ich brauchte das Alleinsein als Lebensform. Mit Tübingen verband ich den Namen Hölderlin, dessen Gedichte ich auswendig wußte. Seine Gedichtbände hatten zusammen mit denen von Rilke und Trakl neben den philosophischen Bänden zu Hause auf meinem Danziger Schreibtisch gelegen.

Hölderlin, Hegel und Schlegel hatten gleichzeitig im Augustiner Konvent in Tübingen studiert. Während sie sich am Seminar mit Theologie und Philosophie beschäftigten, wurden sie Freunde. Der kleinen Stadt war es gelungen, sich Architektur und Atmosphäre des Mittelalters zu bewahren. Man hatte den Eindruck, hier stünde wirklich die Zeit still. Der Neckar teilte den im Tal gelegenen Stadtteil von dem auf einem Hügel. Eine von Platanen umsäumte Straße führte am Fluß entlang, auf dem die Studenten ruderten. Die Schönheit und das milde Klima dieser Stadt waren Balsam für meine Nerven. Eine weitere Attraktion lag darin, daß ich von hier aus den württembergischen Teil des Schwarzwaldes erreichen konnte. Und häufig mietete auch ich mir ein Boot und ruderte den Neckar entlang, oder ich machte eine Wanderung mit Biwak und Zelt durch den Schwarzwald.

Tübingen war eine glückliche Wahl. Die medizinische Ausbildung in der alten Universität genoß einen guten Ruf. Professor Ernst Kretschmer, dessen Buch „Körperbau und Charakter" als Pionierwerk der psychosomatischen Typenlehre gilt, war der Direktor der psychiatrischen Abteilung. Professor von Möllendorf unterrichtete Embryologie, damals ein neuer Zweig der Medizin; auch er leistete wesentliche Beiträge zu seinem Fach. Er beeindruckte mich sehr. Von kleiner Statur und mit blassem Gesicht, traurigen, braunen Augen und weißem Haar, trug dieser junge Gelehrte doch den kreativen Funken in sich, der die großen Gelehrten auszeichnet. Er war ein ebenso hervorragender Lehrer wie unser Dozent in Anatomie, Professor Fischer. Wenn dieser Vorlesungen über den menschlichen Körper hielt, war das Auditorium Maximum zum Bersten gefüllt. Er ließ uns Studenten aktiv am Unterricht teilnehmen, indem er uns aufforderte, seine Zeichnungen an der Tafel zu kolorieren. Muskeln wurden blau eingezeichnet, innere Organe rot, Knochen gelb, usw. Auf diese Weise machten uns Studenten die Anatomievorlesungen Spaß. Diese beiden Männer beherrschten die Kunst des Unterrichtens und gaben uns eine gute Grundlage für das Examen. In Tübingen hatte ich ebenso viel Glück wie in Freiburg: Jede Stadt bot mir verschiedene Möglichkeiten, beide erweiterten meinen Horizont und bereicherten mich um Freundschaften. Ich lebte *in Freiheit*, ohne kämpfen oder mich behaupten zu müssen. Doch ich werde niemals wissen, ob ich mein Glück den Menschen verdankte, mit denen ich mich umgab, oder den Lebensbedingungen in der Weimarer Republik. Wahrscheinlich war es eine Mischung von beidem.

Einmal ging ich mit zwei Kommilitonen, Lichtenstein und Mendersohn, im Schwarzwald wandern. Die beiden waren *Wandervögel* und kannten sich aus, wie man lange Marschtouren einteilt und angenehm macht. Wir trafen uns, mit Rucksäcken ausgerüstet, am Tübinger Bahnhof, und nach einer Stunde Zugfahrt befanden wir uns am Anfang unserer Tagestour. Dies war das erste Mal, daß ich einen ganzen Tag lang Hügel auf, Hügel ab in der Begleitung von zwei Studenten, die ich kaum kannte, wanderte. Wir hatten unser Tempo bald aufeinander eingestellt. Lichtenstein konnte es nicht lassen, eine Pfeife zu rauchen, doch lachend ließ er es geschehen, daß Mendersohn und ich sie ihm abnahmen. Die beiden Männer machten unterwegs ein Feuer, und nach einer Mahlzeit und einer kurzen Rast ging es wieder weiter, bis wir den hübschen Kurort Freudenstadt erreichten. Ich war totmüde, schlief im Hotel und überließ meine beiden Begleiter sich selbst. Am nächsten Tag fuhr ich mit dem Zug zurück nach Tübingen, während sie sich zu Fuß auf den Rückweg machten. Wir drei hatten mehr erlebt als einen Spaziergang durch den Schwarzwald: die Natürlichkeit einer Kameradschaft zwischen Frau und Mann. Keine Affektiertheit, kein falscher Ton hatte die gemeinsam verbrachte Zeit gestört. Es gab keinen Hinweis darauf, daß die Unterscheidung in ein „stärkeres“ und ein „schwächeres“ Geschlecht eine Rolle spielte. Ich hatte mich frei gefühlt. Es war, als hätte ich Wasser direkt aus der Quelle getrunken.

Erst am Ende des zweiten Tübinger Semesters wurde meine ausgeglichene Zufriedenheit gestört. Wir Studenten nahmen unsere Mahlzeiten in billigen, überfüllten Restaurants ein. Es gab zwei davon in unmittelbarer Nähe der Universität. Eines Tages saß ich mit anderen Studenten, die ich nicht kannte, an einem Tisch. Da kam eine rothaarige, abgehärmt aussehende Serviererin zu uns, nahm von allen die Bestellungen entgegen, doch bevor ich meine aufgeben konnte, funkelte sie mich an und schrie: „*Sie* bediene ich nicht“. „Wie bitte?“, fragte ich. Sie antwortete nicht. Die anderen Studenten starrten sie an, ebenfalls verwirrt. Einer sagte: „Sie ist neu, ich glaube sie ist verrückt“. Ich stand auf und ging in das andere Restaurant in der Straße. Doch dieses Erlebnis erschütterte mich. War dies meine erste Begegnung mit dem Antisemitismus? Vielleicht, aber ich war mir nicht sicher. Diese junge Frau konnte auch einen Groll gegen jemand anderen auf mich übertragen haben. Ich fand die Antwort nicht, stellte aber fest, daß mir dieses Ereignis einen Schlag versetzt hatte: Ich war abgelehnt worden, weil ich anders war. Die heitere Gelassenheit, die ich in Tübingen empfunden hatte, war dahin. Ich hatte ohnehin geplant, wieder die Universität zu wechseln, aber jetzt hatte ich es eilig abzureisen.

Berlin war die Stadt, die ich mir aussuchte, um mein Examen zu machen. Ein Berliner Abschluß war für die weitere Berufslaufbahn, nicht nur in Deutschland, sondern auch im Ausland günstig. Abgesehen davon war Berlin damals der Mittelpunkt des kulturellen Lebens in Deutschland. Unzweifelhaft verdankte es sehr viel den Leistungen des Bauhauses in Dessau. Das Bauhaus war das Zentrum der progressiven Kunst. Abstrakte Bilder waren von Kandinsky und anderen bereits gemalt worden, lange bevor es seine Tore öffnete, und auch Experimente in der Kombination von Bewegung und Skulptur hatte es vorher schon gegeben. Doch in der Weimarer Republik erlebten die progressiven Künstler internationale Anerkennung. Das Bauhaus beherbergte eine internationale Gemeinde, die der Architektur und dem Kunsthandwerk ein neues Gesicht verleihen sollte. Doch Berlins magnetische Anziehungskraft als Metropole der neuen Republik spiegelte diese progressiven neuen Leistungen nicht nur wider; die Stadt hatte eine besondere Anziehungskraft durch ihre Toleranz, die progressiv-politische und auch sexuelle Außenseiter anlockte.

Die Inflation, die Deutschland zugrunde richten sollte, hatte ihre ruinösen Ausmaße noch nicht erreicht. Noch konnten mich meine

Eltern finanziell unterstützen. Ich hatte immer die Gelegenheit wahrgenommen, die weitere Umgebung meiner Universitätsstädte zu erkunden und zögerte daher nicht, einer Einladung meines Cousins zu folgen und ihm vor meinem Weggang nach Berlin in Heidelberg einen Besuch abzustatten. Es war eine wunderschöne Zeit. Der Neckar fließt durch die hübsche Universitätsstadt, kurz bevor er in den Rhein mündet. In der Nähe von Heidelberg liegt Neckargemünd, ein Ausflugsort mit bewaldeten Hügeln, von denen man in ein breites grünes Tal hinabsehen kann, durch das der Neckar seinen gewundenen Kurs westwärts nimmt. Das kleine Städtchen war ein Feinschmeckertreffpunkt. Mein Cousin und ich gönnten uns hier köstliche Mahlzeiten, ohne uns darüber klar zu sein, daß diese glücklichen Tage nur eine kurze Gnadenfrist vor dem großen Desaster der Hyperinflation darstellten. Leo hatte vier Jahre an der Heidelberger Universität verbracht und sich bis zum Zeitpunkt meines Besuches in eine Art ästhetischen Eremiten verwandelt. Er stellte mich seinen Künstlerfreunden aus dem Kreis um Stefan George vor. Einer davon war der Dichter Weismann, ein junger Mann von beachtlicher Intelligenz, der mit Hölderlin-ähnlichen Reimen nur so um sich warf. Unglücklicherweise bewegte er sich auf dieselbe Krankheit zu, unter der Hölderlin gelitten hatte – Schizophrenie. Doch bei meinem Besuch war er immer noch wie ein Feuerwerk, er explodierte vor Liebe und Poesie, erfreute damit seine Freunde und beunruhigte sie gleichzeitig.

Eines Tages fuhren wir drei nach Mannheim, um einer der letzten Vorlesungen von Rudolf Steiner beizuwohnen. Er sprach wohl zwei Stunden lang über die Grundsätze seiner Lehre, aber ich kann mich nicht an ein einziges Wort von ihm erinnern. Vor meinem geistigen Auge sehe ich ihn, einen kleinen Mann mit bleichem Gesicht, sehr hohen Augenbrauen und leuchtenden Augen. In unserem Wortschatz fehlte damals noch der Begriff *Charisma*; Steiner hatte es in einem Ausmaß, wie es mir noch nie zuvor begegnet war. Die Halle war bis auf den letzten Platz besetzt, und man konnte körperlich fühlen, wie dieser Mann alle Anwesenden in Bann schlug. Wirklich, er hatte eine *Aura*, diese recht mysteriöse Ausstrahlung, die einige besondere Menschen auszeichnet. Der

Abend regte mich dazu an, seine Bücher zu lesen, die jedoch weit hinter meinem persönlichen Eindruck von ihm zurückblieben. Seine Philosophie ist durchaus ernstzunehmen. Doch er war unfähig, sich schriftlich auszudrücken, und das minderte den Einfluß, den er hätte ausüben können. Seine Bücher sind nicht nur langweilig, sondern setzen ihn auch dem Verdacht der Scharlatanerie aus.

Das bedeutendste Ereignis meines Besuches in Heidelberg war jedoch das Zusammentreffen mit Jula Cohen, einer engen Freundin meines Cousins. Sie war Bildhauerin und lebte in einer Atelierwohnung in der Nähe des Heidelberger Schlosses. Die zierliche Frau bewegte sich sanft und vorsichtig, im wörtlichen wie im übertragenen Sinne. Durch ein Lorgnon mit einem langen Ebenholzgriff betrachtete sie ihre Umwelt. Auf Grund ihrer starken Kurzsichtigkeit hielt sie den Kopf immer leicht gebeugt, so daß man nie genau wußte, ob ihre Gedanken bei den Besuchern verweilten oder ganz woanders waren. Doch ihre kleinen, tiefliegenden Augen beobachteten jede Geste und jeden Ausdruck ihres Gegenübers genau. Ihr Kopf war zu groß für ihren kleinen Körper, so daß er alle Aufmerksamkeit auf sich zog. Die Feinheit ihrer ganzen Persönlichkeit konnte man an ihrer zarten Haut, ihren Händen und ihrer edel geformten Nase erkennen. Ihre Mundwinkel bewegten sich, wenn sie mit einem sprach oder sich über etwas lustig machte, auf und ab und verrieten ihren Sinn für Humor und eine gute Portion Zynismus. Doch die Ehrfurcht, die man bei ihrem Anblick empfinden zu müssen glaubte, wurde gemildert durch die zahllosen Sommersprossen auf Gesicht und Händen, die ihr Aussehen dem von Normalsterblichen ähnlicher machte. Dieses körperliche Merkmal betonte ihr lustiges, clownhaftes Verhalten, das sie gern an den Tag legte, wenn die Unterhaltung intensiver wurde. Sie hatte schon als Kind ihre Eltern verloren, und ihr einziger Bruder war ihr Ausgleich für die Einsamkeit eines zerbrechlichen Mädchens gewesen. Die beiden liebten sich wie Zwillinge. Sie machte einen „hellwachen" Eindruck, mit dem sie Intellektuelle und Künstler anlockte. Kein Wunder, daß sie eine der „Auserwählten" war, die dem großen Stefan George und seinem Interpreten, Professor Friedrich Gundolf, nahegekommen war. Eine „Frau mit Eigenschaften", nannte sie mein Cousin.

Das Wort Elite war damals noch nicht abgenutzt. An der Spitze der elitären Hierarchie standen Dichter und Philosophen, und ihre Bewunderer hatten ein Anrecht darauf, in ihren magischen Zirkel aufgenommen zu werden. Die Ungleichheit der Menschen kann nicht durch Wunschdenken weggefegt werden. Es überraschte mich nicht, daß die Angehörigen dieser Elite eine Art telepathischer Wahrnehmung füreinander hatten. So wußte ich damals noch nicht, wieviel Glück ich hatte, als Jula mir vorschlug, mich ihrem engen Freund, Walter Benjamin, vorzustellen. Dies bedeutete, daß ich von ihr und ihrem Kreis akzeptiert wurde. Benjamins Name hatte bereits den Klang des Auserlesenen, doch ich hatte keine Vorstellung von seiner Bedeutung, bevor ich ihn traf.

Zirka zwei Monate nach meinem Besuch in Heidelberg ging ich an die Berliner Universität. Die Inflation klopfte bereits laut an Deutschlands Tür, doch meine Eltern brachten es immer noch fertig, meine Studiengebühren und Unterhaltskosten aufzubringen. Sie warnten mich jedoch, sehr sparsam zu leben, da die Preise Woche für Woche immer steiler in die Höhe schnellten. Ich war keine Fremde in Berlin. Jedesmal, wenn ich Lisa besucht hatte, waren ihre Freunde immer mehr auch zu meinen Freunden geworden. Die Arinsteins, bei denen ich zunächst übernachtete, baten mich, ihr Gast zu sein, bis ich eine mir angenehme Bleibe gefunden hatte. Auf diese Weise kam ich in Lisas Bekanntenkreis zurück. Da war Willy Jaeckels Schülerin Hella A., die schon jahrelang in den Meister verliebt war, und die nie das Haus verlassen konnte, weil sie den ganzen Tag auf einen Telefonanruf von ihm wartete. Von ihr und ihrer Mutter erhielt ich die Einladung, sie jederzeit zu besuchen, eine Gelegenheit, die ich fast täglich wahrnahm, so daß ich bald schon Teil ihres Haushalts wurde.

Die aufregendste Zeit meines Studentenlebens begann. In der Atmosphäre der 20er Jahre atmete man die Luft von Freiheit und Toleranz. Welche sinnlichen und emotionalen Bedürfnisse man auch immer hatte, hier wurden sie befriedigt. Der verlorene Krieg und die jetzt auftretende Hyperinflation machten die Menschen ganz wild darauf, ihr Leben in vollen Zügen zu genießen. Es war der berühmte Tanz auf dem Vulkan. Zu keiner anderen Zeit hatte es ein solch kreatives Verlangen unter den deutschen Künstlern und Denkern gegeben. Die Kultur stand in voller Blüte, während das Land in den Abgrund taumelte. Es war die Zeit des Überschwanges erotischer Vergnügungen und intellektueller Späße, mit denen Theaterstücke, Chansons und Cabarets gewürzt wurden. Das „intime" Theater mit seinen Musicals und Revuen erreichte eine Qualität, wie zu keiner Zeit vorher oder nachher. Und ich war dabei und konnte all das erleben! Der Himmel war nicht irgendwo über uns, sondern hier auf Erden, in der deutschen Hauptstadt. Was für die einen den Himmel bedeutet, ist für die anderen die Hölle, und die Kräfte der Zerstörung um uns herum machten uns nur noch hektischer. Die Weimarer Republik gab Künstlern und Intellektuellen eine Chance, aber sprach die Masse des Volkes nicht an. Die Deutschen wußten nicht, woran sie waren, und ihr Unmut gegen Fortschritt und Freiheit wuchs. Rathenau war ermordet worden, bald würde Hitler kommen... Einige Intellektuelle erkannten die Zeichen der Zeit, haßten es jedoch, durch die polternde Unzufriedenheit der „Spießbürger" gestört zu werden. Andere wiederum sahen entweder das sich nähernde Unheil nicht, oder wollten es nicht wahrhaben. Sie hatten alles, was sie sich nur wünschen konnten und hielten bis zum bitteren Ende daran fest. Ich nutzte meinen Vorteil und nahm die Angebote Berlins wahr. Was ich erleben und erfahren wollte, waren Liebe, Vergnügungen, Wissen und enge Freundschaften.

Als ich mit den Benjamins telefonierte, hatte ich noch keine Ahnung, daß ich die meisten dieser „Güter" durch sie finden würde. Walter und Dora empfingen mich warm und gastfreundlich. Sie brauchten zu diesem Zeitpunkt ihrer Ehe eine dritte Person und betrachteten mich als die rechte „Vermittlerin". Es machte mir Freude, diesen Platz einzunehmen, und ich fühlte mich sofort zu ihnen hingezogen. Sie bewohnten ein schönes Haus in der Dellbrückstraße 23 im Grunewald. Es hatte Walters Eltern gehört und bot all die Annehmlichkeiten, die eine reiche Familie der Bourgeoisie sich leisten konnte. Walter und Dora führten jedoch alles andere als ein bourgeoises Leben, auch hatten sie gar kein Geld für einen solchen Luxus. Wir drei machten uns über den Widerspruch zwischen ihrem Lebensstil und ihrer Umgebung lustig. Walter war derjenige, der sich über die finanzielle Unsicherheit am meisten Sorgen machte. Er tat alles in seiner Macht Stehende, um eine Dozentenstelle an der Universität Frankfurt zu bekommen, doch sie wurde ihm verweigert, weil er Jude war. Mit einem Grinsen erzählte er mir, er sei nichts weiter als ein Privatgelehrter.

Dora meisterte alles spielend leicht. Schon durch ihr auffälliges Aussehen war sie auf eine überwältigende Weise stets präsent. Doch mehr als das: Diese blonde Jüdin mit den leicht hervortretenden Augen, einem scharfgeschnittenen Mund und vollen roten Lippen, strahlte Vitalität und Lebensfreude aus. Dora mochte mich sehr und stellte mich ihren zahlreichen Freunden vor – zum größten Teil Männer, die in sie verliebt waren. Sie war eine begabte Journalistin und arbeitete als freie Mitarbeiterin für einen großen Verlag. Walter und Dora führten ihr Leben jeder für sich, denn sie hatten sehr unterschiedliche Bedürfnisse. Zufällig teilte ich die Interessen beider, doch mit Walter hatte ich den engeren Kontakt. Dora war das offensichtlich sehr recht, denn meine häufigen Besuche boten ihr die Gelegenheit, eigene Wege zu gehen.

Walter und ich saßen uns meist an einem langen Eichentisch gegenüber, der mit seinen Manuskripten bedeckt war. Die Wände seines Zimmers verschwanden hinter Bücherregalen, die vom Boden bis zur Decke reichten. Nur an der Rückwand war eine größere Stelle offengelassen: Dort befand sich Walters Lieblingsbild – der „Angelus novus“ von Paul Klee. Er hatte eine persönliche Beziehung zu diesem Bild, als wäre es ein Teil von ihm. Ich fand es zunächst nicht besonders schön, schätzte jedoch die Sensibilität dieser scheinbar anspruchslosen Geometrie. Mit der Zeit aber begriff ich, daß es in seiner Komposition und seiner „Ansprache“ eine solche Klarheit zum Ausdruck brachte, wie sie für den kreativen Prozeß kennzeichnend ist. Daraufhin verstand ich, warum Walter seinen „Angelus novus“ liebte. Klee, der sensible Visionär, übte auf den Visionär Walter Benjamin einen besonderen Reiz aus.

Walter war der geborene Poet, und es war unvergleichlich aufregend, sich mit ihm zu unterhalten. Er entführte mich in die jungfräuliche Welt der Erfahrungen aus erster Hand. Sogar bekannte Dinge zeigten sich in neuem Licht, wenn er von ihnen sprach. Aber wir führten nicht nur intellektuelle Gespräche. Er liebte es, mich von meinen Abenteuern und Affären erzählen zu lassen, und erwiderte meine Bekenntnisse, indem er von seinen eigenen Emotionen sprach. Er war ein Romantiker und ein ausgeprägter Gefühlsmensch. Hinter seinen Arbeiten stand immer eine Person, die er liebte. Er hatte Gedichte geschrieben und übersetzte Baudelaires „Les Fleurs du Mal". Im Jahr 1924 erschienen seine Übersetzungen Seite an Seite mit meinen in „Vers und Prosa", einer im Rowohlt-Verlag herausgegebenen Monatszeitschrift. Die beiden Jahre, in denen ich Benjamin kennenlernte, gehören zu den wichtigsten meines Lebens. Gleich zu Beginn unserer Freundschaft erhielt ich einen Einblick in seine Originalität als Denker, als er mir ein Kapitel nach dem anderen seines Essays über die „Wahlverwandtschaften" vorlas. Inzwischen ist Walter Benjamin international anerkannt, und dieser Aufsatz gilt als ein Meisterwerk. Ich erfuhr von ihm, daß diese Arbeit durch eine Frau inspiriert wurde, die er liebte: die Bildhauerin Jula Cohen, die mich ihm vorgestellt hatte.

Walter war nicht nur einer der klügsten Köpfe des Jahrhunderts, er war auch ein wundervoller Freund. Und tatsächlich war Freundschaft für ihn das Wichtigste. Er war an meiner Seite, wann immer ich ihn brauchte. In den Jahren 1923/24 hatte die Inflation astronomische Ausmaße erreicht, und meine Eltern konnten nicht länger für mich sorgen. Mein Onkel Josef half noch eine gewisse Zeit aus, aber schließlich verlangten meine Eltern, ich solle mein Studium aufgeben und nach Hause zurückkehren. Ich hatte nicht die geringste Lust dazu und arbeitete hart, um Geld zu verdienen, indem ich ausländischen Studenten Deutschunterricht erteilte. Doch das reichte nicht aus, um mich über Wasser zu halten. Walter und Dora entschlossen sich, mir zu helfen. Walter schlug mir vor, mit mir nach Danzig zu fahren, um meine Eltern zu überzeugen, daß mein Studium nicht unterbrochen werden durfte. Walters Argumente waren so überzeugend, daß meine Eltern hilflos nachgaben, weil sie ohnehin nicht wußten, was sie sonst tun sollten. Er versicherte ihnen, daß er und seine Frau jeden Stein umdrehen würden, um mich das letzte Jahr an der Universität durchzubringen. Doch die *Dea ex Machina* war Dora Benjamin. Sie überredete einen holländischen Arzt, mich mit einem Stipendium in Gulden zu fördern. So konnte ich mein Studium fortsetzen, das ich durch den Zwang zum Geldverdienen hatte vernachlässigen müssen.

Ich lernte Walters Persönlichkeit in Danzig von einer neuen Seite kennen. Er überraschte mich nicht nur durch seine geschickte Argumentation meinen Eltern gegenüber, er war auch lebhafter als sonst und wollte die Schönheiten Danzigs kennenlernen, von denen ich ihm erzählt hatte. Außerdem brannte er darauf, das Kasino in Zoppot zu besuchen, um Roulette zu spielen. Ich war dort schon einige Male recht erfolgreich gewesen und hatte Lust dazu, es noch einmal zu wiederholen. Und so nahmen wir den Zug und fuhren nach Zoppot. Walter war glänzender Laune und sah aus wie ein Mensch, der bereit war, etwas aus dem Ärmel zu schütteln. Ein Gewinnsystem? Ich kann mich nicht daran erinnern, ob einer von uns etwas gewann, aber wir genossen die Atmosphäre innerhalb und außerhalb des Kasinos. Wir gingen auf Zoppots langem Pier spazieren, beobachteten die Fischer, die ihre Boote an Land brachten und sahen hinüber nach Gdingen am anderen Ende der Bucht. Gdingen, jetzt polnisches Territorium, war damals ein beliebtes Ausflugsziel. All das kannte ich seit Jahren, aber mit Walter sah ich es neu. Dieser linkische und gehemmte Mann, den man sich viel eher an einem Schreibtisch als an der frischen Luft vorstellen konnte, benahm sich, als hätte man ihm etwas Wundervolles geschenkt. Alle Dinge waren ihm „neu“, und zu keinem Zeitpunkt erinnerte er mehr an ein Kind als in Zoppot. Er gluckste vor Lachen, und seine Augen, hinter Brillengläsern versteckt, glitzerten vor Vergnügen. Walter war ein ewiger Student mit ungeheurer Entdeckerfreude. Sein Geist erinnerte mich immer an einen Maulwurf, der ständig gräbt und nach etwas sucht, das darunter liegen könnte.

In Danzig und Zoppot erlebte ich Walter Benjamin als einen Menschen ohne Alter, für den das Leben zu einer Schatzsuche wurde, wenn seine Stimmung und die Umstände es erlaubten. Seine Erscheinung war einzigartig; er zeigte nicht das typisch männliche Verhalten seiner Generation. Und es gab eine Reihe von Merkmalen an ihm, die nicht mit dem Rest seiner Persönlichkeit übereinstimmten. Die rosigen Apfelbäckchen eines Kindes, das schwarz gelockte Haar und die feinen Augenbrauen ließen ihn reizvoll aussehen, doch manchmal war da ein zynisches Glitzern in seinen Augen. Auch seine dicken, sinnlichen Lippen, unter einem Schnurrbart schlecht verborgen, waren unerwartete Merkmale, die nicht zu ihm zu passen schienen. Seine Haltung und Gestik waren nervös und wenig spontan, außer wenn er von Dingen sprach, die ihn gerade sehr beschäftigten, oder von Menschen, die er liebte. Wenn er aufgeregt war, pflegte er im Raum auf und ab zu laufen, eine Angewohnheit, die einen nervös machen konnte. Seine spindeldürren Beine erweckten den traurigen Eindruck unterentwickelter Muskeln. Er gestikulierte kaum, sondern hielt seine Arme dicht am Oberkörper.

Walters andere Seite störte viele Leute und ließ sie ihn unsympatisch finden. Aber wir fühlten uns emotional sehr wohl miteinander, denn auch er hatte eine homo-emotionale Seite. Die Art, wie er über seinen Freund, den Dichter Heinle sprach, ließ keinen Zweifel an seiner Liebe für ihn. Er führte mir die klare und absolute Geisteshaltung seines Freundes vor Augen, als er mir von dessen gemeinsamem Selbstmord mit der Frau, die er liebte, erzählte. Beide waren davon überzeugt, daß eine Liebe wie die ihrige den Anforderungen des täglichen Lebens nicht standhalten würde. Walter stimmte mit ihnen vollkommen überein. Liebe und Tod waren Benjamins wichtigste Themen, mit denen er sich ständig beschäftigte. Er erlebte nie das quälende Gefühl der Eifersucht, weder in Bezug auf seine Frau, noch bei seiner geliebten Jula, die seine Gefühle nicht erwiderte.

Tat Walter nur so, oder war er wirklich so viel überlegener als die meisten Menschen, daß er auf die besitzergreifende Liebe verzichten konnte? fragte ich mich. Dora liebte seinen besten Freund, der das genaue Gegenteil von ihm war – ein intellektueller Dandy und Weiberheld. Doch die Intimität zwischen seiner Frau und seinem Freund brachte sein inneres Gleichgewicht nicht ins Wanken. Im Gegenteil: Sie brachte die beiden Männer einander näher. Nicht einmal die Tatsache, daß Jula seine Liebe nicht erwiderte, sondern leidenschaftlich den Mann begehrte, den Dora liebte, störte seine Freundschaft zu ihm nicht. Die Nähe zwischen diesen vier Menschen wurde durch nichts beeinträchtigt, und man kann sich nur wundern, wie sehr Walters Leben Goethes „Wahlverwandtschaften“ widerspiegelte. Kein Wunder, daß eine seiner besten Arbeiten dadurch inspiriert wurde. Die vier Menschen in diesem Quartett waren in einer Art emotionalem Inzest aneinander gebunden. Ihre leidenschaftlichen Gefühle überkreuzten sich, aber ihrer gegenseitigen Zuneigung tat das keinen Abbruch. Walter erinnerte mich auch an Rainer Maria Rilke, für den die Sehnsucht nach der Geliebten erstrebenswerter war als ihre Anwesenheit, die für ihn allzu oft eher eine Belastung als eine Freude bedeutete. Mir wurde klar, daß Benjamin nicht der Mann war, der körperliche Liebe lange ertragen konnte, sondern daß er eher an mittelalterliche Minnesänger erinnerte, denen sehnsüchtig-nostalgische Liebe alles bedeutete. Nicht umsonst beschrieb er ihre „Minne“ so überzeugend in seinem Essay über Surrealismus. Es ist leicht, ihn zu idealisieren, doch er wäre der letzte, der das erlauben würde. Seine pedantische und gehemmte Art machte ihn zu einem Menschen, mit dem zu leben schwierig war. Sein Zynismus befremdete viele Bewunderer, doch wer ihn verstand, wußte, daß er sich verteidigen mußte, indem er sich die Leute vom Leib hielt. Eng befreundet war er nur mit wenigen Menschen, die ihm ähnlich waren. Zwei Aufsätze sind mir in Erinnerung, die davon zeugen, welch intensives Verständnis und Gefühl er für seine Freunde aufbrachte. In „Die Wiederkehr des Flaneurs“ schrieb er unvergeßliche Worte über den Romanschriftsteller Franz Hessel, der auch mein Freund war; in einem anderen Essay beschrieb er den Dichter Karl Wolfskehl mit großer emotionaler Intensität.

Wolfskehl hatte ihm und Hessel eines seiner Gedichte vorgelesen, und er schilderte in diesem Aufsatz, wie es nur ein Dichter kann, die staunende Freude, die er empfunden hatte. Es war für ihn die Erfahrung einer Art geistiger Liebe gewesen, eine Ekstase, die ihm für immer im Gedächtnis blieb. Das erinnerte mich an die Freude, die er empfand, als ich ihm während unseres Besuches bei meinen Eltern zwei Bücher schenkte. Ich hatte ihn zu einem Wahrzeichen Danzigs mitgenommen, dem alten Stockturm, in dessen unterem Teil sich Buchantiquariate befanden. Dort hatte ich Kinderbücher aus dem 19. Jahrhundert gesehen, die in atemberaubenden Farben illustriert waren. Walter sammelte solche Bücher.

Die Bewunderung über den Stockturm und seine verborgenen Schätze brachte er mit den Worten zum Ausdruck: „Dies ist ein Kramladen des Glücks." 25 Jahre nach diesem Ereignis kam mein Entzücken dem seinigen damals gleich, als ich in seinem in der „Literarischen Welt" 1926 erschienenen Aufsatz „Aussicht ins Kinderbuch" folgendes las: „Reine Farbe ist das Medium der Phantasie, die Wolkenheimat des verspielten Kindes, nicht der strenge Kanon des bauenden Künstlers". Und er zitierte Goethe in demselben Aufsatz: „Die durchsichtigen Farben sind in ihrer Erleuchtung wie in ihrer Dunkelheit grenzenlos, wie Feuer und Wasser als ihre Höhe und ihre Tiefe angesehen werden kann."

Walters persönliches Leben blieb steril und von Sehnsüchten bestimmt. Sein Ich war in seiner Arbeit, es wurde genährt durch Menschen, die er unerwidert liebte. Er hätte es nicht anders haben wollen. Ich bin davon überzeugt, daß der Schlüssel zu seinem Werk in der Erkenntnis liegt, daß er ein Dichter war, der sich zufällig auch als ein brillanter Philosoph und einer der bemerkenswerten Interpreten unserer Zeit herausstellte. Ich habe mich oft gefragt, ob zwischen interpretativer und kreativer Kunst letztlich ein großer Unterschied besteht. Beide beschäftigten sich mit dem gleichen Thema. Man muß dabei mit seinem äußeren und inneren Ohr zuhören, mit seinem äußeren und inneren Auge hinsehen, und dem, was man „gehört" und „gesehen" hat, Ausdruck verleihen. Die Formgebung des Materials macht den Unterschied zwischen guter und schlechter Kunst aus. Kunst ist nichts weiter als die Fähigkeit, Material zu *formen*, gleichgültig, ob man dieses Material aus seiner eigenen Phantasie gewinnt oder aus der eines anderen Menschen. Möglicherweise sind Agonie und Ekstase da reichlicher vorhanden, wo man das künstlerische Material aus dem eigenen Inneren hervorholt, doch man kann sich dessen nie sicher sein.

Meine Gedichte bereicherten nicht nur mein Leben, sie ebneten auch den Weg zu meiner Freundschaft mit Franz Hessel. Hessel war der Herausgeber der Zeitschrift „Vers und Prosa". Er lud mich eines Tages ein, mit mir über die Veröffentlichung einiger meiner Gedichte zu sprechen. Ich traf ihn in seinem kleinen Wohn- und Schlafzimmer, ehemals das Zimmer des Dienstmädchens. Er zog es den anderen Räumen seiner großen Apartmentwohnung vor. Hessel sah aus wie ein Buddha, er lächelte sanft, sein runder Kopf war kahl. In seinem großen Gesicht, den braunen Augen, den vollen Lippen und seinem heiteren Ausdruck verband sich die Verinnerlichung östlicher Meditation mit dem Wesen eines französischen Gourmets. Als wir uns eine gewisse Zeit kannten, nannte ich ihn „Hessel, der Feinschmecker", denn er war ein exzellenter Koch. Bei ihm fühlte man sich behaglich und geborgen wie bei einer fürsorglichen Mutter – genau das Gegenteil zu der Atmosphäre in Walter Benjamins Haus. Dieser verschwand nach und nach aus meinem Leben, während Hessel und ich uns näher kamen.

Enge Freundschaften pflegen leider dann meist auseinanderzubrechen, wenn Liebesangelegenheiten über alle anderen Dinge Priorität erhalten. Genau das geschah in der Beziehung zwischen Walter Benjamin und mir. Walter wurde durch eine russische Frau, in die er sich leidenschaftlich verliebte, in ein neues Leben hineingetrieben. Ich war eine intime Beziehung zu einem deutschen Mädchen eingegangen. Danach trafen wir uns nur noch selten, bis wir uns schließlich aus den Augen verloren – ohne jeden ersichtlichen Grund. Walter und Franz Hessel, die ich miteinander bekannt gemacht hatte, wurden enge Freunde. Sie arbeiteten bei der Übersetzung von Proust und Balzac ins Deutsche zusammen, eine Arbeit, die ihre Verbindung stärkte.

Hessel, einer der besten Romanschriftsteller in den 20er und frühen 30er Jahren, wurde ins literarische Exil gezwungen, als die Nazis an die Macht kamen. Seine Romane „Heimliches Berlin" und „Spaziergang durch Berlin" haben mehr als nur nostalgischen Charme, sie sind auch Dokumente der kulturellen Geschichte der Stadt. Sie wurden in den 60er Jahren neu verlegt, fanden aber wenig Echo in der deutschen Öffentlichkeit. Heute kennt man ihn hauptsächlich aufgrund seiner gemeinsam mit Benjamin erarbeiteten Übersetzung der Arbeiten von Proust und Balzac.

Anders Walter Benjamin. Seine Arbeiten waren zu seinen Lebzeiten wenig bekannt, erhielten jedoch im Laufe der letzten drei Jahrzehnte internationale Anerkennung; inzwischen ist Benjamin in Deutschland eine legendäre Figur. Er hat nicht nur die Philosophie unserer Zeit beeinflußt, sondern auch Geisteswissenschaften und Künste. Nach und nach wurden immer mehr seiner Arbeiten ausgegraben und in Deutschland oder im Ausland publiziert, und es sind bereits mehrere Biographien über ihn erschienen. In den frühen 50er Jahren wurden einige seiner Bücher ins Französische und Englische übersetzt.

Es ist fast unmöglich, der Aufgabe, gleichzeitig abgelaufene Ereignisse zu beschreiben, gerecht zu werden. Man wünscht sich, die Palette eines Malers zur Verfügung zu haben, um nebeneinander darzustellen, was beim Schreiben unglücklicherweise nacheinander geschildert werden muß. Während ich noch Walter und Dora Benjamin häufig besuchte, hatte bereits eine ganz andere Welt mein Interesse, meinen Abenteuersinn und meine Sinnlichkeit geweckt. Berlin mit seinem Ruf, die „toleranteste" Stadt Europas zu sein, war zu einem Paradies für Homosexuelle geworden. Sie kamen von überall auf der Welt dorthin, besonders aber aus England, um hier eine Freiheit zu genießen, die Ihnen in ihren Heimatländern verwehrt wurde.

In diesen Jahren hatte Magnus Hirschfeld, Pionier einer neuen wissenschaftlichen Forschung über sexuelle Varianten, sich bereits einen internationalen Ruf erworben. Seine Bücher und sein Institut für Sexualwissenschaften in Berlin waren über die Grenzen Deutschlands hinaus, besonders aber in Großbritannien und Amerika bekannt. Er erfreute sich der Anerkennung vieler bedeutender Psychiater, unter anderem Auguste Forel und Iwan Bloch, die mit ihm zusammenarbeiteten. Bereits zu Anfang dieses Jahrhunderts hielt er Vorträge über Sexologie zum Beispiel im Norden Berlins vor Arbeitern sowie an der Humboldt-Hochschule. 1908 gründete er die erste „Zeitschrift für Sexualwissenschaften", die leider nach einem Jahr vermutlich aus finanziellen Gründen eingestellt wurde. Autoren waren unter anderem: Alfred Adler, Sigmund Freud, Auguste Forel, Karl Abraham, Iwan Bloch, Cesare Lombroso, Wilhelm Stekel und als einzige Frau: Helene Stöcker. Es war das erste Periodikum dieser Art. Doch Hirschfeld war immer noch so gehemmt, daß er seine eigenen Neigungen hinter der Maske eines „normalen" jüdisch-deutschen Arztes verbarg. Über ihn als Menschen wurde erst kürzlich einiges ans Licht gebracht. Die Tatsache, selbst ein homosexueller Mensch zu sein, muß sein Verständnis für eine breitere Sicht menschlicher Sexualität vertieft haben. Seine Bedeutung als Pionier der Sexualwissenschaften wird sehr hoch eingeschätzt, doch sein Ruf geht nicht weit genug. Zu leicht wurde er der sexualpsychologischen Geschichte zugeordnet, während Vieles von dem, was er schrieb, tatsächlich heute noch bemerkenswert ist. War es sein Einfluß, der das Deutschland der 20er Jahre zum ersten europäischen Land werden ließ, in dem sexuelle Freiheit proklamiert und praktiziert wurde, oder machte die Weimarer Republik einen Sexualwissenschaftler wie Magnus Hirschfeld erst möglich? Wie dem auch sei, die Zeit muß für beide reif gewesen sein. Bars für Schwule und Nightclubs schossen nicht nur im modischen Westberlin, sondern auch in ärmeren Stadtteilen aus dem Boden. Man konnte Mercedeswagen genausogut vor homosexuellen Bars wie vor schicken lesbischen Nightclubs parken sehen. Auch Männer und Frauen, deren eigene Neigung eher heterosexuell waren, betrachteten begierlich die Vorgänge in dieser „Untergrund-Welt", der man inzwischen den scheußlichen Namen „Subkultur" gegeben hat. Einige von denen, die nur als Beobachter gekommen waren, machten sich einen Spaß daraus, mit gleichgeschlechtlichen Partnern zu tanzen.

Daß ich Frauen liebte, erschien mir als natürliche Neigung, solange ich mich erinnern kann. Ich betrachtete mich nicht als ausgegrenzt, weil mich nie jemand über meine erotische Vorliebe befragt hatte. Sie wurde von meinen Eltern, Verwandten und dem Kreis, in dem ich mich bewegte, als etwas Selbstverständliches angesehen. Ich brauchte mich nicht zu verstellen, zu verstecken oder nach Ausflüchten zu suchen. Die jüdische Mittelklasse verhielt sich in der Regel intolerant gegenüber unorthodoxem Sexualverhalten, doch meine Eltern und Verwandten waren da anders. Ich kann mich daran erinnern, daß ich einmal angenehm überrascht war, als meine Tante Bertha feststellte: „Ich glaube, du bist in Frau X. verliebt." Ich antwortete: „Nicht verliebt, aber ich fühle mich sehr zu ihr hingezogen." Sie lächelte.

Mein Onkel hatte mich immer als einen Jungen betrachtet und erwartete dementsprechend gar nicht, daß ich mich nach konventionellem Muster verhalten würde. Die gesellschaftlich vorhandenen Vorurteile berührten mich nicht, denn ich war mir ihrer nicht bewußt. Man akzeptierte mich privat und beruflich so, wie ich war, und ich war vermutlich so naiv anzunehmen, daß die ganze Welt sich genauso verhalten würde. Jedenfalls wirkt es sehr überzeugend, wenn man sich so verhält, wie man ist, und diese Haltung ist die beste Waffe gegen jede Art von Verfolgung. Ich näherte mich anderen selbstbewußt, gleichgültig ab Männern oder Frauen, denn ich bekam bei meinen emotionalen und erotischen Annäherungsversuchen nie einen Dämpfer. Nur das Ende der Affäre mit meiner Freundin in Königsberg bedeutete einen Riß in meiner emotionalen Verfassung. Eine Zeitlang hatte ich Angst, daß im Zweifelsfalle immer ein Mann der Gewinner bleiben würde, und nagende Zweifel über meine Art zu lieben befielen mich. Doch meine Jugend half mir, Groll und Furcht zu unterdrücken. Es ist eine weitverbreitete Annahme, daß man sich instinktiv solche Ideen und Menschen auswählt, die das eigene innere Wachstum fördern, und solche zurückweist, die den eigenen Vorstellungen zuwiderhandeln. Diese „Binsenweisheit" ist jedoch anzuzweifeln.

Auf jeden Fall aber war Berlin der beste Ort, an dem man Enttäuschungen und Selbstzweifel überwinden konnte – wenigstens an der Oberfläche. Die Stadt sorgte für alles und jedes. Menschen, die nicht in Stereotype passen, haben eine unheimliche Fähigkeit, sich untereinander zu erkennen. Gegenseitige Anziehung und unkonventionelle Bedürfnisse veranlassen sie, ihre eigenen, exklusiven Zirkel zu bilden. In Minoritätengruppen werden sie immer nur dann hineingezwungen, wenn die Gesellschaft sie als minderwertig behandelt. Bürger zweiter Klasse brauchen eine kollektive Identität, um ihre Individualität aufrechtzuerhalten. In einer toleranten Gesellschaft haben „Außenseiter" es nicht nötig, entweder ein starkes Selbstbewußtsein zu entwickeln oder mit der ständigen Angst vor Verfolgung zu leben; und wenn sie sich zusammenschließen, dann aus geistiger Verwandtschaft und nicht aufgrund von sozialen Pressionen. Soweit ich mich erinnere, gab die Weimarer Republik jedem die Möglichkeit, sein Leben ungestört zu leben. Ganz sicher bewies sie ihre Absicht, sexuelle Freizügigkeit zu garantieren, indem sie den Paragraphen 175 (das Gesetz gegen männliche Homosexualität) erheblich milderte.

Die frühen 20er Jahre waren Deutschlands ökonomischer Ruin. Die Ereignisse dieser Zeit versetzten ganz Europa einen Schock. In der Weimarer Republik, die durch immer stärkere Inflation zugrunde gerichtet wurde, verloren die Bürger jedes Gefühl für Sicherheit. Sie wußten nie, was als Nächstes auf sie zukommen würde. Die Tragödie dieses Niederganges war jedoch nur eine Seite der Medaille. Die andere beinhaltete kulturellen Fortschritt, persönliche Freiheit und kollektive Toleranz.

Über das Berlin dieser Jahre ist so viel geschrieben worden, daß ich nichts weiter als meine persönlichen Erfahrungen hinzufügen möchte. Mich erregte Berlins erotisches Klima, es gab mir das Gefühl, mit jeder Faser meines Körpers zu leben, und das brauchte ich dringend nach meinem emotionalen Trauma. Ich schien wieder Zeit und Kraft zu haben, mein Medizinstudium fortzusetzen, nachts in Nightclubs zu tanzen und Freundschaften zu pflegen. Das holländische Stipendium versorgte mich mit genügend Geld für das Allernötigste, doch um mir Extras leisten zu können, brauchte ich mehr; deshalb gab ich weiterhin Deutschstunden für russische Studenten. Ich hatte eine Vorliebe für ihren Lebensstil, eine Mischung aus Gastfreundlichkeit und einer erfrischenden Unbekümmertheit, was die Zukunft betraf. Meine Schüler behandelten mich wie eine Freundin, luden mich zum Essen ein und überraschten mich mit kleinen Geschenken als Beweis ihrer Dankbarkeit.

In jenen Tagen bedeutete Liebe keineswegs, daß man ständig mit irgendjemand ins Bett ging. Affären, die nur eine Nacht dauerten, waren nicht in Mode. Zwar galt in den Kreisen, in denen ich mich bewegte, Sex nicht gerade als etwas Unanständiges, doch wir hatten wohl bemerkt, daß Sex als Selbstzweck eine tote Sache ist, die durch keinerlei technische Kunststücke lebendiger wird. Sex hat seine Bedeutung nur als Ausdruck erotischer Imagination. Damals glaubte ich (und glaube es auch heute noch), daß Sex seinen angemessenen Stellenwert zurückerhalten muß – innerhalb der Skala sinnlicher Gefühle und Betätigungen, die zwar einen Anfang, aber kein Ende haben. Tag und Nacht unter erotischer Spannung zu stehen, hält Körper und Geist unter dem Zwang ständigen Verlangens und die eigene Sinnlichkeit in permanentem Aufruhr. Das

Gehirn wird überschwemmt mit erotischen Bildern und regt Liebe, Verlangen und Sehnsucht an, die auch Substanz der Poesie sind... Man braucht nur an die Verse von Georg Trakl, die Dichtung Bertolt Brechts und Alfred Lichtensteins zu denken, um sich bewußt zu werden, daß Sex an sich für Vorstellungskraft und Emotionen ein Todesurteil darstellt, während die Erotik sie immer wieder neu entstehen läßt. Meine eigenen Erfahrungen bestätigen diese Tatsache. Ich schrieb ein Gedicht nach dem anderen, angefeuert durch Emotionen und Empfindungen erotischer Liebe.

Gelegenheiten für erotische Vergnügungen gab es im Berlin dieser Zeit viele. Clubs und Bars für Lesbierinnen und homosexuelle Männer konnte man im Westen Berlins und auch im größeren Umkreis finden. Da gab es beispielsweise elegante Restaurants auf dem Kurfürstendamm und in seinen Seitenstraßen, die gleichzeitig Tanzlokale waren, in denen man „normale" und andere Bedürfnisse befriedigen konnte. Soldaten und Matrosen in Frauenkleidern hielten Ausschau nach starken Männern oder Lesbierinnen, um mit ihnen zu tanzen. Dora Benjamin, die mich zahlreichen ihrer männlichen Freunde vorgestellt hatte, besuchte gern die Verona Diele, einen beliebten lesbischen Club in Westberlin. Es war üblich, daß Männer die lesbischen Frauen zu ihrem Tummelplatz begleiteten. Doch kaum waren sie im Innern des Clubs, wurden sie zu Schattenfiguren, zu Mauerblümchen, die an kleinen Tischen sitzend das Geschehen verfolgten. Fasziniert beobachteten sie die Szenerie: lesbische Frauen, die miteinander tanzten. Die Intensität, mit der diese ihrem Vergnügen nachgingen, erreichten ein erotisches Ausmaß, das die Zuschauer ebenso wie die Tänzerinnen entzückte. Obwohl Dora immer eine *femme à homme* gewesen war, hatte sie eine Vorliebe für die Verona Diele, denn, so sagte sie: „Diese Frauen sind authentisch". Doras Freund Ernst S. begleitete häufig Dora und mich oder mich allein zu lesbischen Clubs. Er war elegant und zuvorkommend und schien jederzeit zur Verfügung zu stehen, um mit uns auszugehen. Er war ein Kunst-, Musik- und Frauenkenner. Ich genoß die Begleitung dieses charmanten „Flaneurs", und es machte mir nichts aus, auch mit ihm in die Verona Diele zu gehen. Dieser Ort übte einen unvergeßlichen Zauber auf mich aus. Die Frauen, die dort vor vielen Männern zusammen tanzten und nur Augen für ihre Partnerin hatten, waren meist Prostituierte. Diese lesbischen Stammgäste verdienten sich ihren Lebensunterhalt auf der Straße, doch zu Hause liebten sie Frauen. Kein Zweifel, dies war ihr Leben, dachte ich, als ich sie aneinandergeschmiegt, Wange an Wange miteinander tanzen sah, als wären sie in Trance. Als häufige Besucherin lernte ich einige von ihnen persönlich kennen. In der Regel tanzten wir schweigend, aber manchmal unterhielten wir uns auch. Eine von ihnen besuchte mich einmal in meinem Zimmer. Sie war früher eine Zirkusartistin gewesen und wollte in ihren ehemaligen Beruf zurück. „Ich bin es leid, Prostituierte zu sein", sagte sie und fügte hinzu: „Ich halte das nicht aus, immer die gleichen idiotischen Bewegungen zu machen". Ich mochte sie sehr und wollte ihr helfen. Impulsiv wie ich war, schrieb ich an Lisas Bruder, der bei der russischen Handelsdelegation arbeitete und fragte ihn, ob er irgend eine Möglichkeit für sie sähe, sich einem russischen Zirkus anzuschließen. Meine gewagte Handlung war ihr Glück. Es gab einen russischen Zirkus, der gerade in Deutschland gastierte. Sie schloß sich ihm an und schrieb mir wenig später eine fröhliche Postkarte aus Düsseldorf. Sie bedauerte es nicht, die Straße verlassen und sich dem fahrenden Volk angeschlossen zu haben.

Trotz all der Freiheit – oder der Illusion von Freiheit – in der Weimarer Republik, wurden Lesbierinnen von der Polizei beobachtet, und von Zeit zu Zeit fand eine Razzia in lesbischen Clubs statt. Es war keineswegs klar, ob die Polizei eher gegen Prostituierte oder gegen Lesbierinnen vorgehen wollte, auf alle Fälle fürchteten sich sowohl die Besitzer als auch die Besucher dieser Clubs vor den Razzien. Die Mädchen dachten, sie würden aus beiden Gründen verfolgt. Jedenfalls verlangten die Inhaber der Lokale die Anwesenheit von Männern als Abschreckungsmittel. Die wahren Interessen der Polizei blieben uns allen ein Rätsel. Schließlich wurden Magnus Hirschfeld und sein Institut vom Staat in Ruhe gelassen. Behandelte man ihn vielleicht deshalb bevorzugt, weil sein Institut zur Touristenattraktion geworden war und ausländische Währung ins Land brachte? Es war alles in allem eine ambivalente Situation. Möglicherweise dachte die Polizei auch, auf diese Weise zwei Fliegen mit einer Klappe zu schlagen! Mir war die unangenehme Erfahrung erspart geblieben, bei einer dieser Razzien aufgegriffen zu werden. Die Drohung, die bei diesen geheimen Vergnügungen über unseren Häuptern schwebte, trug eher noch zu deren Attraktivität bei. Wir betrachteten die Razzien mehr als einen Witz und nicht als reale Bedrohung, denn es passierte ohnehin nicht viel. Die Polizei notierte sich die Namen der Anwesenden, verwarnte sie und verließ das Lokal.

Glücklicherweise kamen mir die ernsteren Bedrohungen meines Glücks und meiner Sicherheit nicht zum Bewußtsein. Dann und wann besuchte ich die Vorlesungen in den medizinischen Fächern; aufzuleben begann ich aber immer erst in meinen menschlichen Beziehungen außerhalb der Universität. Besonders fühlte ich mich zu Ruth hingezogen. Wir hatten viel gemeinsam und gingen häufig zusammen in die lesbischen Lokale und Nightclubs, um dort unsere Abenteuer zu erleben. Schon ihre mandelförmigen Augen und ihre olivfarbene Gesichtshaut machten sie zu einer auffallenden Schönheit. Sie war zwar kurzsichtig, doch nie entgingen ihr die bewundernden Blicke der Frauen und Männer – und sie flirtete hemmungslos mit beiden Geschlechtern. Sie entfloh so oft wie möglich ihrem bürgerlichen Elternhaus, um an der berühmten Kunstschule in der Hardenbergstraße zu studieren, und ihre Abenteuerlust verlockte sie dazu, ein Doppelleben zu führen. Recht überzeugend spielte sie sowohl die Rolle der pflichtbewußten Tochter als auch die ungehemmte junge Frau mit stark lesbischen Neigungen. Sie bezauberte die Menschen mit ihrer katzenartigen Anmut, ihren feingeschnittenen Zügen und dem eigenartigen Charme ihrer Persönlichkeit. Intelligent und wachsam wie sie war, verhielt sie sich als passive Zuhörerin bei Diskussionen oder wenn andere sie ins Vertrauen zogen, doch Menschen – vor allen Dingen Frauen – gegenüber, mit denen sie flirtete, wurde sie leicht aggressiv. Ihr Vorbild war Napoleon, und dieses Selbstbild eines Eroberers diktierte ihr erotisches Verhalten. Ihre Küsse waren eher Bisse als Zärtlichkeiten. Sie war immer diejenige, die führen mußte, ob beim Tanzen oder bei der Liebe. Wir waren Rivalinnen und Freundinnen, und manchmal ging die Freundschaft in Erotik über. Manchmal tanzten wir zusammen, aber häufiger suchten wir uns andere Frauen als Partnerinnen. Unglücklicherweise fühlten wir uns zu denselben Frauen hingezogen, was zu Eifersüchteleien und mehrfach auch zu körperlichen Auseinandersetzungen führte. Ich liebte das alles, schrieb Gedichte über sie, verlangte nach ihr und lehnte sie gleichzeitig ab. Unsere Freundschaft blieb ungebrochen, selbst als sie später heiratete und sich tausende von Kilometern entfernt ein neues Leben aufbaute.

Ruth war der Mensch, den ich während meines ersten Jahres in Berlin am häufigsten sah. Manchmal gingen wir zusammen mit Ernst S. zur Verona Diele, an manchen Nachmittagen in ein lesbisches Café und abends in den Top-Keller. Im Top-Keller galten Ruth und ich als „Paar". Dieser lesbische Club in der Nähe des Nollendorf Platzes hatte nichts gemein mit dem Chic der Verona Diele, und das gleiche galt auch für seine Besucher. Er war irgendwie wirklicher, ein Ort, wo sich lesbische Frauen aller Klassen trafen, zusammen tanzten und sich nach seltsamen Ritualen vergnügten. Hier war die Furcht vor Razzien jederzeit präsent. Der Club hatte die Atmosphäre des Geheimen, und zu einer bestimmten Stunde wurden die Türen verriegelt. Dann fühlte man sich mehr eingesperrt als sicher. In einem Vorraum wurden die Namen der Besucherinnen sorgfältig notiert. Hier herrschten zwei liebenswürdige Lesbierinnen, die – dick und bärtig – jede hereinkommende Frau mit einem Kuß begrüßten. Sie rauchten Zigarren und strahlten Gemütlichkeit aus. Sie hatten die Zärtlichkeit, die man oft bei sehr korpulenten und lebenslustigen Frauen findet, und bewegten sich mit vollendeter Grazie. Eine ganze Reihe der Stammgäste auch des Top-Kellers verdienten sich ihren Lebensunterhalt durch Prostitution. Wahrscheinlich waren einige der Mädchen darunter, die in Männerkleidung und langen Stiefeln um den Nollendorf Platz herum ihre Kundschaft suchten; einige davon mit Peitschen in der Hand. Masochistische Männer kamen in den Top-Keller auf der Suche nach einer „Domina", von der sie sich auspeitschen lassen wollten. Eines Tages näherte sich ein spröder Aristokrat unserem Tisch und forderte mich zum Tanzen auf. Als er mir ein Apartment anbot unter der Bedingung, daß ich ihn dort zweimal die Woche fesseln und auspeitschen sollte, mußte ich laut herauslachen und beendete damit abrupt seinen aussichtslosen Annäherungsversuch. Abgesehen von Prostituierten waren die Besucherinnen waschechte

Lesbierinnen aus reichen und nicht so reichen Häusern: Lehrerinnen, Erzieherinnen, Studentinnen, Künstlerinnen und Fabrikarbeiterinnen. Während der Stunden, in denen sie zusammen waren, wurden sie eine intime Gruppe. Der Ort ähnelte eher einer Bierstube als einem Nightclub. Hier ging man sicherlich weiter als in der eleganten Verona Diele, trotz der Anwesenheit von Männern, die ohnehin meist irgendeiner sexuellen Variante frönten. Die Liebe, die ihr Antlitz nicht ganz offen zu zeigen wagte, benutzte Männer als Tarnung.

Der Höhepunkt des Abends war um elf Uhr eine Art ritueller Tanz, bekannt als die *Schwarze Messe*. Eine seltsame Gestalt – eine hochgewachsene Frau, die einen schwarzen Sombrero trug und aussah wie ein Mann – übernahm mit Adleraugen das Regiment über die Tanzenden. Sie war eine außerordentliche Schönheit; wir nannten sie Napoleon. Meiner Vermutung nach war sie die Eigentümerin des Clubs. Sie forderte uns auf, uns ihr auf der Tanzfläche anzuschließen und gruppierte uns nach ihrem Belieben um sich herum. Sie stand in der Mitte des Kreises und gab uns mit ihrer hypnotischen Stimme Befehle. Wir tanzten vor und zurück, hielten unseren Drink in der einen Hand und unsere Nachbarin an der anderen. So tanzten wir immer weiter und weiter, bis sie den Befehl erteilte, auszutrinken und das leere Glas über unsere Schulter zu werfen.

Ruth und ich wurden bei verschiedenen Gelegenheiten von verheirateten Paaren angesprochen, doch sie bekamen von uns nicht das, was sie wollten. Geschickt vermieden wir es, mit ihnen ins Bett zu gehen, indem wir sie dazu brachten, über sich selbst zu sprechen.

1923 war ein Schicksalsjahr für das deutsche Volk, als jedes Gefühl der Sicherheit durch eine Inflation verheerenden Ausmaßes verlorenging. Während das Land in die tiefste Krise stürzte, erlebte ich in meinem Privatleben einen enormen Aufschwung. Niemals zuvor war ich so voller bittersüßer Liebesgefühle und kreativem Schaffensdrang. Und dies aus vielerlei Gründen.

Ich hatte den Kontakt zu Lisas Bruder Grischa nicht abgebrochen, der hin und wieder Neuigkeiten von seiner Familie erzählen konnte. So erfuhr ich, daß Lisa geheiratet und ein Mädchen geboren hatte. Am Anfang dieses schicksalsträchtigen Jahres erhielt ich Briefe von Lisa an meine Adresse; es waren Liebesbriefe. Ihre Gefühle für mich hatten sich nicht durch Ehe und Mutterschaft geändert. Sie wollte mich wiedersehen und suchte nach Wegen, dies möglich zu machen. Das Unglaubliche geschah – sie brachte es tatsächlich fertig, den Eisernen Vorhang zu überwinden und ein Visum nach Deutschland zu erhalten. Im Sommer 1923 kam sie zusammen mit ihrer zweijährigen Tochter Irina in Berlin an. Wie sich eine Stadt durch die Anwesenheit eines Menschen verändern kann! Bevor sie kam, waren Straßen nichts weiter als Straßen, mehr oder weniger eine wie die andere. Jetzt führten sie plötzlich ein Eigenleben. Die Straßen, die zu ihrem Haus führten, waren ganz heiß – man durfte sie nur mit den Zehenspitzen berühren, man mußte sie mit Höchstgeschwindigkeit überqueren. Ich sah Lisa jeden Abend. Tagsüber besuchte ich Vorlesungen und Seminare, während sie mit verschiedenen Dingen beschäftigt war, über die sie mir nichts erzählte. Ich stellte keine Fragen, war aber verwundert, als sie einige Wochen nach ihrer Ankunft am späten Abend noch einige Russen treffen mußte. Dies geschah immer häufiger. Sie bat mich dann immer darum, ihre Rückkehr zu erwarten und auf das Kind aufzupassen. Es hätte mich ohnehin nichts von dort weggebracht.

Ich war wie zuvor von ihr hypnotisiert. Meine Leidenschaft führte dazu, daß ich alles für sie tat. Manchmal wartete ich bis in die frühen Morgenstunden, wenn sie leichenblaß zurückkehrte, mich aber nicht gehen lassen wollte. War ich eifersüchtig auf diese unbekannten Männer, mit denen sie so viele Stunden verbringen mußte? Ich glaubte selbst nicht daran, denn ich war sicher, daß sie nicht freiwillig ging, sondern durch eine Art „höhere Gewalt" – irgendeine politische Verpflichtung, die sie eingegangen war – dazu gezwungen wurde. Es muß sich um eine Angelegenheit auf Leben und Tod für sie und ihre Familie gehandelt haben, aber sie sah niemals ängstlich aus, wenn sie zurückkam. Sie schenkte mir ihre volle Aufmerksamkeit und umarmte mich stürmisch. Wir küßten uns in einem Zustand der Erschöpfung, doch das kühlte unsere emotionale Temperatur nicht ab. Sie hing an mir, als wäre ich die

Brücke von ihrer Vergangenheit in eine unsichere Gegenwart, die ihr Leben erträglich machte.

Es erschien mir merkwürdig, daß Lisas Bruder sie nicht in der Pension besuchte, wo sie wohnte. Ich sah ihn nur einmal bei einer Dinnerparty, die von den Arinsteins Lisa zu Ehren gegeben wurde. Er hatte einen guten Posten bei der russischen Handelsdelegation. Seine Vorgesetzte war Madame Andrejewa, die Frau Maxim Gorkis, die Rußlands kulturellen Austausch mit Deutschland überwachte, der – seltsam genug – Bestandteil des Handels zwischen den beiden Ländern war. Es ist mehr als wahrscheinlich, daß die Position ihres Bruders etwas mit Lisas Besuch in Berlin zu tun hatte, zumindest in seiner politischen Bedeutung.

Lisas Visum war auf sechs Monate begrenzt, doch nach vier Monaten traf überraschend ihr Mann ein. Sie hatte mir erzählt, daß sie ihn aus Dankbarkeit geheiratet hatte, denn er hatte ihren Vater vor einer drohenden Verurteilung gerettet. Nun kam er offenbar wütend nach Berlin, um sie und ihr Kind nach Charkow zurückzuholen. War auch er Teil einer politischen Mission? Wußte Lisa, daß er kommen würde? Sie erzählte mir nichts. Von einem Tag zum anderen wurde ich vom Glück in tiefste Verzweiflung gestürzt. Ich fühlte mich unfähig, unserer Trennung ins Auge zu sehen. Von dem Tag an, an dem ihr Mann angekommen war, änderte sich ihr Verhalten. Sie sprach zu mir über ihre Abreise in so gleichgültigem Ton, daß es mir wehtat. Heuchelte sie diese Kälte, fürchtete sie sich vor ihrem Mann? Wahrscheinlich war seine Eifersucht auf die Beziehung zwischen Lisa und mir der Grund dafür, daß er sie vorzeitig abholte, um mit ihr vor ihrer endgültigen Abreise nach Rußland noch gemeinsam zu einem Kurort zu fahren. Ich sah ihn nie. Hatte sie ein solches Treffen verhindert, weil sie eine emotionale Katastrophe fürchtete? Am Tag ihrer Abreise waren wir kaum zehn Minuten allein, da umarmte sie mich heftig und bat mich zu gehen. Ich sah sie vor ihrer Abreise nach Rußland nicht wieder. Der Schock machte mich krank.

Die letzten Wochen von Lisas Besuch waren mit den Semesterferien zusammengefallen. Doch das neue Semester hatte schon begonnen, bevor sie abreiste. Ich mußte meine Kurse und Vorlesungen besuchen, sonst würde ich durchs Examen fallen. Für zwei

Wochen fuhr ich noch nach Hause, wo sich meine Familie rührend um mich kümmerte. Danach setzte ich mein Studium fort. Mein Entschluß, damit weiterzumachen und mich meiner Leere und Lethargie nicht hinzugeben, rettete mich vor einer schweren Depression. Pünktlich um acht Uhr morgens betrat ich die Charité, um Veranstaltungen in Pathologie oder Vorlesungen in Innerer Medizin und Psychiatrie zu besuchen. Ich zwang mich zur Konzentration auf meine Arbeit, und abends ging ich mit Kollegen und Freunden aus. Es gelang mir, mich tatsächlich in mein Medizinstudium zu vertiefen und in das akademische Milieu zu integrieren. Mein Eindruck über die Professoren, die mich unterrichteten, war so bleibend, daß ich mich noch an viele von ihnen und einige ihrer „Aphorismen" erinnern kann. Da war Professor Lubarsch, ein ausgezeichneter Pathologe, der mit kleinen, gehemmten Schritten um uns Studenten herumging, während wir Gewebeschnitte durch das Mikroskop betrachteten. Er war berühmt-berüchtigt für seine ätzenden Kommentare über unsere Arbeit. Er nahm nie ein Blatt vor den Mund und wies diejenigen, die nicht in der Lage waren, die Technik mikroskopischer Diagnose zu erlernen, mit abweisender Geste darauf hin, daß er vorhatte, sie beim Examen durchfallen zu lassen, wenn sie nicht „in die Hände spucken" würden. Tatsächlich aber war er als Prüfer so nett, wie in seinen Kursen unbeugsam.

Und dann gab es den überschwenglichen Professor Kraus, der hübschen Studentinnen gern schöne Augen machte. Bei seinen Vorlesungen war der Hörsaal bis auf den letzten Platz besetzt. Dieser extrovertierte und charmante Dozent der Inneren Medizin schrieb mehrere Standardwerke in seinem Fachgebiet. Jüdische Frauen schienen unter seiner besonderen Gunst zu stehen. Gelegentlich rief er eine von ihnen auf, zu ihm herunter aufs Podium zu kommen, um ihm bei seinen Demonstrationen zu helfen. Im Gegensatz zu der Überzeugung vieler Nichtjuden, wurde jüdischen Mädchen von ihren Eltern keineswegs das Gefühl der Minderwertigkeit gegenüber Jungen anerzogen. Intelligente jüdische Mädchen stachen aus der gesamten weiblichen Studentenpopulation hervor, und bei Medizinstudenten war das ganz besonders der Fall.

Die beeindruckendsten Vorlesungen waren die von Professor Bernhard Zondek, dem Endokrinologen, dessen Name zu den bedeutendsten in der Geschichte dieses Zweiges der Medizin gehört. Er hatte ein ruhiges Temperament und war damit das genaue Gegenteil von Kraus; und er war einer der wenigen jüdischen Hochschullehrer. In einer seiner Vorlesungen machte er eine Bemerkung, die mir noch heute im Ohr ist: „Es ist die Hypophyse, die die Funktion des Schlafes regelt. Sie kann sich wie ein Schlafmittel auswirken. Ihre Sekretionen induzieren den Schlaf." Er sagte dies im Jahre 1923, und es stimmt heute noch.

Der Pädiater Professor Czerny, von Geburt Ungar, hatte den Charme eines Osteuropäers. Auch in seinen Lehrveranstaltungen gab es unvergeßliche Momente. Ich erinnere mich noch an sein Diktum: „Erlauben Sie Kindern niemals, große Mengen an Flüssigkeit zu trinken. Bakterien vermehren sich am besten in Flüssigkeiten, ganz besonders, wenn die weißen Blutkörperchen des Kindes bereits vermehrt vorhanden sind." Ich weiß nicht, ob dieses Ergebnis seiner Beobachtungen immer noch als richtig gelten kann, aber mir scheinen sie sehr plausibel.

Mein Dozent in Psychiatrie war Professor Karl Bonhoeffer. Er hatte bereits weiße Haare, einen sorgfältig gepflegten weißen Schnurrbart und die Haltung des gehobenen Beamten, steif und ordentlich wie viele im damaligen Deutschland. Man konnte aus ihm nicht schlau werden, und das einzige Fach, in dem ich beim Examen durchfiel, war Psychiatrie. Auf seine Frage: „Was würden sie mit einem gewalttätigen Patienten machen?" leistete ich mir die Antwort: „Ich würde ihn in eine Zwangsjacke stecken". Er erwiderte: „Diese Zeiten sind vorbei. Sie würden ihm eine Injektion Skopolamin geben". Und dieser eine Fehler genügte ihm anscheinend, mich durchfallen zu lassen. Bei meinem zweiten Anlauf war er allerdings freundlicher, doch ich kann mich nur an die eine falsche Antwort erinnern und nicht an die vielen richtigen, die schließlich bewirkten, daß ich bestand.

Vielleicht war es kein Zufall, daß viele meiner Hochschullehrer sich einen internationalen Ruf erwarben. Die freie Atmosphäre im Berlin der Weimarer Republik mag dazu beigetragen haben, eine fortschrittliche Forschung zu fördern. Sogar zu dem Zeitpunkt, als Deutschland durch die Inflation in der tiefsten ökonomischen Krise steckte, wurden die finanziellen Mittel bereitgestellt, um vielversprechende medizinische Experimente fortzusetzen, unbehindert von staatlicher Kontrolle. Merkwürdig war nur, daß mir nicht auffiel, daß trotz der neuen deutschen Toleranz ein Jude an der Universität nur Assistenzprofessor werden konnte, aber keinen Lehrstuhl bekam. Sogar einem Mann wie dem brillanten Bernhard Zondek hatte man diese Ehre nicht zuteil werden lassen.

Arbeit war für mich ein konstruktives Gegenmittel für den persönlichen Verlust; ein anderes war meine ständig zunehmende Beschäftigung mit Kunst und Literatur. Ruth und ich hatten unsere Besuche in lesbischen Clubs wieder aufgenommen, und ich verpaßte keine Kunstausstellung in der recht akademischen Berliner Sezession oder der ultramodernen Sturm-Galerie, deren Direktor Herwarth Walden, Else Lasker-Schülers zweiter Mann, war. Wir nahmen mit offenen Augen und innerer Anteilnahme die expressionistischen Gemälde von Chagall oder Franz Marc und die abstrakten Arbeiten von Kandinsky, Gleize, Magritte und anderen in uns auf. Internationale Künstler hatten ihre ersten Förderer in Deutschland gefunden.

Schließlich war ich in der Lage, einen Teil des Lebens, das durch Lisas Anwesenheit in Berlin so abrupt unterbrochen worden war, für mich wiederzugewinnen. Alte Freundschaften wurden wieder aufgenommen und neue Kontakte geknüpft. Ich entwickelte auch ein neues Interesse an meinen Kommilitonen in der Charité. Wir diskutierten über die Lehrveranstaltungen und lernten gegenseitig voneinander.

Doch bei meinem Medizinstudium war ich nicht mit dem Herzen dabei. Ich sehnte mich nach der Welt der Phantasie, nach der Gemeinschaft von Künstlern und Schriftstellern. Und ich fand sie bei Franz Hessel und seiner Frau Helen, die als Modejournalistin in Paris arbeitete. Als die Semesterferien kamen, fehlte mir die tägliche Arbeitsdisziplin, und meine Verzweiflung kam zurück. Bereits zwei Monate waren vergangen, seit Lisa abgereist war, und ich hatte noch keinen Brief von ihr erhalten. In dieser Zeit größter innerer Unsicherheit traf ich Katherine in Ruths Haus. Ich war zu sehr mit meinen Gedanken mit Lisa beschäftigt, um zu bemerken, daß noch jemand im Zimmer war, als ich mit Ruth über mein unkontrollierbares Verlangen sprach, Lisa wiederzusehen, und schließlich meinte, ich würde in die Spree springen, wenn ich keinen Weg zu ihr fände. Zu meiner Überraschung meinte daraufhin eine Stimme hinter mir: „Du wirst schon einen finden. Das verspreche ich dir." Erstaunt betrachtete ich die Frau, die diese Sätze gesprochen hatte. Es war Katherine, Ruths engste Freundin, und sie hielt ihr Versprechen. Noch in derselben Nacht nahm sie mich mit auf ihr Zimmer, und ich war zu betäubt oder geschmeichelt, um zu widersprechen. Wir schliefen zusammen und sollten uns die nächsten neun Jahre nicht trennen. Meine erste dauerhafte Partnerschaft zu einer anderen Frau hatte begonnen.

Katherines Eltern hatten sich scheiden lassen, und sie hatte sich nicht entschließen können, bei dem einen oder anderen von ihnen zu leben. Im Alter von 20 Jahren hatte sie bereits etliche Liebesaffären und eine gelöste Verlobung hinter sich, ohne daß ihr davon irgend etwas anzumerken war. Eine Frau, die Holbein für eine seiner Madonnen hätte Modell stehen können! Männer und Frauen erlagen ihr gleichermaßen. Vielleicht war sie schön genug, keinen Wert auf ihre körperlichen Vorzüge zu legen. Tief im Innern war Katherine eine Romantikerin, überzeugt davon, daß das Leben sie für wichtige Aufgaben ausersehen hatte. Sie war geistig, aber keineswegs finanziell, unabhängig, doch sie bevorzugte Armut gegenüber einem Reichtum, der sie knebeln würde. Katherines Begabung war hauptsächlich manueller Natur: Sie war eine talentierte Malerin, eine gute Schneiderin und eine ausgezeichnete Köchin. Ihr angeborener Scharfsinn half ihr, sich durchzuschlagen, wo andere schon längst aufgegeben hätten, und mit intuitiver Intelligenz suchte sie sich die Leute aus, die ihr nützlich sein könnten. Ihre romantische Art war es wahrscheinlich, die sie sich in mich verlieben ließ. Ihr Abenteuergeist wurde geweckt, und innerhalb einer Sekunde hatte sie entschieden, das Unmögliche möglich zu machen und mich hinter den Eisernen Vorhang zu bringen. Sie wollte dieser Liebeskranken helfen, ihrem Herzen zu folgen. Und sie hatte Erfolg, wo jeder andere gescheitert wäre.

Glücklicherweise hatten wir keine Ahnung, daß unsere Rußlandreise ein böses Ende nehmen würde. Doch die Ereignisse jener Tage hatten die Unausweichlichkeit einer griechischen Tragödie.

Katherine beschützte und bevormundete mich vom ersten Augenblick an, und das tat mir körperlich und geistig gut. Es schien ihr nichts auszumachen, daß ich innerlich mit einer anderen Frau beschäftigt war. Ihre Versuche, Geld für unsere Reise aufzutreiben, waren bewundernswert. Während dieser Zeit hatte meine Freundschaft mit den Hessels an Intensität zugenommen, und da sie Katherine gut leiden konnten, wurde die Freundschaft auch auf sie ausgedehnt. Etwa zur gleichen Zeit erweiterte sich unser Freundeskreis um mehrere Bauhaus-Künstler, dazu gehörten der schwedische Maler Viking Eggeling und seine Freundin Ré Richter. Eggelings Pionierarbeit in der abstrakten Malerei und seine Versuche, eine neue Kunstform im Film zu kreieren, sind inzwischen international anerkannt. Doch im Jahre 1924 erkannte nur eine kleine Gruppe progressiver Künstler seine Bedeutung. Ich war von ihm begeistert. Nachdem ich seinen Film „Symphonie Diagonale" gesehen hatte, einen der ersten abstrakten Filme überhaupt, fühlte ich mich dazu angeregt, einen Aufsatz über dessen Bedeutung zu schreiben. Ich erkannte seine praktischen Anwendungsmöglichkeiten, besonders beim Erlernen von Sprachen und dem Entwerfen von Textilien und anderen Materialien. Dieser Aufsatz, den ich „Eidodynamik" nannte, war es letztlich, der uns ein Visum nach Rußland einbrachte.

Käthe Kollwitz, damals bereits eine der bewundertsten Künstlerinnen Deutschlands, genoß in der UdSSR ein hohes Ansehen, weil sie nicht nur eine große Malerin war, sondern sich auch für die Sache des Sozialismus einsetzte. Ich entschloß mich, sie um Hilfe zu bitten, und ersuchte sie um ein Gespräch. Sie empfing Katherine und mich in ihrem bescheidenen Haus im Osten Berlins, in dem auch ihr Mann – sie war mit einem Arzt verheiratet – seine Praxisräume hatte. Diese wundervolle Frau hörte uns lächelnd zu, während ich ihr schönes Gesicht mit den hohen Backenknochen, den dunklen, traurigen Augen und dem bereits ergrauenden Haar, das sie durch einen Mittelscheitel geteilt hatte, betrachtete. Der kleine Raum, das Angebot von Kaffee und Kuchen, die Damasttischdecke, all das waren Anzeichen ihrer Zugehörigkeit zum Kleinbürgertum, ein Widerspruch zu ihrem Aussehen und ihrer Persönlichkeit. Die Vorstellung, daß wir die UdSSR besuchen wollten, gefiel ihr, und sie schrieb uns einen Empfehlungsbrief für die russische Botschaft. „Aber Sie müssen einen guten Grund für ihre Reise angeben, etwas, das ihnen nützlich sein könnte," warnte sie uns. Mir fiel Eggelings Film ein, und ich hoffte, die Russen zu überzeugen, daß es sich bei ihm nicht nur um ein progressives Kunstexperiment handelte, sondern daß er auch ein weites Feld praktischer Anwendungsmöglichkeiten eröffnete. Eggeling gefiel diese Idee sehr gut und Lisas Bruder Grischa half uns, Madame Andrejewa, Maxim Gorkis Frau, für das Projekt zu interessieren. Nachdem sie sich den Film hatte zeigen lassen und meinen Aufsatz gelesen hatte, bestellte sie mich zu sich. An ihr Gesicht erinnere ich mich nicht mehr, nur an ihre sonore russische Stimme. Sie muß ein gutes Gespür gehabt haben für die Nützlichkeit des Ungewöhnlichen. Sie fand Eggelings Avantgarde-Film faszinierend und fortschrittlich und war davon überzeugt, daß mein Aufsatz „Eidodynamik" von besonderem Interesse für die erziehungswissenschaftlichen Abteilungen der Universitäten Moskau und Charkow sein würde. Im Jahre 1924 durften nur wenige Ausländer Rußland besuchen, das unter einer Hungersnot litt. Doch Madame Andrejewas Empfehlungen machten das Unmögliche möglich, und Katherine und ich erhielten unser Visum. Inzwischen war ein Brief aus Alupka auf der Krim von Lisa eingetroffen. Ihr Arzt hatte sie dorthin in ein Sanatorium überwiesen, weil sie sich in dem milden Klima von einer Tuberkulose erholen sollte. Sie versicherte mir, Tag und Nacht an mich zu denken. Ich kündigte ihr unseren Besuch an, doch sie hat weder unsere Briefe, noch unser Ankunfts-Telegramm je erhalten.

Acht Monate nach unserer ersten Begegnung machten Katherine und ich uns auf den Weg nach Rußland. Wir müssen gute Schutzengel gehabt haben. In unserem Traum erfüllten sich alle unsere Wünsche, und wir fühlten uns sicher. Dabei hatten wir keine Ahnung, welchen Gefahren wir uns aussetzten, naiv und unwissend begaben wir uns in das kommunistische Land.

Im Juni 1924 bestiegen wir einen Zug, der uns von Berlin zur russischen Grenze bringen sollte. Wir passierten den Polnischen Korridor und Königsberg und erreichten schließlich Riga. Nach dieser bereits sehr langen Reise, fanden wir uns kurze Zeit später in einem russischen Zug wieder, in dem wir den Komfort eines Schlafwagens genießen konnten, dessen luxuriöse Ausstattung mich überraschte. Während man uns mit unzähligen Tassen Tee und guten Mahlzeiten verwöhnte, dachte ich: Wie seltsam, im kommunistischen Rußland auf ein so altmodisches Relikt des Kapitalismus zu stoßen! Als wir nach einer endlos scheinenden Fahrt Moskau erreichten, fühlten wir uns totmüde, aber unverzagt. Nach einem kurzen Aufenthalt in dieser grimmigen Stadt bestiegen wir einen anderen Zug nach Sebastopol. Wir fuhren durch die endlosen Steppen und Weizenfelder der Ukraine. Als wir Charkow erreichten, sank mein Mut. Möglicherweise war Lisa schon nach Hause zurückgekehrt und wir würden die weite Reise auf die Krim vergebens unternehmen? Aber es gab keine andere Möglichkeit, als weiterzufahren und es zu riskieren. Die Luft wurde immer heißer, wir sahen aus unserem Abteilfenster Zypressen und große Kakteen, und schließlich kamen wir in Sebastopol an. Die Krim machte einen ganz ähnlichen Eindruck auf uns wie ein arabisches Land mit subtropischem Klima. Da wir so schnell wie möglich weiterfahren wollten, mieteten wir einen Wagen, dessen Fahrer uns den langen Weg die Küste entlang nach Alupka fuhr.

Lisa war vor Überraschung wie versteinert, als wir plötzlich vor ihrem Bett im Sanatorium standen. Es dauerte eine Weile, bis wir uns wieder aneinander gewöhnt hatten, doch dann waren wir so vertraut und zärtlich miteinander wie früher. Doch wir waren zu unvorsichtig; erst später wurde mir klar, daß wir die ganze Zeit unter Beobachtung des russischen Geheimdienstes gestanden hatten. Kurz nachdem ich den ersten Verdacht in diese Richtung hatte, tauchte Lisas Mann unangemeldet im Sanatorium auf. Er hatte ein paar Tage freigenommen, um die Freunde seiner Frau kennenzulernen, erzählte er uns. Sein Benehmen uns gegenüber war untadelig und von ausgesuchter Höflichkeit. Er wirkte wie ein kapitalistischer Geschäftsmann, der sich mit den neuen Verhältnissen geschickt arrangiert hatte. Er genoß offensichtlich Privilegien, und ich fragte mich, weshalb. Die einzige Antwort auf diese rhetorische Frage war der Geheimdienst KGB.

Zum zweiten Mal erlebte ich, wie Lisa sich durch die Anwesenheit ihres Mannes schlagartig veränderte. Sie wurde kühl und abweisend, und ganz offensichtlich erpreßte ihr Mann sie. Als wir einmal für Minuten allein waren, sagte sie mir, ich müsse Alupka sofort verlassen, sonst könne sie für nichts garantieren. Katherine war genau so verstört wie ich über das abrupte Ende unserer gemeinsamen Tage. Als ich im Auto saß, das mich für immer von Lisa fortbringen würde, fühlte ich mich fiebrig und krank. Lisa küßte mich auf den Mund, sie hielt meine Hand, eine Niobe, die sich in einen Stein verwandeln würde, sobald wir sie verlassen hatten. Ich weiß nicht mehr, wie wir den Zug von Sebastopol nach Charkow erreichten. Ich war schlagartig an einer Infektion erkrankt und fühlte mich so schwach, daß ich am Bahnhof von Charkow auf dem Weg zum Taxi gestützt werden mußte. In Lisas Haus wurden wir gut behandelt. Katherine steckte mich in Lisas Bett, das beste im ganzen Haus. Dort wäre ich fast gestorben. Als mein Fieber auf 41 Grad anstieg, diagnostizierte ein Arzt Malaria und behandelte mich entsprechend. Daraufhin verschlechterte sich mein Zustand noch mehr. Katherine blieb Tag und Nacht bei mir. Ich mußte starken Kaffee trinken, denn ich litt unter Herzmuskelschwäche, und mein Puls war auf 40 Schläge in der Minute gesunken. Genau wie der Puls von Napoleon, erklärte der Arzt. Daraufhin begriff er, daß ich nicht unter Malaria, sondern unter Ruhr litt. Noch zwei weitere Wochen schwebte ich in Lebensgefahr, dann ging es mir langsam besser. Es war jetzt Mitte August, ich war immer noch so schwach, daß ich beim Gehen gestützt werden mußte, und fürchtete, nicht wie vorgesehen im September an der Universität Charkow meinen Vortrag halten zu können.

Da erhielt ich eines Tages einen Brief von Lisa, in dem sie mich aufforderte, Rußland zu verlassen, sobald es meine Gesundheit erlaube und nie wieder Kontakt mit ihr aufzunehmen. Ich war wie betäubt und unfähig zu glauben, was ich las.

Katherines sorgfältige Pflege und die Nahrungsmittel, die sie für mich auf dem Schwarzmarkt auftrieb, retteten mir das Leben. Anfang September hielt ich meinen Vortrag über Eidodynamik vor Studenten der erziehungswissenschaftlichen Fakultät, die genügend Deutsch konnten, um ihn zu verstehen. Wenige Tage später verließen wir Charkow, eine überaus deprimierende Stadt. Über Kiew und Warschau fuhren wir nach Danzig, um meine Eltern zu besuchen und uns noch eine Atempause zu gönnen zwischen der russischen Tragödie und dem Leben, das vor uns lag. Meine Eltern und meine Schwester empfingen uns am Bahnhof, überglücklich, mich lebendig wiederzusehen; Katherine mochten sie auf den ersten Blick. Wir blieben einen Monat in Danzig, von meiner Familie umsorgt und verwöhnt. Ich hatte mich noch nicht ganz erholt, da fuhr ich mit Katherine zurück nach Berlin, um ein neues Leben anzufangen.

Alles Glück mit Katherine konnte das Gefühl, von Lisa verraten worden zu sein, nicht ausgleichen, obwohl ich erkannte, daß sie ihren Abschiedsbrief unter äußerem Zwang verfaßt hatte. Das bestärkte meinen Verdacht, daß ihr Mann ihr immer mit dem Verlust ihres Kindes im Falle einer Scheidung gedroht hatte, falls sie nicht bereit war, mich aufzugeben. Er hatte wirklich die Absicht, das zu tun, wenn sie nicht gehorcht hätte. Ich verstand, doch ich wußte nicht, wie ich damit leben sollte. Das einzige, was mich ein wenig tröstete, war die Erinnerung daran, wie harmonisch und völlig ohne Eifersucht Katherine, Lisa und ich die ersten Wochen miteinander verbracht hatten. Katherine hatte sich mit Lisa sofort angefreundet. Ihr Mut und ihre selbstlose Liebe sowie die eigenartigen Umstände hatten dieses Wunder zustande gebracht.

In meinem Studium hatte ich die letzte Hürde, das Abschlußexamen, noch vor mir. Das alte Muster wiederholte sich: Arbeit wurde zur Therapie für das Trauma des Verlustes. Unterbrochen von kurzen Ruhepausen, schloß ich alle notwendigen Veranstaltungen ab und bestand alle Prüfungen bis auf diejenige in Psychiatrie, die ich zwei Monate später erfolgreich wiederholte. Ich war jetzt Ärztin, mußte aber noch ein Jahr im Krankenhaus arbeiten, um Erfahrungen in verschiedenen Bereichen der Medizin zu sammeln. Zu Beginn bekam ich eine Anstellung im Virchow-Krankenhaus, das einen vorbildlichen Ruf hatte. Ich erhielt dort Unterkunft und Verpflegung und war zum ersten Mal in meinem Leben imstande, mich selbst zu versorgen – und: Ich war Ärztin.

Als Ärztin in Berlin

Mein „praktisches Jahr“ am Virchow-Krankenhaus brachte in mehrfacher Hinsicht eine Änderung meines Lebens. Ich warf den undurchdringlichen Panzer der Privatperson ab und begann, mich für die gesundheitlichen und sozialen Probleme anderer Menschen einzusetzen. Der Kontakt mit den Patienten machte mir Freude, und auch in meiner Freizeit hatte ich ein offenes Ohr für deren Sorgen und Nöte. Ich begriff, daß viele Krankheiten – wie man es heute nennt – psychosomatisch bedingt sind. Einige Patienten waren rührend in ihrer Dankbarkeit für mein persönliches Interesse, und das ermutigte mich stets von Neuem, weiterzumachen. Ich erkannte, daß die psychologische Seite des körperlichen und sozialen Gesundungsprozesses von der Medizin bisher unterschätzt worden war. In diesem einen Jahr lernte ich mehr als in den vorherigen fünf meines Studiums.

Ich bekam relativ leicht Kontakt zu den Menschen und war jederzeit bereit, ihnen zuzuhören und zu helfen. Doch eines an meiner neuen Position störte mich: Mein Beruf entsprach nicht meiner wahren Berufung. Das Schockerlebnis in Alupka hatte meinem Drang, Gedichte zu schreiben, ein Ende gesetzt, doch ich gab mich dem Arztberuf nicht mit ganzem Herzen hin. Zu Hause vergrub ich mich in philosophische statt in medizinische Bücher. Und insgeheim hoffte ich, meinen Weg zurück zur Poesie zu finden.

Nach meiner Rückkehr aus Rußland war es Franz Hessel, der meine literarische Hoffnung und Begabung am Leben erhielt. Wie ich es genoß, ihn in seinem „Dienstmädchen-Zimmer“ zu besuchen! Immer noch wunderte ich mich über diese demonstrativ andere Lebensweise bei einem Sohn reicher Eltern. Sein Zimmer glich eher einer Mönchszelle – Bett, Tisch und ein Stuhl. Das war die Art, wie man in der Tat früher die Räume der Dienstboten ausgestattet hat. Möglicherweise war dies ein für seine Eltern gemeinter Protest gegen soziale Ungerechtigkeiten. Als ich ihn mit dieser Überlegung konfrontierte, leugnete er es. Seine Erklärung war stattdessen, er würde sich liebend gerne immer in die kleinstmögliche Höhle zurückziehen.

Viele Nachmittage und Abende verbrachten wir diskutierend in seinem Zimmer – er auf dem Bett sitzend und ich auf dem einzigen Stuhl. Doch wenn Helen aus Paris ankam, änderten sich die Gewohnheiten. Dann setzten wir uns in das elegante, weiß möblierte Wohnzimmer oder rekelten uns in den Sesseln von Helens großem und mit dicken Teppichen ausgelegten Studio. Helen hatte die muskulöse Figur eines jungen Mannes, sie strahlte Vitalität und Lebensfreude aus; die meiste Zeit lebte sie in Frankreich, und einige Jahre lang sah ich Franz weit häufiger als sie. Beide zeigten großes Interesse an meinen Gedichten und Übersetzungen und zerstreuten damit beinahe meine Versagensängste und Verzagtheit, Relikte der traumatischen Rußland-Erfahrung. Katherine stand meinen literarischen Ambitionen schon immer positiv gegenüber, und auch sie ermutigte mich. Sie sah keine Schwierigkeit darin, Medizin und Poesie miteinander zu verbinden, und ich sah ein: Das eine konnte das andere befruchten. Ein Schriftsteller muß meist noch einen anderen Beruf ausüben, denn nur sehr wenige können von dem Geschriebenen leben, Lyriker aber ganz sicher nicht. Doch es gibt noch einen weiteren zwingenden Grund: Wer „mitten im Leben steht", wird versorgt mit geistiger und emotionaler Nahrung. Schon als ich anfing zu studieren, waren mir diese beiden Gründe für mein Doppelstudium vollkommen klar.

Doch die Dichotomie meiner Bestrebungen ließ sich nicht verleugnen und führte dazu, daß ich unter Depressionen und nervöser Erschöpfung litt. Als Berufstätige war ich gleichzeitig abhängig und unabhängig von anderen Menschen. Die Tatsache, für die Gesundheit und das Wohlergehen anderer verantwortlich zu sein, konnte die eigene Kreativität einerseits blockieren, sie aber andererseits auch stimulieren. Else Lasker-Schülers Freund, dem Arzt und Dichter Gottfried Benn, gelang es, in seiner Arbeit als Chirurg poetische Inspirationen zu finden. Für mich war es schwierig, medizinische Praxis und Poesie zu verbinden, obwohl ich feststellte, daß ein unterschiedlicher Gebrauch des Gehirns den Geist bereichern kann. So positiv und ermutigend meine Freunde auch auf mich einredeten, ich fühlte mich meinem ärztlichen Beruf ebenfalls nicht gewachsen. Die Verantwortung, die die ärztliche Tätigkeit mir auferlegen würde, machte mir Angst. Es war weniger das Erstellen von Diagnosen als die Behandlung der Patienten, bei der ich Angst hatte, Fehler zu machen. Ich wußte, daß mein Medizinstudium nicht nur durch meine Vorliebe für die Poesie, sondern auch durch mein Liebesleben und den Zwang, mir meinen Lebensunterhalt verdienen zu müssen, gelitten hatte. All das hatte verhindert, daß ich mich für die Aufgaben eines durchschnittlichen Arztes gut gerüstet fühlte. Ich mußte feststellen, daß menschliche Wärme und psychologisches Verständnis mangelndes medizinisches Wissen nicht ausgleichen konnten. Eines war sicher: Ich brauchte einen ärztlichen Supervisor an meiner Seite, den ich konsultieren konnte, wenn mein eigenes Wissen nicht ausreichte.

Katherine wußte die Antwort auf dieses „Doktor-Dilemma". Ein Bekannter von ihr war Arzt bei den Allgemeinen Krankenkassen in Berlin. Er machte mich mit Dr. Alice Vollnhals bekannt, die dort die Abteilung für Präventivmedizin leitete. Alice Vollnhals sah offenbar in mir jemanden, mit dem sie gut zurecht kommen würde und engagierte mich auf der Stelle für die Schwangerschaftsfürsorge dieser Organisation. In verschiedenen Stadtteilen Berlins wurden damals Beratungsstellen der Krankenkassen eingerichtet; jeder Zweig der Medizin war dort vertreten, doch die zahlreichen Ärzte konnten dem großen Patientenandrang kaum gerecht werden. Die Ambulatorien ähnelten in ihren Aktivitäten einem Bienenstock. Meine Arbeit führte mich nach Neukölln und in die Große Frankfurter Straße, die Armenviertel der Stadt, die ich vorher kaum besucht hatte. Es kam mir gelegen, einmal eine ganz andere Gegend mit neuen Gesichtern und einer anderen Gesellschaftsschicht kennenzulernen. Von dem einen Arbeitsplatz am Morgen zu dem anderen am Nachmittag war es ein weiter Weg, und um dieser Routine etwas von ihrem Streß zu nehmen, traf mich Katherine mittags irgendwo zum Essen. Die Schwangerschaftsfürsorge wurde von den Frauen im Viertel vom Beginn der Schwangerschaft bis zu ihrem Ende alle paar Monate aufgesucht, und diejenigen mit einer Risikoschwangerschaft standen unter besonderer Beobachtung.

Doch die medizinische Seite war nur ein Teil dieser Tätigkeit. Wir beschäftigten uns auch mit den sozialen Verhältnissen, unter denen diese Frauen lebten, und wer in dieser Hinsicht Hilfe brauchte, wurde von uns an die Sozialfürsorge weiterverwiesen, deren Büro direkt neben dem meinen lag. Wir arbeiteten eng zusammen und diskutierten jeden Fall im Detail. Unsere Sorge galt nicht nur der einzelnen Frau, sondern ihrer ganzen Familie. Dies war ein progressiver Schritt in die richtige Richtung. Ich hatte das Glück, mit gut ausgebildeten, intelligenten Sozialarbeiterinnen zusammenzuarbeiten. Ihr Wissen und ihr soziales Bewußtsein gingen weit über die notwendigen Fähigkeiten ihres Berufes hinaus. Sie erfüllten ihre Pflicht mit großem Einfühlungsvermögen für die Nöte ihrer Klienten, und unsere Zusammenarbeit brachte hervorragende Ergebnisse. Bald hatten wir einen noch stärkeren Zulauf, und das bewirkte, daß wir häufiger als vorgesehen unsere Besprechungen abhalten mußten.

Der Erfolg spornte unseren Enthusiasmus an. Dieser Kontakt mit einer Welt, die ich vorher kaum gekannt hatte, weckte in mir ein neues und belebendes Interesse. Ich war begierig darauf, die Bedürfnisse und Bestrebungen, die Leiden und Freuden der Menschen in der unteren Mittelschicht und Arbeiterklasse kennenzulernen. Ich sah dies mit meinen eigenen Augen, und besser noch mit denen meiner Sozialarbeiter-Kolleginnen. Dadurch, daß meine Arbeit von mir verlangte, von einem Ende Berlins zum anderen zu fahren, hatte ich Gelegenheit, Berlins viele Gesichter von Nahem zu sehen. Die angestellten Ärzte der Krankenkassen bezogen ein gutes Monatsgehalt. Mir gefiel es, nur sechs Stunden am Tag zu arbeiten. So blieb mir noch Zeit für ein ganz anderes Leben. Meine Verantwortung teilte ich mit mehreren Kollegen, so daß ich keine Furcht mehr vor der Arbeit hatte. Und der Status der Angestellten gefiel mir sehr. Schon in meiner Schulzeit hatte ich den „sicheren" zweiten Platz dem „exponierten" ersten vorgezogen; schließlich: Am Ende eines jeden Monats einen Scheck über einen größeren Geldbetrag in Händen zu halten, erleichterte mich. Nie habe ich mich zufriedener und sicherer gefühlt als während der fünf Jahre als Ärztin bei den Krankenkassen Berlin. Sich um werdende Mütter zu kümmern, schafft ohnehin eine angenehme Atmosphäre. Doch es war vor allem die Zusammenarbeit mit den Sozialarbeiterinnen, die meine berufliche Tätigkeit angenehm befruchtete. Mit den meisten von ihnen freundete ich mich an. Eine meiner Kolleginnen, die ich besonders mochte, besuchte mich sogar 1958 in London – 25 Jahre nach meinem Exodus aus Deutschland.

Aber zurück zum Jahr 1928. Katherine hatte eine Arbeit als Physiotherapeutin angenommen, und ich verdiente genug Geld, so daß wir es uns leisten konnten, eine Wohnung in einem Neubau auf dem Südwestkorso in Wilmersdorf zu mieten und mit eigenen Möbeln einzurichten. Auch Katherines Interessen teilten sich auf in ihren Beruf und andere Beschäftigungen. Sie war die geborene Malerin und verbrachte einen großen Teil ihrer Freizeit an der Kunsthochschule. Wir schienen uns so nah wie immer zu sein und freuten uns darauf, das Leben zu genießen, nachdem wir keine finanziellen Sorgen mehr hatten. Doch kaum hatten wir uns unsere eigene Wohnung eingerichtet, da begann der Abenteuergeist, der uns zusammengeführt hatte, zu schwinden.

Wir waren unfähig zu begreifen, daß uns eine dritte Kraft zusammengeführt hatte – meine Liebe zu Lisa. Unsere Beziehung hielt noch in meiner schwierigen Zeit nach der Krimreise – Katherine dachte immer noch, daß ihr eine wichtige Rolle in meinem Leben zugedacht war, solange ich unter meiner Krankheit und Verlusterfahrung litt – doch sobald ich mich gesundheitlich erholt hatte und in der Lage war, meinen Kummer zu unterdrücken, füllte sich unser Leben mit einem Vakuum. Noch gaben wir uns der Täuschung hin, daß unser beider Interessen an Kunst und Poesie uns zusammenhalten würden und ignorierten den Prozeß, den die Nachwirkungen des großen Abenteuers in uns ausgelöst hatte.

Obwohl ich mich körperlich nach einiger Zeit erholte, wurde ich Opfer einer der unangenehmsten Formen neurotischer Angst – der Agoraphobie. Sie befiel mich urplötzlich. Von einem Tag zum anderen war ich machtlos gegen eine überwältigende Furcht davor, aus dem Haus zu gehen. Da ich nicht die geringste Absicht hatte, mich diesem Handicap hinzugeben, bat ich Katherine, mich zur Arbeitsstelle zu begleiten und abends wieder abzuholen. Erfreut willigte sie ein, konnte sie jetzt doch wieder ihre Lieblingsrolle spielen: mir zu helfen. Größere Ausflüge in das Berliner Nachtleben machten mir allerdings jetzt keinen Spaß mehr, und es störte mich, daß immer, wenn ich Freunde besuchen wollte, Katherine mich begleiten mußte. Eine Zeitlang bewältigte ich mein Leben mehr schlecht als recht. Und ich haßte die Abhängigkeit, die meine neurotische Angst verursachte.

Nachdem ich mich etwa sechs Monate dahingeschleppt hatte, faßte ich den Entschluß, die Umgebung zu wechseln in der Hoffnung, daß mich das kurieren würde. Ich nahm unbezahlten Urlaub und fuhr zu einem bekannten Kneipp-Sanatorium in der Nähe von Innsbruck. Katherine zögerte nicht, mich zu begleiten, und unsere frühere Nähe stellte sich wieder ein. Das Sanatorium befand sich in schönster Lage auf einem bewaldeten Hügel der Tiroler Alpen, etwa sechshundert Meter über dem Meeresspiegel. Wir hatten uns in ein „Bilderbuch" geflüchtet. Die klare Bergluft, getränkt mit dem Duft von Kiefernwäldern, und die kleinen Spaziergänge in dem hügeligen Waldgelände sorgten für einen positiven Effekt der Kur. Die kalten Wassergüsse dagegen, denen ich mich unterziehen mußte, schadeten mir eher als daß sie nützten, doch ich ließ diese Tortur über mich ergehen, der fachmännischen Massage und der gymnastischen Übungen wegen, auf die ich mich im Anschluß freuen konnte. Nach zwei Monaten im Sanatorium hatte ich den Mut, mir einen Tag freizunehmen, und Katherine und ich machten uns einen vergnüglichen Abend in Innsbruck. Einmal kein gesundes Essen, sondern ein Menü mit vier Gängen und Wein dazu! Wir bummelten durch die Straßen, besuchten verschiedene Cafés und fuhren erst mit dem letzten Bus zurück. Daraufhin versuchte ich, dem diensthabenden Kurarzt klarzumachen, daß ich jetzt geheilt war. Ich bin nicht sicher, ob ich ihn überzeugte, ich selbst war mir aber sicher, daß ich aus dem „Tunnel" heraus war. Allem Anschein nach waren meine Symptome verschwunden, und ich nahm meine ärztlichen Pflichten mit neuer Hoffnung und Frische wieder auf. Meine Agoraphobie hatte sich gelegt – für ein paar Jahre.

Nachdem Katherines erneute Mission abgeschlossen war, wandelte sich nach und nach unsere Beziehung. An der Oberfläche hatte sich nichts geändert. Wir waren gern zusammen und hatten die beste Absicht, miteinander unser Leben zu verbringen. Doch so sehr wir auch unsere frühere Nähe herbeizwingen wollten, dieser

Wunsch lief intensiveren Bedürfnissen zuwider. Beide sahen wir uns nach anderen Menschen um, doch keine von uns wollte es sich zunächst eingestehen. Noch dachten wir, unsere Beziehung sei so stabil, daß sie durch keine äußeren Einflüsse gestört werden könnte. Da traf mich der nächste schwere Schock. Am Abend des 13. Januar 1929 erhielt ich ein Telegram von Onkel Josef, daß meine Schwester plötzlich und völlig unerwartet gestorben war. Sie war während einer Operation nicht mehr aus der Narkose aufgewacht. Bei dieser Nachricht brach ich zusammen. Ein herbeigerufener Arzt verschrieb mir Injektionen mit Insulin, die ich mir – obwohl bettlägerig – selbst verabreichte. Diese Behandlung sollte mir wieder auf die Beine helfen, doch sie hatte den gegenteiligen Effekt, und ich fühlte mich todkrank. Jedesmal, wenn ich aufstehen wollte, zitterte ich vor Schwäche, und ich verlor rapide an Gewicht. Daraufhin nahm ich selbst die Sache in die Hand, ließ die Insulinspritzen weg und begann mich allmählich zu erholen. Wieder einmal wurde Arbeit zur Therapie, um den Verlust eines geliebten Menschen zu überwinden.

Das neue Medizin-Verständnis in den Ambulatorien der Krankenkassen begeisterte mich. Hier arbeitete die Avantgarde der Präventivmedizin und der sozialen Fürsorge. Ärzte, die nur Privatpatienten behandelten, und andere, die bei privaten Versicherungen arbeiteten, sahen auf uns – die Angestellten der öffentlichen Krankenkassen – herab. Wir waren in ihren Augen eine niedrigere Kaste unseres Berufsstandes. Doch einige dieser Ärzte vergaßen ihren Stolz und ihre Vorurteile und beteiligten sich zeitweise am Dienst in den Ambulatorien – schließlich verdiente man dort auch gut. Und umgekehrt: Viele von uns ärztlichen Angestellten arbeiteten zeitweise in privaten Praxen, nicht um Geld zu verdienen, sondern aus Gründen des Prestiges. Obwohl ich es eigentlich besser wußte, folgte auch ich diesem Trend. Doch jedesmal, wenn ich bei einem Patienten eine ernsthafte Krankheit vermutete, beschlichen mich Zweifel über meine medizinischen Kenntnisse. Meine Angstzustände äußerten sich in Schlaflosigkeit und zwanghafter Sorge, nicht nur über Patienten, sondern auch über Trivialitäten. Ich versuchte, meine Tätigkeit in der privaten Praxis auf ein Minimum zu reduzieren, aber wagte nicht sie aufzugeben, denn ich wollte mir mein Versagen nicht eingestehen.

Nachdem das Geld durch die Hyperinflation so verheerend an Wert verloren hatte, wurde es verständlicherweise überbewertet, als wieder eine relativ finanzielle Stabilität erreicht war. Schon allein die Inflation, verbunden mit dem Gefühl nationaler Unterlegenheit hätte die deutsche Mentalität aus dem Gleichgewicht bringen können. Aber durch die immer größere Anzahl von Menschen, die Stempeln gehen mußten, wuchs sich das Samenkorn des Antisemitismus zur Nazimentalität aus. Doch auch jetzt noch, im Jahre 1929, nahm ich den Hitlerputsch von 1923 nicht ernst, wie ich schon andere Warnzeichen vorher mißachtet hatte. Nach wie vor waren Poesie, Kunst und Philosophie meine Welt, ich war mit Haut und Haaren eine Individualistin. Meine Arbeit als Ärztin in der Präventivmedizin war eine wichtige Sprosse auf der Leiter, mit deren Hilfe ich mich aus meiner um mich selbst zentrierten Welt herausbewegen wollte – aber nur bis zu einem gewissen Punkt. Nach wie vor waren meine besten Freunde Künstler und Schriftsteller, und das größte Vergnügen bereiteten mir Besuche in Max Reinhardts Deutschem Theater, die Schauspiele von Bertolt Brecht und das intime Theater und Cabaret. Doch ich hatte sowohl meinen Freundeskreis als auch meine Interessen erweitert. Die fünf Ärztinnen unserer Dienststelle repräsentierten unterschiedliche Rassen und politische Überzeugungen. Minna Flake war Kommunistin und ebenfalls Jüdin. Die Direktorin, Alice Vollnhals, war Polin und in zweiter Ehe mit einem Juden verheiratet. Hella Bernhardt war deutscher Abstammung; sie vertrat progressive Vorstellungen hinsichtlich politischer und medizinischer Themen und war ebenfalls mit einem Juden verheiratet. Diese drei Frauen wurden meine Freundinnen und beeinflußten mich in verschiedener Hinsicht. Die fünfte Frau – ich will sie hier nur Frau X nennen – verhielt sich uns gegenüber stets höflich und korrekt, war aber recht verschlossen. Ihre Ansichten blieben unergründlich – bis zum Jahre 1933. Dann stellte sich heraus, daß sie seit 1924 aktive Nationalsozialistin war. Wahrscheinlich hatte man sie auf uns angesetzt, und sie hatte regelmäßig Berichte erstellt – vermutlich während all jener Jahre, die ich als Ärztin in Deutschland tätig war.

Minna Flake, die Kommunistin, erteilte mir damals politischen Anschauungsunterricht. Und obwohl es ihr nicht gelang, mich zu überzeugen, rüttelte sie mich auf und veranlaßte mich, eine aktivere Rolle im sozialen Geschehen zu übernehmen. Ich trat zwar keiner politischen Partei bei, sympathisierte jedoch mit den unabhängigen Sozialdemokraten und wurde aktives Mitglied des Vereins Sozialistischer Ärzte, der eng mit der USPD zusammenarbeitete. Als die Signale des drohenden Faschismus immer deutlicher wurden, verteilte ich Flugblätter des Vereins auf den Straßen Berlins. Ich bezweifle, ob ich von allein den entscheidenden Schritt in die politische Richtung unternommen hätte, denn im Grunde genommen haßte ich alle Organisationen. Es war Minna Flakes Einfluß zu verdanken, daß sich der Schleier politischer Ignoranz vor meinen Augen hob. Bis dahin hatte mich die Situation ethnischer Minoritäten und der Antisemitismus kalt gelassen. Doch trotz meines erweiterten politischen Bewußtseins fühlte ich mich noch sicher. Meine Arbeit war erfolgreich, die Zahl der Patienten stieg ständig. Auch verbesserte ich mich beruflich und wurde schließlich stellvertretende Direktorin der Schwangerschaftsfürsorge-Dienste. Außerdem wurde mir eine Rolle bei dem Lieblingsunternehmen unserer Direktorin übertragen: der Einrichtung der ersten Klinik für Schwangerschaftsverhütung in Deutschland. Ich begann diese Pionierarbeit mit dem Enthusiasmus einer Reformerin, und es irritierte mich keineswegs, viele Stunden am Tag schwangere Frauen auf die Geburt ihres Kindes vorzubereiten und abends Schwangerschaften zu verhindern. Die Erkundung eines neuen Territoriums der Familienplanung, einschließlich der damit verbundenen psychologischen Beratungen, übte große Anziehungskraft auf mich aus.

Ich konnte nicht ahnen, daß meine Beratungsstunden in der Familienplanung sich als eine Art erster Unterricht in Sexualwissenschaft und Psychotherapie entpuppen würden. Einmal pro Woche verbrachte ich zwei Abendstunden in der Hauptstelle am Alexanderplatz, um Frauen Pessare anzupassen und ihnen deren Gebrauch zu erklären. Ich sah jede Patientin mindestens zweimal, um sicherzustellen, daß sie die Handhabung der Pessare auch gelernt hatte. Außerdem empfahl ich chemische Verhütungsmittel als doppelte

Vorsichtsmaßnahme. Bald dehnten sich die zwei Stunden, die für meinen Klinikdienst vorgesehen waren, auf drei oder mehr aus. Es kam immer wieder vor, daß auch die Ehemänner der Patientinnen mich sprechen wollten.

Nach und nach entwickelte sich eine Art psychologischer Beratungsdienst im Anschluß an die Familienplanungs-Gespräche. Die Direktorin, zwei Kolleginnen und ich konnten mit dem Andrang nicht fertig werden, und es wurden zwei weitere Ärztinnen eingestellt. Der Beratungsdienst kostete die Klienten nichts und entwikkelte sich zu einem Segen für die ärmeren Berliner Bürger – und zu einem kontroversen Streitpunkt für die ganze Stadt. Alice Vollnhals hatte sich zum zweiten Mal als mutige und fortschrittliche Ärztin gezeigt, doch ich weiß nicht, ob sie wirklich die Anerkennung bekam, die sie verdiente. Auf jeden Fall erhielt sie sie von mir, und das bedeutete ihr durchaus etwas, denn sie schätzte mich sehr, und mit der Zeit wurden wir Freundinnen. Nach und nach wurde auch die Familienfürsorge mit der Familienplanung kombiniert, und auch die Sozialarbeiterinnen kümmerten sich auf die gleiche Weise um Menschen in Not wie in der Schwangerschaftsfürsorge.

Die Umstände machten mich zu einer Amateur-Sexualwissenschaftlerin, die in ihrer täglichen Praxis durch Empathie und Erfahrung immer mehr dazulernte. Offenbar war ich hier in meinem Element und naiv genug, trotz meines Mangels an Fachkenntnissen meinem instinktiven Gespür für psychologische Situationen blind zu vertrauen. Alice Vollnhals versicherte mir, ich hätte einen sechsten Sinn für diese Arbeit, ein Schluß, den sie aus den Ergebnissen meiner Beratungsgespräche zog. Ihre Anerkennung ermutigte mich, neue Wege in Richtung auf eine soziale und psychologische Medizin einzuschlagen. Ich war fest entschlossen, meinen Beitrag zu diesem fortschrittlichen Unternehmen zu leisten, das die Grenzen traditioneller, gesellschaftlicher und medizinischer Einstellungen sprengte.

Die rapide fortschreitenden Erkenntnisse der Sexualwissenschaft bereiteten eine breitere Sichtweise der menschlichen Natur vor. Ihr bedeutendster Repräsentant lebte in unserer Mitte: Magnus Hirschfeld. Sein Institut für Sexualwissenschaften, das er wenige Jahre vor dem Ersten Weltkrieg gegründet hatte, war auf seine Art eine Modelleinrichtung. Man kann mit Fug und Recht behaupten, daß sowohl seine Forschungen als auch das von ihm zum Thema sexuelle Variationen angehäufte Material ein Wunder seiner Zeit waren. Seine wissenschaftlich-literarische Hinterlassenschaft ist in der Tat phänomenal. Hirschfeld schrieb in seinem Buch „Geschlechtskunde" auch ausführlich über Familienplanung, besonders über den dringenden Bedarf an Maßnahmen zur Geburtenkontrolle. Er verwies dabei auf geschichtliches Material von Hippokrates bis zum 20. Jahrhundert. Immer schon war eine Kontrolle des Bevölkerungswachstums notwendigerweise mit einer Geburtenkontrolle verbunden – auch im Interesse des Staates. Hirschfeld erläuterte, daß Geburtenkontrolle immer schon instinktiv oder nach ganz bestimmten Bräuchen durchgeführt worden ist. Und er zitierte Robert Malthus mit seiner Vorhersage, daß eine Gesellschaft niemals zu sich selbst finden kann, wenn in ihr keine Geburtenkontrolle ausgeübt wird. Als wesentlich betonte Hirschfeld, daß sozialer Wohlstand und individuelle Selbstverwirklichung nur gedeihen können, wenn diesem gesellschaftlichen Bedürfnis Rechnung getragen wird. Damit proklamierte er schon zu Beginn dieses Jahrhunderts das, was in den 70er Jahren Ideologie und Praxis wurde. Unter den vielen herausragenden Gestalten in Kunst und Wissenschaft der 20er Jahre war Magnus Hirschfeld derjenige, der nicht nur auf Intellektuelle Anziehungskraft ausübte, sondern auch auf viele tausend einfache Menschen überall auf der Welt. Weit davon entfernt, sich ausschließlich auf die Forschung zu spezialisieren, die ihm seinen Ruf eingebracht hatte, beleuchtete er in seinen Arbeiten das ganze menschliche Leben, von der Ei- und Samenzelle bis hin zum Tod. Seine vierbändige „Geschlechtskunde" ist vielleicht das Verständlichste und Vollständigste, was je zu diesem Thema geschrieben wurde. Doch als ein Prophet, der nichts im eigenen Lande gilt, blieb er ein klingender Name für meine Kollegen und mich und viele andere Mediziner. Er war wie ein riesiger Schatten, den man eher vermeiden als aufsuchen mußte. Und doch lebten wir Seite an Seite, folgten denselben medizinischen Trends und hatten dieselben Ansichten über die dringende

Notwendigkeit, der Bevölkerungsexplosion entgegenzuwirken und individuelle Freiheiten zu garantieren. Ich hatte von ihm bis dahin nur „Die Homosexualität des Mannes und des Weibes" gelesen, zur gleichen Zeit als ich „Psychopathia Sexualis" von Richard Freiherr von Krafft-Ebing studierte. Die Fallgeschichten in beiden Büchern faszinierten mich, doch weder die Arbeiten des einen noch die des anderen Autors sprachen mich persönlich an. Es ist bekannt, daß Hirschfelds großartiges Oeuvre bei den Bücherverbrennungen „degenerierter" Künstler und Wissenschaftler ins Autodafé geworfen wurde. Sein Vermächtnis wurde großenteils vernichtet, doch vieles wurde von Freunden gerettet.

So konnte ich es kaum glauben, als ich eines Tages plötzlich Magnus Hirschfelds wichtigste Bücher in deutscher Sprache in der Hand hielt. Eine Freundin hatte diese Bücher für mich in Berliner Buchantiquariaten aufgetrieben. Diese Schätze mußten sorgfältig vor den Augen der Nazis versteckt worden sein! So lernte ich Magnus Hirschfeld mehr als 40 Jahre nach seinem Tode und etwa 50 Jahre, nachdem ich meine ersten sexologischen Beratungen durchgeführt hatte, im Original kennen.

Die Direktoren der Krankenkassen entwickelten ein besonderes Interesse an Schwangerschaftsfürsorge und Familienplanung. Sie beschlossen, die Bevölkerung über beides zu informieren und organisierten Vorträge über Geburtenkontrolle und Mutterschaft, wobei besonders deren soziale und psychologische Bedeutung betont wurde. Man wählte mich aus, um die Vorträge zu organisieren und einige davon selbst zu halten. Diese Veranstaltungen wurden von Männern und Frauen besucht, die vorher in der Beratungsstelle gewesen waren und anderen, die nur von uns gehört hatten, hauptsächlich Menschen aus der Arbeiterklasse.

Heute wundere ich mich, wie ein Mensch es schaffen konnte, all diese beruflichen Aktivitäten mit den unterschiedlichsten privaten Interessen zu verbinden. Wie findet man neben einem so anstrengenden Beruf Zeit und Kraft für Liebe, Vergnügungen, Freundschaften, Kunstgenuß und aktive Kunstproduktion sowie die Höhen und Tiefen einer engen Partnerschaft? Ein Leben, wie es in der Weimarer Republik möglich war, stimulierte die eigenen Kräfte. Berlins überschäumende Spritzigkeit mag etwas mit dem

Trubel dieser Zeit zu tun haben, doch das ist nur die halbe Antwort.

Man kann sich der Moral der jeweiligen Zeit, in der man lebt, nicht entziehen. Obwohl ich eher in der Welt der Phantasie lebte, brauchte ich nicht lange, um zu bemerken, daß Arzt zu sein ein äußerst respektierlicher Berufsstand war, der einem einen bevorzugten sozialen Status verlieh, wie er für die deutsche Mentalität so wichtig ist. Diese Überlegung betraf auch mich, aber ich hoffe, daß ich nicht in diese Falle gegangen bin. Auch die tolerante Weimarer Republik war ein Klassenstaat. Das deutsche Volk identifizierte sich in einer Art mit der jeweiligen sozialen Position seiner Bürger, daß es sich zum Gespött in ganz Europa machte. Es gab sogar einige Künstler, die große Werke in Literatur, Musik oder Malerei vorzuweisen hatten und dennoch nicht den Mut aufbrachten, ihre Individualität höher zu bewerten als ihre Stellung in der Gesellschaft. Das war eine traurige Angelegenheit, denn es führte zu einer Schwächung dieser Menschen, die dem entsetzlichen, überkompensierenden Nationalismus unter Hitler und seiner Helfershelfer Vorschub leistete. Nicht genug, daß man berufstätige Leute mit ihrem Titel ansprechen mußte, auch die Frauen wurden oft mit den Titeln ihrer Männer angeredet. Für die Deutschen zählten individuelle Verdienste weniger als gesellschaftliche Bedeutung.

Die späten 20er Jahre hatten mir nicht nur zu neuen Einsichten in menschliche und politische Zusammenhänge verholfen, sondern auch endgültig meine Gefühle für Katherine verändert. Immer mehr bewegten wir uns in unterschiedlichen Kreisen. Walli E. war nach Berlin gekommen, um hier Malerei zu studieren, und wir erneuerten unsere seltsame Freundschaft. Seit unserer Schulzeit hatte mich ihre Gegenwart fasziniert. Sie war die perfekte Liebhaberin, doch in der Zwischenzeit hatte ich erkannt, wie wenig Sexualität mit Liebe zu tun hat. Als wir uns in Berlin trafen, folgte unsere Beziehung dem gleichen Muster wie damals. Wir verbrachten eine wunderschöne Zeit miteinander, ohne die schmerzhafte Sehnsucht des Verlangens. Wenn wir zusammen waren, hatte die Atmosphäre jenen sinnlichen Glanz, der uns die Welt um uns herum durch eine rosa Brille betrachten ließ. Wer waren wir und all die anderen jungen Frauen dieser Jahre, die wir so gut zu wissen schienen, was wir wollten? Wir hatten kein Bedürfnis danach, aus männlicher Vorherrschaft befreit zu werden. *Wir waren frei*, fast 40 Jahre, bevor die Frauenbewegung in Amerika begann. Wir hielten uns nie für Bürger zweiter Klasse. Wir waren einfach wir selbst, die einzige Befreiung, die am Ende zählt. Die Freiheit des Individuums und die Freiheit für das Individuum gab es jedoch in der deutschen Geschichte immer nur für kurze Zeit. Und die Lawine repressiver Maßnahmen, die darauf folgte, begrub diese und alle anderen Freiheiten. In meiner Jugend hatte die Frauenbewegung scheinbar weder einen Platz noch einen Sinn für Frauen der Ober- und Mittelschicht.

Anders war es bei Frauen aus der Arbeiterklasse. Die Gruppe derjenigen Frauen, denen es gut ging und die Privilegien besaßen, hatte mit den Arbeiterfrauen wenig gemeinsam; wahrscheinlich waren solche Leute wie Walli und ich in den Augen der Mehrheit des deutschen Volkes nichts weiter als Randfiguren. Die Befreiung der unteren Mittelschicht und der Arbeiterklasse war eine Notwendigkeit, denn sie wurden immer noch als „minderwertig" behandelt. Die Weimarer Republik war von Snobismus und Arroganz der Privilegierten durchdrungen, trotz ihres sozialistischen Banners. Viele aus den Kreisen, in denen ich mich bewegte, verstanden diese Tatsache durchaus. Doch wir betrachteten uns als „anders", als Mitglieder einer internationalen Avantgarde, die einander in jeder Sprache erkannten. Ich hatte das sichere Gefühl, zu ihnen zu gehören.

Ein perfektes Beispiel einer befreiten Avantgardistin war Helen Hessel. Sie konnte sich allem zuwenden und war überall erfolgreich – als Landarbeiterin im Ersten Weltkrieg, als Modejournalistin in den 20er und 30er Jahren, als Geliebte von vielen und als Ehefrau. Sie bezauberte Männer und Frauen gleichermaßen. Ihre blauen Augen, klar und kalt wie ein frostiger Frühlingstag, ihre Eleganz und Selbstsicherheit, machten sie zum Inbegriff verführerischer Weiblichkeit. Es war keine Überraschung für ihren Mann und ihre Freunde, als sie eines Tages einer Wette wegen in die Seine sprang. Sie konnte ebensogut einen Essay schreiben wie ein Pferd zureiten oder Auto fahren. Eine Draufgängerin, die leidenschaftlich liebte und haßte, arbeitete oder faulenzte. Beim Gehen hinkte sie leicht und stützte sich auf einen Spazierstock mit Elfenbeingriff, was ihre Eleganz noch betonte. Ihr Haar war schon vor ihrem 40. Lebensjahr ergraut, und als ihre Gesichtszüge mit den Jahren schärfer wurden, entwickelte sie eine erstaunliche Ähnlichkeit mit Friedrich dem Großen. Ich war von ihr fasziniert und nahm erfreut eine Einladung an, mit ihr im Auto von Berlin in die Normandie zu fahren. Sie hatte gemeinsam mit ihrem Freund Pierre Roché ein Bauernhaus in dem kleinen Dorf Sotteville gemietet. Man schrieb das Jahr 1926 oder 1927, und dieser Urlaub bedeutete für mich ein erstes Kennenlernen von Land und Leuten in Frankreich. Ich wußte nicht, worauf ich mich da eingelassen hatte. Helen und Pierre teilten sich ein Zimmer, ihr achtjähriger Sohn und ich hatten Einzelzimmer. Alle außer mir liefen nackt durchs Haus und zogen sich voreinander an und aus, ein Spaß, der ihnen in Fleisch und Blut übergegangen war. Helens Sohn Paul wuchs in einer alternativen Gesellschaft auf, und das tat ihm sehr gut. Er war der geborene Charmeur, ein Liebling der Götter. Außerdem war er ungewöhnlich klug und ungewöhnlich beliebt. Er ging später auf die Ecole Normale, die hochbegabte Jugendliche für den öffentlichen und diplomatischen Dienst vorbereitete. Er schien jedermanns Freund zu sein und nichts konnte ihn überraschen.

In der dritten Woche unseres Urlaubs tauchte Franz Hessel in Sotteville auf. Man hätte erwarten können, daß er auf seine Frau und ihren Liebhaber eifersüchtig war. Doch es stellte sich heraus, daß Roché sein bester Freund war, und ich wurde Zeugin des gleichen Beziehungsmusters wie bei den Benjamins. In beiden Fällen schien die Dreieckssituation eine glückliche Konstellation zu sein, unter der Liebe und Freundschaft nicht zu leiden hatten. Wieder einmal begegnete ich einer besonderen Art verfeinerter Beziehungen, einem Ideal menschlichen Verhaltens, das vielleicht viele anstreben, aber nur wenige jemals erreichen. In seinem Roman „Jules et Jim" entwarf Pierre Roché ein fast photographisches Bild seines Lebens mit Helen und Franz Hessel. Der Roman wurde unter demselben Namen von François Truffaut verfilmt, und Jeanne Moreau spielte die Rolle der Helen. Frei von Eifersucht zu sein bedeutet, ohne Besitzdenken leben zu können. Eifersucht,

Neid, Konkurrenzdenken sind integrale Bestandteile kapitalistischer Mentalität, mit der die Gesellschaft durch den Machtkampf männlicher Vorherrschaft infiziert wurde.

Die deutsche Wirtschaft hatte sich seit der Währungsreform erholt, doch die Zahl der arbeitslosen Menschen wuchs und wuchs, und das gleiche galt für die politischen Spannungen. Ab 1930/31 begannen sich Kommunisten und Faschisten Straßenschlachten zu liefern. Man konnte sich nicht länger den warnenden Vorzeichen einer nahen Krise verschließen. Ich begann, mich erstmals bedrängt zu fühlen, als mir im Frühjahr 1931 der leitende Arzt derKrankenkassen mitteilte, es sei zu gefährlich für mich, weiterhin meine Tätigkeit in der Schwangerschaftsfürsorge und der Familienplanungs-Klinik fortzusetzen – aus politischen Gründen. Er wollte mich auf eine neutrale Stelle versetzen und schlug mir vor, in einem Institut für elektro-physikalische Therapie die nötigen Spezialkenntnisse zu erwerben. Das würde es ihm ermöglichen, mir später in dieser Abteilung einen Posten zu verschaffen. Nach einem Jahr Hospitation (bei voller Bezahlung) wurde ich im April 1932 Direktorin des Elektro-physikalischen Institutes in Neukölln.

Nachdem ich die ersten Schwierigkeiten der neuen Aufgabe und Position überwunden hatte, genoß ich es, in einer ruhigen Atmosphäre zu arbeiten, nicht ständig während meiner Arbeit umherfahren und weniger Patienten betreuen zu müssen. Bald begann ich, Forschungen auf dem Gebiet der elektro-physikalischen Therapie anzustellen, mit Hilfe einer fähigen und loyalen Belegschaft. Doch nur zu bald wurde ich bis ins Mark getroffen, als ich sah, wie junge Männer in Naziuniform durch die Straßen Berlins marschierten und Spruchbänder quer über der Straße verkündeten: „Tod den Juden". Katherine war sofort mit Leib und Seele zur Stelle; sie schützte mich und mein unübersehbares jüdisches Aussehen durch ihre arische Schönheit, wenn wir die relative Sicherheit unserer geräumigen Wohnung am Laubenheimer Platz verlassen mußten.

Zu diesem Zeitpunkt hatte ich noch keine Ahnung, daß sie sich mit dem Gedanken trug, unseren gemeinsamen Haushalt zu verlassen. Wir hatten immer noch gemeinsame Interessen, besuchten beispielsweise zusammen einen Kurs in Chirologie, den der bemerkenswerte Handleser Julius Spier eingerichtet hatte. Eine Kollegin hatte mir von ihm erzählt; sie war beeindruckt von der psychologischen Fähigkeit, mit der er aus der menschlichen Hand lesen konnte. Er sagte ihr, seine Kunst sei erlernbar. Sein Kurs war nur für Ärzte gedacht, doch Katherine durfte ebenfalls teilnehmen. Unser neues Interesse inspirierte uns beide. Spier verstand, daß die Hand einer Landkarte gleicht, aus der man Charaktermerkmale und bestimmte gesundheitliche Bedingungen diagnostizieren kann. Er strebte an, eine Methode aus seiner mehr oder weniger intuitiven Gabe zu entwickeln. Seinen Schülern gab er seine Kenntnisse so weit wie möglich weiter. Jeder bewunderte seinen Pioniergeist und sein Talent. Er brachte uns eine ganze Menge bei, denn er hatte das Chaos zu einer gewissen Ordnung gebracht, obwohl er nicht in der Lage gewesen war, eine wissenschaftliche Methode daraus zu entwickeln. Er war Autodidakt und weder in Psychologie noch in Medizin ausgebildet. Nichtsdestoweniger gewannen wir genügend Kenntnisse, um zu begreifen, daß die menschliche Hand ein wichtiges diagnostisches Werkzeug sein kann. Spier demonstrierte den potentiellen Wert der Chirologie so eindrucksvoll, daß ich angeregt wurde, das Thema weiter zu verfolgen. Später entwickelte ich dann eine wissenschaftliche Methode der Hand-Interpretation. Ich bin diesem Mann, der mich auf den Weg zu einer Reise um die menschliche Hand schickte, zu ewigem Dank verpflichtet. Die Ergebnisse dieser Arbeit, die einen großen Teil meines Lebens bestimmte, habe ich in drei Büchern veröffentlicht: „The Human Hand“, „A Psychology of Gesture“ und „The Hand in Psychological Diagnosis“.

1932 war für mich ein verhängnisvolles Jahr. Im Herbst dieses Jahres verließ mich Katherine. Ihr Vater hatte sie gedrängt: Sie würde sich selbst in Gefahr bringen, wenn sie weiterhin ihr Leben mit einer Jüdin teilte. So mußte ich meine letzten Monate in Deutschland allein überstehen. Zuerst verachtete ich Katherine dafür, daß sie mich in der Stunde der Not im Stich ließ, dennoch sehnte ich mich nach ihr wie nie zuvor. Ich machte keinen Schritt auf sie zu und stand fest, aber emotional verstört, auf meinen eigenen Füßen. Ich lief herum und fühlte mich wie betäubt. Meine deutschen Freunde und Kollegen waren betroffen und boten mir ihre Hilfe an. Sie wollten nicht, daß ich wegginge und versprachen, mir in jeder Schwierigkeit beizustehen. Doch ich überlegte mir bereits, das Land zu verlassen. Im Februar 1933 bekam ich eine Notiz, daß ich zum ersten April gekündigt sei, aber ab sofort meinen Dienst zu quittieren hätte. Der Schlag war ein kollektiver, denn alle Juden mußten ihren Beruf aufgeben, und so konnte ich die Katastrophe relativ gefaßt aufnehmen. Am nächsten Tag machte ich mich auf den Weg nach Neukölln, um mich von den Kollegen zu verabschieden. Wie gewöhnlich nahm ich die U-Bahn, doch bevor der Zug die Haltestelle Hasenheide erreicht hatte, wurde ich verhaftet. Dieser Anschlag lähmte mich nicht, sondern machte mich wütend. Ich forderte den Gestapo-Offizier auf, mir seinen Ausweis zu zeigen und fragte ihn, warum ich so behandelt würde. „Sie sind eine Frau in Männerkleidung und eine Spionin". Ich lachte ihm ins Gesicht, dann forderte ich ihn ernst auf, mich in Ruhe zu lassen. Und ich fügte hinzu: „Was für eine Behandlung! Einer meiner Vorfahren ist für Friedrich den Großen durch den Katzbach geschwommen, und das ist es, was wir von *Ihnen* bekommen". Er wußte keine Antwort, sein Gesicht war wie versteinert. Als wir die Haltestelle Hasenheide erreicht hatten, stieß er mich auf den Bahnsteig und führte mich zur Bahnhofswache. Als der Wachmann mich in den Händen der Gestapo sah, rief er aus: „Aber das ist doch Frau Dr. Wolff, die meine Frau in Neuköllner Ambulatorium behandelt!" Er rettete mich für den Augenblick. Der Offizier hatte keine andere Wahl, als mich gehen zu lassen. Als ich meinem Vorgesetzten im Ambulatorium erzählte, was passiert war, flüsterte er: „Ich kann Ihnen gar nicht sagen, wie sehr ich mich schäme, ein Deutscher zu sein."

Drei Tage später wurde meine Wohnung nach Bomben durchsucht. Jemand hatte mich als gefährliche Kommunistin denunziert. Angeblich sollten die Bomben im Keller liegen, aber auch meine Bücher und Papiere wurden durchwühlt. Man fand nichts, denn mein treues Dienstmädchen konnte mich vorher warnen, weil die Hausdurchsuchung telefonisch angekündigt worden war. Und eine in der Nähe wohnende Patientin hatte möglicherweise „gefährliches" Material beiseite geschafft. Diese Ereignisse zwangen mich zum Handeln. Sie folgten aufeinander wie die Schläge einer Uhr, die jede Stunde ankündigen: Jetzt hat dein letztes Stündlein geschlagen. Am Tag nach der Hausdurchsuchung leitete ich meinen Exodus von Berlin nach Paris in die Wege. Bis zum letzten Tag versuchten Nachbarn, mich von der Flucht abzuhalten. Ich handelte schnell, getrieben durch den Befehl des Schicksals. In der nahegelegenen Polizeistation erhielt ich einen Paß, der fünf Jahre gültig war. Der Wachtmeister, der meinen Fall behandelte, betrachtete mich mit großer Sympathie. Schließlich gab er mir die Hand und sagte: „Es tut mir leid, daß Sie gehen! Meine Frau sagt immer, jüdische Ärzte sind die besten." Ich verabschiedete mich von meinen Freunden und informierte Katherine telefonisch, daß ich wenige Tage später nach Paris abreisen würde. Sie versprach, zum Bahnhof zu kommen. Am 26. Mai 1933 stand ich am Bahnhof Zoo und wartete auf sie. Wenige Minuten vor Abfahrt des Zuges kam Katherine an, gesund und schön wie immer. Sie sagte: „Gute Reise, und komm in fünf Jahren zurück."

Ich war meinem Instinkt gefolgt, als ich versuchte, einem üblen Regime zu entrinnen, das fest entschlossen war, die Juden zu vernichten. Ich setzte mich in ein Abteil direkt neben die Tür. Hatte ich die Absicht herauszuspringen – falls...? Man konnte mich immer noch verhaften, solange ich auf deutschem Boden war. Niemals zuvor oder danach durchlebte ich diese Anspannung, jederzeit hellwach und auf dem Sprung zu sein. In meinem Hinterkopf registrierte ich alle Anzeichen, die darauf hindeuten könnten, daß sich die Gestapo näherte. Es ging jede Minute um Leben und Tod, solange ich noch nicht die Grenze bei Aachen überquert hatte. Wir erreichten Aachen, der Zug hielt, ich stieg aus, öffnete meine Koffer und mein Handgepäck. Die stahlblauen Augen eines Nazibediensteten starrten mich und meinen Paß an. Er ließ mich zum Zug zurückgehen: Ich war frei! Wenige Stunden später erreichte der Zug den Gare du Nord in Paris.

In Paris

„Place du Panthéon, s'il vous plâit", sagte ich zu dem Taxifahrer. „Quelle adresse?" – „L'Hôtel", antwortete ich. Wußte ich eigentlich, daß es ein Hôtel du Panthéon gab? Auf jeden Fall war es gut geraten. Das Taxi setzte mich an einem kleinen, nicht sehr sauberen Hotel ab, wo man mir das kleinste Zimmer zuwies. Das machte mir alles nichts aus, denn ich befand mich in dem Stadium zwischen verklingendem Entsetzen und neuer Hoffnung. Immer noch den Alptraum der Reise im Kopf, ging ich zu Bett; doch meine Zukunftshoffnungen müssen in mir Überhand gewonnen haben, denn ich schlief durch bis zum nächsten Morgen. Dann bestellte ich mein erstes französisches Frühstück – Café au lait et une tartine – in einem Café auf dem Boulevard St. Michel, aber ich hatte noch keine Lust, irgend jemanden zu sehen. Erst am späten Nachmittag rief ich Helen Hessel an, die ein Atelier in der Nähe des Place du Panthéon bewohnte. Ihre Stimme war wie eine zärtliche Berührung, und die Art, wie sie darauf bestand, mich gleich zu sehen, erfüllte mich mit neuer Hoffnung. Sie bat mich, sofort zu ihr zu kommen. Dieser Empfang überwältigte mich, und meine überforderten Nerven entspannten sich in dem Gefühl, so sehr erwünscht zu sein. Doch während der ersten Monate nach meiner Ankunft war ich häufig völlig durcheinander und Euphorie und Verzweiflung wechselten einander ab.

Helen und ich waren ein merkwürdiges Freundespaar. Immer schon hatte sie auf mich eine große Anziehungskraft ausgeübt, aber gleichzeitig hatte ich Angst, plötzlich von ihr zurückgewiesen zu werden. Ihre Freundschaft, ihr Bedürfnis, mich zu sehen, waren der Fels in der Brandung, an den ich mich klammerte. Ihr jetzt 14jähriger Sohn Paul umarmte mich mit der gleichen Spontaneität wie seine Mutter. Die beiden liebten sich eher wie Geschwister als wie Mutter und Sohn. Sie teilten ihr Leben mit einer an Besessenheit grenzenden Sorge füreinander. Pauls Identifikation mit seiner Mutter führte dazu, daß er sich auch mit mir anfreundete. Aber daß wir uns innerlich nahe kamen, hatte noch einen weiteren Grund: Wir liebten es beide, anderen Leuten zu gefallen. Seine Mutter war da anders, ihr Interesse galt eher der Möglichkeit, mit anderen etwas gemeinsam zu machen, als über sie nachzudenken oder sich um sie zu sorgen.

Die beiden begannen sofort, Zukunftspläne für mich zu schmieden, und ich genoß es, im Augenblick keine eigenen Entscheidungen fällen zu müssen. Vorläufig war ich in der Lage, finanziell auf eigenen Füßen zu stehen, aber in allen anderen Dingen war ich von meinen Freunden abhängig. Einige Tage nach meiner Ankunft brachte mich Helen in einer Pension in der Rue Froidevaux unweit ihrer eigenen Wohnung unter. Sie arbeitete als Modejournalistin für eine deutsche Zeitung und bewegte sich in einem internationalen Kreis von Freunden und Kollegen. Kurze Zeit später führte ein traumatisches Ereignis dazu, daß sie mit Paul fluchtartig ihre Atelierwohnung verließ und zu mir in die Pension zog. Das Ende einer langdauernden Beziehung zu einem Mann, den sie leidenschaftlich liebte, brachte sie aus dem Gleichgewicht. Dies veränderte unser Verhältnis zueinander. Wir kamen uns näher als je zuvor, denn jetzt war ich es, die ihr die Geborgenheit geben konnte, nach der sie sich sehnte. So entwickelte sich zwischen uns dreien eine neue Beziehung. Nachdem wir einige Zeit in der Pension zusammen gelebt hatten, entschied Helen, wir sollten uns gemeinsam eine eigene Wohnung mieten. Sofort begannen wir mit der Suche nach einem geeigneten Apartment. Damals war es leicht, moderne Wohnungen in Paris zu bekommen, und im August 1933 richteten wir uns im Dachgeschoß eines Apartmenthauses auf dem Boulevard Brune häuslich ein. Die Wohnung befand sich wenige Meter von der Porte d'Orléans entfernt, mitten zwischen einem eleganten Vorort von Paris und einem hübschen Stadtteil des *vrai Paris*, dem Paris der kleinen Leute. Wir wollten beide Welten genießen. Helen stellte erst einmal provisorisch ihre eigenen Möbel in die Wohnung, später wollten wir sie mit mehr Möbelstücken nach unserem jeweiligen Geschmack einrichten und dazu auf dem Marché aux Puces, dem Flohmarkt, einkaufen. Zunächst jedoch waren wir in ausgesprochener Urlaubslaune, besonders Helen, die den verständlichen Drang in sich spürte, von Paris wegzukommen.

Wir beschlossen, nach Sanary an die westliche Mittelmeerküste zu fahren. Sanary war zu einem neuen kulturellen Anziehungspunkt geworden, denn Schriftsteller und Künstler aus verschiedenen Ländern hatten sich dort niedergelassen.

Nach einer für mich aufregenden Reise durch die Zeugnisse einer lebendigen Geschichte der Provence kamen wir eines Nachmittags in Sanary an. Schon die Tatsache, daß es weniger vom Tourismus verdorben war als die Orte an der Riviera, sprach für dieses Städtchen. Dafür hatte das nahegelegene Toulon ein internationales Flair. Jahre später wunderte ich mich darüber, warum Helen ausgerechnet Sanary ausgesucht hatte – nur weil eine Freundin von ihr dort hingezogen war? Diese Freundin, von deren Existenz ich nichts wußte, sollte eine bedeutende Rolle in meinem Leben spielen. Bei diesem Ferienaufenthalt wartete mehr auf uns, als wir uns vorher hätten ausmalen können. Die „Macht des Schicksals“ hatte uns nach Sanary geführt, was auch immer Helens ursprüngliches Motiv gewesen sein mochte.

Auf den ersten Blick wirkte Sanary enttäuschend. Wir fuhren an den zahlreichen Cafés und Hotels vorbei und hielten vor dem größten Café an. Dort eröffnete mir Helen, daß sie eine Freundin namens Lisa M. in dieser Stadt hatte, aber ihre Adresse nicht wußte. Im gleichen Augenblick wurde Helen von einem gut aussehenden, blonden Mädchen fixiert, und Helen fragte sie, ob sie zufällig wüßte, wo Madame Lisa M. wohnte. Das junge Mädchen lächelte und sagte: „Ich glaube, ich kenne Sie, sind Sie nicht Helen Hessel?“ Plötzlich erkannte Helen die junge Frau: Es war Sybille von Schönebeck (Sybille Bedford), Madame M.s Tochter. Sie gab uns die Adresse ihrer Mutter und forderte uns auf, sie sofort aufzusuchen. Der Empfang war warm und herzlich, und – nicht genug – wir wurden eingeladen, an einer Party teilzunehmen, die am gleichen Abend bei ihr im Hause stattfinden sollte.

Bei dieser unvergeßlichen Zusammenkunft trafen wir Künstler und Schriftsteller aus Sanarys kultureller Kolonie. Thomas Mann war mit seiner Frau Katja und seinen Söhnen Golo und Klaus der Einladung ebenso gefolgt wie Aldous und Maria Huxley. Aldous hob sich schon allein aufgrund seiner Größe von den anderen ab, aber auch wegen seines auffallenden Gesichtes. Maria schien an seiner Seite kleiner zu sein, als sie tatsächlich war, und betrachtete mich mit einem mir unverständlichen Interesse, das ich aber ermutigend fand. Später erklärte sie mir dazu, sie hätte von meinen Studien über die menschliche Hand gehört, ein Thema, das sie brennend interessierte. Sie wollte mich unbedingt wiedersehen, um mich kennenzulernen. Ich fühlte mich zunächst etwas unbehaglich durch ihre Art, mich mit Beschlag zu belegen; andererseits gefiel mir ihr lebhaftes, geradliniges Verhalten.

Ich schätzte Maria Huxley sofort als Frau ein, von der zu viele Menschen zu viel erwarteten, und fragte mich, ob sie nicht bereits zu sehr mit Pflichten und Problemen in ihrem Leben eingedeckt war, als daß sie neue Bekanntschaften pflegen konnte. Doch ich hatte unrecht. Sie legte tatsächlich großen Wert darauf, mich kennenzulernen, denn sie brauchte ein eigenes Ziel, das sie verfolgen konnte, brauchte ihre innere Rückzugsinsel. Immer schon, so sagte sie mir, war sie von den Händen der Menschen fasziniert, hatte aber niemanden gefunden, der ihr hätte beibringen können, wie man sie interpretiert. Sie hatte den Eindruck, die Hände eines Menschen seien der Schlüssel zu seinem Charakter und seiner Persönlichkeit, und sie könnten außerdem eine ganze Menge über die Gesundheit ihres Besitzers aussagen. Mich betrachtete sie als die geeignete Person, ihr so etwas beizubringen. Ich mochte sie auf Anhieb und erlag ihrem Charme, außerdem verfehlten Glanz und Ruhm der Huxleys und das interessante Leben, das sie in ihrer Villa La Georgette offensichtlich führten, nicht ihre Wirkung auf mich.

In Sanary überschlugen sich die Ereignisse. Einen Tag nach der Party rief mich Maria in der Pension an und lud mich ein, den Tag bei ihr und ihrer Familie zu verbringen. Wir kamen gut miteinander aus, und so verbrachte ich während der gesamten Ferien einen Gutteil meiner Zeit mit Maria, ihrer Schwester Jeanne (bekannt als Madame Neveux) und Aldous. In der Regel schlossen sich Maria und ich einige Stunden im Wohnzimmer ein. Zunächst brachte ich ihr bei, wie man gute Handabdrücke herstellt. Glücklicherweise hatte ich die dazu notwendigen Materialien mit in Urlaub genommen. Nach dieser ersten Unterrichtsstunde, bei der unsere eigenen

Hände als Anschauungsmaterial dienten, zeigte ich ihr nach und nach, wie man sie interpretieren konnte. Dabei dienten uns vor allem ihre Hände und die von Aldous, Jeanne und später von anderen als Beispiele. Die Art unserer Beschäftigung rief beträchtliche Aufregung bei unseren „Opfern" hervor, und die Huxleys erzählten ihren Freunden und Bekannten von Marias Unterricht. Sie war eine ausgezeichnete Schülerin, sie stellte die richtigen Fragen und lernte eine ganze Menge über die Methode des Handlesens, wie ich sie bis dahin entwickelt hatte.

Zu jenem Zeitpunkt stand ich gerade am Anfang einer wissenschaftlich-methodischen Untersuchung der Handlesetechnik, und ich bestand darauf, dies Aldous und ihr klarzumachen. Ich war gewitzt genug einzusehen, daß die beiden mir helfen konnten, in Frankreich Fuß zu fassen. Doch ich eignete mich nicht zur Intrigantin, die geschickt ihre Vorteile nutzt; was ich wollte, war eine gewisse finanzielle Sicherheit. Maria riet mir, mich beruflich auf Handinterpretationen zu verlegen. Sie wußte, dies war meine einzige Chance, in Frankreich meinen Lebensunterhalt zu verdienen. Flüchtlingen wurde nämlich keine Arbeitserlaubnis erteilt, aber eine so ungewöhnliche Tätigkeit wie die Chirologie würde sicher nicht mit der französischen Gesetzgebung in Konflikt geraten. Doch die Zeit, ihren Rat anzunehmen, war noch nicht gekommen. Selbst das Nazi-Deutschland hielt Verträge strikt ein, und mein Vertrag garantierte mir, daß mein Gehalt noch sechs Monate nach der Kündigung meines Vertrages, der im April abgelaufen war, weitergezahlt würde. Auf diese Weise war ich für das erste halbe Jahr meines Exils finanziell gut gerüstet.

Mein wichtigstes Ziel war zunächst, eine wissenschaftliche Untersuchung der Hand durchzuführen, mit der ich so schnell wie möglich beginnen wollte. Ich hatte mit den Quäkern Kontakt aufgenommen, die nichts unversucht ließen, um den jüdischen Flüchtlingen zu helfen. Häufig besuchte ich ihr bescheidenes Haus in einem ärmeren Stadtteil von Paris. Ihr Präsident, Henri van Etten, wurde mir bald ein persönlicher Freund, und einige seiner Mitarbeiter interessierten sich ebenso für mich privat. Durch die Vermittlung der Quäker traf ich Henri Wallon, Professor an der „Ecole des Hautes Etudes". Er beurteilte mein Vorhaben der wissenschaftlichen Untersuchung von Handmerkmalen als vielversprechend und lud mich ein, die Hände von geistig retardierten Kindern an der Klinik, die er leitete, zu untersuchen. Außerdem verbreitete er die Kunde von meinem Projekt bei seinen Kollegen und anderen medizinischen Spezialisten; einige von ihnen waren von der Idee so angetan, daß sie mich zu Gesprächen einluden und mir daraufhin anboten, auch in ihren Krankenhäusern und Ambulatorien meine Studien weiterzuführen. Von Anfang an hatte ich beschlossen, meinen Untersuchungsgegenstand seines spekulativen Aspektes zu entkleiden. Ich wollte die Hände aller Arten von Menschen und verschiedener Altersgruppen untersuchen und hatte vor, auch die Extremitäten von (Menschen–)Affen in meine Studie einzuschließen, wenn ich zu entsprechenden Untersuchungen die Gelegenheit bekäme. Einige Jahre später war ich in der Lage, diesen Plan im Londoner Zoo in die Tat umzusetzen.

Doch zunächst brauchte ich nicht nur die Hilfe der ärztlichen Standesvertreter, um „abnorme", sondern auch die der allgemeinen Öffentlichkeit, um „normale" Hände untersuchen zu können. Nur die Kombination von beiden würde eine diagnostische Landkarte der gesunden und kranken Persönlichkeit ermöglichen. Wieder halfen mir die Quäker. Sie überredeten 200 Flüchtlinge aus verschiedenen Ländern, sich als Versuchspersonen für mein Vorhaben zur Verfügung zu stellen. Ich machte mich mit großer Begeisterung an die Studie, die mich schließlich völlig absorbierte, besonders als ich ganze Familien bei meinen Probanden entdeckte. In einigen Fällen konnte ich drei Generationen in einer Familie untersuchen. Dies war von besonderem Interesse in Bezug auf die mögliche genetische Bedeutung von Handmerkmalen.

Durch einen glücklichen Zufall und die Überredungskunst von Henri van Etten bekam ich die Gelegenheit, Handabdrücke von 24 neugeborenen Babies auf der Entbindungsstation eines Krankenhauses zu nehmen, ein ebenso schwieriges wie spannendes Unterfangen. Einer dieser Abdrücke wurde in „The Human Hand" reproduziert. Professor Wallon und Henri van Etten wurden die Stützen meiner Forschungstätigkeit. Ich weiß nicht mehr, wer von beiden es mir ermöglichte, die Hände von 25 Boxern und 30 Filmschauspielern unterschiedlichen Alters zu untersuchen. Die wichtigste Materialquelle jedoch war Professor Wallons wöchentliche Sprechstunde für Patienten, die unter emotionalen und nervösen Beschwerden litten. Der erste sichtbare Fortschritt meiner Arbeit stammte aus diesen Konsultationen. Professor Wallon verglich meine diagnostischen Einschätzungen mit seinen eigenen und fand die Ergebnisse ermutigend. Andere Psychiater, an deren Kliniken ich arbeitete, folgten der gleichen Methode wie Wallon. Ich verdanke ihm, daß der Endokrinologe Gilbert Robin mir die unschätzbare Gelegenheit verschaffte, die Hände seiner Patienten zu studieren. Meine ersten Einblicke in die hormonellen Bedingungen, die sich in der menschlichen Hand widerspiegeln, machte ich dort. Sie waren von besonderer Bedeutung, denn die Hormondrüsen liefern einen Schlüssel zur Kenntnis emotionaler Reaktionen. Es bedurfte noch einer ganzen Menge an Grundlagenforschung, bevor die Ergebnisse meiner Pariser Untersuchungen in ein sinnvolles Muster gebracht werden konnten. Doch ich lernte die wichtigsten Grundlagen für eine holistische Sicht der Hand-Diagnose durch die Arbeit in Frankreich.

Wie zu erwarten, mußte ich früher oder später neben meiner Forschungstätigkeit Geld verdienen. Maria Huxleys Rat erwies sich als richtig, und nach weniger als einem Jahr Aufenthalt in Paris unternahm ich den unbequemen Schritt, private Handanalysen durchzuführen. Zuerst waren es die Huxleys, die Freunde und Bekannte zu mir schickten. Zu den ersteren gehörten der Vicomte Charles de Noailles und seine Frau. Sie fanden meine Arbeit spannend und empfahlen mich weiter. Durch Mund-zu-Mund-Propaganda entstand eine Art Schneeballeffekt, und ich erhielt eine beträchtliche Klientel. In relativ kurzer Zeit schien ich eine etablierte und anerkannte Chirologin zu werden. Meine Kunden waren hauptsächlich Schriftsteller, Künstler und Aristokraten. Ein Beruf am Rande des Sensationellen stellt einen Magnet dar für Menschen, die Hilfe benötigten und sich von allem Unorthodoxen und Mysteriösen angezogen fühlen.

Doch meine Rolle bei diesen Handanalysen stimmte nicht mit meinen professionellen Werten überein. Und das führte dazu, daß ich in einen Zustand depressiver Angst geriet. Ich war in eine Welt geworfen worden, die bestürzend verschieden war von meiner eigenen. Ich erwarb einen beachtlichen Ruf, zutreffende psychologische Gutachten erstellen und sensationelle Enthüllungen der Vergangenheit meiner Klienten leisten zu können. Der Einfluß, den meine Konsultationen auf meine „Kunden" ausübte, fesselte und erschreckte mich zugleich. Doch ich hatte keine Möglichkeit, die Situation zu verändern: Man hatte mich ins Wasser geworfen, nun blieb mir nichts anderes übrig als zu schwimmen. Auch mußte ich mich daran gewöhnen, in den Häusern französischer Aristokraten und Industriemagnaten ein und aus zu gehen. Gewöhnlich kam ich atemlos vor Aufregung dort an, doch zu meinem Erstaunen stellte ich jedesmal erleichtert fest, daß ich mich sofort besser fühlte, wenn ich die Schwelle überschritten hatte. Die nervöse Spannung kam jedoch regelmäßig in dem Moment zurück, wenn ich meine „wahrsagerischen" Fähigkeiten unter Beweis stellen sollte: entscheidende Ereignisse aus der Vergangenheit meines Klienten aus seinen Händen herauszulesen.

Für mich war es interessant festzustellen, daß die französischen Aristokraten sich nicht – wie ich befürchtet hatte – in ein Getto, einen Goldenen Käfig der *temps perdus* zurückgezogen hatten. Der Vorzug ihrer adeligen Geburt und ihres – in den meisten Fällen – beträchtlichen Reichtums hinderte sie nicht daran, sich frei in der Welt außerhalb ihres unmittelbaren Umfeldes zu bewegen. Einige meiner aristokratischen Klienten beeindruckten mich aus bestimmten Gründen besonders, und das möchte ich mit den folgenden kurzen Szenen erläutern.

Der Vicomte de Noailles war ein großer Kunst- und Literaturliebhaber, was wahrscheinlich seine Freundschaft mit den Huxleys förderte. Seine ruhige, ritterliche Art konnte seine ausgeprägte Neugier auf menschliche Wesen nur unzureichend kaschieren. Er war mittelgroß, hatte einen wachen Ausdruck in seinen schnellen schwarzen Augen und einen beweglichen Mund, der ihn als guten Zuhörer auswies. Wahrscheinlich machte er sich im Geist Notizen über alles, was er hörte und sah. Ich fragte mich, ob er wohl ein verhinderter Schriftsteller war. Seine Zurückhaltung verhinderte direkte Fragen. Möglicherweise bewunderte er Maria Huxley, weil sie ihn mit der erfrischenden Spontaneität und Phantasie versorgte, die ihm zu fehlen schien. Seine Frau Marie-Laure, ebenso liberal und progressiv wie er, hatte viel von Marias lebhafter Natürlichkeit. An ihr war nichts Rückständiges oder Verknöchertes. Als große Bewunderin moderner Musik schien sie über unbegrenzte Energien zu verfügen, um Arbeit und Gegenwart von Musikern und anderen Künstlern genießen zu können. Sie hatte die sinnliche Schönheit eines Fohlens, das durchgehen oder artig traben kann, und von dem niemand weiß, was es als nächstes tun wird. Sicherlich war sie kein Mensch, der andere in Ehrfurcht erstarren ließ, und weder sie noch ihr Mann erwiesen sich als Snobs. Zunächst nahm ich an, daß es sich bei den Noailles um – keineswegs für die französische Aristokratie typische – Ausnahmen handelte, doch das war nicht der Fall.

Das Prinzenhaus des Comte de D. mit seinen Kunstgegenständen, auf denen meist die Bourbonenlilie prangte, schien durch Welten von dem der Noailles getrennt zu sein. Niemals zuvor war ich auf einen standhaften Royalisten gestoßen, und unser Zusammentreffen erfüllte mich mit bösen Vorahnungen. Erstaunt betrachtete ich den Lüster des palastartigen Raumes, den ich durchquerte. Die zahlreichen elektrischen Birnen waren mit Lampenschirmen aus Kristall in Form der Bourbonenlilie umhüllt. Dieses Symbol schien das ganze Haus geprägt zu haben. Selbst im Muster der Tapete tauchte es auf. Diese Verehrung einer verlorenen Sache, wie sie hier zur Schau gestellt wurde, hätte man pathetisch nennen können. Ich fand sie jedoch atemberaubend. Sie versetzte mich ins 17. Jahrhundert, in dem solch glanzvolle Loyalitätsbezeugungen zur königlichen Familie durchaus verbreitet gewesen sein mochten.

Ein Mann mittleren Alters von kleiner Statur schenkte mir einen warmen Händedruck und ein kleines nervöses Lächeln. Sein Bauchansatz schien durch eine steif-aufrechte Haltung eingeschnürt zu werden, die er gut einstudiert hatte. Dieser Mensch war ebenso schüchtern wie diszipliniert; zwei Siegelringe an seinen Fingern ließen auf ein Bedürfnis nach Aufmerksamkeit, und seine demonstrative Liebenswürdigkeit auf einen Wunsch zu gefallen, schließen. Der Comte war ganz anders als ich ihn mir vorgestellt hatte. Die zur Schau gestellte Männlichkeit seiner Haltung paßte nicht zur Sanftheit seines Gesichtes und seiner Hände. Er bewegte sich langsam und sprach schnell. Er stammte aus einer der ältesten Familien Frankreichs und identifizierte sich offensichtlich mit seinem Erbe. Die Stütze einer großen Vergangenheit brauchte er, um sein schwaches Ego zu stärken. Nach einer wissenschaftlichen Ausbildung war er in die Industrie gegangen, doch seine eigentlichen Interessen waren Musik und Kunst. „Ich bin allem Neuen gegenüber aufgeschlossen – ob es sich um Kunst oder Wissenschaft handelt", sagte er mir. Er hatte Schwierigkeiten, mit seiner bisexuellen Natur zurechtzukommen. Ihm war seine ausgeprägte weibliche Ader bewußt, und er fühlte sich emotional unausgefüllt und ruhelos. Es fiel ihm schwer, sich längere Zeit auf irgend etwas zu konzentrieren, und er brauchte Luxus und Komfort als Ausgleich für seine angegriffene Gesundheit. Außerdem – so gab er zu – liebte er den Luxus. Der Gedanke, einen Psychiater aufzusuchen, war ihm nie gekommen. „Ich brauche eine Mutter, keinen Arzt", erklärte er mir. „Da haben Sie die richtige Diagnose gestellt", bestätigte ich. Er bat mich, seine Frau kennenzulernen, die mich ebenfalls konsultieren wollte, und so traf ich La Comtesse de D.

Eine große, schlanke Frau begrüßte mich mit einem charmanten Lächeln. Zwei Tassen Kaffee wurden hereingebracht, und ich hatte das Gefühl, eher unterhalten als konsultiert zu werden. Die Comtesse war zu lebhaft, um auch nur einen Augenblick still zu sitzen. Sie hatte leicht hervortretende, hellblaue Augen, und ihr Gesichtsausdruck verriet eine begierige Erwartung, von der ich bald herausfand, daß sie für die Comtesse stets sowohl Segen wie Fluch bedeutet hatte. Nie gab sie die Hoffnung auf, und immer erwartete sie zuviel. Sie hatte genau die Eigenschaften, die ihrem Mann fehlten. Sie war eine virile Frau, die mit ihren emotionalen Reaktionen oft übers Ziel hinausschoß. Doch ihre Intelligenz hielt sie von unüberlegten Handlungen ab, wenn ihre leidenschaftliche Energie sie zu Abenteuern verführen wollte, die sie möglicherweise später bereuen würde. Sie war eine Idealistin auf der Suche nach der rechten Sache, sensibel und aggressiv, je nachdem, wie es die Situation erforderte; auf diese Weise konnte sie genausogut eine Beschützerin wie ein Satan sein.

Die Comtesse schien die Bourbonenlilie nicht für sonderlich bedeutend zu halten. Sie mischte sich gerne unter alle möglichen

Arten von Menschen und bedauerte nur eines – nicht als Mann geboren zu sein. „Ich wäre Bergsteiger oder Diplomat geworden, möglicherweise Botschafter", sagte sie lachend. „Ich bin eine Perfektionistin", verriet sie mir ein andermal. Sie war ausgesprochen gesellig und versuchte ständig, interessante Menschen kennenzulernen, gleichgültig welcher sozialen Schicht sie angehörten. Als sie mich über meine Arbeit befragte, begriff sie sofort deren mögliche Anwendbarkeit als diagnostisches Werkzeug. Dieser royalistische Palast wurde von Menschen bewohnt, die gleichzeitig privilegiert und depriviert waren – und ganz entschieden menschlich.

Als ich gebeten wurde, die Marquise de B. aufzusuchen, erwartete ich, ein ähnliches Milieu vorzufinden wie das gerade beschriebene. Die Marquise gehörte zur Familie der französischen Thronanwärter. Doch in ihrem vergleichsweise bescheidenen, aber schönen Haus gab es keine Bourbonenlilien. Der Butler führte mich in einen kleinen Raum, an den ich mich gut erinnern kann. Zwei Spiegel an gegenüberliegenden Wänden ließen das Zimmer größer erscheinen, in dem sich außerdem mehrere große Bücherschränke mit Glasschiebetüren befanden. Die Marquise sah aus, wie man es von einer eleganten französischen Frau erwarten würde. Sie betrat den Raum mit den schnellen graziösen Bewegungen der romanischen Rasse. Ihre schwarzen Augen blickten mich jedoch müde an. Von ihrem Benehmen und ihrer Persönlichkeit her erinnerte sie mich an die Comtesse de D. Sie hatte breit gestreute Interessen, sammelte Kunstgegenstände und spätimpressionistische Bilder. „Ich lebe in meiner Phantasie", sagte sie. „Ich erfülle, was von mir verlangt wird, doch das befriedigt mich nicht. Ich bin niemals zufrieden, und ich habe nicht genug Durchhaltevermögen, um zu beenden, was ich enthusiastisch beginne. Das führt dazu, daß ich mich minderwertig fühle." Sie hatte Kriminalgeschichten geschrieben – unveröffentlicht, wie sie mit einem Lächeln hinzufügte. Sie wünschte sich nichts so sehr wie eine professionelle Schriftstellerin zu sein und bewunderte nichts mehr als den kreativen Geist. Die Marquise besaß beträchtliche Begabungen, doch ihre gesellschaftliche Stellung verböte es ihr, auf eine Art, die sie sich gewünscht hatte, von ihnen Gebrauch zu machen. Sie hätte kein Recht, sie selbst zu sein, sagte sie mir. „Doch ich erlaube es mir nicht, zu leiden."

Das Apartment auf dem Boulevard de Brune war glücklicherweise groß genug, um meine zahlreichen Besucher zu beherbergen, unter denen sich bald auch Italiener und Engländer befanden. Mein neuer Beruf hätte leicht zu einer Barriere zwischen Helen und mir werden können, doch dazu kam es glücklicherweise nicht. Sie und ihr Sohn freuten sich an meinem Erfolg. Es gehörte nicht zu ihrem Naturell, etwas gegen das Eindringen fremder Menschen in ihre häusliche Umgebung zu haben. Helen selbst hatte durch ihre Verbindungen die Zahl meiner Klienten vergrößert. Es lief alles bestens, denn Freundschaft und Toleranz überwogen die mögliche Irritation, die das ununterbrochene Läuten des Telefons hätte auslösen können.

Doch weder meine wachsende Reputation noch die herzliche Wärme meiner Freunde konnten mir einen Ausgleich dafür bieten, daß ich mich ständig ängstlich und entwurzelt fühlte. Obwohl ich mich manchmal von der Aufregung des Erfolgs davontragen ließ, war ich unfähig, mein großes Glück zu genießen, denn es war mir in einer falschen Rolle zuteil geworden. Das überschattete mein Gefühl für meine Einbindung in die neue Gesellschaft. Doch die Anerkennung meiner Forschungsarbeit durch Professor Wallon und andere Vertreter des ärztlichen Berufsstandes war ein Gegengift für meine Selbstzweifel, und ich klammerte mich an ihre Versicherung meines „Wertes" wie an eine Bestätigung meiner Daseinsberechtigung

Meine Freunde gingen ihre eigenen Wege. Paul machte seine jugendlichen Abenteuer, Helen kultivierte ihren Kreis von Freunden und Kollegen. Sie war nicht die Spur eifersüchtig, als sich ihre beste Freundin, die deutsche Jüdin Baladine Klossowska, mehr und mehr mir anschloß. Baladine, diese schöne, mit einem ebenso scharfen wie witzigen Verstand gesegnete Frau behandelte mich, als gehörte ich zur Familie, und bei meinen häufigen Besuchen in ihrer Wohnung bekam ich auch mit ihrem Sohn Pierre einen geistesverwandten Kontakt. Dessen Bruder, der Maler Balthus Klossowski, schloß sich uns dreien bald an und machte mich zu seiner Vertrauten. Die beiden Brüder waren so unterschiedlich wie Feuer und Wasser, doch beide gaben meinem Leben einen neuen Schwung, und Baladine selbst wurde mehr als nur eine enge Freundin. Sie inspirierte mich; sie nährte mich mit Rilkes Poesie auf der einen und jüdisch-häuslicher Geborgenheit auf der anderen Seite, und zudem war sie wie das Echo einer vergangenen, schönen Zeit. Balthus hatte das malerische Talent seiner Mutter geerbt und wurde bekanntlich später einer der Größten seines Genres.

Selbstverständlich untersuchte ich die Hände der gesamten Familie. Balthus gefiel mir sehr. Dieser junge Mann wurde gequält von Zwangsvorstellungen und heftigen Vorlieben und Abneigungen. Er wählte mich aus, weil er offenbar in meinem Verständnis für seine Probleme und in meiner Bewunderung seiner Arbeit Trost fand. Ich fühlte mich zu der Welt, in der er lebte und die er großzügigerweise überwiegend mit mir teilte, hingezogen. Häufig besuchten wir gemeinsam das Café de Flore, wo wir uns gemeinsam mit Picasso, Dora Maar, Man Ray, Antonin Artaud und anderen Surrealisten an einen Tisch setzten.

Wie kam die einzigartige Atmosphäre an diesem Tisch zustande? Der stämmige Picasso saß neben Dora Maar und starrte vor sich hin, trank Kaffee und sagte kaum ein Wort. Antonin Artaud schnitt Grimassen, und man fühlte sich in seiner Gegenwart unwohl. Nur Balthus und Man Ray sprachen hin und wieder miteinander. Eines Abends setzte sich Artaud neben mich. Er hatte sich entschlossen, mich um professionelle Hilfe zu bitten. Ich willigte ein. Er war mir auf Anhieb unsympathisch gewesen, doch als er ein Klient von mir wurde, begann ich ihn zu mögen. Ich wünschte mir, die Gesellschaft an jenem Tisch wäre von Balthus gemalt worden als eine Momentaufnahme einiger der bedeutendsten Künstler vor dem Zweiten Weltkrieg. Doch so bleibt Picassos Tisch im Café de Flore mein „persönlicher Besitz“, im Gedächtnis festgehalten wie ein Schnappschuß.

Es war jedoch nicht Balthus, sondern Pierre Klossowski, der die Surrealisten für meine Arbeit interessierte. Er erzählte André Breton von mir, und er half mir dabei, einen neuen Abschnitt meines Lebens im Exil zu beginnen. Durch ihn bekam ich einen engen Kontakt zu den Surrealisten und ihrer Kunst.

André Breton war bald einer meiner leidenschaftlichsten Förderer. Ich hatte auch ihm „aus der Hand gelesen", was seinen Glauben an die Bedeutung meiner Arbeit stärkte. Er verbreitete diese Kunde in seinem Bekanntenkreis, und bald suchten mich auch andere Surrealisten auf. Nach kurzer Zeit akzeptierten sie mich als eine der ihren, und einige von ihnen wurden meine persönlichen Freunde. Sie betrachteten mich als jemanden, der aus dem international noch im Dunkeln liegenden Wissensbereich einiges an Erkenntnissen ans Licht geholt hatte, womit ich mich – ihrer Ansicht nach – in eine Reihe mit den Surrealisten gestellt hatte. Doch bald erkannte ich, wie weit ich von ihren Idealen entfernt war.

Ich hatte keine Ahnung, daß ich eine revolutionäre Welt „absoluter" Freiheit betreten sollte, nachdem ich die Bekanntschaft von André Breton und der „Bewegung" gemacht hatte. Die Surrealisten hatten die Barrieren zwischen dem Bewußten und Unbewußten, zwischen logischem und unwillkürlichen Denken eingerissen. Sie betrachteten die Welt als eine *tabula rasa*, der man stets aufs Neue Sinn verleihen mußte. Ihre Bilderstürmerei machte vor Kunst und Literatur nicht Halt. Sie zerfetzten die ganze Vorstellungswelt einer Zivilisation, die seit dem Ersten Weltkrieg im Todeskampf lag. Ihrer Ansicht nach wies die Psychoanalyse in die richtige Richtung. Das Unbewußte war ihr Entdeckungsfeld, das sie erkunden wollten, doch sie gingen wesentlich weiter als ihr Vorbild. Ihre verbale Vorstellungskraft und deren Assoziationen wurden weder zensiert noch interpretiert, sondern verwendet, so wie sie ihnen in den Sinn kamen – automatisch, wie Reflexe. Sie warfen die Zwangsjacke des „bewußten" Geistes ab. Walter Benjamin nannte den Surrealismus „Die letzte Momentaufnahme der europäischen Intelligenz". Nach Bakunin war – so Benjamin – die absolute Freiheit verlorengegangen, bis die Surrealisten ihr zu neuem Leben verhalfen. Er nannte ihre Bewegung die integrierteste, absoluteste und definitivste.

Benjamin stand damals dem Kommunismus nahe, den er für den Weg zur Freiheit hielt. Doch die Surrealisten hingen dieser Überzeugung nicht an, aufgrund der Fesseln, die sie dem Individuum auferlegte. Der einzige Surrealist, der sich der kommunistischen Partei anschloß, war Aragon, doch er blieb nur kurze Zeit. Walter Benjamin kritisierte die Haltung der Surrealisten als undiszipliniert, sie aber glaubten an nichts anderes als an Selbstdisziplin. Sie waren Elite-Anarchisten. Sie betrachteten die gesamte Vergangenheit, Gegenwart oder Zukunft auf ihre eigene Weise, vorbehaltlos und ohne Vorurteile. Verborgene Kräfte waren die Würze ihres Lebens. Sie sahen überall Mystisches und waren der Überzeugung – wie ich –, daß wissenschaftliche Entdeckungen mehr mit surrealistischem Denken als mit Logik zu tun haben. André Breton betrachtete die Poesie als die höchste Form sowohl des Mystizismus als auch der Kunst überhaupt. Wer hätte sich darüber mit ihm streiten mögen?

E. Teriade, der Chefredakteur der surrealistischen Zeitschrift „Minotaure", lud mich ein, einen Beitrag über meine Handanalysen von Künstlern und Schriftstellern zu schreiben, der im Spätherbst des Jahres 1935 unter dem Titel „Les Révélations Psychologiques de la Main" erschien. Ein Jahr zuvor hatte ich meine zukünftigen Versuchspersonen in dem bescheidenen Büro des „Minotaure" getroffen. Kurz nach meinem Eintreffen füllte sich das Zimmer mit einer bunten Vielfalt französischer Künstler der Avantgarde. Der alternde Maurice Ravel traf ein, in den Schatten gestellt durch seine Freundin Valentine Hugo, eine mit zwei Metern Körpergröße ausgesprochen beeindruckende Dame, mit der Ravel Händchen hielt. Pierre Klossowski stand mir als Beschützer und Interpret zur Seite, wenn mein Französisch mich im Stich ließ. Ich sprach mit Antoine de Saint-Exupéry, Man Ray, Max Ernst, Salvador Dali und anderen. Sie kamen ohne Vorrede auf das Wesentliche zu sprechen und beeindruckten mich durch ihr natürliches Verhalten. Die sensibilisierte, aber nicht esoterische Atmosphäre, die sie umgab, machte den Abend für mich zu einem unvergeßlichen Erlebnis.

Saint-Exupéry hatte seine Cousine, Madame de Vogué, mitgebracht, um uns miteinander bekannt zu machen. Sie war eine für die Autorenauswahl und die Produktion des „Minotaure" wesentliche Mitarbeiterin. Eine schöne, fragile Romanschriftstellerin, Louise de Vilmorin, stellte sich mir als Autorin der Zeitschrift vor. Beide Frauen standen in der Nähe der hochaufgeschossenen Gestalt Saint-Exupérys. Die zierliche Consuelo, seine Frau, blieb etwas abseits, ganz so, als ob sie ihrem Mann nicht so nahe sei, wie es sein sollte. Sie war eine Prinzessin aus Südamerika, schwach und ängstlich;

man merkte ihr an, daß sie sich auf fremdem Territorium nicht heimisch fühlte. Sie paßte nicht in diese Gruppe, und ihre mißliche Rolle führte dazu, daß ich auf sie aufmerksam wurde und sie genauer betrachtete. Später lernte ich sie recht gut kennen. Wir trafen uns zusammen mit ihrem Mann oder ohne ihn in dem Hotel, das ihr Zuhause geworden war, und ich sah sie noch Jahre nach Saint-Exupérys Tod.

André Breton hatte mir dabei geholfen, meine Arbeit unter den Surrealisten und der progressiven Intelligenz Frankreichs bekannt zu machen. Doch auch andere Surrealisten hatten mir ihre volle Unterstützung gegeben. Die folgenden kurzen Bilder spiegeln meine persönlichen Eindrücke über einige von ihnen wider, die ich aus verschiedenen Gründen besonders mochte.

André Breton und Paul Éluard: Ich nannte die beiden, die immer zusammen auftraten, geistige Zwillinge. So verschieden voneinander sie auch in ihrer Erscheinung waren, ihre Vorstellungen waren fast identisch. Breton, der gesellige Extrovertierte, hypnotisierte die Menschen durch seine Eloquenz und seinen Charme. Er war ganz er selbst, verzichtete auf sämtliche Versteckspiele und hatte nicht das geringste diplomatische Geschick. Er sah die Leute an – und durch sie hindurch – mit dem kompromißlosen Blick eines Menschen, der sich seiner selbst und seiner Weltanschauung sicher ist. Ich beobachtete nie auch nur die geringste Laschheit in seinen Ansprüchen sich selbst oder anderen gegenüber. Er wandte seine surrealistische Sichtweise auf sein ganzes Leben an. Das gleiche konnte man über Paul Éluard sagen, doch er, der Poet, hatte eine eher verhaltene Persönlichkeit. Er sah aus wie Bretons Schatten, mehr der Jünger des Meisters als der Meister selbst. Doch seine Art, in Bretons Gegenwart in den Hintergrund zu treten, war nur eine Fassade für seine übersensible Natur. Éluards Anspielungen waren genauso beeindruckend wie Bretons direkte Rede. Er verfügte über weniger Vitalität und brauchte die Einsamkeit aus gesundheitlichen Gründen und, um arbeiten zu können.

André Bretons Körperbau stimmte so vollkommen mit seiner geistigen Haltung überein, daß man in seiner Erscheinung und Gestik lesen konnte wie in einem Buch. Auf seinem mächtigen, athletischen Körper saß ein „herrischer“ Kopf. Sein ausgeprägtes

Kinn ließ auf eine Bestimmtheit in seinem Wesen bis hin zum Eigensinn schließen. Er kämpfte, falls notwendig, mit seinen Fäusten, um seine Überzeugung zu verteidigen. Ihm war nichts gut genug, außer der Integrität und der Freiheit, für die er eintrat. Ich bewunderte seine kompromißlose Offenherzigkeit, die einen keine Sekunde im Zweifel über seine Ansichten ließ. In meinen Augen war er der überzeugendste Repräsentant des Surrealismus.

Paul Éluard war kein Quentchen weniger puristisch und willensstark in seinem Bekenntnis zum Surrealismus als Breton. Doch seine Bescheidenheit und seine angegriffene Gesundheit machten aus ihm nicht gerade eine Kämpfernatur. Man mußte sich erst die Mühe machen, ihn kennenzulernen, bevor man etwas über die Kraft seiner Überzeugungen erfuhr. Beide waren Männer, die sich über alles entrüsteten, was nach Lethargie oder der Vorspiegelung falscher Tatsachen aussah. Ich lernte Éluard recht gut kennen, weil ich ihn und seine entzückende Frau Nusch einige Male in ihrem Haus besuchte. Sie lebte ausschließlich für ihn und ich glaube, daß ihre Fürsorge sein Leben verlängerte. Éluard beeindruckte mich als ein Romantiker, der aus Überzeugung und Intelligenz zum Revolutionär wurde und nicht, weil es ihm etwa im Blut gelegen hätte. Er kannte sich selbst gut genug, um seine Gespaltenheit in Kopf und Herz einzusehen. Er lebte für die Liebe. Die Erotizismen seiner Gedichte legen Zeugnis ab von seiner wahren Natur.

Er schrieb einen Gedichtband mit dem Titel „Les Mains Libres". Hände übten eine besondere Faszination auf ihn aus, und das weckte sein Interesse an meiner Arbeit, die er sehr schätzte. Er schenkte mir sein Buch „La rose publique" mit einer persönlichen Widmung. Ich fand seine Unterschrift bemerkenswert; die säbelartigen Striche, mit denen er seinen Namenszug unterstrichen hatte, verwiesen auf messerscharfe Intelligenz und extreme Aggressivität, die mit seiner revolutionären Begeisterung einhergingen.

Als ich Antoine de Saint-Exupéry im Büro des „Minotaure" sah, hatte ich keinen Zweifel, daß er mit ganzem Herzen der surrealistischen Bewegung anhing. Doch nachdem ich ihn näher kennengelernt hatte, wunderte ich mich, warum er sich ihnen überhaupt angeschlossen hatte. Er war so ausgesprochen eigenwillig, daß er in keine Gruppe hineinpaßte.

Wer war er, dieser große, majestätische Mann mit dem asymmetrischen Gesicht? Es brachte einen aus der Fassung, ihn anzusehen. Seine Augen waren so unterschiedlich geformt, daß sie nicht demselben Menschen zu gehören schienen. Wenn man ihm gegenübersaß, hatte man das Gefühl, von zwei Menschen prüfend betrachtet zu werden. Schon allein sein merkwürdiges Äußeres verwies darauf, daß es verwirrend sein mußte, mit ihm zu leben. Auch seine Hände gaben Rätsel auf. Sie waren nicht so muskulös, wie es sein Körperbau vermuten ließ, und hatten Wurstfinger mit langen und sensitiven Endgliedern. Diese Finger verrieten einen hormonellen Defekt, der ihm wohl bewußt war und über den er mit mir sprach. Saint-Exupéry, der so furchtlos Leben und Tod ins Auge sah, fürchtete sich vor sich selbst. Ich konnte seinen Verdacht einer umfangreichen Schilddrüsendysfunktion nur bestätigen. Er hatte mit periodischer Hyperaktivität auf der einen und Lethargie auf der anderen Seite zu kämpfen. Er erzählte mir von seinen ständigen Stimmungsschwankungen und seinen häufigen Depressionen, die ihn jeden menschlichen Kontakt meiden ließen. „Ich bin wie ein Tier – ich gehe in meine Ecke, wenn ich unglücklich oder krank bin", sagte er. Sein Benehmen konnte einen bezaubern und faszinieren, und doch fühlte man im Zusammensein mit ihm eine gewisse Leere aufgrund seiner prinzipiellen Schwierigkeit, Beziehungen zu anderen Menschen zu knüpfen. Er wußte das und war traurig darüber. Widersprüchlich genug, hatte er eine ungewöhnliche Gabe, Menschen und Dinge seiner Umgebung genau zu beobachten. Mit seiner außergewöhnlichen Wahrnehmungsfähigkeit erfaßte er jede Veränderung von Farbe, Licht oder Schatten. War es diese ausgeprägte Dichotomie der Gefühle, die ihm seinen hypnotischen Einfluß auf Menschen und Tiere verlieh? Man hätte ihn sich als Löwenbändiger vorstellen können! Doch es war klar, daß diese Welt ihm nicht den Anwendungsbereich liefern konnte, den er brauchte und von dem er träumte. Er war ein draufgängerischer Pilot und ein Schriftsteller von beachtlichem Format, dessen Phantasie eher mit einer Traumwelt verschmolz, als mit dem, was wir Wirklichkeit nennen. Ich erkannte – entweder in seinen Händen oder durch Intuition – daß er unfallgefährdet war und vermutete Selbstmordtendenzen. Möglicherweise wählte er die zierliche südamerikanische Prinzessin zu seiner Frau, weil sie wie eine Traumgestalt aussah, und mit Traumgestalten *konnte* er Kontakt aufnehmen.

Saint-Exupéry glaubte an das Glück und konnte mit freiem Willen nichts anfangen. „Ich weiß nicht, wie ich gehe, oder wohin ich gehe“, waren seine Worte, die ich mir notierte, als ich mir seine Hände zum zweiten Mal am 20. März 1936 ansah. Er war zärtlich wie eine Frau und hatte einen unwiderstehlichen Drang, leidenden Menschen und Tieren zu helfen. Wer ihn auch immer um Hilfe anging, er konnte nicht „Nein“ sagen, und vemutlich hat er einigen Schriftstellerinnen beim Schreiben ihrer Bücher unter die Arme gegriffen.

Ein Mann von einer solchen natürlichen Vornehmheit konnte auf soziale Maskerade verzichten, und seine Fragen wie seine Antworten hatten den gleichen Klang vollständiger Freiheit, wie ich sie bei Bréton, Éluard, Walter Benjamin und Aldous Huxley gefunden hatte.

Consuelo de Saint-Exupéry traf ich im Jahre 1948 wieder. Sie bat mich, etwas über ihren Mann zu schreiben, das sie der Biographie beifügen könnte, die sie über ihn plante. Ich weiß nicht, ob sie diese Biographie je geschrieben hat, doch ich weiß genau, daß ich ablehnte. Sie mag der einzige Mensch gewesen sein, der ihn kannte, diesen so ganz und gar rätselhaften Menschen.

Antonin Artaud wurde mir als Schauspieler vorgestellt. Es überraschte mich, daß ein Mensch mit diesen gar nicht anziehenden Gesichtszügen, der zu allem Überfluß auch noch unwillkürlich grimassierte, solch einen Beruf ergriffen hatte. Ich weiß nicht, ob er schon 1935, als ich ihn traf, eine seiner Schriften über das Theater veröffentlicht hatte. Auf jeden Fall konnte ich damals noch nicht vorhersehen, daß er das Geschehen auf der Bühne revolutionieren würde. Ich fand ihn eher rührend in seiner offensichtlichen Hilflosigkeit und mit seinen Minderwertigkeitsgefühlen, die ihn so verschlossen machten. Als ich mir seine Hände ansah, erkannte ich: Er war ein Fanatiker, ein leidenschaftlicher Revolutionär, der alle Absicht hatte, seine Phantasien in die Tat umzusehen.

Ich sagte ihm damals, daß seine Hände ihn nicht als Schauspieler, sondern eher als Schriftsteller auswiesen. Und doch hatte ich keine

Ahnung von seiner Berufung, ein Theoretiker des Dramas zu werden. Er sah aus wie ein Jugendlicher und verhielt sich wie ein Kind. Er war hochgradig beeinflußbar, und der gehetzte Ausdruck in seinem Gesicht reflektierte einen Zustand panischer Angst. In seinem Entsetzen über sich und seine Umwelt nahm er Zuflucht zu Haschisch. Er war ein Mensch, der sich an andere klammerte und unfähig war, auf eigenen Füßen zu stehen. Ich dachte, er hätte keinerlei Ambitionen und war daher sehr erstaunt, als ich später von seinen Leistungen erfuhr. Zwar erkannte ich, daß er sich an der Grenze zur Geisteskrankheit befand, wußte aber nicht, daß er diese Grenze überschreiten würde bis zu einem Punkt, von dem es kein Zurück mehr geben sollte.

Frauen befanden sich unter den surrealistischen Künstlern in der Minderzahl. Auch in diesem Kreis wurde die männliche Vorherrschaft aufrechterhalten, trotz der gewonnenen Einsichten in das menschliche Wesen und trotz der Proklamation absoluter Freiheit. Die Surrealisten halfen den Frauen nicht dabei, sich eine Plattform zu schaffen, auf der sie sich selbst als den Männern ebenbürtig beweisen konnten. Tatsächlich konnte man sie an den Fingern einer Hand abzählen. Die surrealistischen Künstlerinnen, die ich kennenlernte, waren die Malerin Valentine Hugo, die Schriftstellerinnen Louise de Vilmorin und Madame de Vogué und die Akrobatin Jaqueline Breton, die auch eine Dichterin war.

Der Feminismus ist so alt wie die Welt, und auch über die bisexuelle Natur des Menschen kann es keinen Zweifel geben, schließlich existiert sie seit prähistorischen Zeiten. Mir kam eine unbeantwortete Frage in den Sinn: Wie war es möglich, daß Frauen das „andere", das untergeordnete Geschlecht werden konnten, statt die Evolution der Menschheit anzuführen? Bedeutende Frauen wurden immer angestarrt, als seien sie das achte Weltwunder, von Sappho bis hin zu Virginia Woolf und Simone de Beauvoir.

Frauen sind bekannt für ihre geistige Flexibilität, ein gutes Rüstzeug, um sich neuen und unerwarteten Umständen geschickt anzupassen. Sie können mit großer Schnelligkeit geistig und emotional reagieren. Männer dagegen neigen zu steifen emotionalen und körperlichen Reaktionen. Steifheit disponiert zu Eigensinn, genauso wie zu gefühlsmäßigen und geistigen Scheuklappen. Frauen fehlt sicherlich die rohe Körperkraft der Männer, doch andere Unterschiede zwischen den Geschlechtern sind das Ergebnis von Erziehung und stereotypen Vorstellungen und nicht der „Natur". Die Bisexualität der Menschen scheint bei Frauen stärker ausgeprägt zu sein als bei Männern, weil Frauen der Natur näher sind. Und Künstlerinnen verkörpern dies noch stärker als andere Frauen.

Jaqueline Breton war eine der beeindruckendsten Persönlichkeiten unter den Surrealisten und ein perfektes Beispiel einer bisexuellen Frau. Sie hatte den Körper eines Athleten und war sowohl Zirkusakrobatin wie Schwimmeisterin gewesen. Ich nannte sie eine Künstlerin des Körpers. Mentalität und Temperament dieser bisexuellen Frau paßten hervorragend zu ihrem Körperbau. Sie hatte die Ruhelosigkeit eines Menschen, dessen Neugier nie befriedigt werden kann. Ihre scharfe Intelligenz und ihre witzige Schlagfertigkeit machten sie zu einer anregenden Gefährtin und einer prominenten Vertreterin des Surrealismus. Trotz ihrer Begeisterungsfähigkeit für alles Ungewöhnliche und Absurde konnte ihr Scharfsinn Authentisches von Fälschungen sofort unterscheiden. Sie teilte die Ansichten ihres Mannes, und beide ähnelten einander in ihrer Vorliebe für Reisen und Abenteuer; jeden Augenblick waren sie bereit, an der nächsten Ecke Unerwartetem zu begegnen.

Es gab noch eine andere Seite an Jaqueline Breton, die sie als ihr anderes Selbst betrachtete. Gelegentlich litt sie an einem geistigen Dämmerzustand; dann gewann ihre Phantasie die Oberhand und legte ihre körperliche Energie lahm. Während ihr Körper aus dem Rhythmus zu geraten schien, lauschte sie einem eigenen, inneren Rhythmus, den sie in Poesie übersetzte. In solchen Zeiten fühlte sie sich von der Außenwelt isoliert und zog sich von ihren Freunden zurück, doch sie kehrte mit der gleichen guten Laune wieder, wenn sie aus einer solchen Phase heraus war. Jaqueline Breton war eine viel zu starke Persönlichkeit, um sich von irgendeiner äußeren oder inneren Kraft besiegen oder „auffressen" zu lassen.

Der phantasievolle Introvertierte hat eine bessere Chance, sich an neue Bedingungen anzupassen, als der nach außen orientierte Extrovertierte. Wer genug Vorstellungskraft besitzt, dem gehen andere Menschen unter die Haut – die Grundlage für die Kunst eines Schauspielers, sich mit den Menschen, die er darstellt, zu identifizieren. Introvertierte haben dem Schicksal viel zu danken, auch wenn das Leben ihnen übel mitspielt.

Die Ereignisse im Nazideutschland ließen die Vergangenheit in der Weimarer Republik wie ein Narren-Paradies erscheinen. Die Zukunftsaussichten waren unbestimmt, wenn nicht sogar trübe, als ich mich aus Deutschland absetzte. Doch das Schicksal war mir wohlgesonnen. Ich zog das große Los, indem ich den „richtigen" Menschen begegnete. Das Lebensmuster, das sich daraus ergab, war kompliziert und widersprüchlich. Mein neuer Beruf brachte mich mit Leuten in Kontakt, die völlig verschieden waren von denen, die ich früher kennengelernt hatte. Glücklicherweise blieb ich mit beiden Beinen auf der Erde, und das verdankte ich den Freunden, bei denen ich lebte, dem Wohlwollen der Wallons und der Huxleys – und der geistesverwandten Sympathie der Surrealisten. Ich wurde gleichzeitig in unterschiedliche Welten geworfen, die kaum oder gar nichts miteinander zu tun hatten. Wie kann man in einem chaotischen, in grellen Farben gemalten Bild die zugrundeliegende Struktur erkennen? Das erschien mir eine beängstigende Aufgabe. Doch es war ein aufregendes Abenteuer, am Rande der Dinge zu leben, auch wenn ich oft nicht wußte, wie ich auftreten sollte. Es verstärkte meine Energien und weckte meine Neugier. Das Rad des Schicksals hatte sich in die richtige Richtung gedreht, um meine Forschung und meine menschlichen Erfahrungen vorwärts zu bringen. Ich hatte wenig Zeit und Neigung, über die Ereignisse nachzudenken, die mich nach Frankreich getrieben hatten. Doch die Ereignisse vor meiner Flucht hatte ich nur verdrängt, leicht konnten sie aus ihrem unruhigen Schlaf wieder erstehen.

Obwohl ich es nicht leiden konnte, in Restaurants zu gehen, die häufig von Deutschen aufgesucht wurden, ihre Sprache zu hören und ihre Gesichter zu sehen, hatte ich die Einladung von Helens deutschen Freunden immer mit Freuden angenommen. Lebte denn nicht auch Baladine mit einem jungen deutschen Journalisten zusammen, der sie anbetete und keine Anzeichen erkennen ließ, sie zu verlassen? Nur zu oft führte ihn seine Arbeit zurück nach Frankfurt am Main, aber er änderte nie sein Verhalten ihr gegenüber – jedenfalls noch nicht. Vielleicht bewahrte mich ein gesunder Instinkt davor, den schwankenden Boden meiner Beziehungen zu „guten" Deutschen nicht zu erkennen. Ich hatte keinen Zweifel über Helens antifaschistische Haltung. Sie war mit einem Juden verheiratet und ihr Sohn war Halbjude. Doch ich hatte ein feines Gespür für antisemitische Äußerungen und Gesten bekommen, in welcher Form auch immer sie sich zeigten. Die wirkliche Situation zwischen Juden und *allen* Deutschen wurde mir jedoch erst später klar, als mein Leben wieder einmal eine neue Wende nahm.

Helen war eine bekannte Figur, nicht nur in der französischen „Couture", sondern auch unter den Surrealisten und den unkonventionellen Mitgliedern der französischen Gesellschaft. Obwohl mich meine Handinterpretationen finanziell unabhängig gemacht hatten, blieb ich nach wie vor emotional abhängig von meinen Freunden, und noch fühlte ich mich bei ihnen sicher. Mir entging, daß eine Deutsche, auch wenn sie enge Kontakte zu Juden und Antifaschisten hatte, zwiespältige Gefühle über sie hegen konnte. Vielleicht war etwas davon in meiner Freundin Helen. Sie wurde mir gegenüber immer reservierter. Die Tatsache, daß ich mich in die Prinzessin Armande de Polignac verliebt hatte, und Helen diese Frau, die tägliche Telefongespräche mit mir führte, nicht mochte, mag ihren Teil zu dieser Entwicklung beigetragen haben. Vielleicht war sie doch eifersüchtig oder gar neidisch auf diese Freundschaft. Paul wollte die wachsende Kluft zwischen seiner Mutter und mir nicht wahrhaben und benahm sich, als wäre nichts geschehen. Doch eines Tages beleidigte Helen mich mit einer unmißverständlichen antisemitischen Äußerung. Ich sah sie lange an, sagte aber kein Wort. Dann ging ich auf mein Zimmer, packte meinen Koffer und ging.

Paul, der mir beim Packen behilflich gewesen war, sah dem Taxi nach, in dem ich wegfuhr, dann kehrte er zurück zu seiner Mutter. Ich sollte Helen die nächsten 30 Jahre nicht mehr sehen, Paul aber traf ich in London Jahre später, als er Offizier bei de Gaulle war.

Glücklicherweise kam ich erst einmal im Hôtel du Quai Voltaire unter. Nachdem ich zwei Jahre das fröhliche Leben von Helen und Paul geteilt hatte, war ich wieder allein. Die Jahre, in denen ich mich bei ihnen zuhause gefühlt hatte, waren für mich mit einer Menge neuer Erfahrungen verbunden. Sie hatten meine Forschung vorangetrieben und mir neue Freunde und finanzielle Unabhängigkeit eingebracht. Ich stellte jedoch fest, daß die veränderte Situation eher einen Fortschritt als einen Velust für mich bedeutete, denn sie stärkte meine Willenskraft und mein Selbstbewußtsein. Und sie führte dazu, daß ich alles Deutsche ablehnte.

Nicht lange nach der Trennung von Helen sagten mir auch ihre deutschen Freunde, die mich vorher immer zu sich nach Hause eingeladen hatten, Lebewohl, denn der Kontakt zu mir bedeutete für sie Gefahr. Baladines deutscher Partner war nach Frankfurt zurückgerufen worden, und sie hörte nie wieder etwas von ihm. Ich hatte endgültig eine Zwischenstation verlassen. Die Loslösung ging fast schmerzlos vor sich und bedeutete eher eine Befreiung für mich als eine Deprivation. Ich begann mich zu fragen, ob ich blind gewesen war, den Kontakt zu deutschen Menschen so lange aufrecht zu erhalten.

Nach meinem Debakel mit Helen kamen mir einige längst überfällige Fragen zu Deutschland und den Juden in den Sinn. Ich begann, meine frühere Identifikation mit Deutschland bei allen Gelegenheiten in Frage zu stellen. Der Bruch mit meinen deutschen Freunden bedeutete für mich nicht nur einen persönlichen Schock. Mir war bewußt geworden, was es bedeutete, Jude zu sein – daß keine Nationalität, welche man mir auch immer gewähren würde, etwas daran ändern konnte. Ich war eine internationale Jüdin, ob als staatenlose Person oder als Bürgerin des einen oder anderen Landes. Ich war bereit, diesen Status zu akzeptieren – und ihn auch zu wollen. Wenn man mich heute über meine Nationalität befragt, sage ich immer: „Ich bin eine internationale Jüdin mit einem britischen Paß."

Ich konnte die Deutschen, die mir aus Gründen des Selbstschutzes die Tür wiesen, nicht hassen, sie nicht einmal ablehnen. Hatten sie mir doch, indirekt, geholfen, meine jüdische Identität zu erkennen. Warum war ich vor dem deutschen Desaster nur so blind gewesen, mir selbst gegenüber das Privileg zu leugnen, anders als diese Deutschen zu sein, und hatte mich statt dessen als eine von ihnen gefühlt? Endlich sah ich ein, was an meiner Vorstellung von deutschen Juden falsch gewesen war. Die Deutschen hatten immer eine Gefahr für die Juden bedeutet und nicht umgekehrt, wie sie stets behauptet hatten. Ich erinnere mich daran, wie ich mich von Kind an weit mehr zu meinesgleichen hingezogen gefühlt hatte als zu Deutschen. Doch man konnte nicht leugnen, daß Deutsche und Juden sich immer in einer Art Haß-Liebe begegnet waren. Ihre Fremdheit hatte der Beziehung zwischen ihnen eher eine besondere Würze verliehen.

Die Feindschaft der Deutschen gegenüber den Juden und anderen Minoritäten erreichte, obwohl sie alter Herkunft war, in der Nazizeit ihren Höhepunkt. Die Deutschen hatten den zivilisierenden Einfluß, den die Juden auf sie ausübten, nie realisiert. Ich dachte daran, wie angewidert ich gewesen war, als ich vor meiner Abreise deutsche Zeitungen durchgeblättert hatte. Man wurde mit der Vergewaltigung einer Sprache konfrontiert, mit der Brutalisierung von Wörtern durch Neologismen, die in dieser flexiblen Sprache so leicht möglich sind. Die Nazis machten die Arbeiten von Goethe, Wieland, Hölderlin, Novalis, Brentano – der ganzen Galerie ihrer Dichter, Schriftsteller und Denker – zum Gespött. Die finsteren Anzeichen einer schrecklichen Veränderung der Werte und der Moral waren schon vor der Zeit Hitlers erkennbar. Etwa zwei Jahre bevor ich das Land verließ, hatte ich zum ersten Mal eine erschreckende Brutalität in deutschen Gesichtern bemerkt. Die Erkenntnis traf mich wie ein Schlag. Max Ernst mag ähnliche Erfahrungen gemacht haben, denn er drückte die emotionale Verderbtheit der Menschen damals aus, indem er Tierköpfe auf ihre Rümpfe setzte. Ich kann mich daran erinnern, daß ich Katherine von meinen Erlebnissen erzählte und hinzufügte, ich würde es vorziehen, in Frankreich zu leben. Doch selbst dann noch weigerte ich mich, etwas anderes in mir zu sehen als eine deutsche Jüdin. Nur: Zu diesem Zeitpunkt muß der Boden unter meinen Füßen bereits geschwankt haben.

Ich weiß noch, wie ich mich fühlte, als eine jüdische Krankenschwester nach ihrer Heirat mit einem jüdischen Regierungsbeamten von ihrem Mann als „Frau Oberregierungsrat" vorgestellt wurde. Warum drängten sich die Juden nur danach, die höhere Beamtenlaufbahn einzuschlagen? Warum imitierten sie lächerliche, soziale Gepflogenheiten, die so unverhohlen auf den deutschen Minderwertigkeitskomplex verwiesen? Warum spielten sie dasselbe dumme Spiel wie die Deutschen? Man mußte tief Luft holen und an sich halten, um über die jüdischen Imitationen teutonischer Gebräuche – zu denen auch Duelle und das Austeilen von Schmissen auf studentische Gesichter gehörten – nicht in Lachen oder Weinen auszubrechen. Die Juden lebten in einer Phantasiewelt und bemerkten die Signale der Gefahr nicht. Viele Juden verloren ihre Menschlichkeit und Wärme auf dem Weg der Anpassung an alles Deutsche. Als nach der kommunistischen Revolution von 1917 Juden aus Osteuropa in das Land „eindrangen", verschlossen die deutschen Juden entweder die Augen vor den Bedürfnissen der anderen oder gaben unverhohlen zu erkennen, daß sie sie am liebsten nicht im Land sehen wollten. Ihren eigenen Brüdern und Schwestern gegenüber zeigten sie sich besorgt, durch die osteuropäischen Juden vielleicht ihren Ruf als „gute Deutsche" zu verlieren. Sicherlich gab es negative Beispiele, vor allem unter den Großgrundbesitzern, den Bankiers oder den Hausbesitzern. Solche Vorgänge wurden zurecht gleichermaßen von Juden wie von Nichtjuden verurteilt, doch sie steigerten den deutschen Antisemitismus zu seinem Höhepunkt.

Nur die Zionisten wachten auf und stellten sich der Wirklichkeit – lange bevor Hitler an die Macht kam. Andererseits hatten die deutschen Juden mit anderen Deutschen eine gemeinsame Muttersprache und waren in deren Kultur aufgewachsen. Ihr Vokabular und ihre Phantasie wurden aus derselben Quelle gespeist. Solche Juden, die in ihrer Arbeit von Worten abhängig waren, wie Schriftsteller und Dichter, hatten sogar noch ein engeres Band zur deutschen Sprache. Die Crux an der mißlichen Lage der Juden war der Verlust ihrer Muttersprache, die durch keine andere ersetzt werden konnte. Abgesehen von dieser offensichtlichen Schwierigkeit, wollten sie im Exil nicht schon wieder enge jüdische Gemeinschaften aufbauen, weil sie fürchteten, nur in eine andere Art des jüdischen Gettos zu geraten.

Die jüdische Frage bleibt ein Problem, für das es keine Lösung gibt. Mich hat beeindruckt, daß Isaac Bashevis Singer, der Nobelpreisträger für Literatur des Jahres 1978, seine Bücher in Jiddisch schreibt. Er kennt die Fallstricke einer geborgten Sprache. In einem Interview mit dem „Observer" (17.12.78) verkündete Singer, daß er an die jiddische Sprache glaubt. In seinen Augen ist Jiddisch keine sterbende, nur eine kranke Sprache. Singer – einer der Überlebenden des Naziterrors – nahm diese jüdische Identität mit sich ins Exil. Er blieb ein „ungeteilter" Mensch. „Ein jüdischer Schriftsteller kann", so sagte er, „wenn er kein anderes Thema hat, sich immer hinsetzen und über das jüdische Problem schreiben, denn er mag eine Million Artikel schreiben, und immer noch werden die Juden ein Problem haben".

Meine Reflexionen über Deutsche und Juden waren gleichzeitig deprimierend und heilsam. Das Versenken in die Vergangenheit hinderte mich nicht daran, die Freiheit zu genießen, die ich durch meinen Umzug vom Boulevard Brune zum Hôtel Voltaire empfand. Ich wohnte dort sehr gern. Der schöne Quai mit den Bücherständen der Straßenhändler erfreute mich, und auch der Louvre auf der anderen Seite der Seine machte mir jede Stunde bewußt, daß ich jetzt in Paris lebte, *der* Stadt der Kultur. Einige Wochen nach meinem Umzug mietete sich auch Sybille Bedford ein Zimmer im Hotel; wir trafen und unterhielten uns oft, bis wir uns allmählich miteinander anfreundeten.

Meinen Lebensunterhalt unter außergewöhnlichen Umständen zu verdienen, meinen Forschungsarbeiten nachzugehen, Journalisten und Photographen aus dem Ausland zu treffen – all das war nicht nur zeitaufwendig, sondern nahm auch den größten Teil meiner Energie in Anspruch. Es lohnte sich, aber es erschöpfte mich auch. Symptome der Überbeanspruchung mißachtete ich, denn ich konnte nicht auf halbem Weg innehalten. Ich mußte viele Termine wahrnehmen, zunehmend unter der Gefahr, dabei zusammenzubrechen. Es waren nicht nur meine Forschung und die Verabredungen mit den ärztlichen Standesvertretern, die mir so zu schaffen machten. Im Gegenteil, gerade sie hatten einen therapeutischen Effekt. Doch die Abendessen in großen Restaurants mit den

„hohen Tieren“ aus verschiedenen Ländern waren einschüchternd und konnten nur durch Selbstsuggestion und eine gewisse Menge Wein überstanden werden. Oft saß ich mit den Reichen und Mächtigen zu Tisch, die – geruhsam und wohlgenährt – Konversation betrieben, und rieb mir die Schläfen, um mein Gehirn wieder mit Blut zu versorgen. Und bei zahlreichen Gelegenheiten fürchtete ich, demnächst unter den Tisch zu rutschen. Die Anstrengung, Unterhaltungen zu folgen, die überwiegend in Englisch geführt wurden, das ich kaum verstand, war eine Folter für mich. Aber man kann sich, auch wenn man jung ist, nicht dauerhaft überanstrengen. Mit der Zeit bekam ich eine Art Klaustrophobie in den Restaurants, die deutlich zunahm, nachdem ich Helen verlassen hatte. Dieses beklemmende Gefühl des Eingesperrtseins schien das einzige Trauma zu sein, das die Trennung bei mir ausgelöst hatte.

Maria Huxley hatte mir vorgeschlagen, ein Buch über Handinterpretation zu schreiben. Ihr Interesse an meiner Arbeit verführte sie dazu, mehr zu versprechen als sie einhalten konnte, nämlich mir bei der Übersetzung zu helfen. Aldous Huxley hatte zugesagt, ein Vorwort zu dem Buch zu schreiben, an dem der Verlag Chatto & Windus interessiert war. Nachdem Maria einige Monate versucht hatte, meinen deutschen Text zu übersetzen, ergriff sie Panik. Sie konnte tatsächlich nicht gut genug Deutsch und hatte Angst, sich mit einer Sache zu überlasten, die sie nicht in Einklang mit ihrem ausgefüllten Leben bringen konnte. Sie muß es als sehr unangenehm empfunden haben, sich aus dem Projekt zurückzuziehen. Aber genau das wollte sie. Als ich mit beträchtlicher Beunruhigung und Traurigkeit darauf reagierte, versprach sie, mich nicht im Stich zu lassen. In diesem Augenblick bot Sybille Bedford, die sich mit der Sprache auskannte, ihre Hilfe an. Dennoch sorgte sich Maria, daß das Buch nicht gut genug werden könnte, wenn die Übersetzung nicht professionell ausfallen würde. Am Ende übernahm Olive Cook diese Aufgabe.

Maria Huxley fühlte sich schuldig, weil sie mir zu einem Zeitpunkt Angst gemacht hatte, zu dem ich auf sie angewiesen war. Bei einem ihrer Besuche in Paris lud sie mich ein, sie in London zu besuchen. Die Huxleys besaßen eine Wohnung im Albany, Piccadilly, wo sie Herbst und Winter zu verbringen pflegten. Ich erkannte in diesem Angebot ihren Wunsch, mir zu helfen, hielt ihre großzügige Geste aber eher für ein Zeichen von Schuldgefühlen als für einen Freundschaftsbeweis. Sie wollte meinen Aufenthalt gut vorbereiten, mir in ihrer Nähe eine Wohnung mieten, und die meiste Zeit könnte ich bei Aldous und ihr verbringen. Ich sollte ihre Freunde kennenlernen, die möglicherweise geeignete Versuchspersonen für mein neues Buch wären, und könnte Klienten in meinen Räumen empfangen. Mich rührte ihre Großzügigkeit, und ich dankte ihr überschwenglich. Doch nachdem sie gegangen war, wurde ich mir unsicher, ob ich tatsächlich in ein paar Monaten nach London reisen sollte.

Ich konnte mir meinen Platz im Milieu der Huxleys nicht vorstellen. Außerdem fand ich es unangemessen, ihre Freunde zu treffen, um gleich von ihnen Gebrauch zu machen. Meine ambivalente Beziehung zu Maria lastete schwer auf mir, und ich machte mir viele Gedanken über meine widersprüchlichen Gefühle für sie. Meiner Bewunderung für ihre Persönlichkeit taten meine Zweifel an ihrer Standfestigkeit keinen Abbruch. Sie beeindruckte mich durch ihre Art, die Welt mit den Augen einer Malerin wahrzunehmen. Es war nicht nur eine angeborene Neugier, weshalb sie sich die Menschen so sorgfältig ansah und ihnen gut zuhörte, sie tat es auch für Aldous. Sie war seine Brücke zur Außenwelt geworden – seine Augen. Er war fast blind und benötigte ihre Hilfe, um sich in der Stadt zurechtzufinden.

Aber sie half ihm nicht nur durch das Alltagsleben; ihr geistiges Auge versorgte seine Phantasie auch mit neuen Eindrücken. Sie war es, die ihm die faszinierenden Berichte und den Klatsch über Leute lieferte, die Aldous' Geist anregten. Ihre praktische Art fand ihr Gegengewicht in einer lebhaften Vorstellungskraft, die ihm fehlte. Man konnte nicht anders, als von Maria fasziniert sein, so sehr man sie auch kritisieren mochte. Sie trug die Bewunderung anderer so leicht wie eine Feder und schien gar nicht zu bemerken, daß sie mit ihrem Magnetismus alle Männer in sich verliebt machte. Auch Frauen waren für ihren Charme nicht unempfänglich. Doch sie blickte immer besorgt und sorgenvoll drein, wie ein Clown, der das Publikum „in der Tasche" hat, doch unter seiner lachenden Maske ein melancholisches Naturell verbirgt. Maria war schlank und schön, doch sie hielt sich nicht dafür und versuchte zum Entsetzen ihrer Freunde ständig abzunehmen, obgleich ihr eigentlich das Gegenteil gutgetan hätte. Sie stürzte sich wie ein Komet in das Leben vieler Menschen, doch die meisten hätten es vorgezogen, wenn sie ein Stern gewesen und nicht so schnell, wie sie kam, aus ihrem Leben wieder verschwunden wäre.

Die Wallons lebten in einem kleinen Haus am Place de Trocadéro, und bei ihnen gewann ich meine Lebensfreude wieder, die durch Maria Huxley zeitweilig gedämpft worden war. Henri Wallon stammte aus der Bretagne und sah auf den ersten Blick wie ein Vertreter des bretonischen Typs aus, abgesehen davon, daß er karottenrote Haare hatte. Seine Augen waren von einem durchdringenden Blau, er hatte ein hageres Gesicht und einen lebhaften Mund. Seine Gesten waren flink und stakkatoartig, wie sie für einen impulsiven und ungeduldigen Menschen charakteristisch sind. Er sprach leise und schnell. Das machte es oft schwierig, ihn zu verstehen. Seine Frau Germaine stammte aus einer Bauernfamilie und war eine stämmige Frau mit einer kleinen, fast affenartigen Stirn. Ihre dunklen Augen wirkten noch schwärzer durch buschige Augenbrauen, die über ihrem Nasenrücken nahtlos ineinander übergingen wie der breite Strich eines Malers. Sie konnte beinahe abstoßend aussehen, strahlte aber Wärme, Ausgeglichenheit und Wohlwollen aus.

Ich wußte, daß beide mich als persönliche Freundin betrachteten. Wir waren schnell über oberflächliche Kontakte hinausgekommen, denn sie luden mich häufig zu sich nach Hause zum Essen ein. In der französischen Gesellschaft ist dies eine große Ehre, die man nur guten Freunden, nicht einmal alten Bekannten zuteil werden läßt. Bei Professor Wallon fühlte ich mich ausgesprochen wohl, denn ich war mir seiner Zuneigung sicher. Er unterstützte mich, wo er nur konnte, und fragte sogar beim Direktorium des Rothschild Hospitals an, ob man mich nicht als Psychiaterin einstellen könnte. Er schlug sogar vor, einen besonderen Antrag zu stellen, um die französischen Ausländergesetze zu umgehen. Glücklicherweise hatte er keinen Erfolg. Es hätte mich davon abhalten können, ein Jahr später Frankreich zu verlassen. Im Rückblick finde ich es erstaunlich, daß er diesen Versuch unternahm, denn Frankreich hatte die striktesten Gesetze gegen die Berufsausübung von Ausländern.

Zwischen Professor Wallon und Maria Huxley lagen Welten, doch jeder von ihnen hatte mir die Starthilfe in ein neues Leben und ein neues Bewußtsein gegeben: Durch Maria lernte ich die Welt ihrer aristokratischen und literarischen Freunde kennen, durch Professor Wallon die französische Wissenschaft. Die Surrealisten hatten mich in ihre „Bruderschaft" aufgenommen und mir eine erste Plattform zur Verbreitung meiner Arbeit sogar über die Grenzen Frankreichs hinaus bereitgestellt: durch den Artikel, den ich in ihrer Zeitschrift „Minotaure" veröffentlichen durfte.

Obwohl ich wußte, daß der „Minotaure" einen Meilenstein in der Geschichte des Surrealismus darstellte und von vielen Menschen in ganz Europa und USA geschätzt wurde, erkannte ich seine zeitlose Bedeutung erst vor drei Jahren. Zufällig besuchte ich damals die Ausstellung „Hommage à Tériade" in der Londoner Royal Academy, wenige Tage bevor sie zu Ende ging. Nachdem ich die Gemälde biblischer Szenen aus dem alten Testament von Marc Chagall bewundert hatte, betrat ich einen Raum, in dem Zeichnungen von Picasso ausgestellt waren. Dort fiel mein Auge auf einen glasbedeckten Tisch. Er enthielt Auszüge aus dem „Minotaure". Darunter befanden sich zwei Seiten aus „Les Révélations Psychologiques de la Main par le docteur Lotte Wolff". Ich „schwebte" nahezu aus dem Raum.

Dieses Ereignis ließ mich an den Herbst des Jahres 1935 zurückzudenken, als der Artikel publiziert wurde. An einem nebligen Oktobertag dieses Jahres hatte ich das erste Mal englischen Boden betreten, um Maria Huxley zu besuchen. In diesem seltsamen, gelassen wirkenden Land schien der Nebel die Menschen vor der krassen Erkenntnis der Wirklichkeit zu bewahren. Während der ersten Tage meines Aufenthaltes gewann ich ein durch und durch idealistisches Bild von England: Ich schien in einer Märchenwelt gelandet zu sein, spazierte über den Piccadilly und traf einige der privilegierten Bürger dieses Landes. Meine ersten Eindrücke beruhten größtenteils auf einer Illusion, waren aber nicht untypisch für die Wirkung, die England auf den ausländischen Besucher ausübt.

Nach meinem Leben in Deutschland und Frankreich beeindruckte mich die Andersartigkeit der Einstellung und der Atmosphäre, die den Eindruck erweckten, daß England dem Kontinent weitaus überlegen war.

Ich kam in eine luxuriöse Umgebung, luxuriös nicht im Sinne materieller Reichtümer, sondern geistiger Qualitäten. Mein Bett war gemacht. Maria Huxley hatte dieses Unternehmen bis zur Perfektion organisiert: Von dem Anmieten einer Suite im Dalmeny Court, Piccadilly, bis zu arrangierten Treffen mit den Berühmten, den Reichen, und den „Löwenjägern". Aldous, der ewige Fremde, und die lebhafte Maria standen im Mittelpunkt der Aufmerksamkeit von Schriftstellern, Künstlern und anderen ungewöhnlichen Menschen, denen ich während meines Besuches begegnete. Ich konnte nicht aufhören, Marias Intelligenz zu bewundern, ihre unermüdliche Begeisterung für dieses ganze Unternehmen und für jede einzelne Begegnung, die sie für mich im Albany oder im Dalmeny Court arrangierte. Sie mußte sich ganz schön verausgabt haben. Aldous' gute Laune und seine Toleranz gegenüber „Störenfrieden" ließen ihn Opfer auf Kosten seiner eigenen Bedürfnisse bringen. Bei diesem Besuch bemerkte ich in Aldous die gleiche Unabhängigkeit gegenüber jeglicher Art von Konventionen, die mich auch bei Walter Benjamin beeindruckt hatte. Die Mißachtung der Huxleys für alles, „was die Nachbarn sagen mögen", war beispielhaft. Es klingelte ständig an der Tür ihrer Wohnung im Albany, und häufig gaben sich hier Menschen die Türklinke in die Hand, deren Gesichter den Nachbarn gut bekannt sein mußten. Als sei dies nicht genug, konnten die Passanten beobachten, wie ich mich mit einem Vergrößerungsglas über die Hände dieser Berühmtheiten beugte. Aldous verließ das Haus, bevor ich mit meiner Arbeit begann, und Maria verschwand, nachdem sie meine „Klienten" begrüßt hatte, nach unten in die Küche oder zog sich in andere Räume des Hauses zurück.

Maria legte besonderen Wert darauf, daß ich die Hände von Virginia Woolf untersuchte. „Sie ist ein Star – unsere größte Schriftstellerin", erzählte sie mir, die nur spärliche Kenntnisse der englischen Sprache und praktisch überhaupt keine der englischen Literatur hatte. Doch sie war eine genaue Beobachterin menschlicher Schwächen,und bald hatte sie herausgefunden, daß ich sehr empfindlich auf schroffe Bemerkungen reagierte. Sie warnte mich vor Virginia Woolfs überheblicher Haltung und ihrer scharfen Zunge. Maria hatte sie zunächst zum Tee eingeladen, um erst einmal eine entspannte Atmosphäre zu schaffen, bevor ich ihre Hände untersuchte. Bis zur letzten Minute vor ihrer Ankunft fürchteten wir beide, daß sie das Treffen doch noch absagen würde. Doch Virginia Woolf kam pünktlich zur vereinbarten Zeit. Sie trug einen schwarzen Mantel und einen großen, braunen Hut. Ihre Haltung war reserviert und etwas mißtrauisch. Doch ihre Neugier, ein Mitglied des Ärztestandes zu treffen, das anderen aus der Hand lesen konnte, war offensichtlich genügend geweckt worden, um sie wenigstens einen Blick auf mich und meine Arbeit werfen zu lassen. Auf den ersten Blick fand ich sie weder schön noch attraktiv, und das war mir nur recht, denn es bedeutete, daß sie mir keine Ehrfurcht einflößte. Doch nach zehn Minuten hatte sie das Gegenteil erreicht. Sie reizte mich mit der zynischen Frage: „Und Sie glauben also wirklich, daß etwas dran ist an der Handleserei?“ „Ich glaube es nicht, ich weiß es“, war meine Antwort. Zum ersten Mal sah sie mir mit einem überraschten Lächeln ins Gesicht. Eine harte Frau, dachte ich. Mir waren ihre fest zusammengepreßten Lippen und die Linien um ihren Mund aufgefallen, und ich vermutete, daß sie sich daran gewöhnt hatte, unangenehme Gedanken und Gefühle zurückzudrängen. Doch in dem Augenblick, in dem sie mir gerade in die Augen sah und ich in ihre sehen konnte, fühlte ich mich besser. Maria stellte fest, daß dies der geeignete Augenblick war, um uns allein zu lassen und schlug vor, ich solle jetzt sofort Virginia Woolfs Hände untersuchen, so daß sie selbst beurteilen könne, ob etwas „dran ist“ oder nicht. „Am besten setzt ihr euch ans Fenster, da habt ihr mehr Licht“, sagte sie beim Hinausgehen.

Und so setzten wir uns ans Fenster. Mein Vergrößerungsglas in der Hand, meine Lesebrille vor den Augen, zog ich Virginia Woolfs linke Hand zu mir heran und nach einer Weile ihre rechte. Jetzt hatte ich die Situation voll im Griff. Ich sprach mit ihr über sie selbst, nicht aber über ihre Arbeit, denn ich hatte keines ihrer Bücher gelesen. Was ich sah – durch Intuition oder durch meine Technik, wahrscheinlich war es eine Mischung von beidem – war ein zutiefst gestörter Mensch, der um sein emotionales Gleichgewicht und seine geistige Gesundheit rang. Sie wurde gelegentlich blaß, sog jedes Wort in sich auf (wir sprachen französisch miteinander), und nachdem sie mir eine lange Zeit zugehört hatte, stellte sie Fragen. Während wir noch redeten, wurde es dunkel; es waren vielleicht zwei Stunden vergangen, als Maria ein Zeichen gab, daß sie im Raum war. Sie war schon vor einiger Zeit zurückgekommen, aber als sie sah, wie sehr wir miteinander im Gespräch vertieft waren, hatte sie das Zimmer wieder verlassen. Das Gespräch endete offensichtlich zu Virginia Woolfs Zufriedenheit. Sie bat mich, am folgenden Sonntag in ihr Haus am Tavistock Square zum Tee zu kommen. Ich nahm hocherfreut an. Später erfuhr ich, daß Lady Ottoline Morell ihr den Rat gegeben hatte, mich zu konsultieren.

Bevor ich mich zum Tavistock Square auf den Weg machte, warnte mich Maria, ich solle auf der Hut sein. „Ganz bestimmt wird sie versuchen, alles über Dich herauszufinden, und sie wird diese persönlichen Informationen bei Bedarf in ihren Büchern verwenden." Ich lachte, denn ich war einem solchen Ansinnen gegenüber taub. Mir war so gar nicht klar, warum ich diese Einladung zum Tee bekommen hatte; vielleicht, um meine Handanalyse fortzusetzen? Als ich in dem hohen, schmalen Haus ankam, wurde ich in ein Zimmer im obersten Stockwerk geleitet, wo Virginia Woolf an einem Tisch saß, umgeben mit allen Utensilien eines englischen Teenachmittages. Sie spielte die perfekte Gastgeberin, und darauf konnte ich mir zunächst keinen Reim machen. Sie versuchte mich nicht mit Smalltalk zu unterhalten, sondern begann mich ohne Umschweife über meine Erfahrungen im Nazideutschland auszufragen. Zwischendurch überlegte ich, ob ihr Bedürfnis, aus erster Hand einiges über den Naziterror zu erfahren, der wahre Grund für diese Einladung gewesen war. Ich erzählte ihr eine ganze Menge über meine Verhaftung als angebliche Spionin in Männerkleidung, die Hausdurchsuchung und meine Unruhe und Einsamkeit nach all diesen Ereignissen. „Mein Mann ist Jude", sagte sie, nachdem ich geendet hatte. „Er ist der humanste Mensch, den ich kenne", und viel später am Nachmittag gestand sie mir: „Leonhard ist meine Mutter".

Doch sie drängte mich nicht, Details aus meinem Privatleben

preiszugeben. Wir saßen eine lange Zeit an diesem Tisch. Nach einer Weile sagte sie zögernd: „Kommen Sie, wir setzen uns Rücken an Rücken, dann kann ich mich besser entspannen". Und so setzte sich jede von uns in einen Sessel mit Blick auf eine Wand. Sie wollte wissen, wie ich Menschen helfen würde, die unter nervöser Anspannung und Angstzuständen litten. „Ein Psychologe sollte niemals Ratschläge erteilen. Für Angstzustände gibt es keine therapeutischen Schnellbehandlungen, und nervöse Anspannung hat viele Ursachen." Als ich jedoch den Vorschlag machte, man könnte den gesunden Menschenverstand einsetzen, um eine Linderung dieser Symptome zu erreichen, stimmte sie mir zu. „Haben Sie schon einmal daran gedacht, etwas mit Ihren Händen zu arbeiten, etwa Häkeln oder Stricken?" fragte ich. Nein, sie sei zu ungeduldig, war die Antwort. „Und was halten Sie vom Schreibmaschine schreiben? Lassen Sie Ihre Energie mechanisch aus sich herausströmen, das ist eine mögliche Hilfe gegen eine verkrampfte Haltung und steife Gelenke." „Ja das klingt vernünftig", erwiderte sie. Pause. Das Schweigen dauerte eine Minute, vielleicht zwei. Dann fragte sie zögernd: „Was halten Sie von der Psychoanalyse?" „Sie meinen die Freudianische Analyse?" „Ja". „Ich kann sie nicht beurteilen, denn ich selbst habe eine Jungsche Analyse gemacht. Ich kann nur sagen, daß sie teuer ist und ein paar Jahre dauert. Sie mag einigen Menschen helfen, anderen nicht. In bestimmten Fällen ist sie kontraindiziert." Sie sprang darauf an. „Sie meinen, in meinem Fall?" „Ja, ich glaube schon." „Erzählen Sie mir von der Jungschen Analyse." „Ich kann nur von meinen eigenen Erfahrungen berichten und ihren allgemeinen Wert nicht beurteilen", antwortete ich. „Sie tat mir gut, aber nicht aus den Gründen, die man von einer Psychotherapie erwartet. Es ist ein Glücksfall, wenn man einen Analytiker findet, den man mag. Der wirkliche Kontakt zwischen Arzt und Patient ist meiner Meinung nach die unerläßliche Voraussetzung jeder Art von Therapie. Ich mochte meine Analytikerin sehr. Ich ging zu ihr, weil ich einsam war und meine Freunde nicht mit meinem „verlorenen Land" belasten wollte. Die Nazis drohten mir, alles, was ich hatte, zu nehmen. Die Hilfe, die ich bekam, war wie eine Droge, einige Stunden in der Woche die Flucht aus einer erschreckenden Realität." „Erzählen Sie mir mehr", drängte sie.

„Sechs Monate, bevor ich nach Frankreich emigrierte, wurde ich so depressiv, daß ich eine Jung'sche Analytikerin konsultierte; sie empfahl mir später eine Kollegin in Paris, die ihre Arbeit mit mir fortsetzen würde. Ich folgte ihrer Empfehlung. Die beiden Analytikerinnen halfen mir sicherlich schon allein deswegen, weil ich sie mochte und ihnen vertraute. Ihre Persönlichkeiten hatten einen heilenden Einfluß auf mich."

Eine Zeitlang kam keine Antwort. Dann: „Ich habe Zweifel an der Psychiatrie". „Das haben viele Menschen", sagte ich und vermied eine direkte Antwort.

Ich weiß nicht, ob ich bis dahin überhaupt bemerkt hatte, daß die Wände des Zimmers vom Boden bis zur Decke mit Bücherregalen zugestellt waren. Jedenfalls erhob sich meine Gastgeberin jetzt aus ihrem Sessel, ging geradewegs auf eines der Regale zu, nahm ein Buch heraus und schrieb etwas hinein. Es war „Die Fahrt zum Leuchtturm", die deutsche Übersetzung von „To the Lighthouse". „Ich möchte Ihnen dies schenken", sagte sie und übergab mir das Buch. Wie schön sie aussah! Sie hatte eine große, schlanke Figur mit einem klassisch geschnittenen langen und schmalen Gesicht. Sie war geistig und körperlich eine Aristokratin. Trotz all' ihres Verständnisses für die falsche und entwürdigende Rolle der Frauen hätte sie niemals eine Suffragette sein können. Sie war eine elitäre Denkerin, deren Feminismus sich auf die intellektuelle Ebene beschränkte.

Ich legte ihr kostbares Geschenk in meine Aktentasche, bevor ich mich verabschiedete. Dann ging ich die Treppe hinunter und auf den Tavistock Square hinaus. Ich war kaum ein paar Meter gegangen, als ich bemerkte, daß ich meine Aktentasche vergessen hatte. In einer Art Trance rannte ich zurück zum Haus, aufgeregt und ängstlich-verlegen. Da stand sie in der Eingangstür, winkte und hielt die Tasche hoch. Als sie mir die Tasche übergab, lächelte sie; es war ein ausdrucksloses Lächeln. Dann wandte sie ihren Kopf ab, betrachtete die Menschen, die vorübergingen und sagte: „All diese Leute, all diese Leute – manchmal verliere ich mich, laufe und laufe durch die Straßen. Und ich weiß nicht, wo ich bin." Sie drehte sich noch einmal zu mir um, winkte mir mit ihrer linken Hand zum Abschied und ging ins Haus. Ich bekam sie nie wieder zu sehen.

Auch eine andere Freundin von Maria, Lady Ottoline Morell, besuchte ich zu Hause. Es klingt vielleicht komisch, aber es stimmt: Lady Ottoline und ich freundeten uns auf den ersten Blick an. Ich hatte sie aufgesucht, um ihre Hände zu analysieren, doch diesmal war alles anders. Ihr Hauptaugenmerk lag nicht darauf, was meine Analyse über sie verraten oder nicht verraten konnte. Sie schien weit mehr an meinem Leben als Flüchtling interessiert zu sein und daran, wie ich auf meine gegenwärtige Tätigkeit gekommen war, die – schließlich war ich Doktor der Medizin – für mich doch recht deprimierend sein mußte. Ich kann mich erinnern, daß ich zu ihr sagte: „Meine Arbeit kann nicht so leicht verstanden werden." Sie bat mich wiederzukommen, jedoch nicht aus professionellen Gründen. Ich besuchte sie noch zwei oder dreimal in der Gower Street, bevor ich London wieder verließ. Anschließend führten wir eine lebhafte Korrespondenz. Sie schrieb mir viele Briefe während des einen Jahres, das ich noch in Paris verbrachte, und schickte mir die Bibel auf Deutsch als Zeichen besonderer Zuneigung. Ich las sie nur, weil es ein Geschenk von ihr war. Ich wußte, daß sie Trost im Neuen Testament fand und vermutlich annahm, es würde dieselbe Wirkung auch auf mich ausüben. Sie hatte einen wichtigen Punkt entdeckt, in dem wir uns ähnlich waren, als sie mir sagte: „Sie und ich, wir sind sehr einsame Menschen, und die Leute um uns herum haben keine Vorstellung davon".

In einem ihrer Briefe berichtete Lady Ottoline von einem Besuch bei Virginia Woolf, der sie traurig gemacht habe. Sie mochte Virginia Woolf sehr, war aber betrübt über deren böse Zunge und ihre Herabsetzung der meisten Menschen, ob sie nun ihre Freunde waren oder nicht. In diesem Brief ging Lady Ottoline auch auf die Art ein, wie Virginia Woolf sich von mir verabschiedet hatte. „Ihre Geste, die Hand zu heben, nachdem sie Ihnen die Aktentasche wiedergab, war eine abwehrende Bewegung. Sie will *wirkliche* Menschen einfach nicht erkennen", schrieb sie. Hatte ich aus einem Wunschdenken heraus Virginia Woolfs Geste als freundliches Abschiedswinken interpretiert? Sie war freundlich und zuvorkommend zu mir gewesen von dem Augenblick an, als wir uns in Albany zusammen ans Fenster gesetzt hatten. Möglicherweise waren Lady Ottolines und meine Version gleichermaßen richtig.

Virginia Woolfs Krankheit konditionierte sie auf solch ambivalente Gefühle.

Aldous und Maria teilten meine Ansicht, daß die Untersuchung von Affen, besonders Menschenaffen, meiner Arbeit über die menschliche Hand eine neue Dimension hinzufügen würde. Julian Huxley war genau der richtige Mensch, um mir bei der Verwirklichung dieses Planes zu helfen. Das Beste war wohl, ihn aufzusuchen und mit ihm über mein Projekt zu sprechen, und bevor ich wieder nach Paris zurückfuhr, gingen Maria und ich bei Julian und seiner Frau in ihrer Wohnung im Zoologischen Garten vorbei. Er stimmte mir zu, daß es wichtig wäre, die Extremitäten unserer frühesten Vorfahren zu untersuchen, und lud mich ein, eine solche Studie im Londoner Zoo durchzuführen, wann immer ich dazu Gelegenheit hätte. Dieser Besuch buchstäblich in der letzten Minute vor meiner Abreise ließ in mir den Plan aufkeimen, Frankreich zu verlassen und nach England zu gehen.

Das Vergnügen, das ich empfand, die Straßen des West Ends zu durchqueren, war von anderer Qualität als die Spaziergänge auf den Pariser Boulevards. Trotz der Enge der Straßen und des starken Verkehrs besiegelte der Eindruck von Ruhe und Höflichkeit, die Fahrer und Fußgänger an den Tag legten, meine „Überzeugung", daß London in der Tat die zivilisierteste Stadt Europas war. Europas? England schien weit vom Kontinent entfernt zu sein, wofür sein Inselstatus nur eine unzureichende Erklärung war. Die Herbststimmung mit dem jahreszeitlich bedingten Nebel konnte den Eindruck verstärken, daß England eher in der Luft hing als auf festem Grund stand. Der Schleier der Stille und der Schleier des Nebels verliehen London eine ganz eigene ästhetische Qualität, ließen es aber auch geisterhaft erscheinen. Und auch die Londoner schienen nicht auf festem Grund zu stehen. Zweimal mußte ich Einheimische fragen, wo eine bestimmte Straße lag, doch sie wußten es nicht, obwohl sich diese Straße ganz in ihrer Nähe befand. Kümmerten die Engländer sich so ausschließlich um ihre eigenen Belange, daß sie vor allem anderen die Augen verschlossen? Zurückhaltung und Absonderung kann man auch übertreiben, dachte ich. Man konnte diese freundlichen Menschen nicht erreichen; man konnte sie kaum erkennen in ihrer „nebelhaften" Präsenz. Niemals würde man ihnen nahe kommen können, war meine erste, oberflächliche Schlußfolgerung. In teuren Geschäften standen oder saßen die Verkäuferinnen gleichgültig herum, anscheinend ohne das geringste Bedürfnis, ihre Waren zu verkaufen. Man mußte auf sie zugehen, ihre innere „Schallmauer" durchbrechen, um ein Verkaufsgespräch zustandezubringen. Doch die Art der Engländer, überwiegend mit sich selbst beschäftigt zu sein, hatte auch eine angenehme Seite: Man wurde weder von ihnen angestarrt noch aggressiv behandelt. Sie ließen einen in Ruhe, ob man das nun wollte oder nicht. Das war ein großer Unterschied zum Kontinent, wo die Leute recht offen die rüdesten Bemerkungen über andere Menschen machten, wo sie brüllten, mit den Füßen aufstampften, wo das Leben roh, aggressiv und dreidimensional war. Engländer hielten ihre „dritte Dimension" gut verborgen, so daß sie einem eher wie Zeichnungen als wie Menschen aus Fleisch und Blut vorkamen.

London und die Menschen, zwischen denen ich mich bewegte, regten meine Phantasie an, doch ich stellte fest, daß meine Eindrücke viele Lücken aufwiesen, die eines Tages würden gefüllt werden müßten. Und so verließ ich England nach einer erfolgreichen Schatzsuche. Ich nahm einen Notgroschen mit – genug, um mir ein weiteres Jahr in Paris zu finanzieren. Doch die wichtigeren Schätze waren Hoffnungen für die Zukunft und einige potentielle Freundschaften.

Meine Rückkehr nach Paris war belastend. Ich stellte Vergleiche an zwischen der Lebensart in England und in Frankreich und stellte fest, daß die französische zu wünschen übrig ließ. Nach wie vor traf ich meine surrealistischen Freunde in dem gleichen Geist an wie früher und sah Baladine Klossowska alle paar Tage. Und die Zahl der Menschen ebbte nicht ab, die mich konsultierten. Doch Paris hatte für mich viel von seiner Anziehungskraft verloren, mehr und mehr beschäftigte mich der Gedanke an ein Leben im friedlichen London. Der unwillkommene, aber immer wieder auftauchende Gedanke, daß Deutschland in absehbarer Zukunft dem Westen den Krieg erklären würde, lauerte ständig in meinem Hinterkopf. Die Möglichkeit einer deutschen Invasion in Frankreich erfüllte mich mit Entsetzen. Immer näher sah ich das Konzentrationslager auf mich zukommen. Ich entschloß mich, die Angelegenheit mit Professor Wallon zu besprechen, dessen politischer Scharfsinn mich stets beeindruckt hatte. Er war nicht erstaunt über meine Ängste, denn er selbst rechnete mit einem Kriegsausbruch in nicht allzu ferner Zeit. Er sagte: „Ich denke, daß Sie allen Grund haben, sich in Frankreich unsicher zu fühlen. Es wäre klug von Ihnen, nach London zu gehen, wenn Sie die Möglichkeit haben, sich dort niederzulassen." Und er fügte etwas hinzu, das genau den Punkt traf, obwohl ich Schwierigkeiten hatte, es zu akzeptieren: „Das Problem bei den Juden ist, daß die meisten – Sie ausgenommen – ihre natürlichen Reflexe verloren haben, sonst hätten sie den Nazis gegenüber mehr Widerstand gezeigt." „Ich weiß, viele Juden verhalten sich wie hypnotisierte Kaninchen, doch was können die Juden gegen eine brutale SS unternehmen, die sie voll in der Hand hat? Eine Notlage wie die, in der sich die deutschen Juden befinden, haben *Sie* nie erlebt." Er sah mich nachdenklich an.

Im letzten Jahr meines Pariser Aufenthaltes traf ich die Wallons sehr oft, und schließlich war es die Trennung von ihnen und Baladine, die mich bei dem Gedanken an meine Abreise traurig machte. Professor Wallon hatte mich eingeladen, einen Beitrag über wissenschaftliche Chirologie für die „Encyclopédie Française" zu verfassen. Er selbst wollte das Vorwort dazu schreiben. Im Jahre 1938 erschien mein Beitrag „Les Principes de la Chirologie" im Band VIII: „La Vie Mentale". Damit war die Anerkennung meiner Arbeit besiegelt, und es war gleichzeitig ein angemessenes Finale meines Lebens in Frankreich.

Im Sommer 1936 begann ich mit den Vorbereitungen für meine Abreise. Ich fand es sinnvoll, den Rest meiner Londoner Ersparnisse in Kleidung und eine neue Schreibmaschine zu investieren. Es schien klüger, gut ausgerüstet zu sein, als sich auf Ersparnisse zu verlassen. Während meines letzten Jahres auf französischem Boden war ich immer noch stark mit meinen Forschungsarbeiten und privaten Konsultationen beschäftigt. Außerdem beendete ich mein Buch „Studies in Hand Reading". Das war keine leichte Aufgabe und erforderte eine umfangreiche Korrespondenz mit meinen französischen und englischen „Versuchspersonen". Ich mußte die

Erlaubnis von ihnen einholen, ihre Handanalysen veröffentlichen zu dürfen, bevor ich das Manuskript dem Verlag Chatto & Windus übergeben konnte. Glücklicherweise erhielt ich von allen die Genehmigung. Das Buch erschien im Herbst 1936 in London, und der amerikanische Verlag A. Knopf druckte kurz darauf eine Lizenzausgabe in den USA.

Im Besitz je eines Empfehlungsschreibens der Quäker und der Huxleys, überquerte ich an einem freundlichen Oktobertag den Kanal. Meine zweite Entwurzelung und Verpflanzung erforderte fast ebenso viele Vorbereitungen wie die erste, diesmal aber brach mir dabei nicht das Herz. Wenn man aus einem Land emigriert, läßt man immer Besitz zurück. Doch ich konnte mich nicht von meinen Büchern, meiner Schreibmaschine und meinen Kleidern trennen. Wie bei meiner ersten Auswanderung war ich auch diesmal mit demselben Metallkoffer deutschen Ursprungs und einem billigen, braunen Handkoffer beladen, als ich mich auf die Reise nach England begab. Mit meinem braunen, deutschen Paß, gültig bis zu Jahre 1938, kam ich mir vor wie eine Verbrecherin, die mit falschen Papieren reist. Bevor das Schiff Dover erreichte, mußten sich die Ausländer einer Prüfung durch einen Beamten der Einwanderungsbehörde unterziehen. Das war die letzte Hürde des Emigranten, hier wurde entschieden, ob man das Gelobte Land betreten durfte oder nicht. Mir zitterten die Knie, als ich an der Reihe war. Ein kahler Mann mittleren Alters saß mir am Tisch gegenüber. Wie zu erwarten war, trug er die undurchdringliche Maske eines Geheimpolizisten. Der Eindruck, den er hervorrufen wollte, war der eines freundlichen, menschlichen Polizeibeamten. Bald fühlte ich mich ruhiger und beantwortete eine Frage nach der anderen unbesorgt und ohne Schwierigkeiten. Die Befragung dauerte eine ganze Weile, und schließlich gab er sein persönliches Interesse an der Psychologie zu erkennen. Nicht nur das; er tat etwas Ungewöhnliches für einen Mann in seiner Stellung: Er sagte mir, daß er mich gerne wiedersehen würde, und fragte mich, ab ich ihn nicht einmal im Kardomah Café, Piccadilly, treffen wollte. Mir blieb nichts anderes übrig als zuzusagen. Er gab mir die Hand, und eine Woche später ging ich zum vereinbarten Zeitpunkt in das Café. Er hatte schon auf mich gewartet. Zunächst stellte er mir viele Fragen über meine Forschungsarbeiten und mich persönlich, erzählte dann aber auch eine Menge von sich selbst, ob das nun alles stimmte, sei dahingestellt. Ich bin mir heute noch unsicher, wie ich diesen unkonventionellen Annäherungsversuch deuten soll. Schon während des Gesprächs schoß mir durch den Kopf, daß er vielleicht ein Geheimdienstbeamter war, der durch mich an Informationen über andere Flüchtlinge herankommen wollte. Wie es wirklich war, werde ich niemals wissen, doch mein Instinkt verwarf solch einen Verdacht. Und so nahm ich ihn und die Sympathie, die er mir gegenüber an den Tag legte, als gutes Omen für die Zukunft.

Ein neuer Anfang in London

Maria Huxley hatte mir ein kleines Zimmer mit Bad im Dalmeny Court, Piccadilly, gesichert. Es kostete vier Guineen die Woche, die ich kaum aufbringen konnte; doch ich hatte Freunde und eine ganze Menge Selbstvertrauen. Das Gefühl, mit dem Glück zu spielen, übte ohnehin einen besonderen Reiz auf mich aus. Da der größte Teil meiner Ersparnisse aufgebraucht war, mußte ich sofort damit beginnen, meinen Lebensunterhalt zu verdienen. Lady Ottoline Morell war sogleich hilfreich zur Stelle und überredete ihre Freunde, mich zu konsultieren. Ich empfing die Klienten in meinem kleinen Wohn-Schlafzimmer, was ihnen anscheinend nichts ausmachte. Und meine eleganten Besucher, von denen einige im Rolls-Royce vorfuhren, erhöhten mein Prestige im Dalmeny Court. Mir war das Ganze sehr unangenehm, denn ich wurde schon wieder gezwungen, ein Doppelleben zu führen. Nur in meiner Forschung konnte ich ich selbst sein. Professor Julian Huxley machte seine Einladung wahr, und unmittelbar nach meiner Ankunft begann ich mit meinen Untersuchungen an Anthropoiden und allen anderen Affenarten der alten und neuen Welt im Londoner Zoo. Einige Wochen später arrangierten die Quäker für mich ein Treffen mit Dr. Emanuel Miller, der mich einlud, meine Studien an den Händen seiner Patienten in der Jewish Child Guidance Clinic im East End forzusetzen. Gleichzeitig mußte ich die Rolle einer „Handleserin“ spielen, und das ging mir gegen den Strich.

Kein Emigrant kann weit in die Zukunft reichende Pläne schmieden, bevor ihm nicht ein dauerhaftes Wohnrecht in seiner neuen Heimat gewährt wird. Für Neuankömmlinge in England lag damals dieser glückliche Tag in weiter Ferne. Man mußte sein Leben auf provisorischem Grund aufbauen, denn die Aufenthaltserlaubnis galt höchstens ein Jahr. Doch trotz offensichtlicher Nachteile kann eine derart unsichere Situation auch ihr Gutes haben. Sie stellt eine Herausforderung dar: sich zu bewähren, jede Gelegenheit beim Schopf zu fassen, koste es was es wolle. Doch die nervöse Anspannung, die eine Existenz, bei der man von der Hand in den Mund lebt, mit sich bringt, kann schwere Angstzustände hervorrufen. Ich machte die durchaus nicht ungewöhnliche Erfahrung, daß man mir mit der einen Hand etwas gab, um es mit der anderen wieder zu nehmen. Mit der Zeit jedoch gewöhnte ich mich an mein „zufälliges" Leben, denn ich hatte die Unterstützung von Lady Ottoline Morell und den Huxleys. Es dauerte nicht lange, da erkannte ich, daß mir meine neue berufliche Situation auch durchaus Spaß machen konnte: meine wirkliche Profession unter dem Deckmantel einer ungewöhnlichen Beschäftigung zu verstecken. Mir gelang es sogar, mit den Behörden Katz und Maus zu spielen. Zwar hatte man mir die Erlaubnis erteilt, Handinterpretationen durchzuführen, aber es war mir strikt verboten, einer ärztlichen Beschäftigung nachzugehen. Doch ich brachte meine professionelle Ausbildung bei den psychologischen Beratungsgesprächen zur Anwendung, mit denen ich regelmäßig meine Handdeutungen beschloß.

Die Huxleys zeigten sich von ihrer hilfreichsten Seite. Aldous war milder geworden, und ich fand ihn weniger ehrfurchtgebietend. Die beiden lebten im Mount Royal Hotel mit ihrem Sohn Matthew, und trotz ihres unsteten Lebens und ernster Sorge um ihre Zukunft stand mir ihre Tür immer offen. Ich sah sie während der sechs Monate, die sie noch in England blieben, sehr häufig. Der Pazifismus war zu Aldous' wichtigstem Anliegen geworden. Sybille Bedford hat in ihrer Biografie über Aldous Huxley berichtet, daß er die Unvermeidlichkeit eines Zweiten Weltkrieges erkannte, und daß dies seinen pazifistischen Aktivitäten eine akute Dringlichkeit verlieh. Er hielt Vorträge, schrieb Artikel und führte eine umfangreiche Korrespondenz. Er wünschte sich nichts so sehr wie ein großes Publikum zu erreichen, war aber der Überzeugung, daß er unüberbrückbare Schwierigkeiten hatte, zu einer größeren Gruppe von Menschen Kontakt aufzunehmen. Ich fühlte mich ausgesprochen geehrt, als er mich wegen dieses Dilemmas um Rat fragte. An die Stunde des Beratungsgespräches kann ich mich noch genau erinnern. Ich sagte ihm, daß ein Bedürfnis solcher Intensität eine *Liebe* für die Menschheit impliziert, die ihr Publikum allein schon durch ihre Authentizität erreichen wird. Ich hoffe sehr, daß ich in der Lage war, ihn zu ermutigen.

Die Veröffentlichung von „Studies in Hand Reading" mit einem Vorwort von Aldous Huxley war kein kommerzieller Erfolg, doch sie vergrößerte meine Klientel. Von da an brauchte ich mich um den Zulauf an Ratsuchenden nicht mehr zu sorgen. Die Wogen des Erfolges trugen mich über die Zeiten finanzieller Unsicherheit und Einsamkeit hinweg – jedenfalls eine ganze Weile. Bedenklich fand ich mit der Zeit die zahlreichen privaten Einladungen aufgrund des sensationslüsternen Interesses an meiner Arbeit, die ich nicht absagen konnte, aus Furcht, dann meine Klienten zu verlieren. Ich ärgerte mich, daß man mich aus dem gleichen Grund, der meine Unzufriedenheit mit mir selbst verursachte, einlud. Mein soziales Leben wurde damit ein angstdurchsetztes Vergnügen, das mich müde und immer häufiger depressiv zurückließ. Mein Umzug nach England hatte mir wahrscheinlich das Leben gerettet, ließ jedoch meine Seele in der Wildnis zurück. Doch ich wurde mit dem Leben fertig; Glück und Unsicherheit, Erwartung und Angst meisterte ich mit gespielter Tapferkeit. Ich hielt mich selbst für einen Menschen, der leicht gewinnen und leicht verlieren konnte – sowohl Menschen als auch Geld. Kein Wunder, daß ich in beide Richtungen verschwenderisch wurde. Doch ich gab mich der Hoffnung hin, daß meine Probleme eines Tages einfach „weggehen" würden.

Bis Kriegsausbruch hielt ich England für einen stabilen Hafen. Ich war der Überzeugung, daß die Engländer ein faires Spiel spielten, und vor allem, daß Hitler diese Küste nie erreichen würde. Großbritannien war eine uneinnehmbare Festung für jeden ausländischen Angreifer. Mit solchen Überlegungen kompensierte ich die Ambivalenz meiner Situation.

Sozial gesehen befand ich mich auf dem Gipfel des Erfolges, doch der Schwachpunkt meiner ersten Jahre in England war die Art meiner Arbeit, bei der ich mir wie Dr. Jekyll und Mr. Hyde vorkam. Ich wußte, daß ich diese widersprüchliche Situation zu meistern hatte wie eine Schauspielerin, die eine Rolle spielen muß, die ihr nicht liegt. Ich fühlte mich mehr und mehr einsam in London. Ich vermißte Paris, ich vermißte Baladine Klossowska und die unterstützende Freundschaft von Professor Wallon. Vergleichbare menschliche Beziehungen waren mir in England nicht begegnet. Solange Maria Huxley und Lady Ottoline Morell noch da waren, hatte ich im Notfall eine Zuflucht, obwohl ich sie nur widerstrebend genutzt hätte. Doch die Huxleys reisten im April 1937 ab; und Lady Ottoline wurde am Ende desselben Jahres schwer krank und starb im April 1938. Mit ihnen verlor ich die Hauptstützen meiner zweiten Immigration. Dieser Verlust bedeutete eine Zäsur in meinem Leben, doch das war mir zu diesem Zeitpunkt noch nicht bewußt. Heute weiß ich, daß mit ihnen mein Lieblingstraum für immer dahinging: ein Teil der kulturellen Elite zu sein, der sie angehörten.

Lady Ottolines Tod bedeutete einen persönlichen Schlag für mich, der noch durch Maria Huxleys Abreise aus London verstärkt wurde. Ich hatte mich ihr gefühlsmäßig verbunden gefühlt und wußte, daß niemals wieder jemand eine ähnliche Rolle in meinem Leben spielen würde. Ihr Enthusiasmus für meine Arbeit ging einher mit einer allgemeinen Begeisterung für neue Ideen, wo immer sie ihr begegneten; sei es die Philosophie ihres Freundes und Liebhabers Bertrand Russell, die Poesie James Stephens oder die Entdeckungen auf dem Gebiet der Endokrinologie durch Richard Wiesner. Es wäre für mich sinnlos, etwas anderes als rein Persönliches von ihr zu berichten, denn viele andere haben über sie geschrieben oder gesprochen. Lady Ottoline hatte bei den Leuten, die sie um sich versammelte, immer einen Günstling,und eine Zeitlang war ich es. Als Maria mich ihr vorstellte, erschreckte mich diese hagere, hochaufgeschossene Gestalt. Ihre Hände hätten einem Mann gehören können; sie hatte vorgewölbte Lippen, als versuchte sie, Trompete zu spielen, ein unpassendes Merkmal für diese statuenhafte Repräsentantin der Aristrokatie. Doch von dem Augenblick an, wo sie einem in die Augen sah und ihre Hand mit einer Geste des Willkommens dem Neuling entgegenstreckte, war man von ihr fasziniert. Hier war ein Mensch, der in kein bekanntes Schema paßte, dessen Großzügigkeit und „Appetit" einem anderen Zeitalter zu entstammen schienen. Sie mußte sich ständig zurückhalten, sich klein machen, um sich so gut, wie sie konnte, unseren Zeiten anzupassen, die einem Menschen ihres Formats so gar nicht zu entsprechen schienen. Glücklicherweise gelang ihr das nicht. In diesem Land war sie eine der wenigen, die mir Wärme und Zärtlichkeit entgegenbrachten, ohne die Reserve oder Verlegenheit, die für Engländer so typisch sind. Ihre Gesten hatten eine überstarke Emphase und schienen häufig über das Ziel hinauszuschießen; dies aus dem einfachen Grund, weil sie auf diese unkonventionelle Weise die Intensität ihres Gefühles zum Ausdruck bringen wollte. Als ich in ihrem kleinen Empfangszimmer in der Gower Street ankam, setzte ich mich in einen Sessel ihr gegenüber. Sie saß bereits auf einem Sofa und bedeutete mir augenblicklich, ich solle mich neben sie setzen. Jede Einzelheit meines Alltagslebens wollte sie erfahren, vor allem alles über meine Arbeit. Sie erkundigte sich, ob meine Studien Fortschritte machten und ob sich neue Erkenntnisse für mich abzeichneten. Lady Ottoline war eine ideale Zuhörerin, denn sie war eine religiöse Frau, die an das göttliche Prinzip glaubte und sich von daher ihren Mitmenschen gegenüber aufmerksam und hilfreich verhielt. Doch es war offensichtlich, daß sie mit ihrem Kreis von Freunden und Schützlingen eine innere Leere ausfüllen wollte. Als ich sie traf, befand sie sich schon im fortgeschrittenen Alter, aber die Jahre hatten ihre Begeisterungsfähigkeit nicht gedämpft.

In meinem unsicheren Leben änderten sich damals die Dinge so schnell wie das Wetter. Daher mußte ich meine Aufmerksamkeit weg von der Vergangenheit und statt dessen auf Gegenwart und Zukunft lenken. Ein Beruf mit dem Beiklang des Sensationellen brachte notwendigerweise ein unsicheres Maß an Anerkennung mit sich, war jedoch nicht der solide Grund, auf dem ich meine Zukunft aufbauen konnte. Diese mißliche Lage machte mich überempfindlich für die leiseste Andeutung von Applaus oder Kritik. Das Bedürfnis nach einer sicheren Grundlage meiner Arbeit gewann allmählich die Oberhand. Glücklicherweise machten meine Forschungen gute Fortschritte und ließen mich hoffen, daß ich mir in dieser Richtung ein besseres Leben aufbauen könnte.

Ob es uns nun paßt oder nicht, bestimmte Muster in unserem Leben kehren immer wieder: Ich stellte fest, daß meine Situation in England oder in Frankreich ziemlich ähnlich war. Ich hatte mit den gleichen Konflikten der beiden unterschiedlichen Aspekte meiner Arbeit zu kämpfen, und ich fand Trost und Hilfe bei mächtigen Freunden. Eine davon war Bertha Bracey, eine Quäkerin, die ich durch Henri van Ettens Vermittlung kennengelernt hatte. Sie versuchte, mit der Unterstützung von Julian Huxley, für mich ein universitäres Forschungsstipendium zu bekommen, doch es gelang ihr nicht. Dieser Mißerfolg hielt mich davon ab, jemals wieder zu versuchen, mir äußere Finanzierungsquellen zu erschließen, und ich beschloß, mich ausschließlich auf meine eigenen Einkünfte zu verlassen, um meine Studien der menschlichen Hand zu finanzieren.

Im November 1937 erhielt ich die unbegrenzte Aufenthaltserlaubnis für England und die Genehmigung, als Psychotherapeutin zu praktizieren. Es war mir jedoch immer noch verboten, irgendeine ärztliche Tätigkeit auszuüben.

Das Jahr 1937 brachte mir noch in weiterer Hinsicht Glück: Ich bekam einen engeren Kontakt zu Sybille Bedford. Sie war nach der Abreise der Huxleys in deren Wohnung gezogen, und wir trafen uns dort regelmäßig einmal in der Woche. Seit wir uns in Südfrankreich das erste Mal gesehen hatten, hatte ich ihr einige Male aus der Hand gelesen. Es amüsiert mich heute noch köstlich, daß ich einmal auf Marias Frage, ob ich in Sybilles Händen literarisches Talent entdeckt hätte, antwortete: „Ja, besonders das einer interpretierenden Schriftstellerin." Häufig mußte ich Sybille erzählen, was mir ihre Hände verrieten. Offensichtlich war sie von meiner „Intuition" überzeugt. Wie die meisten Künstler glaubte sie an das Irrationale und war sehr abergläubisch.

Aberglaube? Das Wort ist unangemessen. Es ist falsch, die Ratio auf Kosten des Irrationalen – in dem der Aberglaube eine bedeutende Rolle spielt – hervorzuheben. Wie sollen wir dann Phänomene des Synchronismus, Koinzidenz oder andere Ereignisse interpretieren, die uns überraschen, weil sie weder vorhersehbar noch geplant waren? Ich glaube nicht an den freien Willen, denn Stimmungen, Gesundheit und das Wirken unserer Hormone beeinflussen unsere Entscheidungen und Handlungen. Wir werden beglückt oder bedroht durch das Unvorhergesehene, das von außen auf uns einwirkt oder sich in unserem Innern ereignet. Es gibt im Leben fette und magere Jahre, fruchtbare und öde Zeiten. Unser Leben und unsere Arbeit hängen ab von der Gunst oder Mißgunst unbekannter Kräfte. Einige Menschen verstehen sich darauf, das Ohr am Boden zu halten und festzustellen, ob sich etwas Gutes oder Schlechtes nähert. Wir nennen sie intuitiv oder vorausschauend. Aberglaube ist eine Form außersinnlicher Wahrnehmung, und es ist ein Fehler, ihn als Überbleibsel primitiver Religionen zu verspotten. Künstler und Schriftsteller sind prädestinierte Beobachter des Ungewöhnlichen und Unheimlichen, es lohnt sich, ihre „Visionen" und ihren Aberglauben ernstzunehmen. Tatsächlich können sie sich als die besseren Kenner der Geschichte herausstellen, als professionelle Historiker. In jedem von uns ist die Tendenz zu Aberglauben angelegt, jeder sehnt sich nach den Vorboten des Glücks. Die Art, wie wir darüber reden, „Glück" oder „Pech" gehabt zu haben, verweist auf eine tiefsitzende Furcht vor dem Unbekannten und das intuitive Wissen darum, daß wir von Kräften gelenkt werden, die wir nicht kontrollieren können.

Der Beifall für meine Handdeutungen wurzelte zum Teil im Aberglauben meiner Klienten. Es verursachte ihnen ein angenehmes Gefühl, der Langeweile des täglichen Lebens durch einen kurzen Einblick ins Mysteriöse zu entkommen. Die Fähigkeit, vergangene Ereignisse aus den Händen zu lesen und die Zukunft aus ihnen zu skizzieren, erschien vielen als eine mysteriöse Gabe. Die Zukunft beruht auf der Vergangenheit. Das machte ich meinen Klienten klar, um nicht als Wahrsagerin klassifiziert zu werden, und ich bestand darauf, daß im Mittelpunkt meiner Arbeit die Diagnose konstitutioneller Tendenzen und Persönlichkeitsmerkmale stand. Es kam mir nicht in den Sinn, meine intuitive Gabe in Frage zu stellen – ich nahm sie als selbstverständlich hin. Das Merkwürdige war, daß ich bei Dr. Seouls berühmten Experimenten zur außersinnlichen Wahrnehmung, die er in der psychologischen Fakultät des University College in London durchführte, total versagte. Diese Experimente bestanden aus einer Art Kartenspiel. Dr. Seoul bat seine Versuchspersonen, bei bestimmten Karten, die er zum Teil offen, zum Teil verdeckt auf dem Tisch ausbreitete, Farbe und Bedeutung der verdeckten Karten zu erraten. Ich landete nicht einen einzigen Treffer und begann Zweifel an meinen intuitiven Fähigkeiten zu bekommen. Erriet ich etwa nur die Informationen, die ich meinen Klienten mitteilte? Hatte ich einen Teil meines

Lebens auf einer großen Lüge aufgebaut? Keineswegs, gab ich mir schnell zur Antwort. Doch eine Weile hatte ich nagende Zweifel an meinen Fähigkeiten zur Handdeutung. Ich versuchte mich selbst mit dem Gedanken zu beruhigen, daß ich meinen Klienten wahrscheinlich in einem Zustand der Selbsthypnose begegnete. Es war verblüffend, daß ich ihnen Ereignisse aus der Vergangenheit auf den Kopf zusagen konnte, die sie vergessen hatten, an die sie sich aber erinnerten, wenn ich sie erwähnte. Ich war immer in einem Zustand der Trance, wenn sich die Tür meines Unbewußten öffnete und ich zum Unbewußten des anderen Menschen vordrang. Das war die einzige Erklärung, die ich für diese seltsamen Geschehnisse finden konnte. Doch im Unterbewußten eines anderen Menschen zu lesen, erforderte nicht nur zusätzlich ein Quentchen Glück, sondern erschöpft auch die eigene nervöse Energie. Nach jeder Handlesesitzung fühlte ich mich wie ausgelaugt. Die meisten meiner Klienten gingen anschließend wie auf Wolken nach Hause, einige aber waren noch tagelang deprimiert.

Diskrepanzen und Widersprüche sind Teile des menschlichen Wesens. Sie können auch Symptome einer neurotischen Krankheit sein, aber wer kann entscheiden, ob es sich um das eine oder andere handelt? Es erfordert das geschulte Auge eines Psychologen um festzustellen, ob die Psyche angemessen funktioniert oder unangemessen die innere und äußere Wirklichkeit widerspiegelt. Jeder Mensch vereinigt viele Persönlichkeiten in sich, und widersprüchliche Regungen können Würze, aber auch Verwirrung in unser Leben bringen. Ich hatte von beidem reichlich in der ersten Zeit meines Lebens in London. Dieses Leben war wie ein Film, ständig tauchten neue Szenen und Gesichter auf. Ich wollte den Luxus, mit dem sich viele meiner Bekannten umgaben, nicht missen, doch der Kontrast zwischen glanzvoller Geselligkeit und wissenschaftlichen Anstrengungen stürzte mich in Verwirrung. Ich konnte diese widersprüchlichen Gefühle nicht klären, sie aber auch nicht aus meinem Gedächtnis verdrängen. Was ich brauchte, waren Aufmerksamkeit und Fürsorge, Unterstützung und Liebe eines anderen Menschen. Die Sehnsucht des Kindes nach der Mutter? Eine Mutter in vielen Gestalten, mit vielen Gesichtern? Ja. Menschen, die sich in ihrer Umwelt unwohl fühlen, brauchen Krücken, um sich darin bewegen zu können. Ihre sensible Verletzlichkeit macht sie unweigerlich mutter-orientiert. Doch jedes menschliche Wesen ist auf die eine oder andere Weise von mütterlicher Unterstützung abhängig. Die Psychoanalyse geht davon aus, daß jeder Mensch bestimmte Entwicklungsstadien durchläuft, schließlich einen Zustand der „Reife" erreicht – und dann geht alles gut. Diese Theorie ist so unsicher wie ein Kartenhaus. Reife ist kein Wertmaßstab. Wir alle bleiben emotional verletzbar, denn wir tragen jedes Entwicklungsstadium in uns. Und wenn wir glücklich oder verzweifelt sind, sehnen wir uns nach der liebenden Fürsorge einer Mutter. Die Rollen von Frau und Mann haben begonnen, austauschbar zu werden, und das wird in Zukunft zu einer besseren, ausgeglicheneren Gesellschaft führen. Doch in der sozialen Situation unseres Zeitalters müssen wir unsere vielfältigen Persönlichkeiten (noch) wie Schauspieler einsetzen, die verschiedene Rollen spielen. Wir müssen unser authentisches Selbst unter einer Maske verstecken und eine Rolle spielen, um mit den stereotypen Vorstellungen der Gesellschaft zurechtzukommen.

Es überraschte mich nicht, daß Frauen mich unter ihre Fittiche nahmen und mich zu Festen, ins Theater oder Kino einluden. In Übereinstimmung mit den bestehenden Konventionen nahmen sie eine beschützende Haltung ein, während die Interessen der Männer gewöhnlich um sich selbst kreisten. Sie wollten von mir immer Ratschläge hören, wie sie geschäftlich oder in der Liebe noch erfolgreicher sein könnten. Einige von ihnen entwickelten allerdings auch ein echtes Interesse an meiner Forschungsarbeit und wollten sie fördern. Ich genoß die „Fürsorge" der Frauen und die „Kameradschaft" der Männer, während ich mich vorwärts tastete, um meinen Platz in einer neuen Welt zu finden.

Doch selbst damals, als man stereotype Rollen noch als quasi naturgegeben betrachtete, gab es Ausnahmen von dieser Regel. Eine dieser Ausnahmen war mein Freund Herrmann Schriyver. Er war ein hervorragender Innendekorateur, ein extravaganter Gastgeber und berühmt für seinen intelligenten Witz. Ich war ihm in Paris bei den Klossowskis begegnet, und mir gefiel seine fröhliche Art. Auch seine Hände hatte ich analysiert, mit erfreulichen Folgen für meine Person. Ich hatte ihn nie um Hilfe gebeten, aber von dem

Augenblick an, als wir uns trafen, unterstützte er mich, wo er nur konnte. Er erzählte seinen Freunden und Kunden von meiner Arbeit, und als ich nach London übersiedelte, bestand er darauf, mein Vorhaben finanziell zu unterstützen. „Sie müssen etwas im Rücken haben“, sagte er und überreichte mir einen Scheck über eine größere Summe, der mit dem Namen Rothschild – seine Mutter entstammte dieser Familie – unterzeichnet war. Vor ihr mag er die jüdische Wärme und Menschenfreundlichkeit geerbt haben, die seine Gegenwart so angenehm machte. Herrmann war Holländer, änderte nie seine Nationalität und arbeitete während des Zweiten Weltkrieges zeitweise in einer für die Alliierten wichtigen Stellung bei der BBC. In die Spitze seines eigentlichen Berufsstandes stieg er auf, als er vom Prince of Wales den Auftrag bekam, die Innendekoration des Belvedere zu übernehmen. Herrmann besaß die beneidenswerte Fähigkeit, mit Prinzen wie mit einfachen Bürgern auf gleicher Stufe zu verkehren. Er machte kein Geheimnis aus seiner Homosexualität und wurde dennoch überall akzeptiert. Die Engländer bewundern Individualität und Spitzenleistungen: Exzentriker jeder Art sind in exklusiven Zirkeln der Gesellschaft willkommen, solange sie etwas Außergewöhnliches zu bieten haben.

Herrmann war klein und dick, er hatte kurze Beine und fleischige Hände. Seine Bewegungen und Gesten waren maniriert und von einer gewissen Arroganz. Er sah aus, wie man sich eine klassische „Tunte“ vorstellt. Wenn sein Verhalten ihn der Lächerlichkeit preisgab, machte ihm das nichts aus. Er kam auf seine Gäste zu, mit gemessenen, zierlichen Schritten, stets ein Lächeln auf den Lippen. Das Leben amüsierte ihn offenbar köstlich, obwohl ich nie genau wußte, wie weit er nur eine Rolle spielte. Er wollte gefallen, und er tat es. Er war stark kurzsichtig, und hinter dicken Brillengläsern blitzte ihm der Schalk aus den Augen. Seine hohe Stirn war unter anderem darauf zurückzuführen, daß ihm die Haare ausgingen, dennoch hatte er immer noch einen schönen Lockenkopf. Seine Gäste waren Schriftsteller, Künstler, Mitglieder der Intelligenz, doch niemand war darunter, der ihm an Lebensart gleichkam. Hinter seiner heiteren Maske war er jedoch ein einsamer Mann, der nach Liebe hungerte und sich, weil er die Zuneigung, die er brauchte, nirgendwo fand, in erotische Abenteuer flüchtete. Ich traf ihn häufig allein. Kaum hatte ich mich hingesetzt, kam auch schon die immer gleiche Aufforderung: „So, und nun erzählen Sie mir alles über sich." Und mit schöner Regelmäßigkeit pflegte ich darauf zu entworten: „Lassen Sie uns andersherum beginnen." Auf dieses Stichwort hin begann er über seine Verführungskünste und Heldentaten zu berichten, über seine Freunde zu tratschen, manchmal ernst, manchmal zynisch, aber immer amüsant. Ich genoß seine Gesellschaft und seine Großzügigkeit, doch schließlich stellte ich fest, daß ich die Last der Dankbarkeit nicht lange ertragen konnte. Und eines Tages beendete ich die Freundschaft abrupt. Wollte ich nur dem Augenblick zuvorkommen, wo er sie mir aufkündigen würde? Wahrscheinlich traute ich ihm nicht zu, seine Beziehung zu mir auf längere Sicht aufrechtzuerhalten. Trotz aller Hilfsbereitschaft und Freundlichkeit war mir Herrmann eher wie ein entfernter Verwandter denn wie ein wirklicher Freund vorgekommen. Mir fehlte die emotionale Beziehung. Doch hatte er mir einen unschätzbaren Dienst erwiesen, als er mich mit der damaligen Mrs. Wallis Simpson, der späteren Herzogin von Windsor, zusammenbrachte, der er von meinen Handdeutungen erzählt hatte. Und so traf ich einige Wochen nach meiner Ankunft in England, kurz vor der Abdankung Edward VIII., Wallis Simpson in ihrem Apartment im Bryanston Court. Als man mich in einen großen Raum führte, wo ich auf sie wartete, war ich noch nervöser als vor meiner Sitzung bei Virginia Woolf. Die Spannung dauerte an, bis ich das psychologische Resümee ihrer Handanalyse abgeschlossen hatte, dann war ich wieder ich selbst und konnte mich entspannen. Wie war sie? Ich kann nur den allgemeinen Eindruck schildern, den sie auf mich machte, alles Weitere fällt unter meine berufliche Schweigepflicht.

Sie war einfach *da*, schnell in ihren Bewegungen, selbstbeherrscht, intelligent und natürlich. Sie war freundlich, aber lächelte nicht, sie war höflich, aber führte keine Konversation. Ihr Körper strahlte eine androgyne Attraktivität aus. Ihr Gesicht ist so oft fotografiert und beschrieben worden, daß ich nichts hinzufügen will, mit Ausnahme des Hinweises auf ihre Augen. Sie verrieten nicht nur eine außergewöhnliche Beobachtungsgabe, sondern auch eine scharfe Urteilsfähigkeit. Ich war sicher, daß sie im Zusammensein mit anderen Menschen ganz sie selbst blieb. Nichts interessierte sie, außer der *Wirklichkeit* der Dinge. Sie bat mich, noch einmal in den Bryanston Court zu kommen, sie wolle mich einer ihrer Freundinnen vorstellen. Bei diesem zweiten Besuch fragte sie mich regelrecht aus, und ich hoffte, ich antwortete zu ihrer Zufriedenheit. Dann stellte sie mir ihre Freundin, Madame S., vor, die den Wunsch äußerte, mich zu konsultieren. Sie war Amerikanerin und eine außergewöhnliche Schönheit, die ihren großen anmutigen Körper in dem trägen Rhythmus von Menschen bewegte, die in subtropischem Klima geboren wurden. Nachdem ich eine Stunde mit ihr allein gesprochen hatte, kehrte Mrs. Simpson zurück, und wir unterhielten uns noch eine Weile zu dritt. Als ich sie schließlich verließ, schwebte ich wie auf Wolken. Herrmann wollte natürlich „alles" erfahren. Ich erzählte ihm nichts, außer daß ich gerade eines der schönsten Erlebnisse meines Lebens gehabt hätte. Nach der Abdankung Edwards VIII. schrieb ich Mrs. Simpson nach Cannes. Sie antwortete mit einem persönlichen, handgeschriebenen Brief. Im Rampenlicht zu stehen, half mir nicht, mich sicherer zu fühlen. Ich konnte nicht so recht daran glauben, daß immerzu Klienten an meine Tür klopfen würden, und auch meinen Wohltätern, die wie Wirbelwinde in mein Leben eindrangen, konnte ich nicht trauen. Gelegentlich endete deren „Zuneigung" in erotischen Annäherungsversuchen, die ich manchmal ertrug, obwohl ich sie nicht mochte, aus Angst, dann ihre Unterstützung zu verlieren. Glücklicherweise konnte ich über die Avancen, die mir einige meiner „Freunde" machten, lachen. Eine Form der Prostitution ist so gut wie die andere, sagte ich mir.

Die Hilfe, die Flüchtlingen von den Engländern zuteil wurde, hatte immer den Beigeschmack von Barmherzigkeit; und ich hasse es, ein Objekt der Barmherzigkeit zu sein. Es waren vor allem Frauen mittleren Alters, die sich bewegt fühlten, die Fremden in ihrer Mitte zu beschützen und sogar zu verwöhnen. Doch sie waren launisch und wechselten die Objekte ihrer Gunst nur allzu schnell. Ein wirklicher Kontakt zu diesem schillernden Kreis schien unerreichbar. In dem Augenblick, wo man auf zuverlässige Freundschaft hoffte, fiel der Vorhang. Die Engländer genießen einen guten Ruf als diskrete und loyale Menschen. Diese schönen Qualitäten, Anzeichen wahrhaft zivilisierten Verhaltens, verdecken in Wirklichkeit einen übertriebenen Selbstschutz. Sie entstammen dem Bedürfnis nach Selbstzufriedenheit, die einem emotionalen Engagement entgegensteht und im Endeffekt zu einer herzlosen Kälte führt. Man offenbart sich anderen nicht, weil man nicht will, daß andere sich einem selbst gegenüber als hilfsbedürftig offenbaren. Das eigene Bedürfnis nach Unabhängigkeit erlaubt es einem nicht, sich mit einem anderen Menschen zu belasten. Die typischen englischen Tugenden sind nur die andere Seite des Narzismus. Ausschließlich um seinesgleichen kümmert man sich, weil man davon ausgehen kann, daß sie genauso denken. Ein Fremder bleibt in England immer ein Fremder. Ein Ausländer hat es in Frankreich leichter, abgesehen davon, daß er dort schwieriger eine Arbeitserlaubnis bekommt. Die Franzosen mischen sich gern unter Ausländer und haben ein Talent, Fremde zu integrieren.

Meine Freundschaft mit Herrmann Schriyver und Sybille Bedford war ein angenehmer Kontrast zu der Schauspielerei, die ich Bewunderern und Förderern gegenüber an den Tag legen mußte. Unglücklicherweise sah ich Sybille Bedford nicht mehr lange, denn Ende 1937 übersiedelte sie nach Frankreich. Im Februar des folgenden Jahres zog ich im Dalmeny Court aus und nahm mir ein Zimmer in Strathmore Gardens, Notting Hill Gate. Ich war jetzt nicht mehr so stark im „Geschäft", bekam zwar noch Aufträge, hatte aber freiwillig meine Konsultationen reduziert, zugunsten meiner Forschung. Meine Untersuchungen an Affen aus Europa und Übersee erstreckten sich über einen Zeitraum von 18 Monaten, ihre Ergebnisse wurden in den „Proceedings of the Zoological Society" veröffentlicht. Noch vor Abschluß dieser Arbeit schrieb ich mich als Forschungsstudentin in der Psychologischen Fakultät des University College in London ein. Dr. William Stephenson, später Lehrstuhlinhaber an der Universität von Chicago, arrangierte und überwachte meine Forschungsarbeit, die ich bei den dortigen Studenten durchführte, um den wissenschaftlichen Wert meiner Methode zur Handinterpretation zu testen. Ich arbeitete diesmal unter „Labor-Bedingungen". Die Versuchspersonen waren vor mir durch einen dicken Vorhang verborgen, und ich bekam nur ihre Hände zu Gesicht, die sie mir durch ein Loch im Vorhang entgegenstreckten. Die Ergebnisse dieser Forschung waren ermutigend und wurden im „British Journal of Medical Psychology" veröffentlicht. Dr. Stephenson nahm großen Anteil an meiner Arbeit, auch noch, als er Assistent des Direktors am Institut für Experimentelle Psychologie an der Universität Oxford wurde. Durch seine Vermittlung konnte ich die gleichen Untersuchungen noch einmal an Studenten in Oxford durchführen. Alle paar Wochen fuhr ich dorthin und übernachtete bei der Familie Stephenson. Ich hatte mich mit William Stephenson angefreundet. Dieser herbe, rothaarige, aus Yorkshire stammende Mann, war von ungezügeltem Temperament: impulsiv, großzügig und unnachsichtig gegenüber Dummköpfen. Er hatte sich vorgenommen, mir zu helfen, wo er nur konnte, denn ihm war – wie er mir eines Tages gestand – einmal von einem Menschen meiner Rasse sehr geholfen worden. Seine Meinung über meine Arbeit drückte er sehr deutlich aus in dem Vorwort zu meinem Buch „The Human Hand".

Gleichzeitig mit meinen Forschungen an den Universitäten London und Oxford führte ich umfangreiche Untersuchungen an den Händen von Geisteskranken im St. Lawrence Hospital in Caterham durch. Insgesamt waren es 2000 Patienten, die ich innerhalb von vier Jahren bei meinen wöchentlichen Besuchen untersuchte. Meine vorhergehenden Forschungsarbeiten bei Professor Wallon waren eine ausgezeichnete Empfehlung für den damaligen Krankenhausdirektor Dr. Earle. Er und seine Assistenten unterstützten bald meine Forschungen nicht nur, sondern waren auch von deren Inhalt zunehmend fasziniert. Später beteiligte sich einer der Ärzte, Dr. Rollin, an der schriftlichen Zusammenfassung einiger meiner Ergebnisse. Ich lernte auf diese Weise eine ganze Menge über die Hände von Geisteskranken und psychotischen Patienten. Im Juni 1941 wurde ich gebeten, als Vertretung im Hospital einzuspringen,und obwohl ich mich vor einer Rückkehr zu medizinischer Verantwortung fürchtete, akzeptierte ich stolz. Aufgrund dieses Kriegsdienstes setzte man mich auf die provisorische Liste ärztlicher Praktiker.

Mein brauner deutscher Paß lief Ende Mai 1938 aus, und mir blieb nichts anderes übrig, als die deutsche Botschaft aufzusuchen, um ihn verlängern zu lassen. Einer meiner Freunde begleitete mich bei diesem unangenehmen Gang. Wir setzten uns zwischen die zahlreichen niedergeschlagenen Frauen und Männer, von denen die meisten es haßten, Deutsche zu sein. Mein Paß wurde tatsächlich um ein Jahr verlängert, aber ich fühlte mich von der Behandlung in der Botschaft derart gedemütigt und deprimiert, daß ich es vorzog, in Zukunft staatenlos zu sein, anstatt die falsche Nationalität zu haben. Ich legte die deutsche Staatsbürgerschaft ab und schaffte es, mir einen Nansen-Paß zu besorgen. Dieses Dokument und die dauerhafte Aufenthaltsgenehmigung in England befreiten mich von der Furcht, eines Tages davongejagt zu werden. Jetzt hatte ich eine sicherere Grundlage für die Zukunft, aber immer noch mußte ich an zwei Fronten gleichzeitig kämpfen. Doch auf einen Glückstreffer folgen meistens noch weitere! – was den alten Aberglauben bestätigt, nach dem „aller guten Dinge drei" sind. Eine meiner Klientinnen, die mich in meiner kleinen Wohnung nahe Notting Hill Gate besuchten, war Esther, eine grauhaarige englische Lady deutscher Abstammung, die sich in Santa Fé niedergelassen hatte. Ich wäre nie auf die Idee gekommen, daß sie der Mensch sein könne, der meinem Leben wieder einmal eine neue Wende verleihen würde. Nachdem sie mich ein paarmal beruflich konsultiert hatte, sandte sie mir eines Tages einen Scheck über 100 Pfund und bat mich, dies als herzlich gemeintes Geschenk anzunehmen. Sie stellte mich ihren Freunden vor, unter denen sich auch Anne und Margaret Tennant befanden. Esther war ein Tweed-tragendes älteres Fräulein und schon in den 60ern, als wir uns trafen. Ihre großen Augen mit dem ständig verzweifelten Ausdruck hatten schon zu viel Elend bei ihren nächsten Verwandten gesehen. Sie hatte versucht, dem allen zu entkommen, indem sie nach China ging und dort als Goldschmiedin arbeitete. Mit ihrer erfinderischen Begabung und ihrem sicheren Geschmack wurde sie bald zur Expertin in der Herstellung von Schmuckstücken aus Halbedelsteinen. Museen interessierten sich für ihre Arbeiten und kauften ihren Schmuck. Einige Mitglieder ihrer Familie lebten noch immer in Deutschland. Vielleicht war es ihre Abstammung, die eine Erklärung bot für ihre Großzügigkeit, die sie mir gegenüber an den Tag legte. Sie bestand darauf, daß ich von ihr ein Stipendium über 100 Pfund im Jahr, zuzüglich eines Betrages für meine Lebensunterhaltskosten, annehmen sollte.

Außerdem überredete sie ihre Freundin Anne Tennant, meinetwegen eine Maisonette-Wohnung in der Tregunter Road zu kaufen. Und so richtete ich mich im Dezember 1938 in meinen eigenen zwei Zimmern häuslich ein. Zu diesem Zeitpunkt war Esther bereits nach Santa Fé zurückgekehrt. Ich mochte sie gern, fühlte mich aber nicht emotional zu ihr hingezogen. Sie habe nie geheiratet, weil niemand sie mochte, erklärte sie mir. Ich war mir sicher, daß sie nicht heiraten wollte, denn sie konnte mit niemandem zusammenleben, und daran war ihre seelische Verfassung schuld. Sie war zutiefst depressiv und konnte die Verantwortlichkeiten einer „gepaarten" Existenz nicht ertragen.

Anne Tennant, genannt Nan, hatte mit dem Alter keineswegs ihren Appetit auf Vergnügungen eingebüßt. Sie konnte sich wie ein Chamäleon verwandeln: von einer Grande Dame in einen knabenhaften Typ, in eine Hausfrau, je nach Belieben. Ihr schmaler kleiner Kopf erinnerte an einen Windhund, und das Gleiche galt für ihren Gang. Nur ihre Hände paßten nicht zu ihrer rassigen Erscheinung. Sie hatte die großen, fast klobigen Hände eines Mannes. Nans Augen waren vielleicht das Schönste an ihr. Es waren leicht hervortretende hellblaue Augen, die wie Glasmurmeln aussahen. Sie war vielgeliebt und liebte viele. Ihr beträchtlicher Sinn für Humor und ihre Intelligenz stellten sie immer in den Mittelpunkt der Aufmerksamkeit. Ihre Eltern waren sehr religiös und lebten in liberaler Tradition. Entsprechend hatten sie Nan erzogen, die – wie es bei den wohlhabenden Familien der Viktorianischen Ära üblich war – weite Reisen unternahm und fließend Französisch und Deutsch sprach. Niemals wurde Nan ihr Pflichtgefühl und ihre unterschwelligen Schuldgefühle über Vergnügungen los. Sie schien fest in einem Verhaltenskodex verankert zu sein, nach dem „Adel verpflichtet".

Ein Fremder ohne Nationalität zu sein, war während des Krieges eher von Vorteil. Ich konnte mich freier bewegen als viele andere Flüchtlinge, mußte jedoch jedesmal eine polizeiliche Erlaubnis einholen, wenn ich Groß-London verlassen wollte. Eines Tages saß ich mit Nan vor dem Radio und hörte die Rede Chamberlains, daß Großbritannien Deutschland den Krieg erklärt hatte. Nan weinte, nicht nur um ihr Land, sondern auch um ihre Freunde in Deutschland. Wenn ich in diesem Augenblick überhaupt etwas empfand, dann eher Hoffnung als Verzweiflung. Mein Glaube an die britische Unbesiegbarkeit war ungebrochen, und ich dachte, ein solcher Krieg könnte Hitler ein Ende setzen. Zwar war ich mir der Tatsache bewußt, eine Fremde in Großbritannien zu sein, doch hatte ich keine Angst vor einer deutschen Invasion und fühlte mich infolgedessen auch nicht in Lebensgefahr.

Meine Lebensumstände veränderten sich in der Folgezeit gleichzeitig zum Guten und zum Schlechten. Im Sommer 1940 zog sich Nan in ihr kleines Haus in Suffolk zurück, kam aber häufig auf Besuch nach London und fuhr fort, das schlechte Englisch des Manuskripts von „The Human Hand“ in gutes Englisch zu übersetzen. Ich hatte gehofft, daß unsere Zusammenarbeit uns auch persönlich einander näherbringen würde. Ich liebte es, sie in meiner Gegenwart zu wissen und war davon überzeugt, daß sie meine Gefühle erwiderte. Ich muß blind gewesen sein wie eine Fledermaus. Tatsächlich zog sie sich immer mehr von mir zurück. Nach ihrer Abreise verwandelte sich das Haus, in dem ich wohnte, in eine Art Pension, deren Bewohner – strikte Engländer – den Flüchtling in ihrer Mitte als eine Last empfanden.

Nachdem ich meine Arbeit am St. Lawrence-Hospital in Caterham abgeschlossen hatte, begann ich mit umfangreichen Untersuchungen an psychotischen Patienten am St. Bernhard Hospital in Southhall und an der Endokrinologie-Klinik am Willesden General Hospital. Ich brauchte mich nie über die willige Kooperation, ja sogar das besondere Interesse der Ärzte und Schwestern zu beklagen. Ich wurde immer wie eine Kollegin behandelt, häufig sogar wie eine Freundin. Da ich mir bereits durch die Veröffentlichung mehrerer Artikel in wissenschaftlichen Zeitschriften einen gewissen Namen gemacht hatte, war ich jetzt auf dem besten Wege, als Forscherin, die in ihrem Arbeitsgebiet Pionierarbeit leistete, anerkannt zu werden. Aufgrund meiner Arbeit am University College in London und an verschiedenen Krankenhäusern verlieh man mir 1941 die Ehrenmitgliedschaft in der British Psychological Society. Bereits zwei Jahre vorher hatte ich damit begonnen, die Ergebnisse meiner Untersuchungen zu einem verständlichen Ganzen zu ordnen, woraus das Buch „The Human Hand“ entstand.

Die Jahre meiner wissenschaftlichen Forschungsarbeit waren eine Zeit zahlreicher Entdeckungen. Sie waren Glanzlichter, die mich gelegentlich in einen Zustand der Ekstase versetzten, und ich war geradezu dankbar, ein kreatives Abenteuer erleben zu dürfen, durch das ich das menschliche Wissen bereichern konnte. Es waren die gleichen glänzenden und befriedigenden Augenblicke wie bei der Geburt eines Gedichtes. Es gab in England entschieden mehr Gelegenheiten, den Horizont meiner Forschungsarbeit zu erweitern als in Frankreich, und ich hatte das Gefühl, daß das Schicksal mich zum richtigen Zeitpunkt an den richtigen Ort geführt hatte.

Während mir in der einen Hälfte meines Lebens die „Sterne" freundlich zulächelten, schwebten über der anderen Wolken des Mißgeschicks. Nan hatte mir ihre Fürsorge entzogen und sie zwei jungen Männern, ebenfalls Flüchtlingen aus dem Nazideutschland, geschenkt. Und als wäre dies nicht genug, gab sie 1941 ihre Maisonnette in der Tregunter Road auf und vermietete die Etage über mir. Die neuen Mieter befanden sich kurz vor der Scheidung, und das ganze Haus hallte wieder von ihren ständigen Streitereien. Durch ihr Schreien und Türenschlagen war es mit meinem häuslichen Frieden vorbei, und dieser Verlust traf mich mehr als der Verlust des Friedens in Europa. Ich brauchte ein Rettungsboot und kein Floß, um mich vor der Sturmflut täglicher Störungen in Sicherheit zu bringen. Mein Stoßgebet nach einer Lösung dieses Dilemmas wurde auf eine unerwartete Weise erhört. Allan White, damals der Geschäftsführer des Verlages Methuen und Co., willigte ein, „The Human Hand" zu veröffentlichen. In ihm fand ich Unterstützung in meiner Arbeit und einen neuen Freund. Ich wurde von ihm, seiner Frau und seinen beiden kleinen Söhnen sozusagen als fünftes Familienmitglied aufgenommen. Bei ihnen fand ich die „Nische", die mir dabei half, den Bruch mit Nan besser zu verwinden.

Nachdem „The Human Hand" 1942 auf dem Markt war, wurde unser Kontakt noch enger. Das Echo auf mein Buch war groß, und Allan White, der mich „entdeckt" hatte, fühlte sich durch diesen Erfolg bestätigt. Es schien paradox, daß ausgerechnet die Kriegsjahre für meinen beruflichen Fortschritt besonders günstig waren. Die Reaktion auf „The Human Hand" veranlaßte den Verlag, ein weiteres Buch bereits von vornherein zu akzeptieren, für das ich bereits das Material zusammengestellt hatte. Ich hatte die expressiven Bewegungen psychotischer Patienten während ihrer Mahlzeiten und bei der Beschäftigungstherapie beobachtet – als mein Hauptaugenmerk noch bei der Untersuchung der Hände lag –, und diese Beobachtungen bildeten den empirischen Teil meiner nächsten Arbeit, „A Psychology of Gesture". Dieses Buch erschien 1945. Nun hatte ich zwei Trumpfkarten in der Hand. Ein Schicksalsmuster ganz ähnlich dem der frühen 20er Jahre wiederholte sich für mich. Als Deutschland unter der Hyperinflation zu leiden hatte, genoß ich die schönste Zeit meines Lebens, und jetzt, in Englands schwierigsten Jahren, segelte ich wieder auf den Wogen des Erfolges, als Forscherin und Autorin. Ich fühlte mich vom Schicksal begünstigt und war dem Land Großbritannien dankbar. Die Art, wie hier dem Individuum unter allen Umständen persönliche Freiheit eingeräumt wurde, sogar zu Zeiten eines Krieges, war für mich ein Zeichen seiner moralischen Überlegenheit. Während in meiner Nähe die Bomben fielen und ich von meinen Beschützern verlassen war, hatte ich gleichzeitig einen beruflichen Höhepunkt erreicht, obwohl mein Privatleben dahinter traurig zurückblieb – eine Diskrepanz, die zu allen Zeiten Künstlern und Wissenschaftlern nur allzu vertraut ist.

Niemand kann behaupten zu wissen, was Realität ist oder die Gründe für den Erfolg oder Mißerfolg menschlicher Beziehungen zu kennen. Große Geister wie Walter Benjamin erkannten dieses Dilemma bereits vor über 60 Jahren. Benjamin hatte ganz richtig gesehen, daß die Surrealisten der Lösung dieses Problems noch am nächsten gekommen waren. Sie füllten alten Wein in neue Schläuche, als sie neue Vorstellungen und Bilder aus der uralten Weisheit unbewußter Kräfte gewannen. Sie erkannten, daß die „Realität" das fehlende Bindeglied zwischenmenschlicher Beziehungen ist, und sie näherten sich der Lösung des Problems, indem sie ein Leben ohne Rollenspiel und vorgefaßte Meinungen propagierten – und lebten. Die Surrealisten bestanden darauf, daß man die Welt des Menschen genau so gut aufrecht wie auf den Kopf gestellt betrachten kann, und daß das Absurde einen besseren Zugang zur „Wirklichkeit" liefern kann als Logik und Rationalität, Freiheit war ihrer

Vorstellung nach unverdorben von vergangenen oder gegenwärtigen sozialen Verhaltensregeln. Und diese absolute Freiheit verstanden sie als Realität. Sie erkannten, daß die Imagination ihre erste und einzige Grundlage ist.

Das Ansehen einer Nation ist in den Augen ihrer Mitglieder und anderer Nationen festgelegt. Und mit der Zeit wird es zum Stereotyp von weitreichender Bedeutung und geringem Wahrheitsgehalt. In den letzten 50 Jahren ist die Macht eines solchen Images durch die Macht der Medien – vor allem Fernsehen und Radio – verstärkt worden. „Ein Image haben" gehört zu den Schlagworten, die die Unwirklichkeit charakterisieren, in der unsere Gesellschaft verfangen ist. Wir sind weiter denn je davon entfernt, einen Blick auf die Realität zu erhaschen, was uns hätte gelingen können, wenn wir mehr über die Kluft zwischen der Künstlichkeit von Stereotypen und der Spontaneität von Wahrheit nachgedacht hätten.

Ich hatte mich von einem Image der Engländer einnehmen lassen, das ich teilweise selbst erfunden, teilweise aus traditionellen Vorstellungen bezogen hatte. Anlaß dafür war mein physisches Bedürfnis zu überleben und das emotionale Bedürfnis nach Liebe. Es dauerte lange, bis ich es korrigieren konnte. Ich hatte zuviel Wert auf dieses Image gelegt, das mir eine glanzvolle Umgebung vermittelte, und hatte mich hypnotisieren lassen von einer Illusion, die mein Selbstbild verschleierte. Das Verhalten eines Menschen hängt ab von seinem Selbstbild, und meines war falsch. Scharfsinn und Intelligenz waren alles, worauf ich mich verlassen und mein Leben aufbauen konnte. Ich identifizierte mich selbst zwar als Jüdin, doch hatte ich kein jüdisches Kollektiv, zu dem ich mich hinwenden konnte. Und so blieb ich eine Außenseiterin.

Das kollektive Selbstbild der britischen Bevölkerung hat seine Wurzeln in einem aristokratischen Konzept. Die Aristokratie regierte die Vergangenheit des Landes, und obwohl diese hart und ungerecht vielen Bewohnern gegenüber gewesen ist, hat sie das Land groß gemacht. Dies ist niemals in Vergessenheit geraten. Das aristokratische Selbstbild – so stereotyp es auch sein mag – ist immer noch lebendig, auch wenn einem gegenteilige Fakten ins Auge springen. In der Vergangenheit konnten Aristokraten ungehindert und furchtlos sie selbst sein. Immer noch wird Authentizität als die erstrebenswerteste menschliche Eigenschaft geschätzt, doch sie wurde inzwischen zu einer romantischen Attitüde reduziert, statt Teil eines Verhaltenskodex' zu sein. Diese Vorstellungen von Authentizität haben den Zynismus der Sozialisten und die Ausschreitungen der Faschisten überstanden. Das mächtige aristokratische Selbstbild hat die grundlegenden sozialen Veränderungen überlebt. Seine die Zeiten überdauernde Präsenz bietet möglicherweise für Großbritannien die einzige Chance, sich vor dem drohenden Totalitarismus mit seiner Unmenschlichkeit und Nichtachtung der Freiheit des einzelnen zu retten.

Die meisten meiner frühen Kontakte mit der britischen Bevölkerung entstanden mit Mitgliedern der Aristokratie und der gehobenen Bourgeoisie. Sie spiegelten das „englische Image" *authentischer* wider als die übrige Bevölkerung. Und doch hatte sich ihr Verhalten der Ungewißheit des Landesschicksals angepaßt und brachte den negativen Aspekt einer früheren Überlegenheit zum Vorschein, nämlich einen ausgesprochenen Narzißmus. Doch ihre christliche Religiosität ließ sie bestimmte soziale Verpflichtungen eingehen, von denen sie sich allerdings sehr schnell verabschiedeten, wenn ihr Narzißmus in Gefahr war. Während des Krieges fand ich eine ganz andere Gemeinschaft als zuvor. Es waren Menschen der „unteren Klassen". Der Metzger, der Lebensmittelhändler, der Bäcker, sie alle schenkten mir zu dieser Zeit ihre Gunst. Wie oft bekam ich, ohne zu fragen, die besten Stücke Fleisch, immer etwas mehr Butter und eine doppelte Ration Brot! Mein Umzug von der obersten zur untersten Etage des Lebens – im wörtlichen wie im übertragenen Sinne – war ein glücklicher. Ich war gezwungen, meine Nächte im Kellergeschoß des Hauses zu verbringen, gemeinsam mit den Angestellten der abwesenden Besitzer, die bei deren Flucht aufs Land zurückgeblieben waren.

Wir bildeten eine fröhliche Gemeinschaft. Daß ich ein Flüchtling aus Deutschland war, schien vergessen. Ihr Humor, ihre Sensibilität und Rücksichtnahme waren mir mehr als ein Ausgleich dafür, daß ich jetzt getrennt von den Menschen lebte, die ich für meine Freunde gehalten hatte. Die vielen Stunden, die ich wach im Schlafraum des Kellers verbrachte, inspirierten mich dazu, ein neues Unternehmen zu beginnen: Ich übersetzte Shelleys „Ode to a Nightingale“ und andere seiner Gedichte ins Deutsche. In dieser Zeit wurden Kellerräume zum Bestandteil meines Lebens, und das nicht nur nachts, denn Sophie, eine jüdische Bekannte aus der Nachbarschaft, von Beruf Näherin, lud mich jede Woche in ihre Kellerwohnung ein. Dort gab es immer etwas zu essen und – zu lachen. In ihrer Gegenwart konnte ich mich wirklich entspannen.

Doch dann gab es Gesichter und Stimmen, die einen ganz anderen Charakter hatten. Menschen auf der Straße oder in Geschäften, die mich entweder als Deutsche oder als Jüdin beleidigten. Antideutsche Bemerkungen ließen mich kalt, doch antisemitische verletzten mich zutiefst. Als ich eines Tages von einem Antisemiten fast körperlich attackiert wurde, war ich anschließend so verzweifelt, daß ich mich während der nächsten Tage nicht aus dem Haus wagte. Am Ende befahl mir mein Unbewußtes, meinen Gefühlen nachzugeben, weil ich unfähig war, mit ihnen fertig zu werden. Und ich werde niemals vergessen, daß ich plötzlich anfing zu beten, und ich überantwortete mein Problem einer wie auch immer gearteten höheren Macht. Ich sagte in meinem Gebet: „Ich übergebe dies einem ‚höheren Gericht'.“ Von diesem Tag an war ich frei. Die Erlösung kam sofort, und ihre Auswirkung spüre ich noch heute.

Mein Entritt in das Leben „unter der Treppe“ war eine willkommene Veränderung, die auch meine Lebensweise verwandelte. Endlich war ich mit Menschen des englischen *Volkes* in Berührung gekommen. Meine Zuneigung zu meinen neuen Freunden ging so weit, daß ich sie auch in der Zeit besuchte, als ich im St. Lawrence Hospital als ärztliche Vertretung arbeitete, und die Fahrten von Caterham nach London und zurück waren nicht gerade einfach zu bewerkstelligen.

Im zweiten Kriegsjahr lief Esthers Stipendium aus, und ich mußte mir wieder selbst meinen Lebensunterhalt verdienen. Obwohl Nan keine Miete von mir nehmen wollte, war meine finanzielle Situation immer noch zu ungeklärt, als daß ich mich hätte sicher fühlen können. Und als staatenlose Person befand ich mich nach wie vor in einer gefährlichen Lage. Die letzten beiden Kriegsjahre verbrachte ich damit, Schutzräume aufzusuchen, mir zu gratulieren, daß ich nicht von Hitlers Raketen getroffen wurde, und mit meiner Arbeit. Das Gefühl zu überleben ging einher mit der Befriedigung, die mir die Kameradschaft und Solidarität mit meinen Nachbarn verschaffte. Die Tantiemen aus „The Human Hand" und die Honorare der Klienten hielten mich finanziell über Wasser.

Den Siegestag am siebten Mai 1945 verschlief ich. Der Anbruch des Friedens schien mich nicht sonderlich zu interessieren, doch das Gefühl, wieder in meinem eigenen Bett schlafen zu können, war wunderbar. Doch bald wachte ich auf und stellte fest, daß sich mit Kriegsende die Zeiten geändert hatten, und mir die Zukunft offen stand. Ich konnte ins Ausland reisen, Paris wiedersehen – vorausgesetzt ich verschaffte mir einen britischen Paß. Ich füllte einen entsprechenden Antrag aus, und im Mai 1947 erhielt ich das kostbare Dokument, das mich zur Bürgerin dieses Staates erklärte. Bald darauf stellte man mir einen Paß aus, und am ersten Juli unternahm ich eine nostalgische Reise nach Paris.

Ich ging als Überlebende dorthin, voller ängstlicher Erwartungen. Wie würde Paris aussehen, diese Stadt, die ich so geliebt hatte? Würde ich einige – vielleicht alle – meiner Freunde wiederfinden? Böse Vorahnungen vor meiner Abreise schienen meine Befürchtungen zu bestätigen, daß ich enttäuscht werden könnte. Drei Tage vor der Abreise wurde ich krank, doch ich wollte sie nicht verschieben aus Angst, ich würde dann vielleicht überhaupt nicht mehr fahren. Ich hatte mich immer davor gefürchtet, einen einmal verlassenen Ort wieder aufzusuchen oder Termine zu verschieben. Ich versuchte, meine Phobie vor der Reise zu rationalisieren und den Schock gedanklich vorwegzunehmen, den das Paris nach der Okkupation bei mir auslösen könnte. Ich stellte fest, daß die Wurzeln meiner Furcht in der Tatsache lagen, daß ich diesem Besuch von Paris zuviel Bedeutung beimaß. Ganz sicher würde ich Professor Wallon treffen, denn er hatte mir unmittelbar nach Kriegsende geschrieben und mir vorgeschlagen, ihn sobald wie möglich zu besuchen. Er hatte erwähnt, daß er eine neue psychologische Zeitschrift mit dem Titel „Enfance" herausgeben würde und mich gebeten, einen Beitrag dafür zu schreiben. Er versicherte mir, auch im Namen seiner Frau, daß ich bei ihnen stets herzlich willkommen war. Dieses Angebot beruflicher Zusammenarbeit gab mir einen neuen Ansporn für die Zukunft. Ich hatte nach der richtigen Ermutigung und Fürsorge gehungert. Nicht, daß es mir in England an beidem mangelte, doch Wallon und seine Frau brachten für mich die fürsorgliche Freundschaft und berufliche Wertschätzung auf, die mich im wahrsten Sinne des Wortes wieder auf die Füße brachten und mir ein Gefühl des „Gleichgewichtes" verschafften.

Viele Freundschaften, die ich in England geschlossen hatte, waren von Anfang an verdorben dadurch, daß meine Arbeit immer den Unterton des Sensationellen hatte. Außer während der Kriegsjahre war es nur selten möglich, meine Maske abzulegen. All dies ging mir durch den Kopf, während der Nächte, die ich krank und fiebernd dalag, aber fest entschlossen war, die Reise anzutreten. Ich hatte mir einen Wagen bestellt, der mich zur Victoria Station bringen sollte. Doch er kam nicht zur vereinbarten Zeit. Angsterfüllt wartete ich einige Minuten, dann nahm ich meinen Koffer und rannte auf die Straße. Ich weiß nicht mehr, ob ich ein Taxi nahm, oder den Bus, auf jeden Fall erreichte ich in letzter Minute, nach Atem ringend, den Zug.

Und wieder einmal kam ich am Gare du Nord an. Niemand wartete auf mich – doch ich war wieder in Paris. Ich ging zum Hôtel du Quai Voltaire, das immer noch stand, allerdings ein wenig mitgenommen aussah. Doch der Besitzer und das Personal hatten gewechselt. Die Seine, der Louvre, das Bistro an der Ecke der Rue Bonaparte begrüßten mich wieder einmal. Im Nu kannte ich mich wieder aus. Doch Paris war nur noch ein Schatten seiner selbst. Die Stadt hatte überlebt, doch keine Hand war damit beschäftigt, die traurig aussehenden, manchmal zerfallenden Häuser zu reparieren oder anzustreichen, denen der Staub der Nazivergangenheit immer noch in den Ritzen hing, Paris hatte noch nicht wieder zu sich selbst gefunden. Hatten meine jüdischen Freunde überlebt? Bis dahin hatte ich noch nicht zu fragen gewagt, aber nach einem oder zwei Tagen rief ich in Baladines Wohnung in der Rue du Canivet an. Pierre nahm den Höher ab. Baladine sei wohlauf und hätte mich schrecklich vermißt. Während des Krieges war sie zu Freunden in die Dordogne geflüchtet und gerade jetzt sei sie in Paris auf Urlaub. Er lud mich ein, seine Frau kennenzulernen, die ein deutsches Konzentrationslager überlebt hatte. Die beiden waren – abgesehen von Wallons – die einzigen Menschen, die ich während dieses Aufenthaltes in Paris traf. Pierre sah noch aus wie früher, doch er hatte seinen Lebensstil geändert. Aus dem Atheisten war ein glühender Christ geworden. Er gehörte zu den französischen Intellektuellen gemischtnationaler Herkunft, die unmittelbar nach dem Krieg mit deutschen Pastoren Kontakt aufnahmen, um einen Dialog zwischen den beiden Ländern herbeizuführen. Er war gut für die Aufgaben eines Verbindungsoffiziers, der die Aufgabe hatte, die Wunden auf beiden Seiten zu heilen, gerüstet. Seine Mutter Baladine war eine deutsche Jüdin, sein Vater ein polnischer Aristokrat, Pierre selbst von Geburt Franzose. Seine jüdische Frau war ausgebildete Sozialarbeiterin. Sie stimmte mit seinen Ideen einer Völkerverständigung überein, trotz ihrer eigenen Leiden im Konzentrationslager. Der Abend mit ihnen gab mir die Antwort auf mein Gefühl, im Paris des Jahres 1947 eine Fremde zu sein. Es gibt einen enormen Unterschied zwischen der tatsächlichen und der nur vorgestellten Erfahrung der Verfolgung. Das britische Volk wußte nichts über die *tatsächliche* Nazi-Brutalität, trotz der Verwüstungen durch Bomben, unter denen es zu leiden hatte. Es gab einen Unterschied zwischen den Gesichtern von Pierre und Denise – und anderen französischen Gesichtern. Im Café de Flore bediente ein Kellner, den ich schon in den 30er Jahren kannte, und der sich jetzt – stark gealtert – ein Lächeln abrang. Er wirkte auf mich wie ein Heimkehrer, und genau so ging es ihm wahrscheinlich mit mir – zwei Überlebende trafen sich wieder. Ich sah in seinen Augen, daß es ihn tröstete, jemanden zu treffen, der fortgegangen war, bevor das Entsetzliche geschah, und der nun zurückgekehrt war. Seine Gegenwart ließ das Café de Flore neu auf mich wirken. Die wenigen Gäste lasen Zeitung, eilten zum Telefon, rauchten Gauloises, tranken Kaffee, wie sie es immer getan hatten. All dies war tröstlich, denn es war mir vertraut. Und ich sah mich um ohne das Gefühl, mich in einem Niemandsland zu befinden. Dann besuchte ich meinen ehemaligen Lieblingsbuchladen, voller Hoffnung, auch dort mein altes Paris wiederzufinden. Er befand sich immer noch in der Rue de l'Odéon, und wie früher stand seine Tür offen. War es Sylvia Beach, die mich bediente, oder war sie es nicht? Ich wußte es nicht. Wir hatten uns dort getroffen, doch es gab kein Anzeichen, daß sie mich erkannte und umgekehrt – am Ende war es jemand anderes? Das unheimliche Gefühl, auf unsicherem Grund zu stehen, ergriff wieder von mir Besitz. In diesem Augenblick faßte ich den Entschluß, Paris sofort zu verlassen, nachdem ich die Wallons besucht hatte. Ich war mir sogar im Unklaren, ob ich mich überhaupt mit ihnen treffen sollte, so unsicher fühlte ich mich, es dauerte drei Tage bevor ich sie anrief.

Meine Bestürzung war nicht der einzige Grund für mein Zögern. Ich hatte auch ein vage Erwartung, daß ich hier Dr. Earle aus Birmingham treffen würde. Er bewunderte Professor Wallon sehr, dessen Empfehlungsschreiben für meinen herzlichen Empfang im St. Lawrence-Hospital gesorgt hatte. Als Dr. Earle die Stelle wechselte, lud er mich ein, ich solle mich, wann immer ich wollte, frei fühlen, meine Forschung in der Monyhull Colony fortzusetzen, deren Direktor er wurde. Und kurz nach dem Krieg ging ich dorthin. Meine Zeit dort in einem Heim für geistig behinderte Kinder brachte mir mehr als nur beruflichen Nutzen, sie stärkte auch meine Freundschaft zu Dr. Earle. Dieser temperamentvolle Ire, der nie einen Hehl aus seiner Meinung machte, duldete weder Nachlässigkeit noch Ungerechtigkeit bei seinen Angestellten oder seitens der Behörden, und konnte Berge versetzen, um das zu bekommen, was er brauchte. Er entstammte einer katholischen Familie und war praktizierender, aber kein gläubiger Christ. Sein Geist schimmerte wie ein vielfarbiges Kaleidoskop. Man konnte immer gespannt darauf sein, welche Farbe einem als nächstes vor den Augen erscheinen und genau so schnell wieder verschwinden würde. Ebenso waren seine Stimmungen und seine Interessen. Er war einer der besten Psychater, die ich je getroffen habe, doch seine große Leidenschaft galt der Poesie. Wenn er ein Gedicht rezitierte, dann kam es einem vor, als hätte er es selbst geschrieben.

Das Wort Magnetismus hat durch seinen häufigen Gebrauch viel von seiner ursprünglichen Bedeutung verloren, doch es konnte auf diesen seltsamen Mann voll und ganz angewendet werden. Obwohl oder weil er so viel Konflikte mit sich selbst hatte, besaß er nicht nur ein großes Einfühlungsvermögen für seine Patienten und Freunde, sondern war auch ein begnadeter Hypnotiseur. Von ihm lernte ich die Technik der Hypnose, so weit man sie lernen kann. Seine Sensibilität und intuitives Verständnis – Eigenschaften, die man normalerweise mit dem weiblichen Geschlecht verbindet – machten ihn zu einem geborenen „Heiler". Er hatte eine androgyne Mentalität und war homosexuell. Dr. Earle konnte ein brillanter Schauspieler sein, aber er brachte dies nie in seinen Beziehungen zur Anwendung. Er verhielt sich jedem gegenüber authentisch, seien es Patienten oder Freunde, Intellektuelle oder geistig behinderte Menschen.

Dr. Earle kam niemals jemandem zu nahe. Er drückte seine Gefühle durch Andeutungen und Taten aus, und das machte seine Gegenwart so angenehm. Ich wußte um seine Homosexualität und er um meine Neigung. Wir brauchten nicht darüber zu reden. Er unterstützte meine Arbeit sehr. In seiner eigenen Tätigkeit bezog er sich auf Wallons Arbeiten, die seiner Ansicht nach von gleicher Qualität waren wie die von Piaget. Und er hatte mir gegenüber den Wunsch geäußert, ihn eines Tages kennenzulernen. Meine Arbeit mit Dr. Earle hatte ich bereits in einem Brief an Professor Wallon erwähnt. Mir kam der Gedanke, daß ich dabei behilflich sein könnte, die beiden während meines Besuches in Paris zusammenzuführen. Als ich Dr. Earle gegenüber den Plan erwähnte, lächelte er mir begeistert zu und dankte mir, als hätte ich ihm ein kostbares Geschenk bereitet.

Zwei Tage, nachdem ich zum ersten Mal seit neun Jahren wieder französischen Boden betreten hatte, kam auch er in Paris an, und seine Gegenwart half mir dabei, die Stadt während meines Aufenthaltes mit freundlicheren Augen zu sehen. Außerdem erleichterte er mir die Wiederbegegnung mit den Wallons, vor der ich mich etwas gefürchtet hatte.

Die Wallons in dem von den Nazis besetzten Paris zu wissen, hatte mich mit Schrecken erfüllt. Er war ein Sympathisant der Kommunisten und hatte die spanischen Revolutionäre während des Bürgerkrieges besucht. Ich hatte um sein und Germaines Leben gefürchtet und gehofft, daß sie aus der Stadt geflohen waren. Meine einzige Frage an Wallon über die Kriegsjahre und die Besatzungszeit lautete: „Ist es Ihnen gut gegangen?" Worauf er seine Hände betrachtete und schroff antwortete: „Wir sind sehr beschäftigt gewesen." Damit wußte ich, daß ich das Thema nicht mehr anschneiden sollte. Ich kann mich nicht mehr genau an die Ereignisse dieses Abends erinnern, nur an die Atmosphäre. Wir waren aufgeregt wie Menschen, die sich wiederbegegnen, obwohl sie es vorher nicht zu hoffen gewagt hatten. Ich fand etwas Kostbares wieder, das ich so leicht hätte verlieren können. Als wir uns verabschiedeten, sagte Professor Wallon zu mir: „Ich würde mich sehr freuen, wenn Sie einen Vortrag über die Fortschritte Ihrer Forschung an der École des Hautes Études halten würden, sobald Sie Paris wieder besuchen können." Obwohl er mich schon vorher eingeladen hatte, einen Beitrag für die Zeitschrift „Enfance, Revue Bio-Psychologique" zu schreiben, war die Einladung zu einem Vortrag doch eine besondere Auszeichnung. Ich war stolz, ermutigt und fühlte mich darin bestätigt, daß die alte Verbindung, die mich zurück nach Paris geführt hatte, verstärkt werden würde.

Professor Wallon hatte mir nichts über seine Aktivitäten während der Besatzungszeit durch die Nazis erzählt, später erfuhr ich jedoch, daß er der Koordinator der Résistance an allen französischen Universitäten – und sogar für kurze Zeit unmittelbar nach der Befreiung von Paris Innenminister gewesen war.

Dr. Earle und ich kehrten zusammen nach England zurück. Jeder von uns hatte dem anderen auf unterschiedliche Weise Paris zum Leben erweckt, wir waren uns gegenseitig dankbar dafür und teilten unsere Freude, daß uns Frankreich wieder offen stand.

1947 war für mich, alles in allem, ein sehr gutes Jahr. Mein Artikel „The Hand of the Mental Defective" (Die Hand der Geisteskranken) war im „British Journal of Medical Psychology" erschienen, aber das Beste war Wallons Einladung, an der École des Hautes Études zu sprechen. Mir lag besonders viel daran, daß meine Arbeit in Universitätskreisen anerkannt wurde. Keine britische Universität hatte mir bis dahin eine solche Ehre zuteil werden lassen. Es ist kein Geheimnis, daß die Professoren an englischen Universitäten immer sehr lange brauchen, um neue, ungewöhnliche Ideen zu akzeptieren. Doch ich verübelte ihnen ihre Reserviertheit meiner Arbeit gegenüber.

Dr. Earle und ich gingen nach unserer Ankunft an der Victoria Station getrennte Wege. Ich hatte keine Lust, gleich in meine Wohnung in der Tregunter Road zurückzukehren und ging direkt zu meiner Freundin, der Näherin Sophie. Sie war nicht überrascht, als ich mit meinem Gepäck vor ihrer Tür auftauchte, im Gegenteil: Sie freute sich, daß ich gekommen war. Sie machte mir etwas zu essen und lud mich ein, bei ihr zu übernachten, aber ich war entschlossen, zu mir nach Hause – wenn auch ungern – zurückzukehren. Ich zögerte jedoch bis spät in die Nacht, bevor ich diesen Schritt wagte. Sophie trug meine Koffer und brachte mich bis vor meine Tür. „Ich werde mich nie in England heimisch fühlen", flüsterte ich ihr ins Ohr, bevor sie ging. Trotz all der glücklichen Ereignisse hatte das Schicksal mir mein grundlegendstes Bedürfnis – das nach einem friedlichen Zuhause – nicht erfüllt, bis heute nicht. Das gleiche Muster wiederholte sich, mit Varianten, wo immer ich in London lebte. Streitende Paare, Türenschlagen, Ballettänzer, die ausgerechnet auf dem Parkettboden über mir Sprünge übten, ein laut klimpernder Pianist, all das ist ständig in mein „Territorium" eingedrungen. Es raubte mir die Seelenruhe und schadete meiner Gesundheit.

Man wundert sich manchmal, warum einem stets Schatten durchs Leben folgen, die man nicht fangen und schon gar nicht eliminieren kann. Ich nahm dieses Mißgeschick als eine ständige Erinnerung daran, daß ich immer eine Fremde war und sein werde, nicht wirklich willkommen in diesem Land, britische Staatsbürgerin nur durch Adoption. Meine Selbstbeschreibung als internationale Jüdin mit einem britischen Paß trifft genau den Kern der Sache. Schon vor langer Zeit, in den späten 20er Jahren, hatte mir einmal ein alte russische Frau, die während der Judenprogrome von 1905 nach Deutschland geflohen war, gesagt: „Das schlimmste Schicksal überhaupt ist, im Exil zu leben." Ich sehe dabei immer noch den verlorenen Ausdruck in ihrem Gesicht vor mir. Die Weisheit ihrer Worte beeindruckte mich tief genug, daß ich sie nie vergaß. Ich weiß nicht, ob ich mich genauso fühlte wie sie. Für mich war das Problem der Freiheit gleichzusetzen mit dem Problem, eine Jüdin zu sein, die sich nirgendwo absolut sicher fühlen kann – nicht einmal in Israel.

Meine Forschungsarbeiten machten nach dem Krieg gute Fortschritte und lenkten mich von meiner unangenehmen häuslichen Situation ab. Ich beendete den langen Ausflug in das Gebiet der menschlichen Hand durch Untersuchungen in Schulen, wo ich die Hände von Kindern verschiedener Altersstufen studierte. Auch ihre Lehrer boten sich mir als Versuchspersonen und sogar als Helfer an. Ein Lehrer für Naturwissenschaften an der Greycoat School bereitete die statistischen und graphischen Illustrationen für mein Buch „The Hand in Psychological Diagnoses" vor. In meiner Praxis als Psychotherapeutin war ich erfolgreich, versuchte jedoch, die Zahl der Klienten meiner Forschungsarbeit wegen und der wenig anziehenden Umgebung, in der ich sie empfangen mußte, klein zu halten.

Wechselhafte Zeiten

Obwohl ich auf meine englischen Freunde angewiesen war, glaubte ich nicht an sie. Die Zeit verging. Durch die Veröffentlichung von „The Human Hand“ kamen viele neue Klienten zu mir. Doch mit Ausnahme eines schwedischen Arztes überwiesen mir keine etablierten Mediziner ihre Patienten. Die einzige enge Freundin, die ich hatte, war eine Südafrikanerin, und die größte Unterstützung bekam ich von einem Franzosen und einem Iren: Professor Wallon und Dr. Earle. Ich begann mich zu fragen, ob ich Vorurteile gegen die Engländer hatte, oder ob ich mit meinen Ansichten über sie richtig lag. Es kam jedoch die Zeit, wo mir der Beweis erbracht wurde, daß ich unrecht hatte.

Für meinen Vortrag an der École des Hautes Études wurde ein Termin im Oktober 1948 vereinbart. Ich brauchte vorher dringend noch ein paar Tage Urlaub, und im Juli dieses Jahres fuhr ich nach Cornwall in ein hübsches kleines Dorf namens Mousehole. Dort war ich der einzige Gast in einer privaten Pension, die von zwei Schwestern betrieben wurde. Eine von ihnen, Irmgard, begleitete mich nicht nur zur einzigen Gastwirtschaft des Ortes, sondern auch auf meinen Spaziergängen zum Strand und in die Umgebung. Die Pension befand sich an einer ansteigenden Straße, die zum höchsten Punkt des Dorfes führte. Eines Morgens kletterten wir den Hügel hinauf, um uns ein bißchen Atlantikluft um die Nase wehen zu lassen. Da kam uns eine große Frauengestalt entgegen; als sie uns sah, blieb sie stehen. In ihren Augen blitzte ein amüsiertes Lächeln auf. Sie sah mich mit fragendem Ausdruck an. Nachdem meine Begleiterin mich vorgestellt hatte, wandte sie sich mir zu: „Möchten Sie uns in unserem Haus dort oben besuchen? Kommen Sie doch beide morgen zum Tee.“ So begann es. Irmgard erzählte mir alles über die erstaunliche Quäkerfamilie, die „dort oben“ lebte. In Mousehole gab es genug Stoff für Klatsch und Tratsch, denn Künstler und Exzentriker hatten sich im Dorf niedergelassen und sorgten durch ihre manchmal exotischen, manchmal traurigen

Lebengeschichten für die Unterhaltung der Dorfbewohner. Die Quäkerfamilie hatte erst vor einigen Monaten eine schreckliche Tragödie erlebt, die der ganzen Gemeinde einen Schock versetzt hatte. Die jüngste Tochter der Familie, Elizabeth, war eines Tages spurlos verschwunden. Fischer hatten sie auf dem Meer gesucht, Polizisten das Gelände um Mousehole durchgekämmt – vergebens. Elizabeth war ein schönes Mädchen gewesen, intelligent und künstlerisch begabt, erzählte Irmgard. Sie war mit ihrem Hund zum Schwimmen ans Meer gegangen und nie wiedergekehrt; nur der Hund kam zurück. Alle zerbrachen sich den Kopf darüber, was wohl geschehen sein mochte, und einige vermuteten, es sei Selbstmord gewesen.

Am nächsten Tag saßen Irmgard und ich mit Caroline, ihren Eltern und ihrer Freundin Isabel in einem etwas vernachlässigten Garten. Von dem Grundstück aus konnte man aufs Meer sehen, und die Meeresluft mischte sich mit dem Aroma von Rosen und Lilien. Der Duft stieg mir zu Kopf. Ich mußte immer wieder Carolines alles beherrschende Gestalt ansehen, wie sie aufrecht dasaß und ängstlich ihren Vater betrachtete; der 94jährige saß ein wenig zu dicht neben Irmgard, einer hübschen Frau in den 30ern. Bösartige Zungen behaupteten, daß er immer noch nicht aufgehört hatte, Mädchen schöne Augen zu machen. Die Mutter war 92 Jahre alt; sie hatte ein straffes Gesicht, in das sich nur wenige Linien eingegraben hatten. Sie wirkte ruhig und vergnügt, nahm keine Notiz von uns Besuchern, sah ihren Mann jedoch mißbilligend an. Caroline war Ende 50, doch in ihrem Gesicht waren Spuren von Leid eingegraben, die sie älter wirken ließ. Mit aufmerksamen Augen registrierte sie alles um sich herum. Einige Seitenblicke fielen auf mich, fragende Blicke. Unruhig und suchend sah sie um sich, und ich hatte den Eindruck, als sei sie auf der Suche nach etwas, das ihren Geist ablenken könnte. Sie hatte dunkle Ringe unter den Augen, und auch andere Anzeichen wiesen auf Krankheit oder Trauer hin: ihre gelbliche Gesichtsfarbe und schmale, zusammengepreßte Lippen. Ihre Freundin Isabel saß neben mir und sprach kein Wort. Sie wirkte abwesend, so, als ginge sie die ganze Szenerie um sie herum nichts an. Hatte sie Angst davor, den Mund aufzumachen? Ohne Carolines Gegenwart hätte sie die Aufmerksamkeit auf sich gelenkt. Sie war nicht größer als 1.60 Meter, und mit ihren breiten Schultern und einem kurzen Hals wirkte sie gedrungen, ihre großen schwarzen Augen blickten starr. Offensichtlich legte sie großen Wert auf ihre äußere Erscheinung, besonders auf ihre wohlfrisierten grauen Locken.

Ich mußte immer wieder zu einem kleinen, vernachlässigt aussehenden Gartenhäuschen hinsehen, in dem sich, wie sich herausstellte, ein Atelier befand. Wie verloren es aussah, als ob niemand hineingehen oder es sauber machen wollte. Es hätte einen neuen Außenanstrich benötigt, und das Dach hätte repariert werden müssen. Caroline hatte wahrscheinlich meine Gedanken erraten. „Es ist das Atelier meiner Schwester Elizabeth", sagte sie. „Sie hat dort gemalt und gewohnt, wenn sie allein sein wollte." War das Eis gebrochen? Bevor wir aufbrachen, fragte sie mich, ob ich mir das Haus näher ansehen wollte. Wir gingen durch einen Wintergarten mir exotischen Blumen, deren Namen ich nicht kannte, in ein großes Eßzimmer mit einem Holztisch, der dem Speisesaal eines Schlosses zur Ehre gereicht hätte. „Ich werde Ihnen das Obergeschoß nicht zeigen, das Dach ist undicht, und wir müssen bei jedem Regen Eimer dort aufstellen. Das Haus müßte renoviert werden, aber in kann im Augenblick nichts daran machen lassen. Mein Bruder wird sich darum kümmern, wenn er uns nächsten Monat besucht." Bevor ich hinausging, warf ich noch einen Blick auf das verlassene Atelier. „Besuchen Sie uns noch einmal, bevor sie nach London zurückkehren", sagte Caroline. „Ich werde Ihnen dann das Atelier zeigen." „Ich würde mich freuen", antwortete ich, obwohl keine Antwort erwartet wurde.

Als ich wiederkam, um mich zu verabschieden, führte mich Caroline in das Atelier. Es war ein kleiner Raum mit einem Zementfußboden und fluoreszierenden Lichtröhren an den Wänden. Ich sah die Skizze eines Eies auf der Staffelei und ein paar abstrakte Versuche auf einem staubigen Tisch. Nach einer Weile nahm Caroline meine Hand und sagte: „Ich möchte Sie gerne wiedersehen." „Ja, ich auch."

Briefe wurden ausgetauscht, und einer von ihr enthielt eine Einladung für ein langes Wochenende. Zwei Monate nach unserer ersten Begegnung nahm ich den Zug nach Penzance. Caroline und

Isabel holten mich vom Bahnhof ab. Isabel lächelte wehmütig, und ihre großen Augen leuchteten, als sie mir die Hand gab. „Wie schön, daß Sie kommen konnten. Das wird Caroline gut tun." Diese versuchte sie daran zu hindern, noch weitere Bemerkungen zu machen, als fürchtete sie sich vor etwas. Sie nahm meinen Arm. „Sie müssen müde sein, lassen Sie uns schnell nach Hause fahren, das Taxi wartet."

Nach dem Essen gingen wir in Elizabeths Atelier und setzten uns auf zwei unbequeme Stühle. Isabel hatte sich taktvoll entfernt. „Ich dachte, sie wollten etwas von mir", sagte Caroline, „so wie Sie mich angesehen haben." Ich beugte mich über sie – und wir küßten uns. Dann erzählte sie mir, daß sie im Nachbardorf eine Freundin hatte, eine Ungarin namens Gertrud, die vor den Nazis hierher geflüchtet war. Sie kümmere sich um sie, so daß sie sich weiterhin ihrer Malerei widmen könne. „Ich besuche sie zweimal die Woche", sagte Caroline. „Es ist nötig, sonst wäre sie zutiefst deprimiert, und ich will es auch – meinetwegen." Am nächsten Tag betrat ein mir bis dahin unbekannter Mensch den Garten. Die weißhaarige, vollbusige Frau kam lächelnd auf mich zu und wollte mir vorgestellt werden. „Das ist Tante Emma, Vaters Schwester, die gekommen ist, um bei uns zu leben", erzählte man mir. Die 92jährige war noch im Vollbesitz ihrer geistigen Kräfte. Doch ihrer Kleidung und ihrem ausgesucht höflichen Benehmen mir gegenüber nach zu schließen, lebte sie noch im Zeitalter Edwards VIII. Ihr Rock ging ihr bis zu den Knöcheln, und auf ihrer feinen Wollbluse prangte eine Diamantbrosche. Dieses efeubedeckte alte Haus mit seinem fehlerhaften Dach und der abbröckelnden Farbe wurde von Menschen bewohnt, die einem Märchen hätten entstammen können. Tante Emma pflückte und arrangierte die Blumen für das Haus. Der Vater führte Elizabeths Hund spazieren und malte Landschaften aus dem Gedächtnis, aber meist saß er im Wintergarten und sprach mit sich selbst. Ebenso sorgfältig wir seine Schwester pflegte er sein Äußeres, aber sein Gedächtnis ließ ihn mehr und mehr im Stich, wie er mir erzählte. Wenn er im Wintergarten saß und über sich nachdachte, war er wieder ganz in seiner Vergangenheit: in Menton, Nizza oder in den Tropen. Die Mutter kochte noch für die Familie und hatte den gesamten Haushalt unter Kontrolle. Ihrer

Ansicht nach war die Welt ein tragikomischer Ort geworden. Nur Isabel paßte nicht in das Idyll. Sie schien immer bescheiden am Rande zu stehen. „Ich verlasse euch bald und gehe nach Kenia, um bei meinem Bruder zu leben", kündigte sie eines Abends beim Essen an. Der Vater murmelte: „Das ist eine gute Idee." „Sie droht immer damit, mich zu verlassen", meinte Caroline, „sie mag Gertrud nicht." Doch Isabel erzählte mir ihre eigene Version. „Sehen Sie, Caroline kann nicht umhin, sich immer um die Gestrauchelten zu kümmern." „Oh Gott", dachte ich, „und was ist mir mir?" Sie fuhr fort: „Diese Malerin beutet sie aus und versucht, sie von mir zu trennen. Ich bin so froh, daß Sie zu uns gekommen sind. Das lenkt Caroline von dieser Frau ab." Isabel ging nie nach Kenia. Sie glaubte, ein Gegenmittel gegen den vergiftenden Einfluß von Carolines Freundin gefunden zu haben: mich. Und so betrachtete sie mich mit wachsender Zärtlichkeit. Als sie und Caroline mich wieder zum Bahnhof Penzance brachten, bat sie, bevor ich den Zug bestieg: „Darf ich Charles zu Ihnen sagen?" „Aber sicher", sagte ich und mußte lachen. Sie gab mir einen Kuß.

Nach dem Wochenende erreichten mich täglich, manchmal sogar zweimal am Tag, Briefe aus Cornwall, und ich antwortete ebenso häufig.

Im Oktober desselben Jahres fuhr ich nach Paris, das von den Toten auferstanden schien. Ich nahm mir ein Hotelzimmer nahe dem Jardin du Luxembourg, von da aus waren es nur ein paar Schritte bis zur Rue du Canivet, wo Baladine lebte. Sie war gesund und munter aus ihrem privaten Exil in der Dordogne zurückgekehrt. Freunde von Pierre hatten sich während der Kriegszeit um sie gekümmert. Wieder saßen wir zusammen in ihrem Zimmer, das mit Gemälden und Erinnerungen vollgestopft war, und es kam mir vor, als stünde die Zeit still. Doch die anderen Räume der Wohnung gehörten ihr nicht mehr. Sie hatte sie Pierre, seiner Frau und deren Baby überlassen. Sie war ganz verrückt nach den kleinen Matthew, kümmerte sich jedoch nicht um ihre Schwiegertochter. „Warum hat er auch eine Jüdin aus einem Konzentrationslager geheiratet?", meinte sie, eine Frage, die ich weder verstehen noch beantworten konnte. Später erkannte ich, daß Denise ihre eigenen schlimmsten

Ängste wieder aufgerührt hatte – der gelbe Stern, das Konzentrationslager, der Tod. Baladine hatte sich von der Außenwelt zurückgezogen und lebte nicht mehr in der Gegenwart. Sie verharrte in Erinnerungen an Rilke, und ihre einzige Verbindung zur Zukunft war ihr kleiner Enkel Matthew. Immer wieder las sie mir unveröffentlichte Gedichte, die Rilke ihr geschickt hatte, und Auszüge aus seinen Briefen an sie vor. Während sie an ihrem kleinen Regency-Tisch saß und mir vorlas, wanderten meine Augen von ihrem über die Briefe gebeugten Kopf zu dem Portrait Rilkes über dem Schreibtisch. Sie hatte ihn gemalt. Immer wieder erzählte sie mir von ihren Begegnungen vor vielen Jahren, als sie Rilke dabei geholfen hatte, sich im schweizerischen Muzot niederzulassen. Ich sog jedes ihrer Worte in mich auf, obwohl ich alles schon einmal gehört hatte. Kein Wunder, dachte ich, daß Rilke von ihr fasziniert war. Von ihrer Gegenwart fühlte man sich eigenartig bezaubert, so daß man alles um sich herum vergaß.

Als ich von meinem ersten Besuch bei Baladine ins Hotel zurückkehrte, erwartete mich ein Telegramm von Caroline. Sie war im Geiste immer bei mir, und ich wußte es. Doch ich fühlte mich so weit von England und ihr entfernt, als wäre ich nach Australien emigriert. Frankreich und England waren für mich zwei unvereinbare Welten.

Mein zweiter Besuch in Frankreich fiel mir wesentlich leichter als mein erster, obwohl er einen aufregenden Anlaß hatte: meinen Vortrag an der École des Hautes Études. Diesmal hatte mich weniger die Reise selbst in Erregung und Furcht versetzt als die Vorbereitung meines Textes und – mehr noch – die Vorstellung, vor einem großen Auditorium sprechen zu müssen. Ich fürchtete, Lampenfieber zu bekommen, besonders weil ich im Laufe der Jahre ziemlich viel von meinem französischen Wortschatz durch mangelnde Praxis eingebüßt hatte. Die Untersuchungen am St. Lawrence-Hospital und der Monyhull Colony hatten unstrittige Beweise geliefert, daß sich in der menschlichen Hand Anomalien des Gehirns widerspiegeln. Ich beabsichtigte, darauf in meinem Vortrag den Schwerpunkt zu legen.

Das Auditorium Maximum der École des Hautes Études war am Abend meines Vortrages mit Studenten und Mitgliedern des Lehrkörpers gefüllt. Professor Wallon hatte den Vorsitz und sprach die einleitenden Worte. Dann ging ich zum Rednerpult. Nach den ersten Minuten war mein Lampenfieber vorbei. Nachdem Abdrücke der Hände von geistig behinderten Kindern und den Extremitäten eines Schimpansen und eines Gorillas auf die große Leinwand projiziert worden waren, hatte ich das Publikum für mich gewonnen. Es applaudierte und trampelte begeistert mit den Füßen. Professor Wallon dankte mir und drückte seine Wertschätzung für meine Arbeit aus. Er lud mich ein, den folgenden Abend mit ihm und seiner Frau zu verbringen.

So glücklich ich auch nach dem Vortrag zu Baladine entschwebte, dieser emotionale Höhenflug hielt nicht lange an. Ich lebte in ständigen Zweifeln, ob diese glücklichen Ereignisse nicht nur vorübergehend waren. Wallon schlug vor, man solle „The Human Hand" ins Französische übersetzen und hatte auch schon einen bestimmten Übersetzer im Sinn; er selbst wollte das Vorwort dazu schreiben. Ich zeigte mich dankbar und hocherfreut, doch mein dummes Mißtrauen war nach wie vor stärker als eine realistische Einschätzung der Ereignisse. Sogar Wallons Einladung, einen weiteren Beitrag für die Zeitschrift „Enfance" zu schreiben, durchbrach die Mauer meines Widerstandes gegen den Glauben an eine glückliche Zukunft nicht. Die Büchse der Pandora hatte schon zu viele „Geschenke" für mich bereitgehalten, und ich fürchtete, daß davon noch mehr auf mich zukommen würden. Caroline schickte mir Telegramme und schrieb mir täglich. Ihre Liebe gab mir ein Gefühl emotionaler Sicherheit und half mir dabei, Paris zu genießen, besonders die Begegnungen mit Baladine. Vor dem Mittagessen setzten wir uns häufig auf die Terasse des Cafés Les Deux Magots vor der Kirche St. Germain. Schon immer war dieses Café einer meiner Lieblingsorte gewesen, wo ich stundenlang einfach nur dasitzen und das Treiben auf der Straße betrachten konnte.

Wie vor dem Krieg war die Terrasse voll mit Touristen und Franzosen. Alte Bekannte gingen vorüber, als wären sie aus einem Grab wiederauferstanden. Einige setzten sich an unseren Tisch und unterhielten sich mit uns wie in alten Zeiten. Beispielsweise Consuelo de Saint-Exupéry, eine traurige kleine Gestalt, die ausgesprochen einsam aussah. Sie hatte sich auf einem Boot häuslich eingerichtet, das am Seine-Ufer vor Anker lag. „Ich will keinen festen Wohnsitz mehr“, sagte sie. Sie sah aus wie eine in Stein gehauene Miniatur. Ich nahm jedoch ihre Einladung, sie auf dem Boot zu besuchen, nicht an. In der Vergangenheit hatte ich einmal ein sehr gutes Verhältnis zu ihr gehabt, jetzt aber schien sie so weit entfernt, daß ich meinte, sie nicht erreichen zu können.

Einige Abende verbrachte ich bei Baladine zu Hause. Hier ging alles etwas gedämpft zu, man schlich auf Zehenspitzen durch die Räume und sprach ganz leise miteinander, um das schlafende Baby nicht zu stören. An anderen Abenden gingen wir zum Essen auf den Boulevard St. Germain, und einmal nahm sie mich mit zu einem sehr bekannten Restaurant an der Rive gauche, in dem berühmte Künstler zu dinieren pflegten. Wir setzten uns an einen Tisch im oberen Stockwerk, nahe der Balustrade. Von dort aus konnten wir wie von einem Balkon im Theater auf die Menge sehen. Das Spektakel unter uns interessierte uns allerdings weniger als das gute Essen und der ausgezeichnete Wein. Plötzlich geschah das Unerwartete: Baladines Sohn Balthus kam mit einigen Begleitern herein und setzte sich an den Tisch rechts neben uns. Er sah Baladine und mich an ohne ein Zeichen des Erkennens – als wären wir gar nicht da. Baladine zuckte nicht mit der Wimper und ließ auch kein Zeichen des Unbehagens spüren. Zunächst blieb mir vor Verblüffung der Mund offen stehen, doch dann tat ich so als würde ich das absurde Verhalten akzeptieren, als wäre es natürlich. Wir beeilten uns nicht mit dem Essen und hatten auch nicht das Bedürfnis fortzugehen. Wir aßen und tranken weiter, unterhielten uns so lebhaft wie immer, warfen einen gleichgültigen Blick auf die vorbeilaufenden Kellner und die gutgekleideten Gäste. Obwohl uns dieser Schlag aus heiterem Himmel sehr getroffen hatte, ließen wir es uns wenigstens nicht anmerken. Doch schließlich, als wir das Restaurant verließen, konnte ich mich nicht mehr zurückhalten, so sehr ging der Zorn mit mir durch.

„Was hat Balthus dazu gebracht, sich so zu verhalten?“, fragte ich. „Oh, er kann mir nicht verzeihen, daß ich Jüdin bin, und er durch meine 'Schuld' zu einem Halbjuden wurde. In der Öffentlichkeit kennt er mich nicht. Das hat er schon öfter gemacht, aber er besucht mich von Zeit zu Zeit und ist dann so liebevoll wie immer.

Wahrscheinlich wissen Sie nicht, daß er den Namen der Familie seines Vaters angenommen hat und sich jetzt Balthus, Count de Rolla, nennt?" „Weiß er, was Sie dabei fühlen?" „Ja, da bin ich mir sicher, aber für ihn macht das keinen Unterschied. Ich kann ihn nicht hinauswerfen, wenn er mich besuchen kommt. Ich belasse die Dinge, wie sie sind. Er war schon immer sehr schwierig und einsam." „Ich werde kein Wort mehr mit Balthus reden." „Dazu werden Sie auch wahrscheinlich keine Gelegenheit bekommen", antwortete sie.

Ich war wie vor den Kopf geschlagen und fragte mich, ob ich solch kapriziöses Verhalten bei ihm vorhergesehen hatte, als ich vor Jahren seine Hände untersuchte. Ich hätte es wissen sollen. Vielleicht wußte ich es? Ich erinnerte mich daran, daß ich bei ihm in beiden Handflächen „Affenfurchen" gesehen hatte, ein Merkmal, das auf ein gestörtes emotionales Gleichgewicht hinweist. Sein geteiltes Ich hatte ihn in eine Sackgasse getrieben. Nein, sein Antisemitismus hatte nichts zu tun mit dem unglücklichen Schicksal Frankreichs, mit den Nazis oder anderen äußeren Umständen, wie Baladine meinte. Ich sagte zu ihr: „Ich hätte nicht überrascht sein sollen, denn ich habe mir vor vielen Jahren seine Hände angesehen und bei ihm die Linie emotional gestörter Menschen gefunden, die man Affenfurche nennt. Man findet sie bei Genies und bei Schwachsinnigen, und ich weiß, daß ich mit ihm darüber sprach." Sie lächelte, denn keine von uns bezweifelte, daß Balthus ein genialer Maler war. „Er hat sein Talent von Ihnen geerbt", fuhr ich fort. „Ist Ihnen das bewußt?" „Möglich, doch darauf kommt es nicht an. Seine Ablehnung meines Jüdischseins ist stärker als alle anderen Gefühle, die er vielleicht immer noch für mich hat."

Nichts war ihm je gut genug gewesen, er war in allem ein Perfektionist. Unbedingt wollt er zur Elite gehören, nicht nur der Maler, sondern auch der Gesellschaft. Sein Snobismus hatte einen blinden Fleck entstehen lassen, so daß er die Wurzeln seines Talents verachtete.

Ich kehrte von Paris nach London zurück wie von einem Zuhause ins Exil. Doch wenn jeden Tag das Telefon klingelte und mich ein Anruf von einem Kiosk in Cornwall erreichte, sah die Welt ganz anders aus. Ich hatte immer schon intime Freundschaften und Liebesbeziehungen mit Sicherheit und Wohlbefinden gleichgesetzt, trotz aller Erfahrungen des Gegenteils. Wirst du jemals aus Schaden klug, fragte ich mich immer am Ende einer Liebesaffäre, um meine Lektion bei nächster Gelegenheit zu vergessen. Ich dachte, diesmal hätte ich die Ausnahme von der Regel getroffen. Ich hörte nicht auf die leise, aber klare Stimme in meinem Inneren – daß die unbehagliche Situation in fremder Umgebung nur durch eigene Anstrengung und nicht durch beschützende Liebe überwunden werden kann. Doch ich wollte die Warnsignale der Erfahrung nicht zur Kenntnis nehmen und fiel noch einmal auf eine Illusion herein.

Carolines Eintritt in mein Leben erfüllte mich mit dem Glücksgefühl eines Nichtschwimmers, der vor dem Ertrinken gerettet wird. Doch so stark meine emotionale Beziehung zu ihr auch war, noch ein weiteres Motiv hatte mich zu ihr getrieben: die Hoffnung, ein neues Zuhause zu finden, wo ich mich ausruhen und von den Anstrengungen und Kämpfen des täglichen Lebens zurückziehen könnte. Was mich antrieb, war die nostalgische Sehnsucht nach dem verlorenen Paradies meiner Kindheit, das mir nur die liebende Fürsorge einer mütterlichen Gestalt wieder zurückbringen konnte. Ich konnte in vieler Hinsicht in meinem Alltag auf eigenen Füßen stehen, doch emotional war ich von einer anderen Frau abhängig.

Caroline und Isabel besuchten London am 14. Februar 1949. Es war ein warmer Frühlingstag, und ich fuhr mit einem Mietwagen zur Paddington Station, um sie abzuholen. Ich hatte mich in Schale geworfen, in ein marineblaues Kostüm, das ich mir hatte schneidern lassen. Die beiden drückten ihr Erstaunen über meine Extravaganz aus und hielten mich für wohlhabender als ich war. Sie hatten sich Zimmer in einem Hotel in der Cromwell Road gemietet, wo ich sie mit dem Versprechen verließ, sie zum Abendessen zu treffen. In letzter Minute jedoch änderten sie ihre Pläne, und Caroline rief mich an, um mir mitzuteilen, daß sie mich in der Tregunter Road besuchen würde, während Isabel eine alte Freundin in Hampstead aufsuchen wollte. Dies brachte mich etwas in Verlegenheit, weil ich jetzt ein Abendessen 'für Zwei' arrangieren mußte. Die Aussicht, sie ganz für mich allein zu haben, fand ich eher bedrückend. Ich kann mich nicht mehr genau daran erinnern, wie ich die Vorbereitung für das gemeinsame Abendessen überstand, nur daran, daß ich in der Lage war, noch schnell eine Flasche Nuits St. George aufzutreiben. Caroline sah strahlend aus, als sie kam. Ich begrüßte sie mit: „Heute ist Valentinstag." „Oh, der ist so gut wie jeder andere Tag", antwortete sie.

Das war der Beginn eines zauberhaften Abends. Als Quäkerin war sie es nicht gewohnt, Alkohol zu trinken, und konnte nicht mehr als ein halbes Glas Wein vertragen. Nach dem Abendessen sah sie noch strahlender aus als zuvor. Ich habe diese Atmosphäre nicht ausgelebter erotischer Begierde immer geliebt. Ihre Faszination bleibt lang bestehen, wenn die Spannungen der Erotik sich nicht in Sex entladen. Das Wort Romantik trifft nicht ganz die Bedeutung dieser unausgelebten Sehnsucht, die Gefühle und Imagination mit Spannung erfüllt. Letztere sind die Wurzeln der Liebe, die Essenz des Lebens. Wir umarmten uns, ließen voneinander ab, umarmten uns wieder – stundenlang.

„Laß uns nicht weiter gehen", sagte sie. „Ich möchte, daß dies hier andauert. Alle Dinge enden, wenn ihre Anfänge nicht in Takt gehalten werden. Laß uns nicht Blumen züchten, sondern Knospen." Die Weisheit der Unschuld, so alt wie die Welt, so simpel wie das ABC, berührte mich, als wäre sie eine Entdeckung.

Dieser Abend war der Beginn einer Beziehung, die mehr als drei Jahre hielt und einer Freundschaft, die weitere 25 Jahre dauerte. „Isabel ist dabei, ein kleines Anwesen in Malvern zu kaufen", sagte Caroline mir eines Tages. „Vor dem Krieg lebten wir dort in einem großen Haus mit ihrer Mutter. Ich freue mich, daß wir auf diese Weise die Entfernung zwischen uns verkürzen können: Du kannst an Wochenenden und in den Ferien zu uns kommen, und ich könnte Dich besuchen – das heißt, wenn es Dir recht ist."

Im April desselben Jahres erwarb Isabel ein Haus am Fuß der Hügeln von Malvern. Mir war unverständlich, was Caroline mit einem 'kleinen Anwesen' gemeint hatte. Das Haus stand inmitten eines großen, terrassierten Gartens, der in einem kleinen Wald endete. Haus und Grundstück fand ich außergewöhnlich attraktiv. Als ich ihnen das sagte, lächelte Isabel: „Ich freue mich, daß Du dieses häßliche Haus magst." Die beiden hatten nicht nur ein neues Kapitel ihres eigenen, sondern auch meines Lebens begonnen.

Doch wußte ich damals noch wenig darüber, wie sehr ich daran beteiligt sein würde.

Das Haus namens „Hazelwood“ war vor dem Lärm der Straße durch eine dicht gepflanzte Eibenhecke geschützt. Nur ein kleines Eingangstor erlaubte den Blick auf das Grundstück. Doch niemand konnte weit genug sehen, um die Terrassenanlage, die Rhododendronbüsche und ein kleines Sommerhaus zu entdecken. Der kleine Wald im unteren Bereich endete bei einem Teich. Ein Steingarten, in dem Alpenblumen neben Blumen englischer Herkunft wuchsen, begrüßte den Besucher beim Eintritt durch das Holztor. Zur Linken erstreckte sich ein sanft abfallender Rasen, eine Blutbuche gab auf einer Seite Schatten, und im Zentrum stand eine kleine Säule mit einer Sonnenuhr. Häufige Wochenendbesuche und lange Sommerferien machten mir Hazelwood tatsächlich zu einer Art Zuhause, doch ich versuchte, dies nicht als selbstverständlich hinzunehmen, obwohl beide Freundinnen zum Ausdruck brachten, daß sie meine Besuche mehr als gern sahen. Ich wußte, daß Caroline mich für sich wollte. Isabel waren meine Besuche willkommen, weil ich Caroline von ihrer „Malerfreundin“ ablenkte, die Isabels Seelenruhe störte. Sie war ihr ein Stachel im Herzen, denn Caroline hatte sich geweigert, sich von ihr zu trennen und hatte es auch ihr ermöglicht, nach Malvern zu ziehen.

Caroline hatte im oberen Teil des Hauses eine eigene kleine Wohnung, schlief jedoch gelegentlich auf einer Couch in ihrem Atelier. Das Gästezimmer, in dem ich wohnte, befand sich nebenan. Nach kurzer Zeit besuchte sie mich immer frühmorgens. Ohne ein Wort kroch sie in mein Bett, legte ihr Gesicht an meines und einen Arm um meine Schultern. Ihre Zärtlichkeit raubte mir den Atem. Sie handelte, als würde sie träumen, als wäre sie nicht ganz sie selbst. Zwischen ihren Umarmungen sprachen wir gelegentlich miteinander, und manchmal waren es ängstliche Gespräche. Sie wollte nicht in Emotionen hineingezogen werden, die sie nicht wirklich verstand (sagte sie). Obwohl mich diese seltsame Situation sicher, zufrieden und glücklich machte, sah ich voraus, daß dies nicht andauern konnte, daß die Tage dieser Zärtlichkeit gezählt waren. Es war unwahrscheinlich, daß sie auf längere Sicht ihrem emotionalen Bedürfnis derart Ausdruck verleihen würde.

Ihre Erziehung, ihre Religiosität, ihre Liebe zu Isabel machten diese Toleranz zu einem Tabu. Eines Tages würde sie unsicher werden, ob sie sich nicht „gegen die Natur" verhielte. Und vielleicht würde ihre ungarische Freundin von ihren Gefühlen für mich erfahren und ihr Schuldgefühle bereiten. Doch es dauerte noch ein paar Jahre, bis dies eintraf.

Im August 1950 schloß ich das Manuskript zu meinem Buch „The Hand in Psychological Diagnosis" ab. Das Buch war die Krönung von 19 Jahren Forschung, Versuchen und Irrtümern, Entdeckungen und harter Arbeit. Seine Veröffentlichung hatte ein unerwartetes Ergebnis: Es führte endgültig zu meiner Registrierung als Ärztin in Großbritannien. Doch dieses glückliche Ereignis war begleitet von allen Symptomen einer schwierigen Geburt. Eine englische Zeitung hatte sensationelle Schlußfolgerungen aus meinen Ergebnissen gezogen und, nicht genug damit, Illustrationsmaterial aus meinem Buch mit falschen und irreführenden Kommentaren veröffentlicht. Meine Anwältin erreichte eine einstweilige Verfügung gegen den weiteren Mißbrauch meines Textes und der von der Zeitung verwendeten Illustrationen. Diese unglückliche Sache löste in mir beträchtliche Sorge und Furcht aus. Ich hatte Angst, daß ich möglicherweise die Chance verlieren würde, als Wissenschaftlerin anerkannt zu werden und nie die Erlaubnis bekäme, in England als Ärztin zu praktizieren. Meine Anwältin teilte meine Sicht. Sie schrieb sofort an den General Medical Council und erklärte die Situation. Die überraschende Antwort kam sofort. Man teilte mir mit, daß man mir selbstverständlich den Status einer registrierten Ärztin bewilligen würde, wenn ich einen entsprechenden Antrag stellte. Ich hatte schon vor einigen Jahren eine solche Gelegenheit verpaßt, als eine Notiz in Fachzeitschriften veröffentlicht worden war, in der ausländische Mediziner, die während des Krieges als Vertretungsärzte gearbeitet hatten, aufgefordert wurden, eine dauerhaft gültige Registrierung zu beantragen. Ich hatte damals keine Zeit, die Fachzeitschriften durchzusehen, weil mich meine Forschung und mein Privatleben zu sehr in Atem hielten.

Im Frühjahr 1952 galt ich wieder offiziell als Ärztin, und das veränderte nicht nur meine berufliche, sondern auch meine soziale

Stellung in diesem Land. Es stärkte mein Selbstwertgefühl und befreite mich von einer mehrdeutigen beruflichen Situation, die mir Sorgen und nagende Zweifel bereitet hatten, seit ich im Mai 1933 Deutschland verlassen hatte. Mit meinem neuen Status gewann ich meine Haltung wieder und verlor meine Unsicherheit im sozialen Umgang. Andererseits mußte ich meine medizinischen Kenntnisse auffrischen, um meiner neuen Aufgabe gewachsen zu sein. Die Angst zu versagen, stets präsent bei Menschen, die Verantwortung für die Gesundheit anderer haben, quälte mich. Doch ich hoffte, daß der große Fortschritt meiner Forschung eine mögliche Lücke im Bereich der Spezialkenntnisse kompensieren würde. Meine Selbstachtung wurde ein brauchbares Mittel gegen die Selbstzweifel, doch ein Rest Unsicherheit blieb.

Niemand kann sich auf seinen Lorbeeren ausruhen. Und ich begann mich zu fragen, was es eigentlich bedeutete, etwas „zu leisten". Wenn ich an meine umfangreichen Bemühungen dachte, eine wissenschaftliche Methode der Handinterpretation zu finden, erkannte ich sehr deutlich, daß nur die kreativen Augenblicke mir im Gedächtnis geblieben waren. Ich sah ein, daß der Weg wichtiger ist als das Ziel, daß die Erwartung, ein Ziel zu erreichen, besser ist, als tatsächlich dort anzukommen. Für uns Reisende ist die *Erwartung* tatsächlich unsere lebenswichtige emotionale Ausrüstung. Jedes Bedürfnis, einen Ort zu finden, an dem man wirklich leben, wo man Stille und Ruhe genießen kann, ist trügerisch. Es muß in einem Verlust der Wunschvorstellung enden. Unsere Sehnsucht, uns endgültig niederzulassen, geht in Ruhelosigkeit über und endet wirklich an der Endstation der Reise – dem Tod.

Erhabene Momente der Erkenntnis, erfolgreiche Versuche, sie sind wie jede Art von Glücksgefühl nichts weiter als Seifenblasen: Sie dauern nur Sekunden. Ein Ziel, das nicht der Ausgangspunkt eines neuen Ziels ist, führt dazu, daß Vitalität und Initiative erstickt werden. Die großen Augenblicke sind für ein Kind wie für einen Erwachsenen die Momente, bevor sich der Vorhang auf der Bühne hebt, wenn uns das Herz bis zum Hals klopft vor aufgeregter Erwartung des Kommenden. In diesen Augenblicken leben wir in der Zukunft. Nachdem das Spiel begonnen hat, haben wir bereits die Zukunft hinter uns gelassen, aber wir sind keineswegs in der

Gegenwart. Wir können die Ereignisse vor unseren Augen erst dann begreifen, wenn sie Vergangenheit geworden sind. Das Nachdenken über Eindrücke geschieht praktisch gleichzeitig mit den Eindrücken selbst, was bedeutet, daß die Vergangenheit eine Gegenwart erreicht hat, die niemals stattfand. Alles Gerede über das Leben in der Gegenwart ist ein falscher Trost für Menschen, die glauben, daß sie besitzen müssen, was sie ersehnen und die bis zum „bitteren Ende" daran festhalten. Dieses Mißverständnis hat zu falschen Ideen und Idealen geführt, die ungesund und gefährlich sind. Sie tragen zu zerstörerischen persönlichen und sozialen Werten bei. Die permanente Revolution der Gedanken und Gefühle ist die Essenz des Lebens. Bereits der etwa 540 vor Christus geborende Heraklit lehrte, daß Leben kontinuierliche Bewegung bedeutet. Die Ideale unserer Zeit sind darauf ausgerichtet, etwas zu bekommen, anstatt danach zu streben; dadurch wurden die Individuen wie die Gesellschaft als Ganzes lethargisch, emotional dumpf und oft inhuman. Bevor die Menschen nicht den Unterschied erkennen zwischen flüchtiger Existenz und der permanenten Revolution des Lebens, haben sie keinen Zugang zu Liebe und Zufriedenheit.

Im Jahre 1952 brachen die Ereignisse wie ein Wirbelsturm über mich herein und fegten vieles von dem hinweg, was ich für sicher gehalten hatte. Das Unerwartete geschah und brachte neue Probleme mit sich. Außerdem mußte ich meine Wohnung in der Tregunter Road aufgeben.

Doch es schien mir ein gutes Omen zu sein, daß ich zur selben Zeit, in der ich wieder als Ärztin praktizieren durfte, eine neue Wohnung in der Nähe fand. Allerdings stellte sich heraus, daß ich vom Regen in die Traufe gekommen war. Kinder und Ballettänzer vollführten ein Heidenspektakel über mir. Glücklicherweise störte der Lärm meine Patienten nicht, mich allerdings umso mehr. Ich erduldete es mit zusammengebissenen Zähnen, eine für mich ungewöhnliche Haltung. Nach Abschluß meiner Forschungen über die menschliche Hand wandte ich mich zunächst keinem anderen Forschungsgebiet zu. Ich war zu sehr mit meinen Konsultationen und meiner persönlichen Bindung an Hazelwood beschäftigt, um das Bedürfnis oder die Energie aufzubringen, ein neues Gebiet zu betreten.

Auch in Hazelwood hatte die Zeit nicht stillgestanden. Die Tragödie einer unheilbaren Krankheit, von der ihre Schwester heimgesucht wurde, veränderte Carolines Leben und ihre Beziehungen zu anderen Menschen. Ihre Schwester zog zu ihr und wohnte im oberen Stock bis zu ihrem Tod. Beide Schwestern waren seit ihrer Kindheit gläubige Menschen, jetzt aber wurde die Religion zu Carolines Lebenselixier. Obwohl sie sich gelegentlich noch einmal weltliche Gefühle erlaubte, verhinderte ein Schuldgefühl jeden Ansatz körperlicher Intimität. Nach wie vor verbrachte ich lange Ferien in Hazelwood, doch sie kam nicht mehr nach London.

Mit der Zeit wurden Carolines Briefe immer stereotyper – Briefe, die jeder geschrieben haben könnte. Ihre Entscheidung, sich aus einer intimen Beziehung zurückzuziehen, war endgültig. Obwohl ich das erkannt hatte, war ich doch bestürzt, als sie mich eines Tages dringend bat, ihr alle Briefe der ersten drei Jahre zurückzugeben. Ich rief sie an und sagte ihr, daß ich überrascht und nicht einverstanden wäre, daß sie mir einen Teil unserer gemeinsamen glücklichen Vergangenheit, den ihre Briefe dokumentierten, nehmen wollte.

„Du mußt sie mir wiedergeben. Ich kann den Gedanken nicht ertragen, daß irgendjemand sie eines Tages lesen könnte." Sie war unerbittlich, und ich hatte keine andere Wahl als nachzugeben. Offensichtlich hatte sie das Bedürfnis, die Dokumente eines „Fehlers", den sie sich nicht vergeben konnte, zu vernichten. Als ich sie später fragte, welche Methode der Vernichtung sie gewählt hatte, gestand sie mir: „Ich habe sie zusammen mit allen Briefen, die Du mir geschrieben hast, verbrannt – im Garten." Dieses Autodafé der Schuld und Verzweiflung hatte eine seltsam komische Seite. Ich konnte nicht anders, ich mußte lachen bei ihrem Geständnis und meinte: „Das erinnert mich an die Nazis, wie sie entartete Bücher von Juden und anderen Schädlingen verbrannten." „Du bist verletzt, das tut mir leid, aber es mußte sein." „Glaubst Du wirklich, daß Du damit die Vergangenheit vernichtet hast?", fragte ich sie. „Natürlich nicht, aber ich habe gezeigt, daß ich sie bereue." „Wem – Gott, Gertrud oder Dir selbst?" spottete ich. „Mir selbst in den Augen Gottes", war ihre feste und definitive Antwort. Und sie fügte hinzu: „Meine wirklichen Gefühle für Dich haben sich niemals geändert und werden sich auch nie ändern. Wenn Du krank bist, werde ich mich um Dich kümmern; wenn Du anrufst, werde ich kommen.“ In gewisser Hinsicht hielt sie ihr Wort bis zum Tod.

Während mein Privatleben einem Tiefpunkt entgegenging, wurde mein berufliches Leben bereichert durch eine neue Art der praktischen Arbeit. Man bat mich, psychiatrische Gutachten für die Bewährungshilfe eines Gerichtes zu erstellen. Eine der Bewährungshelferinnen war eine Quäkerin. Sie hatte arrangiert, daß einige weibliche „Delinquenten“ von mir begutachtet werden sollten, weil das Gericht die Meinung eines Spezialisten über den Geisteszustand der Angeklagten einholen wollte. Einige von ihnen wurden mir zu einer psychotherapeutischen Behandlung überwiesen. Dieser neue Aspekt meiner Arbeit brachte mir viele Anregungen. Ich war gern mit meinen „delinquenten“ Patientinnen zusammen und begrüßte die Gelegenheit, diesem Land einen sozialen Dienst erweisen zu können. Einige der Mädchen waren Lesbierinnen, die ihr Geld als Mannequins oder Prostituierte verdient hatten. Sie waren verhaftet worden, weil sie Kunden auf der Straße angesprochen oder die Polizei beschimpft hatten. Durch ihre Dankbarkeit und Zuneigung den Bewährungshelfern und mir gegenüber wurden mir die Augen für ihre psychosozialen Lebensbedingungn und für einige Aspekte der Homosexualität geöffnet. Die ältere Generation der Bewährungshelfer erfüllte ihre Arbeit noch mit missionarischem Eifer. Dies war ganz sicher auch der Fall bei der Quäkerin, die für mich die Verbindung zum Gericht hergestellt hatte. Wir freundeten uns an, und sie brachte mich in Verbindung mir ihren Kollegen in anderen Teilen Londons. Eines Sonntags nahm sie mich mit auf ein Treffen der Quäker im Westminster Meeting House. Ich nahm viele Male an diesen Treffen teil, doch aus den falschen Motiven. Ich fühlte mich nicht spontan zu ihnen hingezogen, sondern ging nur aus Dankbarkeit für meine Freundin, die ich nicht enttäuschen wollte, mit. Die Gebetsrituale bei diesen Treffen übten allerdings keine positive Wirkung auf mich aus. Das lange Schweigen, unterbrochen von merkwürdigen Äußerungen, gaben mir ein Gefühl der Unwirklichkeit und Klaustrophobie. Und die Vorstellung, daß der

„Heilige Geist“, der sich in abruptem Redeschwall äußerte oder langes Schweigen befahl, im Zimmer sei, war mir wenig sympathisch. Im Gegenteil, das Ganze kam mir unwirklich, wenn nicht gar lächerlich vor. Ich hielt etwa ein Jahr durch und versuchte mein Unbehagen zu überwinden, mußte am Ende jedoch aufgeben.

Ganz anders ging es mir mit einer Gruppe von Quäkern, der meine Freundin mich ebenfalls vorstellte. Die Gruppe traf sich einmal im Monat im Haus von Dr. Isabel Wilson, einer bekannten Psychiaterin. Das Niveau der Diskussion war hoch, und die berühmte Toleranz der Quäker machte es möglich, die unterschiedlichsten Ansichten von östlichen Religionen bis zum Humanismus zu vertreten. Doch am eindrucksvollsten war die kongeniale, vertrauliche Atmosphäre, die zwischen den Mitgliedern herrschte. Wieder einmal hatte ein beruflicher Anfang mir persönlichen Gewinn gebracht. Freundschaften begannen hier, die von Dauer sein sollten.

In dieser Zeit war London nicht länger eine Chimäre, die man am liebsten gar nicht ansah; es hatte viele seiner angenehmen Qualitäten wiedergewonnen. Die Stadt war mir eine Zeitlang zuwider gewesen wegen der unangenehmen häuslichen Bedingungen, die mir überallhin folgten, seitdem mich Anne Tenant verlassen hatte. Doch als ich meine alte Freundin Ruth wiedertraf, wurde das anders. Ruth hatte sich nach dem Tod ihres Mannes in London niedergelassen. Meine Gedanken wanderten jetzt nicht mehr nur nach Hazelwood und zu der Atmosphäre der grünen Felder und Granitfelsen um Malvern. Doch mit schöner Regelmäßigkeit verbrachte ich zweimal im Jahr meine Ferien dort, eine Gewohnheit, die ich bis zu Carolines Tod im Jahre 1976 pflegte. Manchmal schimmerten noch alte Gefühle zwischen uns auf. Ein Urlaub im schottischen Hochland ließ etwas von der früheren Intimität wieder erstehen. Doch dies waren Augenblicke, die man wie einen unverhofften Glücksfall schätzen mußte und nicht zu ernst nehmen durfte.

Ruth war ebenso praktisch wie unromantisch. Nachdem sie Caroline bei einem ihrer seltenen Besuche in London getroffen hatte, meinte sie mit mißbilligendem Blick: „Was kannst du bloß mit so einer alten Frau anfangen? Willst du in einem Märchen leben? Du hast absolut nichts mir ihr gemein. Du solltest es besser wissen – schließlich bist Du Psychologin." Mich amüsierte dieser Ausbruch, und natürlich nahm ich ihn nicht ernst. Ich wußte, was ich brauchte, und – Märchen oder nicht – Caroline und Isabel hatten mehr für mich getan als irgendjemand sonst in diesem Land; sie hatten mich von dem schmerzhaften Eindruck geheilt, daß englische Frauen sich mit Ausländern nicht anfreunden können, und daß ihr merkwürdiger sozialer Kodex sie unzuverlässig macht.

Ruth hatte sich von einer orientalischen Schönheit in eine hübsche Frau mittleren Alters gewandelt, ihre olivfarbene Haut war jetzt dunkelbraun und vom tropischen Klima leicht welk geworden. Sie war eine frustrierte Künstlerin, die gezwungen war, ihren Lebensunterhalt in einer Werbeagentur zu verdienen. Blinde Menschen entwickeln besonders ihren Tastsinn, taube eine besondere kinetische Fähigkeit, die es ihnen ermöglicht, von den Lippen zu lesen. Ersatzfunktionen entwickeln sich auch, wenn Äußerungsmöglichkeiten für ein Talent blockiert werden. Ruth, die in ihrer Jugend keineswegs durch besondere Intelligenz auffiel, war eine Frau von beträchtlichen geistigen Fähigkeiten geworden, besonders auf literarischem Gebiet. Sie war zufällig der einzige jüdische Mensch, den ich in meinem Umkreis kannte. Unsere gemeinsamen Wurzeln und Interessen führten eher zu einer Art familiärer als zu einer freundschaftlichen Bindung. Sie fand ein Zimmer in der Nähe meines Apartments, und ihre Gegenwart erinnerte mich ständig an die angenehmen und schmerzvollen Seiten unserer deutschen Vergangenheit. Doch die „neue" Ruth hatte etwas Ambivalentes an sich; sie dachte, sprach und handelte diplomatisch. Wenn man sie festhalten wollte, entschlüpfte sie wie ein Aal. Und doch bevorzugte ich ihr ausweichendes Verhalten gegenüber einem geistigen Zwillingsdasein, das zwei Menschen, die sich in vielem ähnlich sind, leicht eingehen.

Sybille Bedfords Rückkehr nach London im Jahre 1956 bedeutete mir mehr, als ich vorher geahnt hatte. Sie führte nicht nur zu einer engen Freundschaft, sondern brachte auch die Wärme und Inspiration in mein Leben zurück, nach denen ich so gehungert hatte. Ihre Freundin, die amerikanische Schriftstellerin Eda Lord, teilte ihr Leben in den verschiedenen Wohnungen in London und Essex, und schließlich wohnten die beiden ganz in meiner Nähe. Eda wurde automatisch in unsere Freundschaft eingeschlossen. Wir drei teilten dieselbe Vorliebe für *conversazione*, für unterhaltsame und ernste Gespräche, die seit dem Krieg so beschämend vernachlässigt worden waren. Der beachtliche Erfolg ihrer beiden Bücher „The Sudden View" und „A Legacy" machten Sybille noch bescheidener als je zuvor. Sie betrachtete ihre Umwelt mit der gleichen Amüsiertheit und Sorge wie früher. Eda hatte mexikanisches Blut in den Adern, und ihre Schönheit lag in ihren großen dunklen Augen und einem athletisch und biegsamen Körper, der wie geschaffen war für Tanz und Akrobatik. Es war nicht ihre Art, viele Worte zu machen, doch wenn sie sprach, dann mit einer Scharfsichtigkeit und Klugheit, die einen die Ohren spitzen ließ. Manchmal zogen sich unsere abendlichen Unterhaltungen bis in den frühen Morgen hin. Das gegenseitige Geben und Nehmen besiegelte unsere Freundschaft und inspirierte uns. Die beiden blieben sieben Jahre in diesem Land, bevor sie nach dem schrecklichen Winter von 1963 nach Südfrankreich zogen. Ich war traurig und ärgerlich über ihre Abreise. Weitere sieben Jahre gingen ins Land, bevor sie sich wieder in London niederließen. Während ihrer langen Abwesenheit besuchte ich sie von Zeit zu Zeit in Südfrankreich. Auf diese Weise pendelte ich in meinen Ferien zwischen den englischen „Midlands" und den Küsten des Mittelmeeres. Dort wohnte ich in dem malerischen Haus einer englischen Freundin in der Nähe von St. Paul de Vence. Der beinahe inzestartige Kontakt der Frauen der englischen Oberschicht, die an der Riviera lebten, kam mir zustatten. Meine Freundin kannte Sybille und Eda und Allanah Harper, in deren Haus die beiden das Erdgeschoß bewohnten. Wir setzten unsere erfrischenden Dreiergespräche in der erholsamen und lebhaften Umgebung der Riviera fort.

Es wäre jedoch falsch, aus diesen glücklichen Umständen zu schließen, daß ich mich in Großbritannien heimisch fühlte. Das war nicht der Fall. Ich hatte Mitgefühl und Interesse für meine Patienten und genoß den Kontakt zu einigen wenigen Menschen, war aber nicht in der Lage, mich als etwas anderes zu betrachten als ein

„adoptiertes Kind" dieses Landes, das sorgfältig Worte und Taten abwägen mußte. Ich war immer eine Außenseiterin, weder fähig noch in der Lage, etwas an dieser Position zu ändern. Ich betrachtete Ereignisse und Lebensumstände in Großbritannien mit der gleichen Empathie, die ich für meine Patienten empfand. Ich mußte feststellen, daß das kollektive Bewußtsein der Briten Veränderungen durchgemacht hat, die in meinen Augen symptomatisch sind für einen „schlechten Gesundheitszustand".

Es liegt mir eigentlich nicht, meine persönlichen Vorstellungen über die englische Gesellschaft öffentlich zu äußern. Aber der gegenwärtige Mißbrauch des Wortes Demokratie und infolgedessen auch seine falsche Anwendung, betrifft mich so sehr wie jeden anderen innerhalb und außerhalb dieses Landes. Der Wohlfahrtsstaat hat die sozialen Mißstände nicht beseitigt, sondern die Menschen emotionale Bevormundung gelehrt. Viele Engländer haben es gelernt, viel zu nehmen und wenig oder nichts dafür zu geben, wie verwöhnte Kinder. Sie fordern als ihr Recht, was sie durch eigene Anstrengung oder Initiative erreichen sollten. Der Niedergang, wenn nicht Fall, einer großen Nation, stachelt mich an, eine Rednertribüne zu betreten und einen Vortrag über dieses Thema zu halten, aber ich fühle mich nicht berufen, warnende Hinweise zu geben. Der Mißbrauch eines Wortes verzerrt offensichtlich dessen Bedeutung. Und mein Plädoyer für Selbstdisziplin für ein Geben und Nehmen in *allen* Beziehungen mag im Namen der Demokratie als naiv oder gar faschistisch kritisiert werden. Es ist weder das eine noch das andere. Mein Standpunkt ist dem der Surrealisten ähnlich, die sich für absolute Freiheit in Vorstellungen und Beziehungen einsetzen. Man kann andere nicht lieben, bevor man sich selbst nicht liebt. Man kann andere nicht disziplinieren, bevor man sich selbst nicht diszipliniert. Man kann – oder sollte – nicht geben oder nehmen, ohne desgleichen zu tun. Denn sonst wird die Freiheit, man selbst zu sein oder eine „freie" Gesellschaft zu schaffen, gefährdet und schließlich zerstört.

Es gab ein anderes Thema, dem ich meine Zeit und Energie ohne Scheu widmen konnte: das Problem der Homosexualität. Es betrifft die gesamte Menschheit. Ich wollte die Freuden, Sorgen und Konflikte der Homosexuellen untersuchen, von Menschen also, die sich nicht nach dem gängigen emotionalen Verhalten richten. Von Anfang an wußte ich, daß viele Probleme, mit denen sie sich herumschlagen müssen, nicht von ihnen selbst gemacht, sondern durch ihre Mitmenschen verursacht werden, die sie mit Ignoranz oder herablassender Verachtung betrachten. Die Mehrheit der Heterosexuellen behandelt sie mit Geringschätzung, hinter der sich die Angst vor ihrer eigenen Homosexualität verbirgt. Mein Interesse an gelebter lesbischer Liebe geht bis in meine Studentenzeit zurück, wurde jedoch zu einem absorbierenden Thema, als ich diesen Bereich zu meinem neuen Forschungsgebiet in den 60er Jahren machte.

Der Beginn dieser Studie hängt mit dem ersten Entwurf meines Buches „On the Way to Myself" zusammen. Das Buch war schon 1960 vom Verlag Methuen & Co. in Auftrag gegeben worden, doch ich begann erst 1967, es nach und nach fertigzustellen. Die Gründe für diesen Aufschub lagen in Veränderungen meines persönlichen Lebens und einer großen Zahl beruflicher Verpflichtungen. Ich hatte eine Reihe erfolgloser Versuche hinter mir, doch es gelang mir nur, ein Kapitel fertigzustellen – einen Essay über weibliche Homosexualität. Ich erkannte, daß Gedanken allein nicht ausreichten; sie mußten bestätigt oder widerlegt werden durch empirische Forschung. Doch zu diesem Zeitpunkt war ich noch nicht bereit, eine solche Untersuchung durchzuführen.

Im April 1962 starb Isabel. Ich trauerte um sie in einem Ausmaß, das mich überraschte. Ich mag geahnt haben, daß eine vollständige Änderung in Carolines Leben in der Luft lag, eine Veränderung, die auch mein ganzes Leben betreffen würde. Carolines Einsamkeit nach Isabels Tod besiegelte ihre Hingabe zur Lehre Christi, und die Religion regierte ihr Leben noch stärker als je zuvor. Sie hatte das Haus gekauft, in dem sich Gertrud vor zwölf Jahren häuslich eingerichtet hatte, und jetzt verkaufte sie Hazelwood und zog in dieses rote Backsteinhaus in einer ruhigen Straße in Malvern. Von da an hatte Gertrud in ihrem Haushalt das Sagen. Doch nach wie vor bestand Caroline auf meinen Besuchen. Caroline und Isabel waren in Hazelwood ein Paar gewesen, keine der beiden hatte an ihrer Beziehung irgendetwas „Merkwürdiges“, Unnatürliches oder Bedauernswertes gesehen. Sie waren sich wahrscheinlich des Charakters ihrer Zuneigung nie bewußt, oder sie hatten nicht den Mut, ihn sich einzugestehen. Anders lag der Fall bei Gertrud und Caroline. Gertrud, eine „geborene Lesbierin“, wußte alles, was man über die Liebe zwischen Frauen nur wissen kann. Wie viele ihrer Kenntnisse sie Caroline mitteilte, blieb ein ungelüftetes Geheimnis. Der Unterschied zwischen Carolines Gefühlen und ihren eigenen muß für sie eine bittere Angelegenheit gewesen sein.

Ich hatte schon Jahre vor meiner wissenschaftlichen Untersuchung die Schönheiten und Qualen lesbischer Beziehungen gesehen. Isabel und Caroline waren „versteckte“ Lesbierinnen. Solche Beziehungen lassen sich nicht statistisch ergründen. Ihre Zahl ist sicherlich beträchtlich, selbst in unserem toleranten Zeitalter. „Bewußte“ Lesbierinnen bedauern sie, doch ich bin keineswegs sicher, daß sie darin nicht fehlgeleitet sind. Beziehungen dieser Art, die ich kannte, besaßen einen inneren Reichtum, der die Gefahr nervlicher und emotionaler Störungen ausglich.

Gertruds Tod im Jahre 1967 veränderte das grundlegende Muster von Carolines Beziehung zu mir nicht. Sie war „spirituell“ mit Isabel und Gertrud verbunden. Ich blieb eine Außenseiterin, die sie von der festgelegten Routine eines friedvollen Lebens ablenkte. Sie widmete ihr Leben den Bemühungen, Gutes zu tun und „ihre Nachbarn zu lieben“. Ich besuchte sie jetzt lieber, befreit von Gertruds Eifersucht. Die verbleibenden Jahre meiner Freundschaft mit Caroline waren entspannt und befriedigend. Sie war eine amüsante und anregende Gesprächspartnerin, die mir nicht übelnahm, daß ich sie wegen ihres religiösen Eifers, ihrer Überempfindlichkeit und ihrer spartanischen Lebensart aufzog. Sie zeigte ein leicht zynisches Interesse an meiner Forschung über ein Thema, das sie mit solcher Mißbilligung betrachtete – weibliche Homosexualität.

Sexualwissenschaftliche Forschung

Am Beginn meiner sexualwissenschaftlichen Forschungen stand der Aufsatz über weibliche Homosexualität, den ich 1961 schrieb. Er war als Teil meiner autobiografischen Notizen „On the Way to Myself" („Innenwelt und Außenwelt") gedacht. Ich faßte damals den Plan, sobald das Manuskript meiner Autobiographie abgeliefert wäre, ein Forschungsprojekt über Lesbianismus durchzuführen, mit dem ich schließlich 1967 begann. Heute frage ich mich, was mich veranlaßt haben mag, mich derart intensiv mit dem Thema zu befassen. Weder meine eigene emotionale Geschichte, noch die Erfahrungen und Beobachtungen, die ich bei Freundinnen, fremden Frauen und Patientinnen gesammelt hatte, waren substantiell genug, um meine intensive Beschäftigung mit der weiblichen Homosexualität zu rechtfertigen.

Eine Freundin von mir war dem ersten lesbischen Kollektiv in England beigetreten, das 1963 gegründet und als „Minorities Research Group" bekannt wurde. Sie gab mir regelmäßig die monatlich erscheinende Zeitschrift dieser Gruppe, „Arena Three" zu lesen. Doch ich mußte zugeben, daß ich auch daran kein besonderes Interesse hatte. Wahrscheinlich hatte ich ein Vorurteil gegen lesbische Gruppen, die nach meiner Ansicht zwangsläufig in ein Getto geraten mußten. Und nichts war mir fremder als eine „professionelle Lesbe" – ein fast zwangsläufiges Ergebnis solcher Gruppenbildung. In meinen Augen war es unsensibel und unzivilisiert, aus einer ganz und gar natürlichen Art zu leben und zu lieben, einen Brennpunkt öffentlicher Diskussion zu machen. Eingedenk solcher Reflektionen und Empfindungen glaube ich heute nicht, daß die damals bestehende lesbische Bewegung viel mit meiner Absicht gemein hatte, die Liebe zwischen Frauen wissenschaftlich zu ergründen. Meine Motive speisten sich aus anderen Quellen. Die Gesellschaft hat aus Männern und Frauen Artefakte gemacht. Die Konsequenzen dieser „Unnatürlichkeit" sind mannigfaltig. Dazu gehört die emotionale Fremdheit zwischen den Geschlechtern; die

Unterdrückung angeborener Fähigkeiten der Frau ist eine weitere Folge. Und: Ständig werden falsche Bewertungen über Natur und Platz der Geschlechter in der Gesellschaft vorgenommen. Eine Folge davon ist, daß Frauen emotionales Wohlbefinden und Harmonie besser bei anderen Frauen als bei Männern finden konnten (und können) – eine Schlußfolgerung, die homosexuelle Frauen ganz klar in Theorie und Praxis vollzogen haben. Obwohl ich persönlich nie eine Diskriminierung auf Grund meines Geschlechts erleiden mußte, ist die Macht, die Männer emotional und sozial über Frauen ausüben, einer von vielen Gründen, warum sich meine intimen Gefühle von Zuneigung und Liebe auf andere Frauen richtete. Von Kind an war ich der Überzeugung, daß Liebe selbstverständlich eine „Sache" zwischen Frauen ist. Und als Erwachsene habe ich erkannt, daß die falsche Wertung der Geschlechter vollständig geändert werden muß, wenn sich weibliche Potentiale und weibliche Identität entfalten und etablieren sollen. Wahrscheinlich war es vor allen Dingen der Feminismus, der mich angeregt hat, über weibliche Homosexualität zu forschen. Noch bevor es die Frauenbewegung gab, war mir klar, daß Feminismus untrennbar mit Lesbianismus zusammenhängt. Die lesbische Frau ist die geborene Feministin, denn sie ist frei von emotionaler Abhängigkeit vom männlichen Geschlecht. Doch die Gesellschaft zwingt sie, sich Männern aus beruflichen und sozialen Gründen anzupassen. Sie muß eine Rolle spielen, um bestehen zu können, und sich oft in ihrer falschen Position Gewalt antun. Diese Überlegungen nahmen in meinem Buch „Love between Women" (erschienen 1971) konkrete Gestalt an. Sie können als Leitmotiv für mein Verständnis der lesbischen Liebe gesehen werden, das, wie ich hoffte, zu einer „Korrektur" der als falsch entlarvten Weltanschauung, auf der unser sozialer Kodex und unser Verhalten beruht, beitragen könnte.

Wissenschaftliche Arbeit war mein geistiges Lebenselixier, und viele Jahre lang hatte ich unter starken Frustrationen gelitten, weil ich keine Forschungsarbeiten durchführen konnte. Jetzt begab ich mich wieder einmal auf die Suche nach unbekannten Daten eines ungewöhnlichen Forschungsgebietes. Das war nur möglich, indem ich die Zahl meiner Patienten reduzierte, doch der unverhoffte

Glücksfall einer Erbschaft brachte mich der Verwirklichung meines Wunsches näher. Eine Arbeit, wie ich sie plante, erforderte eine beträchtliche Zahl an Versuchspersonen. Und schließlich mußte ich mich der Zusammenarbeit mit Wissenschaftlern an einer Universität versichern, um die Ergebnisse statistisch auswerten zu können. Statistiken sind für mich eine Art Kurzschrift, von der ich nichts verstehe. Während ich über mein weiteres Vorgehen nachdachte, fühlte ich mich wie ein Schriftsteller, der seinen ersten Roman schreiben will und erschreckt und voller Selbstzweifel auf ein leeres Blatt Papier starrt. Doch das Schicksal war mir wieder einmal wohlgesonnen, so daß ich mit meinem Plan vorwärtskam. Als ich mit meinen Untersuchungen der menschlichen Hand beschäftigt war, hatte ich die richtigen Menschen zur rechten Zeit getroffen. Und etwas Ähnliches passierte mir jetzt. Ruth hatte Antony Grey, damals der Direktor des Albany Trust, kennengelernt und war von seiner Persönlichkeit und seiner Intelligenz sehr beeindruckt. „Du mußt Grey aufsuchen“, empfahl sie mir. „Er könnte der Richtige sein, um Dir bei Deinen Forschungen zu helfen.“ An einem Novembertag des Jahres 1967 arrangierte sie für mich ein Treffen mit Antony Grey im Café Royal. Ihre Voraussage erwies sich als richtig. Schon in der ersten Stunde unseres Gespräches wußte ich, daß seine Kenntnis rechtlicher und sozialer Lebensbedingungen homosexueller Menschen unübertroffen war. Die Tatsache, daß er sich „der Sache“ mit ganzem Herzen gewidmet hatte, seine unaufhörlichen Bemühungen, das Los sexueller Minderheiten zu verbessern, machten ihn genau zu dem Menschen, den ich suchte, um das Material für meine Studie über lesbische Liebe zu finden.

Im Januar 1968 besuchte ich den Albany Trust zum ersten Mal. In den drei kleinen, viel zu engen Räumen herrschte emsige Aktivität. Homosexuelle Männer und Frauen kamen herein, um mit Antony Grey oder Doreen Cordel zu sprechen. Auch Doreen war eine Frau, die sich ihren Aufgaben, die sie unter schwierigen äußeren Bedingungen durchführen mußte, mit ganzem Herzen widmete. Männer und Frauen kamen in großer Zahl, um bei ihr Hilfe zu suchen. Sie war sehr an meiner Forschung interessiert und versprach, mich zu unterstützen. Sie begann sofort damit, indem sie lesbischen Frauen, die bereit waren, sich von mir interviewen zu lassen, riet, mit mir Kontakt aufzunehmen. Ich wurde eine regelmäßige Besucherin des Albany Trusts, und häufig aßen Antony, Doreen und ich zusammen in einem Restaurant zu Abend und schmiedeten große Pläne für weitere Forschungsprojekte oder diskutierten darüber, wie man die Öffentlichkeit über Homosexualität aufklären könnte.

Der Albany Trust hatte mir den ersten „Schwung" Versuchspersonen verschafft. Doch die stärkste Unterstützung meiner Arbeit bekam ich von der lesbischen Minorities Research Group. Ich bat sie, meinen Aufruf nach freiwilligen Versuchspersonen in ihrer Zeitschrift „Arena Three" zu veröffentlichen, doch aufgrund von internen Veränderungen in der Organisation erschien meine Anzeige erst einmal nicht, so daß ich schon fast den Mut verlor, das nötige Material für die Studie zusammenzubekommen. Glücklicherweise hörte ich zu diesem Zeitpunkt von einer neuen lesbischen Gruppe namens Kenric, die 1958 von Diana Chapman, Cynthia Reed und anderen ins Leben gerufen worden war. Ich suchte sie auf, erzählte von meinem Vorhaben, und die Frauen von Kenric versprachen mir ihre Unterstützung. Sie veröffentlichten meinen Aufruf in ihrem Anzeigenblatt und verbreiteten ihn durch Mund-zu-Mund-Propaganda. Etwa einen Monat später druckte „Arena Three" meine Anzeige gleich zweimal, und so suchten mich lesbische Frauen durch Vermittlung beider Gruppen auf. Obwohl ich auf diese Weise eine beträchtliche Anzahl von Versuchspersonen zusammenbekam, benötigte ich noch mehr. Als im Februar 1969 „On the Way to Myself" erschien, schlug Diana Chapman vor, daß ich darüber vor Kenric-Mitgliedern in der Caxton Hall sprechen sollte. Sie selbst leitete die Veranstaltung, bei der ich über mein Leben und über meine Arbeit sprach, und das Gesagte gefiel offenbar den anwesenden Frauen. Damit hatte ich die letzte Hürde meiner Materialsammlung überwunden. 108 lesbische Frauen kamen schließlich in mein Sprechzimmer, so daß ich jede Stunde des Tages und auch noch die Abende mit Interviews zubrachte. Es war eine wunderbare Zeit, in der ich mehr lernte, als ich für möglich gehalten hatte. Und mit einigen der Frauen freundete ich mich persönlich an. Nachdem 125 Kontrollpersonen ebenfalls von mir interviewt worden waren und beide Gruppen einen Fragebogen ausgefüllt hatten, begann ich den theoretischen Teil des Buches „Love between Women" (Deutsch: Die Psychologie der lesbischen Liebe) zu schreiben. Zur gleichen Zeit lernte ich Dr. Clive Spicer, den damaligen Direktor der statistischen Abteilung des Medical Research Council kennen, der mir seine Hilfe anbot und den statistischen Teil meiner Arbeit übernahm.

Ich hatte eine ganze Menge über das persönliche und berufliche Leben lesbischer Frauen erfahren, über das Versteckspiel, das sie Vorgesetzten und Kollegen gegenüber treiben mußten, über ihre Eltern und ihre heterosexuellen Freunde. Die Interviews bestätigten einige meiner Ansichten über weibliche Homosexualität und fügten neue Erkenntnisse hinzu. Die autobiografischen Beschreibungen, die jede Frau als Teil des Forschungsprojekts geschrieben hatte, waren besonders aufschlußreich. Diese Frauen waren hinsichtlich aller Persönlichkeitsmerkmale mit der Kontrollgruppe vergleichbar. Mit einem Unterschied: Sie waren Menschen mit einem stärkeren Bedürfnis nach Unabhängigkeit und einem insgesamt schärferen emotionalen Profil.

Doch es wurde mir klar, daß individueller Mut und persönliche Integrität die Berge gesellschaftlicher Dummheit und Vorurteile nicht versetzen können. Die Macht des Individuums war im Zeitalter der Gleichmacherei stark zurückgegangen. Im Gegensatz zur Überzeugung glühender Marxisten wird unorthodoxe Liebe von linken Regierungen weniger toleriert als von konservativen. Man braucht nur daran zu denken, wie die Homosexualität in der UDSSR behandelt wurde. Zunächst täuschte man Toleranz vor, um dann das Gegenteil gesetzlich zu verankern. Die autokratischen und „archaischen" Regierungen des mittleren Ostens dagegen hatten nichts gegen *männliche* Homosexualität einzuwenden. Im Gegenteil, sie wurde als natürliche Art des sexuellen und emotionalen Lebens der Männer betrachtet. (In modernen islamischen Ländern dagegen scheint sich, wie das Beispiel Iran deutlich zeigt, auch in Bezug auf männliche Homosexualität eine Doppelmoral durchzusetzen: Zwar ist es ein offenes Geheimnis, daß die Homosexualität unter Männern weit verbreitet ist, wird sie jedoch ehrlich ausgelebt, wird sie mit der Todesstrafe geahndet.) Die Tatsache, daß weibliche Homosexualität nicht nur verurteilt, sondern von denselben Regierungen mit den härtesten Strafen belegt wird, ist eine andere Sache. Sie hängt zusammen mit einem ausgeprägten männlichen Chauvinismus, der von der Frau eine vollständige Unterwerfung verlangt. Dem orientalischen Mann ist durchaus bewußt, daß die Lesbierin die wahrhaft befreite Frau ist, die nicht nur seine Machtbesessenheit, sondern auch seinen sexuellen Absolutismus bedroht.

In der westlichen Welt hatte die Diskriminierung sowohl weiblicher und männlicher Homosexueller einen Höhepunkt erreicht, während gleichzeitig die Fesseln anderer Restriktionen auf die Bevölkerung von „toleranten" Regierungen gelockert wurden. Nur wer finanziell unabhängig oder gesellschaftlich anerkannt war, konnte es sich leisten, seine psychosexuelle Abweichung vom gängigen Stereotyp offen zu zeigen.

Jetzt wurde mir klar, daß lesbische Frauen in dieser Gesellschaft sich zusammenfinden mußten, um eine Subkultur zu bilden, in der sie frei atmen und sie selbst sein konnten. Eine Gesellschaft, die das Individuum stärker als je zuvor mißachtete, war blind gegenüber einer *wirklichen* Toleranz, blind gegenüber sexuellen Variationen, während sie gleichzeitig Schutz und Gleichbehandlung von Minoritäten proklamierte. Ganz sicher mußte diese Forderung nach Gleichbehandlung durch kollektive Repräsentanten gestellt werden. Der Albany Trust, die Campaign for Homosexual Equality (C.H.E.) und die Gay Liberation Front (G.L.F.) waren die wichtigsten Organisationen, die sich um homo- und bisexuelle Menschen kümmerten. Sie waren von Männern gegründet worden, und auch die meisten ihrer Mitglieder waren Männer. Die Bildung lesbischer Gruppen wurde notwendig, um ein Gleichgewicht herzustellen und einen eigenen Weg zu kollektiver Identität zu finden. Doch sie blieben kleiner und weniger mächtig als die Männergruppen. Die Law Reform Society, der Albany Trust und die C. H. E. leisteten einen wichtigen Beitrag zur Veränderung des Gesetzes gegen männliche Homosexuelle. Und sie hatten einigen Erfolg darin, bestimmte Berufsgruppen in Richtung auf ein besseres Verständnis jeder Art von ungewöhnlichem sexuellen Verhalten zu beeinflussen. Lesbische Gruppen, besonders Sappho, haben sich den Verdienst erworben, sich in den Medien ein gewisses – wenn auch meist nur widerstrebend gewährtes – Gehör zu verschaffen.

1968 trat ich Kenric bei; Sappho unterstützte ich seit ihren Anfängen. Als Sappho mich bat, die Patronin ihrer Zeitschrift zu werden, stimmte ich freudig zu. Einige Jahre später brauchte die Gruppe meine Schirmherrschaft offenbar nicht mehr, da viele Mitglieder Psychiatern gegenüber feindselig eingestellt waren. Diese Haltung enttäuschte mich, weil man bei Sappho um meine eigene Lebensführung und meine Einstellung zur Homosexualität wußte, doch ich unterstützte die Gruppe weiterhin. Anders Kenric: Sie verlieh mir die Ehrenmitgliedschaft.

Meine Arbeit über lesbische Liebe führte mir vor Augen, welche falschen Vorstellungen über sie bestanden, etwa die, daß Lesbierinnen für die Gesellschaft akzeptabler seien als männliche Homosexuelle. Es stimmt, das Schwert des Gesetzes schwebt seit biblischen Zeiten über den Köpfen der Männer, während homosexuelle Frauen von drakonischen Strafen verschont blieben, ganz sicher seit Mitte des 19. Jahrhunderts, obwohl ihnen beispielsweise in Österreich und in einigen amerikanischen Bundesstaaten – jedenfalls nominell – bis vor kurzem noch Gefängnisstrafen drohten. Ich habe schon erwähnt, daß ich davon überzeugt bin, daß der Lesbianismus das Rückgrat des Feminismus ist. Die Befreiung der Frauen von dem Stigma des „anderen Geschlechts", das den Männern in fast jeder Hinsicht unterlegen sei, ist undenkbar ohne emotionale Unabhängigkeit von Männern. Die erste Lektion weiblicher Befreiung kann nur von homo- und bisexuellen Frauen gelehrt werden, denn *emotionale* Freiheit vom Mann ist eine *notwendige* Bedingung der Freiheit aller Frauen. Es wurde mir klar, daß Männer es sich nicht erlauben können, lesbische Liebe zu tolerieren, denn durch sie würde jene Säule, auf der ihre Selbstachtung ruht, zerstört. Die heterosexuelle Feministin kann immer noch in das uralte Netz männlicher Dominanz geraten, denn ihre sexuelle und emotionale Präferenz macht sie verletzbar. Die Lesbierin ist die gefährlichste Widersacherin des Mannes. Sie bedroht ihn in jeder Hinsicht: emotional, sozial und sexuell. „Normale" Männer können es sich leisten, den homosexuellen Mann zu tolerieren, denn sie fühlen sich ihm überlegen, die homosexuelle Frau jedoch muß ihnen zwangsläufig unerträglich sein. Sie haben einen Horror vor ihr, auch wenn er oft hinter Arroganz oder falscher Toleranz versteckt wird; er ist so tödlich wie der Biß einer Giftschlange. Warum? Seit die jüdische und christliche Religion in den Köpfen und im Leben der Menschen regiert, wurde die Frau immer auf ein Podest gestellt. Der menschliche Geist nährt sich von Bildern. Das Bild der Frau, das der Mann von ihr entworfen hat, zeigt sie als ihn umsorgend und unterstützend – und vollständig von ihm abhängig. Jede Veränderung dieses Bildes würde die Frau von ihrem Podest herunterholen und den Mann zu hilfloser Verzweiflung bringen. Er würde sein Machtgefühl verlieren, das ihn beherrscht, dieses Kunstprodukt, das er über die Jahrhunderte durch das Diktat der Gesellschaft geworden ist.

Es gibt noch einen anderen schwerwiegenden Grund für die Feindseligkeit des Mannes gegenüber der befreiten Frau: Der Neid auf ihre reproduktive Fähigkeit, den er auf die lesbische Frau als ebenfalls potentielle Mutter überträgt. Männer können ihren Kindern nie so nahe sein wie Frauen, auch wenn sie eine vollständige Persönlichkeitsänderung durchmachen. Die Intimität des vorgeburtlichen Bandes zwischen Mutter und Kind kann durch eine Umkehrung des männlichen Selbstbildes und seiner Verhaltensmuster nicht überwunden werden. Er ist eine Art Außenseiter durch die höhere Gewalt der Natur, die ihn in einer Sackgasse gefangen hält. Seine einzige Chance besteht darin, selbst das Kind einer Frau zu werden, und das hat er jahrhundertelang versucht. Doch auch dies rettet ihn nicht vor dem Verlust der Selbstachtung und dem Mangel an instinktiver Intimität mit seinen Kindern. Das alles macht ihn der Frau unterlegen, eine Tatsache, die er immer versucht hat, durch Über-Kompensation zu leugnen, deren Gipfel die sogenannten „männlichen Tugenden“ sind.

Die Frauenbewegung ist *die* Notwendigkeit unserer Zeit, doch die Befreiungsbewegung der Männer wird die Notwendigkeit der Zukunft sein. Der Mann muß sich ändern und das werden, was er von Natur aus ist – ein bisexueller Mensch. Die Rollen der Geschlechter, wie ich sie hier skizziert habe, veranlaßten mich während der vergangenen Jahre, über Bisexualität zu forschen.

Es hat immer Frauen gegeben, die sich ihres eigenen Wertes bewußt waren. Sie waren die ursprünglichen Feministinnen. Ich bin der Überzeugung, daß viele von ihnen bisexuell oder lesbisch waren, ob ihnen das nun bewußt gewesen ist oder nicht. Doch erst heutzutage hat sich das kollektive Bedürfnis der Frauen nach ihrer Befreiung zu einer internationalen Revolution ausgeweitet, die durch die männliche Feindseligkeit notwendigerweise noch verschärft wird.

Doch was ist mit den Frauen, die mit den ihnen zugeschriebenen Rollen zufrieden sind? Sie fürchten sich vor einer Freiheit, die ihren Bedürfnissen nicht entspricht, und haben vor allen Dingen Angst vor der lesbischen Frau – eine Angst, die auch viele Feministinnen teilen. Während der letzten Jahre fand allerdings allmählich eine geistige Veränderung bei den heterosexuellen Befreiungs-Verfechterinnen statt. Die Kenntnis psychologischer Bisexualität wurde immer verbreiteter, und immer mehr Frauen leben ihre Bisexualität auch aus. Dieser Trend verweist auf die Suche der Frau nach ihrer wahren Identität, sie sprengen die Zwangsjacke eines Stereotyps, das ihr von der Gesellschaft aufgezwungen wird.

Die Veröffentlichung meines Buches „Love between Women" im Februar 1971 war ein Meilenstein in meinem beruflichen Leben. Sie brachte viele Frauen, die Konflikte aufgrund ihrer Homosexualität hatten, in meine Sprechstunde. Sie kamen lieber zu mir, als zu einem praktischen Arzt oder einem konventionellen Psychiater zu gehen.

Leider hat sich die Aufklärung über das Thema unkonventionelle Sexualität, wenn überhaupt, nur langsam im ärztlichen Berufsstand durchgesetzt. Mit Ausnahme des Royal Northern Hospital in London hat mich keine medizinische Ausbildungsstätte in Großbritannien eingeladen, über lesbische Liebe zu sprechen. Doch im November 1970 wurde der lesbische Film „The Important Thing is Love" („Das Wichtigste ist die Liebe"), in dem ich die Rolle der Psychiaterin spielte, im Fernsehen gezeigt und fand große Resonanz in der Presse. Allerdings erwies sich jeder Gedanke, dies könne zu einer Verringerung der Vorurteile gegen homosexuelle Frauen führen, als Illusion. Die allgemeine Öffentlichkeit zeigte sich nicht berührt. Einige Männer hielten offenbar lesbische Liebe für eine amüsante Angelegenheit, andere reagierten entweder zynisch oder gingen sogar so weit, lesbische Frauen körperlich anzugreifen. Etwa zur gleichen Zeit begann die Gruppe Sappho ihren langen Marsch gegen die Vorurteile in der Öffentlichkeit, an der Spitze feministischer Bewegung standen lesbische Frauen. Dieses offensive Vorgehen half ihrem Anliegen, denn progressive Frauen und Männer erkannten die Bedeutung dieser Kampagne. Es gelang Sappho, von einigen Zeitungen und Fernsehstationen ernst genommen zu werden, doch der Radiosender Radio Four weigerte sich konstant, über das Thema zu berichten.

Im Dezember 1971 bat mich der BBC-Regisseur Tony van den Bergh, bei einer einstündigen Radiosendung über lesbische Liebe, die auf meinem Buch basierte, als Beraterin mitzuarbeiten. Er hatte bereits Kontakt mit mehreren lesbischen Frauen aufgenommen, die über ihre Liebe, ihre Konflikte und die Masken, die sie in ihrer Umgebung tragen mußten, berichteten. Einige „Experten" kommentierten diese Berichte und legten ihre jeweiligen Theorien über weibliche Homosexualität dar. Und ich gab wiederum dazu meinen Kommentar ab. Allan Burgess produzierte das Programm, das als Dokumentar-Feature in Radio Four gesendet werden sollte. Es wurde im Januar 1972 aufgenommen, aber nie ausgestrahlt. Über männliche Homosexualität gab es jedoch vor einigen Jahren eine Sendung, und das bestätigt meinen Verdacht, daß weibliche Homosexualität nach wie vor ein Tabu-Thema ist.

Der erste Anreiz für meine Forschung über lesbische Liebe war jedoch weder deren Bedeutung für den Feminismus, noch das soziale Dilemma aller Homosexueller. Ich wollte vielmehr herausfinden, ob biologische Ursachen darin eine Rolle spielen. Professor von Möllendorf, Embryologe an der Universität Tübingen, war der „Vater" des biologischen Ansatzes. Ich kann mich noch gut an seine Vorlesungen und seine Kreidezeichnungen der Stadien fötaler Entwicklung erinnern. Die Tatsache, daß der Fötus über drei Monate sexuell undifferenziert ist, beweist, daß das Leben mit Bisexualität beginnt, und das nicht nur beim Menschen, sondern in der gesamten Natur. Homosexualität und Heterosexualität sind sekundäre Entwickungsstadien, wie Zweige, die aus einem Baum sprießen.

Ich befragte daher die lesbischen Frauen und die Kontrollgruppe in meiner Untersuchung über ihre Beziehungen zu beiden Geschlechtern, zum Beispiel:

1. Fühlen Sie sich emotional hingezogen:
   a) ausschließlich zu Frauen?
   b) ausschließlich zu Männern?
   c) zu Frauen und Männern?
2. Bevorzugen Sie männliche Freunde gegenüber Freundinnen?
3. Fühlen Sie sich körperlich zu Männern hingezogen?

Die Antworten der lesbischen Frauen bestätigten die unterschwellige Bisexualität bei der weiblichen Homosexualität. Die große Mehrheit der sich selbst als lesbisch bezeichnenden Frauen hatte sexuelle Beziehungen zu Männern (gehabt). Menschen werden wesentlich häufiger durch biografische Ereignisse hetero- oder homosexuell als durch ihre Konstitution; andere verleihen ihrer angeborenen Bisexualität in ihrer Lebensgestaltung Ausdruck. Diese Erkenntnis brachte mich auf den Weg, Bisexualität an sich zu untersuchen.

Die sozialen Probleme homosexueller Menschen in unserer Gesellschaft zwangen mich dazu, an dem Kampf für die Veränderung ihres Schicksals teilzunehmen. Von daher akzeptierte ich mit Freuden Antony Greys Einladung, im Jahre 1972 dem Komitee des Albany Trust beizutreten, der ersten Organisation, die sich zum Ziel gesetzt hatte, dem Spießrutenlaufen der Homosexuellen gegen gesellschaftliche Vorurteile ein Ende zu setzen. Sie hat zwei Aufgaben: Beratung und Öffentlichkeitsarbeit. Ich wollte nicht nur Kommissionsmitglied sein und freute mich daher über das Angebot, die Beratung einiger homosexueller Frauen, die den Albany Trust besuchten, zu übernehmen. Und Antony Grey arrangierte Seminare über Homosexualität für Sozialarbeiter und Bewährungshelfer, die mir eine weitere Möglichkeit der aktiven Teilnahme an der Arbeit des Albany Trust boten. Ich berichtete darin hauptsächlich von meinen Untersuchungen über lesbische Liebe. Die Seminare waren gut besucht und haben hoffentlich dazu beigetragen, den geistigen Horizont derer zu erweitern, die immer noch ambivalente Einstellungen auf diesem Gebiet hatten. Zumindest aber erkannten sie ihre Ignoranz gegenüber der Homosexualität, und das wirkte sich direkt auf ihre Arbeit aus. Der Plan, die Öffentlichkeit Schritt für Schritt aufzuklären, schien der rechte Weg zu sein. Ihr Einfluß auf die öffentliche Meinung hatte mehr Gewicht als die der homosexuellen Organisationen, denen man immer eine einseitige Sicht der Dinge unterstellt.

Nach der Veröffentlichung von „Love between Women“ lag meine wissenschaftliche Arbeit drei Jahre lang brach. Ich brauchte eine Ruhepause. Die Arbeit hatte mich ausgelaugt, und eine innere Stimme sagte mir, es sei höchste Zeit, den Kurs zu ändern. Ich hatte meine literarischen Ambitionen unterdrückt, aber nicht aufgegeben. Die Zeit war gekommen, meinen lang gehegten Plan, ein lesbisches Thema belletristisch zu bearbeiten, in die Tat umzusetzen, und so schrieb ich meinen ersten Roman, „An Older Love“ (deutsch: Flickwerk), der 1976, mehr als zwei Jahre nach Fertigstellung des Manuskriptes, veröffentlicht wurde.

Die Rückkehr zu meiner ersten Liebe, der Literatur, hatte einen merkwürdigen Effekt auf mich: Meine wissenschaftliche Forschung, die einmal ein Ersatz für die Poesie gewesen war, hatte – so erkannte ich – jetzt deren Stelle eingenommen. Und so sah ich meiner neuen Studie, die mir seit den frühen 60er Jahren durch den Kopf gegangen war, voller Vorfreude entgegen.

Bei der Suche nach Versuchspersonen für meine Forschung über Bisexualität war mir wieder einmal Antony Grey behilflich. Die erste Ankündigung dieser Studie wurde im Nachrichtenblatt des Albany Trusts veröffentlicht. Darin wurden Männer und Frauen, die sich selbst für bisexuell hielten, gebeten, mit mir Kontakt aufzunehmen.

Während ich noch dabei war, bisexuelle Männer und Frauen zu interviewen und das bis dahin existierende Material über Bisexualität durchzusehen, hielt ich gleichzeitig Vorträge zu diesem Thema vor der Family Planning Association und Beratern der National Association of Youth Clubs. Das lebhafte Interesse und die vielen Nachfragen beider Zuhörergruppen überraschte mich. War Bisexualität für „normale“ Menschen eher akzeptabel als lesbische Liebe? fragte ich mich. Ich bedauerte, daß der Albany Trust keine

Vorträge für Ärzte über beide Themen plante, denn viele Mediziner betrachten heute noch sexuelle Variationen als unerwünscht, wenn nicht gar pathologisch. Sogar Psychiater sind nicht frei von einer gewissen Reserve und Verlegenheit im Umgang mit „solchen Menschen", trotz der neuen offiziellen Sichtweisen einiger psychiatrischer Standesorganisationen, wie etwa des englischen Royal College of Psychiatrists. Und ich bezweifle, ob der Großteil der ärztlichen Standesvertreter jemals Bisexualität als eine natürliche Lebensform anerkennen wird.

Die psychologische Bisexualität wird allerdings inzwischen durchaus anerkannt. Kein denkender Mensch kann männliche und weibliche Charakteristika bei Personen beiderlei Geschlechts übersehen. Psychologische Bisexualität und „Liebesorientierung" sind zwei verschiedene Dinge. Biografische Ereignisse sind es im wesentlichen, die zur Homo-, Hetero- oder Bisexualität führen. Und es ist eine falsche Wertschätzung, die eine oder andere Art der Liebe als „besser" oder „richtig" zu erklären. Leider wird das von der Mehrheit nicht verstanden. Und wenn es darum geht, Bisexualität als Lebensform anzuerkennen, fühlen sich die meisten „gewöhnlichen" Menschen abgestoßen. Sie können nicht mit einer solchen, in ihren Augen paradoxen Situation zurande kommen. Warum trifft der Gedanke, Menschen beiderlei Geschlechts zu lieben, die meisten Leute bis ins Mark? Liebesbeziehungen sollten exklusiv sein. Nur jeweils zwei Personen gehen sie ein. Ein Dritter muß notwendigerweise Chaos und emotionale Verwirrung für alle Beteiligten mit sich bringen. So etwa denken die meisten. Doch die Wahrheit sieht anders aus. Eine „dreisame" Liebe ist nicht *per se* unnatürlich, sondern ein jahrhundertealtes, im Kern kapitalistisches Denken lehnt sie aus ganz bestimmten Gründen ab. Die meisten Menschen sind in ihrer Vorstellungskraft so von Besitzdenken durchdrungen, daß sie eine Liebe zu Personen beiderlei Geschlechts nur als Ausgeburt des Teufels betrachten können. Durch sie werden angeblich die menschlichen Bande und das Glück der Beteiligten zerstört und der Kleinfamilie der Todesstoß versetzt. Homosexuelle Menschen sind noch am wenigsten an Zweierbeziehungen gebunden, und auch von diesem Blickwinkel aus kann man ihre Liebe verstehen. Intoleranz gegenüber der Bisexualität ist eines der vielen Zeichen dafür, wie eine Gesellschaft die in ihr lebenden Menschen ent-persönlichen und ihre Natürlichkeit zerstören kann.

In meinem Buch „Bisexuality: A Study“ (deutsch: Bisexualität) habe ich die Ansicht vertreten, daß uns nur eine bisexuelle Gesellschaft von Sexismus und der ganzen Skala psychosexueller und sozialer Unterdrückung befreien kann. Damit ist aber der bisexuellen Lebensweise keineswegs eine besondere „Wert-Stellung“ gegeben. Unter „bisexueller Gesellschaft“ verstehe ich eine solche, die *keine* Wertunterschiede bei der einen oder anderen „Liebesorientierung“ macht. Die Gleichsetzung von Heterosexualität mit Reife und beim Mann mit körperlicher und geistiger Überlegenheit führt zur Zerstörung der menschlichen Rasse. Wer die Vorstellung vertritt, daß die Zeugungsfähigkeit die Menschheit noch lange am Leben erhalten wird, übersieht die politischen Machtspiele. Bisexuelle befinden sich in einer isolierten Position. Sie sind auf sich selbst zurückgeworfen, unerwünscht sowohl bei homo- wie bei heterosexuellen Menschen. Sie tragen das Stigma, keine eigene Identität zu besitzen. Doch sie haben anderen gegenüber einen besonderen Vorteil: Eine mehr entspannte Beziehung zwischen den Geschlechtern erweitert ihren Horizont und ermöglicht es ihnen, andersartige Menschen und deren Bedürfnisse besser zu verstehen. Hetero- und Homosexualle sind aufgrund ihrer polarisierten Position darin im Nachteil, weil hemmende Einflüsse einerseits oder Isolation andererseits unvermeidlich sind. Bisexuelle sind keine Gruppen-Gründer, und viele vermissen die kollektive Einheit homosexueller Organisationen. Trotz ausdrücklicher Einladungen, doch diesen Organisationen beizutreten, werden sie unweigerlich als Mitläufer oder Schmarotzer betrachtet. Und doch sind Versuche, eigene Gruppen zu gründen, gescheitert. Ressentiments gegen die bisexuelle Lebensform kommen von beiden Enden des sexuellen Spektrums. Heterosexuelle beneiden sie darum, „den Kuchen zu haben und ihn auch noch zu essen“, Homosexuelle verachten sie als Abtrünnige.

Die bisexuellen Frauen meiner Untersuchung beeindruckten mich besonders, weil sie emotional in jeder Hinsicht unabhängiger waren als die Männer. Doch die größere Freiheit der Frauen machte bei den wesentlichen Reaktionen und Interessen der Geschlechter keinen Unterschied. Beide Geschlechter fühlten sich emotional stärker zu Frauen als zu Männern hingezogen, beide hatten das gleiche Bedürfnis, von hetero- und homosexuellen Menschen akzeptiert zu werden. Die bisexuellen Männer und Frauen fühlten sich miteinander wohl, denn die Männer waren weniger oder gar nicht phallus-fixiert, im Gegensatz zu homo- und heterosexuellen Männern. Einige davon waren Mitglieder der Organisation „Männer gegen Sexismus".

Die Versuche der Homosexuellen beiderlei Geschlechts, gemeinsame Gruppen zu bilden, scheiterten am männlichen Sexismus. Es ist ein Irrtum zu glauben, daß eine natürliche Sympathie homosexuelle Männer und Frauen in Freundschaft eint; in Wirklichkeit ist dies eher die Ausnahme als die Regel. Das weibliche Ideal homosexueller Männer ist die mütterliche Frau, die im allgemeinen heterosexuell ist. Homosexuelle Liebe zwischen Männern ist phallus-fixiert, während die lesbische Liebe in erster Linie emotional bestimmt ist. Beide Gruppen haben unterschiedliche Positionen und sind sich nur bei ganz allgemeinen Themen einig. Mitglieder der G.L.F. haben tapfere Anstrengungen unternommen, die Arroganz falscher männlicher Überlegenheitsgefühle zu überwinden. Sie proklamierten den Kampf gegen den Sexismus und erklärten, in einer Reihe mit der Frauenbewegung zu stehen. Sie glauben – zumindest offiziell – an die Gleichheit der Geschlechter, die allein Männer und Frauen in einer harmonischen Gemeinsamkeit einen kann. Doch wie weit sie ihr Programm in ihrem Leben umsetzen, ist ein große Frage.

Transsexuelle Menschen sind extreme Beispiele für den Unterschied zwischen geschlechtlicher und sexueller Identität. Ihre Lebensbedingungen werfen ein besonderes Licht auf die psychogene Bisexualität. Zwölf transsexuelle Männer nahmen an meiner Untersuchung teil. Sie fühlten sich als Frauen, obwohl sie körperlich Männer waren. Viele waren verheiratet und hatten Kinder. Sie waren liebende Väter, obwohl sie es vorgezogen hätten, Mütter zu sein. Auf jeden Fall waren sie lebende Beweise dafür, daß man zwischen weiblichen und männlichen Qualitäten und Reaktionen keine definitive Grenze ziehen kann.

Unglücklicherweise antwortete keine transsexuelle Frau auf meine Anzeige, und so kann ich meine Aussagen nur für den transsexuellen Mann treffen. Er lebt in seiner eigenen Welt und paßt nicht in Gruppen, die homo- und bisexuelle Menschen ansprechen. Anders als der Homosexuelle haßt er seine Genitalien und möchte sie am liebsten loswerden. Er identifiziert sich vollständig mit dem weiblichen Geschlecht, und seine Sehnsucht danach, eine Frau zu werden, ist stärker als alle anderen Überlegungen, einschließlich der über gesundheitliche Risiken. Transsexuelle sind sehr mutige Menschen, ich halte sie für beispielhaft in ihrer Suche nach psychosexueller Identität. Sie fühlen sich oft zu lesbischen Frauen hingezogen, und ich kenne zwei, die als Lesbierinnen ihr Leben verbringen wollten. Doch in der Regel versuchen sie aus einem konventionellen Grund, eine Geschlechtsumwandlung zu erreichen: Aus der Sehnsucht danach, mit einem Mann als „richtige Frau" zusammenzuleben. Von lesbischen Frauen werden sie meist zurückgewiesen, weil diese nicht wissen, wo sie bei ihnen dran sind. Einerseits unkonventionell, andererseits altmodisch, verhalten sich Transsexuelle so, daß homosexuelle Frauen ihnen kein Vertrauen entgegenbringen. Die Tatsache, daß die meisten von ihnen verheiratet sind und Kinder gezeugt haben, trägt zu der Konfusion über ihre Zugehörigkeit bei. Ich hörte von einem deutschen Transsexuellen, der Mitglied einer lesbischen Gruppe werden wollte, aber abgewiesen wurde.

Es ist offensichtlich, daß Verallgemeinerungen über sexuelle Minderheiten nicht mit Charakter und Verhalten der betreffenden Individuen übereinstimmen. Individualität ist jedoch der Prüfstein für charakteristisches Verhalten. Aus diesem Grund sollte man niemanden in eine Schublade einordnen, sei diese nun mit einem ethnischen, rassischen oder sexuellen Etikett versehen. Ein Lehrer, der nicht von seinen Schülern lernt, versagt in seinem Beruf. Ein Forscher, der nicht von seinen Versuchspersonen lernt, ist sein Geld nicht wert. Ich verließ mich nicht nur auf die Fragebogen, wie ausführlich sie auch immer beantwortet sein mochten. Sie dienten mir nur als Illustrationsmaterial, als eine Art Vogelperspektive über ein ausgedehntes Territorium. „Fleisch" gewann die Untersuchung erst durch die persönlichen Interviews und Autobiografien. Meine

Studie konzentrierte sich auf den Schnittpunkt zwischen Individualität und Typ. Wie bewahrt man sich seine individuelle Einzigartigkeit und entwickelt gleichzeitig typische Merkmale? Zwingt der Ansturm sozialer Pressionen Nonkonformisten zusammen in ein gemeinsames Mimikry-Verhalten? Ich habe keinen Zweifel daran, daß es so ist, und daß darauf gewisse Ähnlichkeiten in ihrer Lebensführung, in ihrem expressiven Verhalten und in ihren sozialen Einstellungen zurückzuführen sind. Die Frage berührt den Kern psychologischer Forschung. Sie behandelt ein Paradoxon. Wir haben uns angewöhnt zu denken, daß zwei paradoxe Dinge sich gegenseitig ausschließen, doch das ist nicht der Fall. Menschliche Wesen sind paradox in ihren emotionalen Reaktionen, Impulsen und sogar Handlungen, und doch sind sie insgesamt verstehbar.

Mädchen und Jungen, die sich zum ersten Mal verlieben, glauben, daß ihre Liebe keiner anderen gleicht, weil sie einzigartig ist. Sie haben recht. Natürlich kann man individuelle Wahrnehmungsfähigkeit und emotionale Intensität niemals messen; sie sind bei jedem Menschen verschieden. Doch die zugrundeliegende Natur der Liebe ist dieselbe, und die Arten, sie auszudrücken, ähnlich. Durch wissenschaftliche Forschung kann man bei einer besonderen Gruppe von Menschen aus Fragebogen- und Interview-Antworten Gemeinsamkeiten herausfinden. Es gibt feste Daten wie sozialer Hintergrund, Schichtzugehörigkeit, finanzielle Lebensbedingungen usw., doch die Feinheiten des menschlichen Charakters können nur durch Empathie und Intuition ganz verstanden werden, und das ist die *subjektive* Ausrüstung des Forschers. Die Subtilität individueller Unterschiede kann man nur durch Interviews und autobiografische Aussagen erfahren. Aus diesem Grund benutzte ich in meinen Untersuchungen über Bisexualität und lesbische Liebe jeweils drei verschiedene Methoden, um der Wahrheit so nahe wie möglich zu kommen.

Forschung ist eine Sache ohne Ende. Ich beabsichtigte, nach einigen Jahren eine weitere Untersuchung über das Gesamtthema Sexualität anzuschließen. Doch während der ganzen Zeit meiner bisherigen Forschungen dachte ich darüber nach, wie man die Organisationen, die es sich zum Ziel gesetzt haben, psychosexuell unorthodoxe Menschen zu unterstützen, effektiver gestalten kann. Diese Organisationen haben schon viel dazu beigetragen, die Homosexuellengesetze zu reformieren, doch es ist ihnen bisher nicht gelungen, festgefügte soziale Strukturen zu ändern. Allerdings sind sie vielen betroffenen Menschen eine große Hilfe gewesen.

Die kollektive Identität der Homosexuellen erreichte ihren Höhepunkt in der Proklamation eines jährlichen „stolzen Schwulentages" (Gay Pride Day). Dieser eher naive Ausdruck des Zusammengehörigkeitsgefühls hatte etwas Trotziges an sich und bewies mindestens ebensoviel Unsicherheit wie Selbstvertrauen. Doch immerhin haben homosexuelle Organisationen ihren Mitgliedern dieses Selbstvertrauen gegeben und viel dazu getan, ihnen das Gefühl der Isolation zu nehmen. Auch lesbische Gruppen, in England besonders Sappho, haben einen entscheidenden Schritt in die Richtung getan, die Gettosituation, in der weibliche Homosexuelle früher standen, aufzulösen.

Die homosexuelle Minorität geht – nicht nur in diesem Land – in die Millionen. Dies ist den staatlichen Organisationen und den jeweiligen Regierungen nicht entgangen, und in einigen wenigen Fällen haben sie etwas dafür getan, den „Hilfs"-Organisationen etwas von ihrer finanziellen Last zu nehmen. Ihre Entscheidung, dies zu tun, beruhte auf der Anerkennung wissenschaftlicher Meinungen, die sich in den frühen 70er Jahren im Ton geändert hatten. Damals akzeptierte das Royal College of Psychiatry – nicht ohne gewisse Zweifel – sexuelle Varianten als in der gesamten Menschheit gleichberechtigte Lebensform. Bestimmte politische Parteien haben die Unterstützung homo- und bisexueller Menschen zum Programm erhoben, an erster Stelle die Liberalen. Und auch die britischen Kommunisten versprachen, sich für die Rechte der Homosexuellen einzusetzen. Aus Überzeugung oder eher, um Wählerstimmen zu bekommen? Was würden sie tun, wenn sie an der Macht wären, fragt man sich! Die Kehrtwendung der Sowjetunion, in der Homosexualität zunächst gesetzlich erlaubt, dann aber unter Strafe gestellt wurde, ist eine schmerzliche Erinnerung an die Unzuverlässigkeit „offizieller" Versprechen und der Gesetzgebung. Gesetze können gemacht und geändert werden.

Die mangelnde Verläßlichkeit der staatlichen Institutionen ist nicht die einzige Bedrohung für die Integration sexueller Varianten in das gesellschaftliche Leben. Die bei weitem größte Gefahr besteht in dem resistenten Vorurteil der „Philister". Es ist allgemein bekannt, daß die Menschen überall auf der Welt einen stahlharten Widerstand gegen die Aufhebung stereotyper Vorstellungen zeigen. Solange der männliche Chauvinismus die Gesellschaft beherrscht, werden Bisexuelle und Homosexuelle als Feinde des Volkes betrachtet werden, besonders in Europa. Demokratien werden sie subtil, faschistische Regierungen brutal bekämpfen. Jeder autoritäre Staat kann den Pöbel auf den Plan rufen, um mit dessen Hilfe die „Degenerierten" zu bekämpfen oder zu töten. Die Tatsache, daß der Feminismus eine internationale Revolution ist, die schwer niederzuschlagen sein wird, würde die Position der lesbischen Frau, besonders in einem totalitären Regime nicht ändern. In Rußland existiert immerhin noch eine Art Feminismus, lesbische Liebe aber wird mindestens verachtet. Die homosexuelle Bewegung war stark, als sie noch vom Gesetz bedroht war, und kündigte große gesellschaftliche Veränderungen an. Inzwischen hat die Wachsamkeit bei ihren Mitgliedern nachgelassen, und dies könnte das Vorspiel zu einer Niederlage sein, ausgelöst durch eine Veränderung der Haltung offizieller Stellen. Ich habe die permissive Ära der Weimarer Republik miterlebt, als Magnus Hirschfeld eine gefeierte Figur war. Viele Psychiater unterstützen damals die psychosexuelle Befreiung, die er mit eingeleitet hatte. Er und seine Mitarbeiter waren die fortschrittlichsten Sexualwissenschaftler der westlichen Welt. Sie konnten frei arbeiten und den Menschen helfen, die ihre sexuelle Andersartigkeit auslebten, und es war ihnen möglich, ihre „revolutionäre" Literatur zu veröffentlichen. Die Frauenbewegung und der Sozialismus blühten in Deutschland. Man hätte denken können, das Goldene Zeitalter sei zurückgekehrt. Statt dessen kam wenige Jahre später Hitler an die Macht und vernichtete beide – Homosexuelle und Feministinnen. Es ist eine historische Tatsache, daß etwa zwei Millionen homosexuelle Männer in Konzentrationslager verschleppt und viele dort getötet wurden. Wahrscheinlich erlitten lesbische Frauen ein ähnliches Schicksal. Unzweifelhaft waren viele dieser Menschen bisexuell, denn man hatte bis dahin keinen Unterschied zwischen beiden Gruppen von „Degenerierten“ gemacht. Das Schicksal der Homosexuellen unter den Nazis ist bis heute in zahlreichen Filmen und Theaterstücken nachgespielt worden, um sicherzustellen, daß diese Taten nie vergessen werden. Man wird sie nie vergessen, aber es könnte wieder dazu kommen – wenn ein anderer totalitärer Wahnsinn von einem Land Besitz ergreift. Wie war der Nationalsozialismus und die Vernichtung der Freiheit möglich? Die Antwort kann nur in der Ignoranz und der schweigenden oder brüllenden Zustimmung der Masse Mensch gefunden werden. Mit unterschiedlichen Schattierungen könnte dasselbe überall passieren. Und wenn es geschieht, liegt die wirkliche Verantwortung bei den Bürgern dieses Landes selbst.

Ich habe die Meinung vertreten, daß nur eine bisexuelle Gesellschaft die Verfolgung sexueller (und anderer) Minderheiten beenden würde. Aber wie kann solch eine Gesellschaft je zustande kommen? Nun, ein Spaziergang auf dem Mond war im 19. Jahrhundert utopisch, wurde aber im 20. Wirklichkeit. Die Frage ist, wie wir eine alternative Gesellschaft schaffen können. Die Antwort liegt in der Erziehung. Wir müssen allen Menschen klarmachen, daß die Zukunft der Menschheit von einer neuen Mentalität abhängt, die den Materialismus verachtet und statt dessen Kultur und Liebe zu den erstrebenswertesten Zielen erklärt. Erste Bedingung der Freiheit ist absolute Toleranz in kollektiven und individuellen Beziehungen. Toleranz und Empathie führen dazu, daß man sich um andere kümmert. Mitglieder der G.L.F. sind der Überzeugung, daß allein politischer Radikalismus die wahre Gleichheit für sexuelle Minderheiten schaffen wird. Sie empfehlen den Kampf für eine marxistische Gesellschaft. Ich glaube, daß sie auf dem falschen Weg sind, und daß sich ihr Einsatz als nutzlos erweisen wird. Keine politische Veränderung kann die „Philister“ – die Dinosaurier der Geschichte – ändern. Die sich seit Tausenden von Jahren in stereotypen Formen bewegen. Nur eine kulturelle Revolution kann die Welt, in der wir leben, in eine neue und tolerante verwandeln. Die psychologische Bisexualität wird schon allgemein genug akzeptiert, um die Grundlage für ein Verständnis der vielen Facetten der Liebe zu bilden, das zu den Grundsätzen einer bisexuellen Gesellschaft gehört. Bisexuelle Beziehungen sind offenbar nicht für jeden die richtige Lebensform. Sie wären eine Wahlmöglichkeit, gleichwertig mit homo- und heterosexueller Liebe.

Aber wie kann man nur eine solch stürmische Veränderung der Gesellschaft herbeiführen? Die Menschen hängen an alten Gewohnheiten, die in stereotypen Vorstellungen symbolisiert sind. Sie leben gern von „toten" Bildern, die ihr uraltes Leben immer weiterführen. Doch ich glaube an eine kulturelle Revolution aufgrund der Notwendigkeit, die Menschheit zu erhalten. Es mag einige Generationen dauern, bevor diese Wahrheit sich durchsetzt. Doch immer mehr Menschen werden sich des Elends in ihrem Leben bewußt, und sie sind die Fermente, die eine Veränderung herbeiführen können. Bi- und homosexuelle Menschen, bei uns gesellschaftliche Außenseiter, haben ein unabdingbares Interesse an einer alternativen Gesellschaft. Die jüngere Generation meiner Studie ist ein Beispiel für eine neue Art zu leben, die sich diesem Ideal annähert. Und Veränderung wird nicht nur von den direkt Betroffenen ersehnt, sondern auch von vielen progressiven Denkern, die auf die *condition humaine* sensibel reagieren. Sie erkennen, daß eine alternative Gesellschaft für das Überleben der menschlichen Rasse unbedingt notwendig ist. Es liegt bei ihnen, die Massen über die Erforderlichkeit einer kulturellen Revolution aufzuklären. Gegenstand der ersten Lektion ist das Bedürfnis nach einer permanenten *inneren* Revolution, die uns davor bewahren wird, bei der Selbsterkenntnis und der Sorge für andere nachzulassen, da wir uns ja unter den Schirm einer alternativen Gesellschaft begeben haben. Gabriele Dietze, eine junge deutsche Feministin, hat ähnliche Vorstellungen zum Ausdruck gebracht, und ich möchte dieses Kapitel mit einem Zitat aus ihrem Vorwort zu dem von ihr herausgegebenen Buch „Die Überwindung der Sprachlosigkeit. Texte aus der neuen Frauenbewegung" (Darmstadt 1979) beenden:

> *„Keine Revolution in einem einzelnen Sektor – schon gar keine ökonomische allein – kann das komplizierte System der psychischen, sozialen und ökonomischen Konditionierung zur Unterdrückung sprengen. Alles bedarf der Veränderung: Wie gedacht*

wird – der Herrschaftskurs –, wie gelebt wird – die Familie –, wie gearbeitet wird – der technisch/industrielle Komplex –, ja wie gelacht, geliebt, geweint und geträumt wird, muß sich ändern.“

Zwischenspiel

Zwischen großen Anstrengungen braucht man eine Art „Zwischenspiel", eine Zeit zum Nachdenken und Ausruhen: *Il faut reculer pour mieux sauter.* Erinnerungen nehmen eine Art Vogelperspektive ein, aus der heraus Chronologie keine wesentliche Rolle mehr spielt. Die Vergangenheit so zu betrachten, wie das Gedächtnis sie auf die Leinwand des Geistes projiziert, läßt uns über unser vergangenes Leben erfahren, was uns sonst verschlossen bliebe. Doch kein Kompaß kann solch einer extensiven Zeitspanne Richtung verleihen. Aus dem Strom innerer und äußerer Ereignisse kann man nur einige wenige herausragende oder verdrängte gedanklich erfassen. Sie können ein verstehbares Muster ergeben, das illustriert, wie wir dem Kampf ums Überleben, um Liebe und Selbstachtung geführt haben. Nur durch späte Einsicht können wir wirklich etwas verstehen. Der Moment der Erfahrung ist bereits Vergangenheit, und die Milliarden Augenblicke sind von Anfang an ihrer Gegenwart entkleidet. Doch wenn wir uns aus distanzierter Sicht auf die Vergangenheit konzentrieren, kann sie uns einiges lehren, das wir manchmal rasch akzeptieren können, das uns manchmal aber auch sehr zu Herzen geht. Muster erzählen manchmal eine Geschichte, und sie verrät die Realität hinter der endlosen Zahl von Ereignissen und Gefühlen, die wir durchlebt haben. Wir müssen uns glücklich schätzen, wenn wir auch nur einen kurzen Blick auf die Realität werfen können, denn sie ist das Kostbarste und am schwierigsten Erfaßbare.

In seinem Buch „Essai sur une Psychologie de la Main" schreibt Dr. N. Vaschide: „Der Charakter des Menschen ist das Ergebnis eines Kampfes zwischen anspannenden und entspannenden Impulsen". Dr. Vaschide, um die Jahrhundertwende Philosophieprofessor an der École des Hautes Études, war der erste, der eine wissenschaftliche Methode der Handinterpretation formulierte. Er übte den stärksten Einfluß auf meine Arbeit über die menschliche Hand aus. Die mathematische Klarheit, mit der er das komplexe

Thema des menschlichen Charakters in einer einfachen Formel zusammenfaßte, beeinflußte mein allgemeines psychologisches Verständnis und das für die Gestensprache im Besonderen.

Die entgegengesetzten Impulse, die uns formen, sind die Grundlage emotionaler Reaktionen und wesentlich für unser gesamtes psychophysisches System. Sie sind wie die Wellen des Meeres: Spannung treibt uns hoch auf die schäumenden Kronen der Wellen, Entspannung läßt uns in ihrem Tal zur Ruhe kommen. Vaschide entwarf mit wenigen Worten unser psychophysisches Dasein. Etwa zur gleichen Zeit, als sein Buch 1905 veröffentlicht wurde (nach seinem Tod im Alter von 37 Jahren) schreckte Wilhelm Fliess einen großen Teil der damaligen Intelligenz mit seiner Theorie der Periodizität auf, die Hand in Hand ging mit seinem Konzept der Bisexualität. Es gibt offensichtlich Ähnlichkeiten zwischen seinen und Vaschides Ideen. Doch während er international bekannt wurde, fand Vaschides Bedeutung nur begrenzte Anerkennung, und heute ist er so gut wie vergessen. Fliess andererseits hat ein Comeback erlangt. Ich habe auf seine Bedeutung als visionärer Theoretiker in meinem Buch „Bisexualität" hingewiesen und seine Arbeit zur Periodizität für weitere wissenschaftliche Forschung empfohlen. Heute haben einige amerikanische Psychologen seine Theorien wieder aufgegriffen, und inzwischen spricht fast jeder von Biorythmen (wobei leider der psychische Aspekt weggelassen wird). Ein oberflächlicher und sensationeller Seitenblick auf das Thema, wie ihn die Vulgärpsychologie riskiert, wird allerdings der sorgfältigen und gründlichen Pionierarbeit von Wilhelm Fliess nicht gerecht. Seine wesentliche Botschaft, daß sich erfolgreiche und erfolglose Lebensabschnitte periodisch und in rhythmischen Abständen abwechseln, kann im Leben jedes Menschen verifiziert werden. Möglicherweise hat man Fliess deshalb die volle Anerkennung, die er verdiente, verwehrt, weil man seine Theorie oberflächlich mit der Astrologie verglichen hat. Aus beiden kann man Vorhersagen machen. Doch während Fliess' Interpretationen bedeutsamer Daten von wissenschaftlichem Wert sind, kann man dies von der Astrologie nicht behaupten.

Wie oft fühlte ich mich ausgelaugt und litt unter Zuständen der Erschöpfung, als ich noch in Deutschland studierte und als Ärztin arbeitete! Und doch führte ich ein gutes Leben und war mit meinem Beruf in der Gesellschaft verankert. Die Erkenntnis, daß mein Sicherheitsbewußtsein eine Illusion war, dämmerte mir erst, als die Zeichen am Horizont nicht mehr zu übersehen waren.

Vor den Tagen des Exils waren meine geistigen Möglichkeiten noch nie an ihre Grenzen gestoßen. Dann änderte ein neuer psychologischer Biorhythmus mein gewohntes Lebensmuster. Er wirkte sich auch auf meine nervliche Gesundheit und meine Energie aus. Neue Einflüsse machten aus alten Gewohnheiten eine *tabula rasa* und ließen mich neue Verhaltens-Grundsätze entwickeln, die zu menschlichen Beziehungen führten, von denen ich mir vorher nichts hatte träumen lassen. Obwohl gefährlich erschöpft, mußte ich meinen Weg, wohin er auch immer führte, fortsetzen. Ich durfte den Versuch nicht aufgeben, einen solideren Grund zu finden und von dem schwankenden Boden der Unsicherheit herunterzukommen. Der Versuch, einen angemessenen Platz in der Welt zu finden, kostete mich ungeheuere Anstrengung und ließ mir wenig Zeit zum Ausruhen und Nachdenken.

Nachdem ich meine Forschungsarbeiten über Hand und Gestik abgeschlossen hatte, empfand ich das dringende Bedürfnis nach einer Ruhepause. Das geistige Vakuum nach vielen Jahren aufregender Forschung hatte mich in einen Zustand der Depression versetzt. Menschen werden verdrießlich, wenn sie einer inneren Leere ausgesetzt sind. Jede Ablenkung kann zu einer willkommenen Droge werden, doch nichts außer der Fürsorge und Liebe einer mütterlichen Person heilt die Wurzeln des Übels. Ich wollte meinen Kopf auf ein Kissen legen, das nicht meines war, und ein Stück Leben genießen, das ich mir von einer Freundin oder Geliebten lieh. Mehrmals war ich einem Nervenzusammenbruch nahe gewesen, und die Bedrohung, daß mir dies wieder geschehen könnte, war mir stets präsent. Dann traf ich Caroline. Emotionaler Opportunismus wird zu einem Weg aus Lebensumständen, die zu schwierig sind, um sie selbst anzugehen. Das Bedürfnis, einen Ausweg zu finden, führt dazu, daß man Neugier und Aufmerksamkeit auf ganz bestimmte Menschen richtet wie auf einen Rettungsring, der einen vor dem Ertrinken bewahren kann. Ich war unbewußt auf der Suche nach jemandem, der mich „übernehmen“ konnte. Menschen prüfen ihre Umgebung oder unternehmen Reisen oder tun sonst alles mögliche, vorwärtsgetrieben durch das Verlangen, sich selbst zu schützen, genauer: von anderen beschützt zu werden. Auf der Suche nach der günstigen Gelegenheit, wenn Auge und Ohr nur noch darauf ausgerichtet sind, Lebensbedingungen zu erkunden, die einen vor dem Zusammenbruch bewahren können, werden Zeichen und Hinweise möglicherweise fehlinterpretiert. Der gesunde Menschenverstand ist ausgeschaltet, und warnende Stimmen werden zum Schweigen gebracht. Doch das Glück kann einer unbedachten und hilflosen Person, die sich zu schnell der Liebe hingibt, zu Hilfe kommen. Ich habe es immer für einen Glücksfall gehalten, daß ich den beiden seltsamen Frauen in Hazelwood in die Arme gefallen bin. Ich wußte damals nicht, daß meine Zuneigung zu Isabel und meine Liebe zu Caroline an erster Stelle die Funktion eines Sicherheitsventils hatten. Die romantische Atmosphäre, das Wohlgefühl, das sie mir bereiten konnten, die Schönheit der Umgebung, waren Geschenke des Schicksals. Nach den immer größer werdenden Anstrengungen des Lebens im Exil, wo ich mich fühlte wie ein Fisch, den man aufs Ufer geworfen hatte, konnte ich mich bei ihnen ausruhen und entspannen. Die beiden retteten mich, und nach Isabels Tod übernahm Caroline allein diese Aufgabe. Ich bin für den besseren Teil meines Lebens in England, nämlich 27 Jahre lang, von zwei Frauen in der kleinen Stadt Malvern gerettet worden. Nur die Phantasie kann die Realität berühren. Meine reicherten die beiden und ihr Milieu mit einem Gefühl der Sicherheit und emotionaler Zufriedenheit an – die beste Nahrung für Seele und Körper. Ich fand Ruhe, Zeit zum Nachdenken und – noch wichtiger – das Lebenselixier des Selbstvertrauens, das die Gewißheit, erwünscht zu sein, spendet. Offensichtlich gibt es ein friedliches Leben nur im Abstrakten, und das Auf und Ab einer emotionalen Beziehung ist Teil davon.

Und so war es auch in unserem Fall. Beide Frauen hielten treu zu mir, vielleicht durch religiöse Prinzipien ebenso geleitet wie durch ihre eigenen, unbewußten Bedürfnisse. Ich konnte meine einzige Insel der Sicherheit, die ich in England gefunden hatte, nicht verlassen. Es war von geringer oder gar keiner Bedeutung, ob ich mich einer Illusion hingab oder mich bei ihnen tatsächlich auf festem Grund bewegte. Die Wahrheit werde ich niemals genau wissen. Doch ich vermute, es war eine Mischung aus beidem.

Abgesehen von meinen persönlichen Gefühlen, übten die „Ladies von Hazelwood" durch ihre pure Existenz eine Faszination auf mich aus. Nie zuvor hatte ich ein Paar von solcher Unschuld, Integrität und Exzentrik getroffen. Ich liebte das alles. Ich war auf ein unberührtes Land der Gefühle gestoßen, wo ich neue Gesten von Liebe und Furcht beobachtete. Ich weiß nicht, ob ich mir des Privilegs bewußt war, ein unbekanntes Territorium betreten zu haben. Meine Zeit bei ihnen war eine Zeit der Entdeckung und entsprach dem Bedürfnis, das alle meine Forschungsarbeiten angefacht hatte – die Erkundung der Grenzgebiete des Geistes. Sie hatten mir die emotionale Liebe zwischen zwei Frauen vor Augen geführt, deren wahre Bedeutung ihnen aufgrund religiöser Tabus verborgen blieb.

Ich hatte beides, die Stärke und die Schwäche ihrer Situation erkannt. Zwar war mir die seelische Kraft und Inspiration, die solche ungelösten Konflikte hervorbringen können, bewußt geworden, doch ich hatte nicht vorhergesehen, daß genau die ungeheuren inneren Hemmungen, die durch religiöse Tabus diktiert wurden, zu einer religiösen Manie führen konnten. Genau dies geschah bei Caroline während der letzten zehn Jahre ihres Lebens, obwohl sie ihre „Krankheit" eher genoß als darunter zu leiden. Caroline hatte den Quäkern angehört, die eine recht verständnisvolle Einstellung zur Homosexualität demonstrieren. Sie jedoch wollte mit deren Pamphlet: „Towards a Quaker View of Sex" (1963) nichts zu tun haben.

Die Haltung der Quäker beeindruckt Christen und Nichtchristen nach wie vor gleichermaßen. Doch die Quäker sind keine einheitliche Gruppe. Einem Kern progressiver Mitglieder, unter denen sich die Autoren des Pamphlets befanden, steht eine Mehrheit altmodischer Menschen gegenüber, die nicht mit der Zeit gegangen sind und an patriarchalischen Einstellungen festhalten. Das Vertrauen in sie als praktizierende Christen ist jedoch gerechtfertigt, ob sie nun altmodisch sind oder nicht. Das gleiche trifft zu für ihr Bedürfnis danach, alles Unechte abzulehnen, sei es in der Religion oder in menschlichen Beziehungen.

Nie fand ich eine Antwort auf die Frage, ob die gewissenhafte Treue bei Caroline und anderen Quäkern eher typischen Wertvorstellungen der Quäker entsprachen oder ihren persönlichen Gefühlen. Allerdings spielt es letztlich keine Rolle, welche Motive ein gewünschtes Ergebnis erbringen. Und doch versetzt es dem eigenen Stolz einen Stich, wenn es eher religiöser Einfluß als Liebe ist, der einem die Liebe anderer Menschen einbringt. Die Quäker machten tapfere Anstrengungen, sich der Falschheit zu entledigen, konnten dabei aber wegen ihres religiösen Überbaus keinen vollen Erfolg haben. Das Bedürfnis der Quäker, „echt“ zu sein, unterscheidet sie jedoch von der konventionellen Kirche und sichert ihren Platz in der Religionsgeschichte.

Reflektionen berühren die weit entlegene und die nahe Vergangenheit, als ob es zwischen ihnen keine Distanz gebe. Wie im Traum wird die Zeit gerafft oder gedehnt. Erst zwei Tage bevor ich diese Zeilen schrieb, am 20. Oktober 1979, kam der Bericht über Homosexualität des Board of Social Responsibility der Kirche von England in meine Hände. Er hat für mich eine doppelte Bedeutung. Er behandelt das Thema, dem ich die letzten Jahre meiner Forschung gewidmet habe, und ich war eine der „Experten“, die eingeladen waren, den Arbeitsausschuß über lesbische Liebe zu informieren.

Ich verglich diesen Bericht mit dem Pamphlet der Quäker aus dem Jahre 1963 und fand, daß er zu wünschen übrig ließ. Das vor langer Zeit bereits formulierte Pamphlet war von der Grundhaltung der Quäker bestimmt und eine Arbeit emphatischen Verständnisses, während der Bericht der Kirche von England nichts anderes als ein intellektueller Versuch ist, ein ihr offensichtlich unbequemes Thema so „gerecht“ und so schnell wie möglich zu erledigen. Der Bericht weist jedoch auf die Scheinheiligkeit und die Arroganz der Heterosexuellen zu diesem Thema hin und stellt deren moralischen Kodex in Frage. Er hat den Mut, das Wort „normal“ in Anführungsstriche zu setzen, was auf ein gewisses, wenn auch mangelhaftes Verständnis, das diesem Papier zugrundeliegt, verweist. Die Gruppe der Quäker, die „Towards a Quaker View of Sex“ schrieb, war auf der Suche nach der Wahrheit, ohne Furcht vor Gott und den Menschen.

Der Bericht der Kirche von England dreht und wendet sich und ist nicht in der Lage, eindeutig Position zu beziehen. Er ist ein Dokument der Unsicherheit, das sich um den Kern der Sache herumredet. Er proklamiert „Toleranz" gegenüber der Homosexualität, leugnet aber ihre prinzipielle Gleichwertigkeit mit der Heterosexualität. Schon allein mit dieser Attitüde hat er sich als inkompetent für das Thema erwiesen. Er referiert pastorale und moralische Probleme, mit denen nicht angemessen umgegangen werden kann, weil die Bibel die Homosexualität ablehnt; und dies ist unvereinbar mit den Befunden der modernen Naturwissenschaft und der Psychologie. Dieser Bericht ist ein zungenfertiges und herablassendes Dokument, das sich grundsätzlich von dem klar und eindeutig formulierten Pamphlet der Quäker unterscheidet. Beide religiöse Körperschaften haben mit der Last altmodischer Vorurteile fertigzuwerden, doch nur der Arbeitsausschuß der Kirche von England ließ sich davon beeindrucken. Es ist die innere Haltung dem Thema gegenüber, das den Unterschied ausmacht. Ignoranz gegenüber weiblicher Homosexualität ist jedoch in beiden Dokumenten offensichtlich. 1963 gab es nur wenige Publikationen über lesbische Liebe, doch 1975 war bereits beträchtliches Material zum Thema vorhanden. Die Äußerungen des Quäker-Pamphlets über lesbische Frauen haben keine Relevanz für deren wirkliche Situation. Es sind Wiederholungen all der Irrtümer, die bereits seit Jahrzehnten herumgeistern. Die Zitate aus meinem Buch „Love between Women", die in dem Bericht der Kirche von England vorkommen, sind korrekt, doch verschleiern sie die prägnantesten Ergebnisse meiner Untersuchung. Keines der beiden Dokumente bringt die Bedeutung der lesbischen Liebe in der modernen Gesellschaft zum Ausdruck, so als ob es sich nur um eine illusionäre Sache handele. Die Schlußfolgerung, die man aus beiden Publikationen ziehen könnte, ist die, daß Frauen als das „andere Geschlecht" gelten und Homosexualität eher eine Sache unter Männern ist. Männer und heterosexuelle Frauen können sich der lesbischen Liebe nicht wirklich stellen, weil sie sich vor dem endgültigen Kollaps der patriarchalischen Gesellschaft und ihrer Werte fürchten.

Die Unangemessenheit des Berichts der Kirche von England

überraschte mich sehr, denn das stimmte nicht mit dem Eindruck überein, den ich von dem Arbeitsausschuß gewonnen hatte, als ich zu seinen Mitgliedern zum Thema weibliche Homosexualität sprach. Ich hielt sie damals für aufgeschlossen gegenüber meinen Erklärungen. Sie hatten mir aufmerksam zugehört und zustimmend genickt, als ich ihnen meine Forschungen und Ansichten über lesbische Liebe erklärte. Einer von ihnen – ein Jurist – versuchte mich allerdings zu widerlegen, indem er die Ansicht vertrat, die ganze lesbische Situation sei eine Art „falscher Alarm“, da doch mehr als 25 Prozent der von mir untersuchten Frauen verheiratet wären, ein Status, den er mit Heterosexualität gleichsetzte. Er hat zumindest mein Buch gelesen, dachte ich mir, nur hatte er daraus nicht die richtigen Schlüsse gezogen. Also korrigierte ich ihn, und er akzeptierte meine Erklärung widerstrebend. Die anderen Mitglieder schienen mir vollkommen zuzustimmen. Ich sprach zu dem gesamten Arbeitsausschuß, wechselte jedoch einige persönliche Worte mit dem Vorsitzenden, dem Bischof von Gloucester. Er beeindruckte mich als ein Mann von beträchtlicher Intelligenz und Scharfsicht. Nicht ohne amüsiert zu sein, mußte ich ihm widersprechen, als er nach Beendigung meines Vortrages bemerkte: „Wir müssen diesen Menschen gegenüber tolerant sein.“ Blitzschnell antwortete ich ihm: „Sprechen Sie nicht von Toleranz, Bischof. Toleranz ist Herablassung, die ihr Objekt abwertet. Wenn sie homosexuellen Menschen erzählen, daß man ihnen gegenüber tolerant sein muß, kann es sein, daß sie Ihnen antworten: 'Zum Teufel mit Ihnen'. Juden würden sich ähnlich angegriffen fühlen, wenn sie in solch herablassender Weise behandelt werden würden.“ Der Bischof lächelte mich „tolerant“ an, doch er hatte mich verstanden. Er lud mich dann ein, ihn immer, wenn ich in Gloucester war, zu besuchen.

Der Bericht des Arbeitsausschusses jedoch erwähnte zwar mein Buch, nicht aber meinen Besuch. Hatte ich mich zu eindeutig geäußert, oder war es nur ein Versehen, wie man mir versicherte? Der Bischof von Gloucester beschwichtigte meine Zeifel. Er entschuldigte sich für die Weglassung meines Namens und versicherte mir, wenn ich wollte, könne er bezeugen, daß ich dort gewesen sei.

Seit meinem sechsten Lebensjahr spielte die Religion in meinem

Leben eine Rolle. Als Kind fühlte ich mich depriviert, daß ich nicht wie meine Schulkameraden von Jesus geliebt und beschützt wurde, weil ich Jüdin war. Wie betete ich zu Jesus, nicht von Ihm aufgegeben zu werden! Wie enttäuscht war ich über die jüdische Sonntagsschule, ein trauriges Surrogat für das, was ich bei der Höheren Töchterschule so vermißte. Wir lernten zwar hebräische Texte zu lesen, erfuhren aber nichts über ihre Bedeutung. Dieser Mangel war der erste von vielen Steinen, die meinen Weg zum Judaismus versperren sollten. Und als ich als Jugendliche gelegentlich die Synagoge besuchte, wurde mir zunehmend der jüdische Gottesdienst vergällt. Ich weiß nicht, ob es die hohle Dumpfheit dieses „Gottesdienste“ war, die veranlaßte, daß ich mich der jüdischen Vergangenheit zuwandte. Jedenfalls las ich begierig das Alte Testament und die Geschichte der Juden. In meiner Phantasie assimilierte ich das Gelesene, doch ich erlaubte es meiner Beschäftigung mit der jüdischen Geschichte nicht, in mir Zweifel über meinen deutschen Status zu erwecken. Die Propheten inspirierten meine Phantasie, und die bemerkenswerten Juden, die im Spanien des Mittelalters lebten, gaben mir ein Gefühl von Stolz, Glanz und Ehrfurcht. Das elfte und die erste Hälfte des zwölften Jahrhunderts war ihre glorreiche Zeit. Es waren die Juden, die auf den Gebieten der Wissenschaft, Medizin, Dichtkunst und Politik herausragende Leistungen erbrachten. Beispielsweise war der Leibarzt von Alphonse VI. ein Jude. Ausgesprochen respektiert und bewundert, erfüllten sie hohe Ämter an den muslemischen Höfen. Sie schrieben – auf hebräisch oder arabisch – philosophische und religiöse Traktate und waren ausgezeichnete Dichter und Ärzte.

Jehuda Halevi, einer der führenden Dichter der damaligen Zeit, drückte in seinen Oden seine Sehnsucht nach Zion aus, trotz seines Ruhmes und der Ehrungen, die ihm in seinem Geburtsland Spanien zuteil wurden. Auch sein enger Freund Moses Ibn Ezra vergaß seine Wurzeln nicht. Viele spanische Juden waren Ärzte, und Halevi selbst praktizierte im christlichen Toledo. Gegen Ende von Halevis Leben wurden die Juden von einer fanatischen Moslemsekte verfolgt, doch seine Sehnsucht nach dem Heimatland hatte einen tieferen Ursprung als die Kreuzzüge der Angst. Juden haben sich in guten und schlechten Zeiten immer entwurzelt gefühlt, seit

Nebukadnezar sie vor etwa 2400 Jahren ins Exil trieb. Es war der weise Maimonides, der sogar noch stärker als die anderen jüdischen Philosophen und Dichter in Spanien meine Phantasie anregte. Seine Lehre, seine Weisheit, die philosophischen und religiösen Traktate, die er schon in frühem Alter schrieb, machten ihn zu dem außergewöhnlichsten Menschen, von dem ich je gehört hatte. Im mittleren Alter ging er aus Spanien nach Ägypten, wo er als Arzt praktizierte und Leibarzt des Sultans Saladin wurde. Maimonides repräsentierte für mich das erlesenste Beispiel jüdischer Intelligenz und Spiritualität. Ich verehrte sein Bild wie ein Jünger seinen Meister und machte ihn zum Vorbild meiner eigenen Bestrebungen.

Träume und Tagträume haben ihr eigenes Zeitmaß. Man kann seine eigene geistige und körperliche Größe in der Phantasie beliebig steigern. Während Maimonides für mich das Bild geistiger Perfektion und ein Symbol vergangener Spiritualität wurde, nährte mich das Alte Testament mit religiösen Weisheiten in der Gegenwart. Noch bevor ich 20 wurde, war mir König Salomon – der Prediger – das, was Christus seinen Anhängern bedeutet. Wenn ich überhaupt irgendeine Religion habe, dann die des Predigers.

Der Konflikt über meine fehlgeschlagenen Besuche in der Synagoge betraf auch die unterlegene Position der Frauen in der jüdischen Gesellschaft. Warum protestierten sie nicht, fragte ich mich. Sie waren selbstverständlich zu Hause die „grauen Eminenzen“, und doch hätten nur wenige Männer mit ihnen tauschen wollen. Meine Empörung war so stark, daß ich unserem Rabbi eine entsprechende Frage stellte. Dr. Kaelter, ein kleiner Mann, der bis auf wenige blonde Locken an beiden Seiten des Kopfes kahl war, stimmte mir vollkommen zu. Ja, es sei skandalös, den Frauen beim Gottesdienst eine solch untergeordnete Position einzuräumen und sie von den Männern abzutrennen, als „zweitrangige“ Diener Jehovas. Aber er konnte an diesem alten Brauch nichts ändern. Dieser Mann mit seinen klugen Augen und der blassen Haut war ein Gelehrter mit progressiven Ansichten über die Stellung der Frau in der Gesellschaft und die jüdische Lehre im allgemeinen. Wir schwärmten beide gemeinsam für die jüdische Geschichte und bewunderten die spirituelle Kraft und den Mut unserer Vorfahren in glücklichen und unglücklichen Zeiten. War es paradox, daß ich unfähig war, meine eigene jüdische Identität durch das Gelesene zu finden? Ein Paradoxon kann ein Schutzschild sein gegen polarisierende Kräfte, die mit dem geistigen und emotionalen Gleichgewicht unvereinbar sind. Die deutsche Sprache und Kultur war der Grund, auf dem ich stand – wenn es anders gewesen wäre, hätte ich mich auf Treibsand befunden.

Der Schock der Verfolgung durch die Nazis etablierte meine jüdische Identität und beseitigte mit einem Schlag die Überzeugung, daß ich eine Deutsche war. Von da an fühlte ich mich einem verfolgten Volk zugehörig, ohne an ihrer Religion festzuhalten.

Caroline, die geborene Missionarin, versuchte unaufhörlich, mich zum christlichen Glauben zu bekehren. Sie brachte mich dazu, das Neue Testament zu lesen, was ich allerdings nur ihr zuliebe tat. 22 Jahre zuvor war Lady Ottolines Geschenk einer deutschen Bibel für mich ein Zeichen ihrer Zuneigung gewesen und wohl weniger als Anreiz, Trost in Christi Lehre zu finden, gedacht. Allein die Liebe zu Caroline führte dazu, daß ich ernsthaft versuchte, etwas mehr über Jesus Christus zu erfahren. Caroline lächelte mich bei solchen Gelegenheiten immer versonnen an, und sie gab 26 Jahre lang ihre Hoffnung nicht auf, aus mir doch noch eine Christin zu machen. Immer wieder meinte sie: „Ich weiß, daß Du eines Tages eine Gläubige sein wirst.“ Dies ist nie eingetreten. Statt dessen bestätigte sich mein Verdacht, daß Religion wie jede Medizin ein mögliches Gift ist: In der richtigen Dosis eingenommen kann sie guttun, aber zuviel davon ist zerstörerisch. Ich bin allerdings sicher, daß das schwindende Christentum in der westlichen Welt zur Zersetzung der Gesellschaft beigetragen hat. Die meisten Menschen brauchen den ethischen Kodex der Religion, um sich um andere Menschen zu kümmern, um ihre Selbstachtung, ihren Stolz auf die Arbeit, ja sogar ihre Vitalität aufrechtzuerhalten. Der Materialismus ist das deformierte Kind der Gottlosigkeit. Er hat dazu geführt, daß die modernen Gesellschaften in den Abgrund der Selbstzerstörung fallen. Der Humanismus ist eine Sache für die Wenigen, deren Einsicht und Urteilskraft die Religion durch die ethische Lehre wahrer Werte ersetzen kann.

Das Christentum hielt mir nicht stand. Meine Religion war die Poesie. Die Freuden und Schmerzen einer geistigen Geburt, Worte zu prägen, verwiesen mich auf eine Kraft jenseits meines persönlichen Selbst. Für mich war die Poesie eine Berufung, die Philosophie der Gipfel alles Lernens, und Medizin ein Mischlingskind von Kunst und Wissenschaft.

Doch wurden weder Poesie noch Philosophie zu einem Beruf für mich. Ursprünglich hatte ich Philosophie studieren wollen, nicht Medizin. Allerdings: Wie dankbar war ich schon in meiner deutschen Zeit, daß ich diesen Weg eingeschlagen hatte: Ich erkannte, daß die Medizin ein Nährboden für die Poesie sein konnte – und ein Gegengift gegen zuviel Innerlichkeit. Meine rationale Entscheidung rüstete mich nicht nur für ein unabhängiges Leben, sondern nährte auch meine Phantasie durch menschliche Erfahrungen. Ich fragte mich, ob meine spanischen Vorfahren, Halevi, Maimonides und Ibn Ezra, zu einer ähnlichen Schlußfolgerung gekommen waren, als sie gleichzeitig als Ärzte praktizierten, während sie Dichter und Philosophen waren. Es scheint ein natürliches Bindeglied zwischen Literatur und Medizin zu geben. Spanische Dichter jüdischen Ursprungs praktizierten Medizin im frühen Mittelalter. Anton Tschechow, der Dramen und Kurzgeschichten schrieb, ist ein Beispiel für das 19. Jahrhundert – und Somerset Maugham, Gottfried Benn und A. J. Cronin für das 20. Man kann mit Recht vermuten, daß es über die Jahrhunderte noch viele weitere Beispiele dieser Art gegeben hat.

In der modernen Medizin steckt noch viel von der ehemals parareligiösen Heilkunde. Und hinter dem Arzt steht oft heute noch der Schamane, der ihn seine Aufgabe eher kunstvoll als authentisch erfüllen läßt. Kleidung und Manierismen des „Doktor-Priesters“ haben sich geändert, doch sein Bestreben ist immer noch dasselbe. Solche Attitüden erfüllten bei Menschen primitiver Gesellschaften ihren Zweck, versagen jedoch in der modernen Welt. Ärzte haben viel von ihrem Prestige durch Anmaßung verloren. Ihre Diagnosen erwiesen sich häufig als fraglich und unvollkommen. Das Gefühl der Überlegenheit und Macht raubte ihnen den wirklichen Kontakt zu ihren Patienten. Ihr Verhalten am Krankenbett und der falsche Mythos „überlegener“ Kenntnisse funktionieren nicht mehr. Sie gelten nicht mehr unbegrenzt als Experten, und die medikamentöse Behandlung mit Drogen und ihre schädlichen Nebeneffekte haben dazu geführt, daß sich viele Menschen von der Medizin ab- und Naturheilverfahren oder anderen Formen unorthodoxer Behandlung zugewandt haben. Das Image des Arztes hat eine irreversible Wendung zum Schlechten genommen, vom jovialen Paternalismus zum Computer-Agenten. Die schlimmste Sünde dieses Berufsstandes ist die mangelnde Anteilnahme an den Patienten, die Kälte des Herzens. Die tadelnswertesten Vertreter ihres Standes sind jene Psychiater, die sich in der „Buddha"-Rolle gefallen und falsche Machtvorstellungen haben. Sie geben vor, alles besser zu wissen als alle anderen. Es gibt natürlich Ausnahmen. R.D. Laing und Thomas Szasz haben beispielsweise die falsche Position der Psychiatrie erkannt und versuchen, sie in Wort und Tat zu verbessern. Ich habe mich bemüht, meinen Patienten von Mensch zu Mensch zu begegnen und die Maske einer „Priesterin der Seele" abzulegen. Das Wort „Psychiater" bedeutet „Heiler der Psyche" und statten den Betreffenden leider mit dem Mantel einer „höhergestellten Person" aus. „An ihren Früchten sollt ihr sie erkennen" (Matthäus VII, 20), ist ein angemessenes Motto für diesen Berufsstand. Die Früchte einer psychischen Behandlung reifen allein durch die Macht der Liebe, in einer Atmosphäre der Kälte und des Rollenspiels können sie nicht gedeihen. Dies bringt Psychiater in eine mißliche Lage. Wie viele von ihnen können ihren Beruf wirklich mit Liebe ausüben? Die Antwort ist – Schweigen.

Der sich vermindernde Glaube an die Medizin bereitet den Ärzten seit einiger Zeit beträchtliche Sorgen. Eine Art Revolte gegen konventionelle Behandlungsmethoden hat bei vielen Ärzten begonnen, die die Gefahren der Medikamentenbehandlung erkannt und angefangen haben, dem am besten ausgerüsteten Arzt mehr Beachtung zu schenken: der Natur.

In den 20er Jahren hatte eine andere Revolution die Ärzte auf das Bedürfnis nach Geburtenkontrolle aufmerksam gemacht, die psychologische Beratung einschließen mußte. Die Psychoanalyse hatte zu der Einsicht beigetragen, daß medizinische Fürsorge nicht von psychologischem Verständnis, sozialer Fürsorge und Familienplanung getrennt werden kann. In jenen Tagen war das Prestige der Ärzte als „Missionare" einer gesunden und besseren Welt noch ungebrochen. Jetzt haben sie an Boden verloren, denn durch die mangelnde Zuverlässigkeit ihres Wissens, das von einer Methode zur anderen wechselt, ist das Vertrauen in ihre Behandlung geschwunden. Die Medizin und insbesondere die Psychiatrie müssen eine Kehrtwendung machen, um sich an moderne Bedürfnisse und Anforderungen anzupassen. Sie behaupten, wissenschaftlich vorzugehen, doch sie können nicht mehr überzeugen. Das gleiche gilt für die Psychologie. Psychologen haben vergessen, daß ihre Wurzeln mit denen der Philosophie und der Poesie verflochten, und daß die Grenzen zwischen Wissenschaft und Literatur unscharf sind.

Konventionelle Medizin und Psychologie waren mir schon früh suspekt. Was ich ersehnte, war eine Einheit von Medizin, Wissenschaft und Kunst. Ich strebte an, die unerkundeten Gebiete des Geistes zu untersuchen, die bis dahin unbekannte menschliche Fähigkeiten zutage fördern könnten. Psychologische Forschung war der Brennpunkt, in dem sich meine verlorene Poesie mit der neuen – bei meinen Entdeckungen erlebten – Begeisterung verschmolz. Sie gab mir den Atem des Lebens wieder, den ich für mein spirituelles Überleben brauchte. Zur gleichen Zeit sicherte sie mir meinen sozialen Status und mein finanzielles Auskommen.

Poesie und Forschung waren die Höhepunkte meines Lebens, die Wegzeichen meiner Entwicklung. Solange es Richtung gab, gab es auch Inspiration und Hoffnung. Doch lange Strecken wurden in Dunkelheit zurückgelegt, als Depression und Ruhelosigkeit die kreativen Bestrebungen in eine Ecke meines Geistes verwiesen. Die Zeit in Malvern schien sich endlos hinzuziehen, denn sie stellte den einzigen Ersatz für Heim und Familie dar, den ich seit meiner Kindheit gefunden hatte. Und sie führte dazu, daß sich meine überanstrengten Nerven entspannten. Doch gleichzeitig war sie eine Art Zwischenspiel, denn sie verband annähernd die Zeit nach dem Krieg mit der jetzigen. Es gab ein „vor“ und ein „nach“ Malvern. In der Reflektion scheinen beide ruhelose und eingespannte Zeiten zu sein. Die Anziehungskraft des „Nachhausekommens“ fehlte seit Carolines Tod, als Malvern seine Bedeutung für mich verlor und nur zu einem Ausflugsort wurde. Hazelwood und das spätere Haus in Malvern Link hatten ihren Zweck erfüllt, ob ich mich nun über seine Bewohner nur einer Illusion hingegeben hatte oder nicht. Ich glaube, daß ich mich nicht geirrt habe, solange Carolines sinnliche Zuneigung vorhanden war. Doch der Boden wurde schwankend, als sich schließlich ihr Hauptaugenmerk auf ihre Familie, auf Christus und darauf richtete, Gutes zu tun. Alte Menschen kehren zu ihren Wurzeln zurück. Ein gebeugter Rücken betrachtet den Boden, wo alles begann. Doch mit der Zeit machte es mir nichts aus, ob ich an erster, zweiter oder dritter Stelle kam. Ich bestand darauf, verankert zu bleiben, auch wenn die Vertäuung unsicher schien. Illusion ist ein Teil des Lebens und menschlicher Beziehungen. Wir brauchen sie so sehr wie die Luft zum Atmen. Ein Nest war für mich bereitet worden, und ich fügte manche guten Gaben hinzu, um seine leeren Stellen zu füllen. Ich konnte mich dort in Frieden bewegen, ein Buch beginnen oder beenden, einen Ausflug in die Umgebung machen oder in der belebenden Luft der Hügel von Malvern spazierengehen. Wenn ich schließlich nicht ohne „Berechnung" handelte, gab ich Zuneigung für etwas zurück, das ich planvoll erhielt. Es ist eine weitverbreitete Annahme, daß wir dieselben Verhaltensmuster immer wieder im Leben wiederholen. Frühe Eindrücke mögen verantwortlich dafür sein, daß wir eine grundlegende Form bekommen, die später in strukturierte Muster geformt wird. Wahrheit oder Halbwahrheit – das ist die Frage. Ich entscheide mich für das letztere. Viele Dinge können zeitlebens geschehen, um diese Muster zu ändern, etwa Schockerfahrungen, Krankheit, eine emotionale Implosion oder geistige Erleuchtung. Wenn die Phantasie bewegt oder bereichert wird, hat der Geist die Vorherrschaft.

Negative Emotionen bleiben uns ewig im Gedächtnis. Nicht nur verleiten sie zu selbstquälerischen Gedanken, sie prädestinieren auch zu Wiederholungen. Wenn wir alte Irrtümer wiederholen und den Ausweg aus einer Falle nicht finden können, werden wir möglicherweise nervlich oder körperlich krank. Dies ist der Zeitpunkt, sich zu fragen, warum man sich einsperren muß und so viel Zeit des Lebens mit Selbstzweifeln, Depressionen und ängstlicher Aufregung verbringt. Sind wir gezwungen, zu den selbstzerstörerischen Fixierungen in Kindheit und Jugend zurückzukehren, wie viele Psychoananytiker glauben? Dies mag für einige zutreffen, aber keineswegs für alle. Ich glaube an eine tiefere Ursache für diese seelischen Schmerzen: *Langeweile*, dieses heimtückische menschliche Leiden. Selbst elterliche Fürsorge und eine phantasievolle Beziehung können weder Erwachsene noch Kinder vor diesem lähmenden Geisteszustand bewahren. Wenn Ichschwäche und Neurose deren lethargisch machenden Effekt noch verstärken, können die Bewegungen, die man auf andere zumacht, gehemmt genug sein, um sich auf emotionale Beziehungen negativ auszuwirken. Das Bedürfnis nach Schutz und mütterlicher Wärme wird dann überstark. Langeweile kann sowohl Ursache wie Ergebnis von Depression sein und wirkt sich in jedem Fall als geistiges Gift aus. Langeweile steht an der Spitze der schlimmsten sozialen Übel, und die Hauptaufgabe jeder zukünftigen Gesellschaft wird darin bestehen, mit ihrer durchdringenden Zerstörungskraft fertig zu werden. Ich bin davon überzeugt, daß das Bedürfnis nach Reisen, nach neuen Eindrücken und Liebesaffären, ja selbst kreative Anstrengungen nichts weiter als Sicherheitsventile gegen die Langeweile sind.

In meinem eigenen Leben wurden intime Zuneigungsgefühle von einem Schrei nach Hilfe – und von Langeweile diktiert. Ich ging von einer „mütterlichen" Figur zur anderen, die mir bei der Eintönigkeit des täglichen Lebens helfen sollte, während meine Sehnsucht nach glanzvollen Menschen in kurzen und ekstatischen Begegnungen explodierte oder der Phantasie überantwortet wurde. Häufig versuchte ich, aus diesem Verhaltensmuster herauszukommen, das Enttäuschung und Langeweile nicht minderte. Keine andere Medizin als kreative Unternehmungen und die Liebe konnten diese geistige Lähmung heilen. Die Ekstase der Forschung allein war keine befriedigende Antwort; sie beseitigte das Vakuum nicht. Erotische Liebe und mütterliche Fürsorge waren nötig, um ein stabileres Gleichgewicht von Körper und Geist zu erreichen. Erst dann konnte die Langeweile zurückgedrängt werden.

Die Einzigartigkeit von Malvern bestand, kurz gesagt, in meiner *Vorstellung*, daß ich ein altes und unbefriedigendes Lebensmuster geändert hatte, daß mein Ausblick auf andere und meine Selbsteinschätzung erweitert wurden. Und doch blieb das Bedürfnis nach Liebe und mütterlichem Schutz. Tatsächlich war es dieselbe Situation in veränderter Umgebung. Es ist wirklich wahr, niemals zuvor hatte ich Menschen mit einem solch erlesenen Geschmack und perfekten Manieren getroffen. Ich war in die höhere Klasse aufgestiegen. Ihre Kultur und ihr *savoir vivre* wurde eine Schule verfeinerter Kunst des Genießens, konnte aber den Rückzug in eine kindgleiche Abhängigkeit nicht ändern. Aber ich hatte wenigstens einiges gelernt. Mein Leben mit ihnen hatte mich gelehrt, ohne Zorn und das Bedürfnis fortzulaufen, bei ihnen zu sein – und beiseite stehen zu können, wenn die Aufmerksamkeit nicht mehr auf mich konzentriert war.

Erfahrung ist ein strenger Zuchtmeister und ein schlechter Lehrer. Wenn sie uns nicht hart genug trifft, machen wir weiterhin dieselben Fehler. Individuen und ganze Nationen sind gleichermaßen unfähig, aus Erfahrungen zu lernen. So hat beispielsweise das Land, in dem ich jetzt lebe, immer noch nicht begriffen, daß es nicht länger eine Großmacht ist. Deutschland jedoch hatte sein Wirtschaftswunder nach der Beinahe-Zerstörung durch den Krieg. Die Deutschen haben ihr Land wieder erschaffen. Es erstand wie der Phönix aus der Asche. Wie die Nation, so die Bürger. Ohne Niederlage und ohne die Liebe zu Menschen und Ideen hinterlassen Erfahrungen keine bleibenden Spuren im Gedächtnis. Das Lernen bleibt oberflächlich und unwirksam, wenn es nicht die Tiefen der Emotion berührt. Intellektuelle Einsicht in die eigenen Lebensbedingungen kann nicht ein unglückliches Lebensmuster in ein positives verwandeln. Emotionales Lernen ist ein langsamer Prozeß Schritt für Schritt, bei dem Irrtümer und Rückschläge unvermeidlich sind. Keine äußere Instanz kann uns die Kunst lehren, eine uns unbequeme Haut für eine bequeme einzutauschen. Letztendlich kann ein Erneuerungsprozeß nur vom eigenen Selbst kommen. Die Psychoanalyse und andere psychologischen Behandlungsformen bemühen sich, in ihren Klienten emotionale Veränderungen herbeizuführen, doch ihre publizierten Erfolge sind anzuzweifeln. Es mag zwar sein, daß man neue Emotionen in einer Laborsituation erlebt, doch sie hinterlassen keine bleibenden Spuren. Sie verschwinden draußen im Leben, wenn die Krücken der Analyse einem wieder abgenommen werden. Methoden, die sich – notwendigerweise – auf verbale Kommunikation verlassen, verfälschen die

Authentizität innerer Geschehnisse. Diese nämlich haben eine ganz eigene, nicht-verbale Sprache, und Worte können niemals ihre Bedeutung erfassen. Daher wird die Psychoanalyse selten mehr als nur einen intellektuellen Bodensatz der Selbsterkenntnis hinterlassen. Doch Selbsterkenntnis allein bringt noch keine Veränderung hervor. Einige Therapeuten, die sich dieses Dilemmas bewußt sind, haben versucht, neue Behandlungsformen zu finden.

Gestaltpsychologen beispielsweise begegnen ihren Klienten von Mensch zu Mensch und verlassen sich auf die nicht-verbale Sprache. Sie beobachten Haltung, Gestik und Gesichtsausdruck, die wahren Indikatoren innerer Ereignisse. Und sie versuchen, Manierismen und Rollenspiel abzulegen.

Auch einige andere Therapien verwenden neue Behandlungsmethoden, beispielsweise die Transaktions-Analyse und die Encounter-Therapie. Sie versuchen, den Klienten Hilfe zur Selbsthilfe zu geben. Doch ich fürchte, diese Therapien sind ebenso gut gemeint wie zum Scheitern verurteilt. Dies trifft besonders auf die Encounter-Therapie zu. Eine anonyme Gruppe von Menschen versucht, sinnlichen Kontakt untereinander aufzunehmen, mit anderen Worten: mit verbundenen Augen etwas über sich selbst und andere zu lernen. Dieses Vorgehen führt eher zu einer Beschneidung sensitiver Bewußtheit als zu deren Entwicklung. Nur wenn man sich Zeit läßt und die Augen offenhält, kann man sich selbst und anderen näherkommen, nicht jedoch in einer Art wilder Verfolgungsjagd in einer künstlichen Situation. Künstlichkeit und Befangenheit blokkieren das eigentliche Thema: Authentischer Kontakt mir dem anderen ist ohne *persönliche* Verbindung nicht möglich.

Auch professionell erteilte Ratschläge über Techniken des Geschlechtsverkehrs gehen am wesentlichen Punkt vorbei: Nur emotionale Liebe rettet sexuelle Handlungen vor der Sinnlosigkeit. Ohne sie ist die ganze körperliche Akrobatik nichts weiter als eine hohle Schale. Eine künstliche Erziehung zu erfolgreicher sexueller Praxis trifft nicht das Entscheidende der Situation. Das Wissen um körperliche Freuden stammt aus autodidaktischen Lernerfahrungen in der Kindheit. Was zählt, ist eine frühe sinnliche Erfahrung seiner selbst und anderer Menschen. Sie sollte durch elterliche Zensur und religiöse Tabus nicht frustriert oder verboten werden.

Jüdische und christliche Einstellungen zur Sexualität sind größtenteils verantwortlich für die Fehlerhaftigkeit der Beziehungen unter Erwachsenen. Doch der ärmliche Ersatz, den Erwachsenen neue Tricks beizubringen, tötet die Spontaneität und fördert reine Effekthascherei. Übungsstunden in sexueller Praxis haben die körperliche Liebe ebenso zum Gespött gemacht wie der religiöse Puritanismus.

„Il faut corriger la fortune“ (G. E. Lessing, „Minna von Barnhelm“), die Maxime des Delinquenten, beschreibt die „Manipulationen“, die der Mensch über Jahrhunderte anwendete, um seine Situation zu verbessern. Meist stimmt irgend etwas nicht, sei es in Beziehungen zu anderen oder bei sich selbst. Die drohende Erwartung des Verlustes folgt den Menschen wie ein Schatten. Sie kann sich als ein Anreiz auswirken, die eigene Voraussicht und das Verhalten zu verbessern, denn ohne das dauernde Streben nach Verbesserung der eigenen Person und Situation würden wir vor Langeweile sterben, und die Gesellschaft würde auseinanderfallen. Doch die Vorstellung absoluter Perfektion in beiderlei Hinsicht ist der Weg zum Selbstmord. So sehr wir auch anderen und uns selbst Unzulänglichkeit verübeln, ohne ein gewisses Ausmaß davon könnten wir nicht existieren. Perserteppiche selbst der allerbesten Qualität enthalten immer einen kaum sichtbaren eingewebten Fehler, aufgrund eines unausgesprochenen Befehls – weder Gott noch die Menschen zu beleidigen. Westliche Gesellschaften scheinen weniger sensibel zu sein als die persischen Teppichweber. Derart mit halbgaren Gedanken und unsensiblem Verhalten beschäftigt, kommen uns Rechtfertigungen nur allzu schnell über die Lippen. „Entschuldigung“ oder „Tut mir leid“ sind Sätze, die zu den am häufigsten verwendeten gehören. Was wir damit erreichen wollen, ist eine Absolution für Taktfehler und falsche Handlungen, ohne dafür bestraft zu werden.

Lessings Bonmot ist mir, seit ich seine Stücke in der Schule gelesen habe, immer im Gedächtnis geblieben. Zusammen mit dem Motto meines Vaters: „Tue Recht und scheue niemand“, bildete es meine erste sogenannte Lebensphilosophie. Beide Sprichworte haben mir durch viele Schicksalschläge hindurch geholfen. Sie sind widersprüchlich, das macht ihre besondere Attraktivität aus. Einerseits „das Schicksal zu manipulieren“, andererseits ehrlich zu sein, erfordert Erfindungsgabe und geistige Flexibilität. Wir erreichen keine Änderung unseres Mißgeschicks und Unglücks, indem wir uns selbst und andere beschuldigen. Doch wir können dazu verführt werden zu glauben, wir könnten dem Schicksal mit einem kleinen „Anstoß“ nachhelfen. Wir fliehen in eine andere Umgebung, weil wir hoffen, daß sich das Blatt unseres Schicksals wieder wenden wird, oder wir versuchen, eine unangenehme Situation durch Diplomatie zu bereinigen. „Mach, daß das Glück sich Dir zuwendet, aber achte darauf, daß Du nicht entdeckt wirst.“ Ein solcher Grundsatz kann der Hebel werden, der einen aus einer unerträglichen in eine Situation voller Möglichkeiten heraushebt. Wie oft verwenden Menschen diese diplomatische Kunst, um einen Geliebten zu halten, den sie sonst verlieren würden, oder einen zu bekommen, der sonst auf ihre Avancen nicht reagiert hätte! „Bei der Liebe gibt es immer einen, der leidet, und einen, der sich langweilt“, erzählte mir einmal die Prinzessin Edmonde de Polignac mit einem versonnenen Lächeln, und ich vermutete, daß nicht sie es war, die litt.

Unser Leben schreitet mit seinen Höhen und Tiefen von einem Zwischenstadium zum anderen. Die Zwischenzeiten sind entweder vollgepackt oder leer, fruchtbar oder fruchtlos, je nach den Mustern, die wir entwickelt haben. Einige Menschen sind sich dessen voll bewußt, andere erkennen diese Muster nur vage und viele überhaupt nicht.

Das Leben selbst ist ein Zwischenspiel zwischen Geburt und Tod. Diese beiden riesigen Pfeiler halten es aufrecht und geben ihm die einzige mir sinnvoll erscheinende Bedeutung. Vor der Geburt war nichts, und danach wird es wahrscheinlich ebenso sein. Das Leben ist eine Zeitspanne vom Nichts zum Nichts. Die Geschichte unseres Lebens mag sich im Gedächtnis derjenigen widerspiegeln, die mit uns beschäftigt sind. Doch warum wollen wir Ewigkeit und Unsterblichkeit, wenn die *condition humaine* nicht darauf angelegt ist? Wir suchen nach „Gestalt“, nach einem unvernichtbaren Profil unserer selbst. Wir finden es momentan in der Extase der Liebe und der Kreativität. Dann ergreift ein Gefühl von Omnipotenz von uns Besitz, und der Tod hat keine Herrschaft über uns. Doch wahrscheinlich täuschen wir uns, wenn wir zu dem Ergebnis kommen, daß unsere persönlichen Höhepunkte kosmische Bedeutung haben können. Andererseits: Sie könnten ein Funken des göttlichen Feuers in unserem zerbrechlichen Leben sein. Jedenfalls können wir weder ihre Realität noch ihre Bedeutung erkennen. Ich weiß nur von einem Ereignis dieser Art, das ich in meiner Jugend hatte; sein Wunder kam unerwartet, seine Bedeutung jedoch blieb mir verschlossen.

Ob wir nun Humanisten sind oder nicht, je älter wir werden, desto intensiver ist unser Bedürfnis herauszufinden, ob es Gesetzmäßigkeiten in der Wiederkehr von Ereignissen oder Menschen gibt, so als ob wir in unserem Leben eine Kreisbewegung vollziehen würden. Das Geheimnis der Begegnungen mit der eigenen Vergangenheit ist wie die Wiederkehr von Moden, die sich mit fast mathematischer Präzision ereignet. Wenn solche Ereignisse einer Gesetzmäßigkeit folgen, dann ist es eine, die sich jenseits unseres Verständnisses abspielt. Theorien der Periodizität und der Biorhythmen können sie nicht erklären. Ich kenne genug Menschen, die nach unerwarteten Verbindungen zwischen Personen und Situationen Ausschau halten, die ein „geplantes Muster" in ihrem Leben zu verraten scheinen. Oft sind sie bei der Suche nach beiden erfolgreich. Nur wenige Menschen leugnen, daß es diese Dinge gibt – und daß sie darüber äußerst verwundert sind.

Wenn wir Fremden begegnen, die sich als entfernte Verwandte oder Freunde von Freunden herausstellen, wundern wir uns, „wie klein die Welt ist". Solche Koinzidenzen geschehen zu oft, um noch als Zufall gelten zu können. Die Vorstellung, daß wir andere Menschen unabhängig von Raum und Zeit durch eine Art Geistes- oder Seelen-Verwandtschaft anziehen, wirkt allerdings wenig überzeugend, es sei denn wir können daran glauben, daß Gott seine Hand bei allem was geschieht, im Spiel hat. Der Gedanke eines kollektiven Magnetismus, der bestimmte Menschen zueinander hinzieht und andere zurückweist, scheint weit hergeholt. Seine Auswirkungen müßten verschiedene Kontinente mit einschließen. Und diese Idee erscheint noch merkwürdiger, wenn die „Vermittlungsperson" nichts mit uns zu tun hat. Die Theorie des kollektiven Magnetismus bleibt daher eine offene Frage.

Das Mysteriöse, sei es nun Illusion oder nicht, macht uns alle zu Gläubigen, selbst wenn wir vorgeben, Atheisten zu sein. Ein geheimer Strom unerklärbarer Geheimnisse scheint das menschliche Geschick zu durchziehen. Das ist der „Hof um den Mond" unserer Phantasie.

Wenn es für das Unerklärliche keine Antwort gibt, ruft man das Übernatürliche zu Hilfe. Wer an das Okkulte glaubt, leidet unter dem gleichen Wunschdenken wie der religiöse Gläubige. Beide übergeben das Problem einer höheren Instanz. Koinzidenzen geistiger und emotionaler Reaktionen sind vorhersagbar, nur fälschlich hält man sie für unheimlich. Sie sind größtenteils vom Lernen durch Erfahrung ähnlicher innerer Ereignisse abhängig und dem psychologischen Verständnis zugänglich.

Doch was ist mit der körperlichen Ähnlichkeit zwischen absoluten Fremden, deren Leben sich hunderte von Jahren auseinander und an entgegengesetzten Enden Europas abspielt? Als ich eines Tages mit meinem Cousin durch die Alte Pinakothek in München schlenderte, blieben wir sprachlos vor dem Portrait eines der Höflinge Philips IV. von Spanien stehen, das Velasquez gemalt hat. Wir starrten uns an. War dieser Mann, der dieselben Gesichtszüge, Lippen und Augenbrauen, denselben Haar- und Bartansatz wie mein Cousin hatte, unser Vorfahr? Kein Mitglied der Familie hatte solch eine verblüffende Ähnlichkeit mit meinem Cousin. Möglicherweise war der dargestellte Mann ein Marranne, ein konvertierter Jude, der unerkannt am Hof lebte. Hatte die Kunst der Natur dieselben Formen reproduziert, wie sie für eine Rasse, unabhängig von Zeit und Raum, charakteristisch sind? Dies konnte jedoch die Präzision der Gesichtsdetails, sogar des Ausdrucks in den Augen, der eine solch individuelle Eigenart meines Cousins war, nicht erklären. Dieses Erlebnis war so gewaltig, daß ich immmer noch den Schock der Erkenntnis, die es vermittelte, empfinde. Die Natur kann unglaubliche Formen hervorbringen, doch diese Überlegung gibt auf mein Erlebnis keine Antwort.

Das Erlebnis in meiner Jugend hat eine Verbindung zu einem in jüngster Zeit, das mich ebenfalls fassungslos machte. Ich hatte immer schon an den frühen deutschen Romantikern Gefallen gefunden. Als ich noch in der Schule war, hatte ich Bettina von

Brentanos Leben der Karoline Günderode viele Male gelesen. Diese rätselhafte Dichterin hatte mich immer fasziniert, weil sie ihrer Zeit voraus und wahrscheinlich bisexuell war. Als ich von Christa Wolfs Buch „Kein Ort. Nirgends“ hörte, das von einer imaginären Begegnung zwischen der Günderode und Kleist berichtet, ließ ich es mir sofort schicken. Beide Dichter begingen in Winkel am Wannsee Selbstmord, und Christa Wolf beschreibt ihre Charaktere mit solch lebhafter Klarheit, daß ich das Buch nicht aus der Hand legen konnte, bevor ich es zu Ende gelesen hatte. Eine poetische Passage, die sich auf Kleist bezieht, ließ mich verblüfft hochschrekken. Christa Wolf benutzt das gleiche Bild und mit fast denselben Worten, wie ich sie in meinem Gedicht „Jesaias“ verwendet hatte. Hier sind die beiden Stellen:

„Durch die Sohlen seiner Füße brennt das Herzensblut der Erde.“
(Charlotte Wolff)
„Und fühlte den Herzschlag der Erde unter seinen Fußsohlen.“
(Christa Wolf)

Wir haben praktisch denselben Nachnamen. Sie wurde in Landsberg (Warthe) geboren, nicht weit von Danzig, und lebt in der DDR. In ihren Adern fließt wahrscheinlich kein jüdisches Blut, und sie ist 30 Jahre jünger als ich. Das gleiche poetische Bild wird von zwei Frauen ausgedrückt, die sich in fast allem außer der deutschen Sprache unterscheiden – ein sowohl erhebender wie ernüchternder Gedanke. Meiner Ansicht nach ist es ein Wunder, daß ein solch ähnlicher poetischer Ausdruck von zwei Geistern geschaffen werden konnte. Wie ist diese so detaillierte Ähnlichkeit möglich? Diese Frage hat keine Antwort.

Gertrude Stein sprach auf ihrem Totenbett die Worte: „Die Antwort liegt in der Frage.“ Sie hatte nur zum Teil Recht. Viele Fragen bleiben, zu meiner Freude, unbeantwortet.

Wieder in Berlin

Seit ich am 23. Mai 1933 am Bahnhof Zoo gestanden und auf meinen Zug nach Paris gewartet hatte, war Berlin in meinen Gedanken eine Chimäre. Nie kam es mir in den Sinn, daß dieses Ungeheuer sich eines Tages in einen angenehmen Traum verwandeln könnte. Sagte ich mir nicht stets, daß ich Deutschland für immer den Rücken gekehrt hatte und daß nichts mich veranlassen würde, auch nur für einen kurzen Besuch zurückzukehren? Viele Male hatte ich Ruth, die meine unversöhnliche Einstellung nicht teilte, meinen Entschluß erklärt. Sie hatte alles mögliche unternommen, um Katherines Adresse in Konstanz am Bodensee ausfindig zu machen, und die beiden hatten sich in einer lebhaften Korrespondenz wiedergefunden, eine Tatsache, die durch einen Besuch Ruths in Konstanz bestärkt werden sollte. Auch zwischen Katherine und mir gingen Briefe hin und her. Katherine äußerte darin den dringenden Wunsch, die Freundschaft mit mir zu erneuern und bat mich, Ruth zu begleiten. Nolens volens war ich wieder einmal Teil eines Trios geworden. Unser Wiedersehen und die Vorstellung, nach Deutschland zurückzukehren, erfüllten mich mit bösen Vorahnungen. Wie konnte ich Katherine wiederbegegnen nach ihrem Vertrauensbruch und einer Trennung, die endgültig gewesen war! Ruth redete mir gut zu, meine Aversion gegen Deutschland und alles Deutsche zu bekämpfen. Am Ende willigte ich widerstrebend ein, unter der Bedingung, daß sie mir bei Bedarf als „Leibwächter" dienen müsse. Und so fuhren wir im Herbst des Jahres 1964 nach Konstanz.

Katherine spielte die Rolle der deutschen Frau, die den Juden immer schon positiv gegenübergestanden hatte, bis zur Perfektion. Sie lieferte uns ein Melodrama: Drei alte Freundinnen sind wieder vereint und sich so nahe, als wären sie nie voneinander getrennt worden, als habe die Hitlervergangenheit keine Rolle gespielt.

In Konstanz, einer im Mittelalter gegründeten Stadt, wohnten wir in einem alten Hotel, in dem ich vor über 40 Jahren glückliche Tage mit den Lubowskis und dem persischen Dichter verbracht hatte. Es gab sie immer noch, die üppigen Grünanlagen, die auf den Bodensee hinausgingen. Auf seiner weiten Wasserfläche konnte das Auge ruhen und in der Ferne war die kleine Insel Mainau zu erkennen. Die gegenüberliegende Seite des Sees, zu dem wir in meiner Studentenzeit mit einem kleinen Boot hinübergerudert waren, konnte man eher ahnen als erkennen. Katherine ging in einem der Parks auf eine Bank zu, auf der sich eine würdevolle alte Dame niedergelassen hatte. „Würden Sie erlauben?" fragte Katherine mit einer leichten Verbeugung. Die Dame schien nicht gerade erfreut zu sein, aber mit einem „Gestatten Sie" nahmen wir drei Platz. Hier herrschten immer noch die gleichen altmodischen Sitten. Es schien, als ob sich in dieser alten Provinzstadt, die im Mittelalter wie in unserer Zeit der Gewalt ausgesetzt gewesen war, nichts geändert hatte. Die Atmosphäre der alten Straßen und Gebäude versetzten die Besucher in ein anderes Jahrhundert. Hier *war* die Zeit stehengeblieben. Wir nahmen unseren Nachmittagstee in einem großen Café im Grünen ein. Die Menschen verbeugten sich voreinander auf eine beinahe chinesisch anmutende Weise; ihr heftiges Händeschütteln jedoch war wahrhaft germanisch. Wie gut kannte ich dieses demonstrative Verhalten, hinter dem sich oft Feindseligkeit und Furcht verbergen. Ja, es war alles wie früher, sogar die Kapelle spielte die gleiche Musik, Melodien von vor dem Krieg und Walzer der Gebrüder Strauß. Tatsächlich – ich war zurückgekehrt und atmete „Heimatluft". Ich konnte nicht anders, ich war entzückt von der Musik, den Grünanlagen, dem See und der Landschaft. Sehnsüchtige Erinnerungen an meine Studententage kamen auf, die ich noch vor einer Woche verächtlich zurückgewiesen hätte.

Am nächsten Tag nahmen wir die Fähre zur alten Stadt Meersburg am Bodensee, einem Mekka der Dichter. Hier lebte und starb Annette von Droste-Hülshoff in einem Haus in einer der Kopfstein-gepflasterten Straßen der hügeligen Stadt. Sie war die meist gefeierte deutsche Dichterin des 19. Jahrhunderts; und sie schrieb die Novelle „Die Judenbuche", an die ich mich erinnerte, als ich ihre Gedenktafel betrachtete. Dieser Roman ist die dokumentierte Geschichte des Antisemitismus; Droste-Hülshoff beschreibt darin, wie ein guter Mann, ein westfälischer Jude, von den Bewohnern seines Dorfes verfolgt wird. Meine Erinnerungen an Annette von Droste-Hülshoffs Buch standen in bezug zu dem, was mir einige Stunden später zustieß. Während unserer Rückkehr nach Konstanz sah ich einen typischen Deutschen „aus alten Zeiten": gerötetes Gesicht, Stiernacken, Lederhosen und Tirolerhut. Er starrte mich mit unverhohlenem Haß an, und ich starrte mit dem gleichen Blick zurück, mit dem ich den Gestapobeamten betrachtet hatte, als er mich 1933 in der U-Bahn nach Neukölln verhaftete. Als wir Konstanz erreichten, bat ich darum, unser Abendessen auf der schweizerischen Seite der Stadt einzunehmen. Von dem Augenblick an, als ich mit diesem Mann konfrontiert worden war, ertappte ich mich dabei, daß ich mich – wie damals – dauernd über die Schulter umsah. Die Illusion „glücklicher Tage" in Deutschland war wie eine Seifenblase zerplatzt.

Nach London zurückgekehrt, schwor ich mir, daß ich mit Deutschland abgeschlossen hatte. Doch ich bedauerte meinen Besuch nicht: Ich hatte mich einer Situation gestellt, von der ich vorher geglaubt hatte, ich würde mich ihr nicht aussetzen. Meine Überempfindlichkeit gegen die deutsche Sprache erwachte wieder. Ich hatte sie ohnehin kaum benutzt, nachdem ich Helen in Paris verlassen hatte. Bis zum Jahre 1964 hatte ich bereits länger im Exil gelebt als in Deutschland. Ich hatte mich im Exil niedergelassen, und es führte kein Weg mehr zurück in die Vergangenheit. Während dieser Tage mußte ich oft an Heinrich Heines berühmte Zeilen denken:

„Denk ich an Deutschland in der Nacht
bin ich um meinen Schlaf gebracht."

Vielleicht war es immer schon unmöglich, mit den Deutschen zu leben, wenn ein deutsch-jüdischer Dichter des 19. Jahrhunderts so empfand wie er. Ein Jude kann sich bei den Deutschen nicht wohlfühlen, sagte ich mir.

Diese Empfindungen hielten nach meinem Konstanz-Besuch etwa sieben Jahre an. Dann geschah etwas, das meine Abwehrhaltung aufbrach. Ich mußte mit dem deutschen Verlag korrespondieren, der mein Buch „On the Way to Myself" unter dem Titel „Innenwelt und Außenwelt" herausbringen wollte. Der Verlagsleiter schlug vor, die Übersetzerin des Buches auf einen Besuch zu mir zu schicken. Sie kam im Juni 1971. In dem Augenblick, als ich sie das erste Mal sah, brach das ganze Kartenhaus der Vorurteile gegen die Deutschen – jedenfalls der jüngeren Generation– zusammen. Eine Frau Anfang 20 in einer hübsch geschnittenen roten Hose und einer Art Bolero über einer grünen Seidenbluse gab mir die Hand. Sie hätte aus New York oder Paris kommen können; offenbar gehörte sie zu den Menschen, die sich überall zu Hause fühlen und mit allen möglichen Leuten Kontakt aufnehmen können. Ihre Augen hatten das „deutsche Blau", doch sonst erinnerte mich nichts an einen „Typus". Ich kannte mich selbst nicht wieder, denn ich sprach mit ihr, als würden wir uns schon Jahre kennen. Sie studierte Philosophie an der Universität Hamburg, und wir fanden uns schnell in meinen Erinnerungen an Walter Benjamin. Als ich ihr mein Buch „Love between Women" zeigte, sah sie es sich sorgfältig an und überlegte eine ganze Weile. Dann sagte sie: „Ich kenne jemanden beim Rowohlt-Verlag. Ist es Ihnen recht, wenn ich mich bei dem Verlag wegen einer möglichen Übersetzung erkundige?" Es war mir recht. „Ich würde es sehr gerne selbst übersetzen, sind Sie damit einverstanden?" Wieder stimmte ich zu, unter der Bedingung, daß ich ihren Text durchsehen und korrigieren konnte. Sie hielt Wort. Das Buch kam 1973 beim Rowohlt-Verlag unter dem Titel „Die Psychologie der lesbischen Liebe" heraus – übersetzt von Christel Buschmann. Als sie mich wieder besuchte, um ihre Übersetzung mit mir durchzugehen, wurden wir Freundinnen. Ohne es zu wissen, bereitete sie mir den Weg zu einer erneuten Annäherung an deutsche Menschen, die dazu führte, daß ich später zweimal Berlin besuchte.

Eine lesbische Zeitschrift namens U.K.Z. (Unsere kleine Zeitung), die in Berlin herauskam, machte 1977 auf meinen Roman „Flickwerk" aufmerksam. Diese Zeitschrift ist das Sprachrohr der lesbischen Gruppe L.74 (L steht für Lesbos, 1974 für das Gründungsjahr). Eine Reihe von lesbischen Monatszeitschriften in Deutschland, den USA und England tauschten Informationen und Artikel, die von gemeinsamem Interesse sind, aus. Die U.K.Z. war an einem Interview interessiert, das ich Jackie Forster von der Gruppe Sappho über meinen Roman gegeben hatte. Anlaß war die

Veröffentlichung von „Die Psychologie der lesbischen Liebe" in deutscher Sprache. In der Aprilnummer 1977 erschien ein Photo von mir, zusammen mit einer kurzen Beschreibung der Lebensereignisse, die mit meiner Arbeit in Zusammenhang standen. Es wurde versprochen, meinen Roman zu rezensieren, sobald er in deutscher Übersetzung erhältlich war. Sofort schrieb ich an Käthe Kuse, die Gründerin von L. 74 und eine der Herausgeberinnen der Zeitschrift. Mein Brief wurde von Eva Rieger beantwortet, die mir mitteilte, daß die Gruppe sich sehr darüber freute, mit mir in Kontakt zu kommen. Bald darauf schickte mir Käthe Kuse eine Einladung zusammen mit einem Rundbrief, den sie vor einigen Jahren geschrieben hatte. Darin wurden die ersten Anfänge der Gruppe geschildert. Es faszinierte mich, von dem Kampf der deutschen Homosexuellen um ihre kollektive Identität zu erfahren und davon, wie schwierig es gewesen war, sich in Gruppen zusammenzuschließen, um gegen die gesellschaftlichen Vorurteile anzukämpfen. Sie hatten länger dafür gebraucht als die Amerikanerinnen und Engländerinnen, und dies hing mit der deutschen Geschichte zusammen. L. 74, die mir den Weg zurück nach Berlin ebnete, war eine Gruppe berufstätiger Frauen über 30. Sie waren der Überzeugung, daß sie nicht in eine bereits bestehende lesbische Gruppe, das L. A. Z. (Lesbisches Aktions-Zentrum) hineinpaßten, deren Mitglieder hauptsächlich aus jungen Studentinnen, Angestellten und Krankenschwestern bestanden. Der Rundbrief erwähnt auch die H. A. W. (Homosexuelle Aktion Westberlin), ursprünglich eine von Männern gegründete Organisation, der vorübergehend auch lesbische Frauen angehörten, bis diese sich im L. A. Z. organisierten. Beide Gruppen hatten mitgeholfen, L. 74 aufzubauen, indem sie ihr Adressen möglicher Mitglieder weitergaben. Gertrude Sandmann, eine Schülerin von Käthe Kollwitz, war sozusagen die Gründungsmutter der Gruppe. Sie war von der Notwendigkeit überzeugt, berufstätige Lesbierinnen „reiferen" Alters zusammenzuführen. Es war eine kluge Entscheidung gewesen, die Mitgliedschaft derart zu begrenzen, denn die älteren Frauen hatten ein tieferes Verständnis der lesbischen Situation als die jüngere Generation, die nach der Hitlerzeit geboren worden war. Da die Vorgeschichte meiner Berlinbesuche in mancher Hinsicht mit der Situation lesbischer Frauen in Deutschland verbunden ist, möchte ich einige spezifische Ereignisse beschreiben.

Zwischen der Bildung lesbischer Kollektive in Deutschland und denen in England und Amerika liegt eine beträchtliche Zeitspanne. Sie ist das Ergebnis der Unterdrückung während des Hitlerregimes, die manche lesbischen Frauen noch nicht ganz überstanden haben. Deutsche Lesbierinnen hatten große Schwierigkeiten, eine eigene Identität zu finden, und noch größere, sie öffentlich zu proklamieren. Ihr Gefühl von Schuld und Ablehnung war komplexer und schmerzhafter als es bei den Lesbierinnen in angelsächsischen Ländern und in den USA der Fall war. Dagegen haben es die jüngeren Lesbierinnen in mancher Hinsicht leichter. Sie sind erst nach der Nazizeit geboren, die von der neuen bundesdeutschen Regierung und anderen offiziellen Stellen moralisch verurteilt wurde. Und sie konnten Schwierigkeiten mit ihren Eltern, die zum Teil die Schrecken der Vergangenheit noch nicht vergessen hatten, besser überwinden. Aber ob alt oder jung, sehr viele deutsche Lesbierinnen sind überzeugte Feministinnen. Dadurch, daß sie sich der Frauenbewegung angeschlossen haben, wurde nicht nur ihre Gettosituation in der Gesellschaft aufgebrochen, sie wurden auch zu Teilnehmerinnen an einer internationalen Revolution. Ihr feministischer Hintergrund sicherte ihnen ein Gefühl des Selbstsvertrauens. Und dies zurecht, denn ohne den lesbischen Einfluß hätte sich der Feminismus nicht zu einer solchen Bewegung formieren können. Der zeitliche Abstand zwischen der deutschten Lesbenbewegung und der in anderen Ländern spiegelt sich auch im Interesse der Medien an diesem Thema wider. Während der erste lesbische Fernsehfilm in England bereits in den späten 60er Jahren gezeigt wurde, strahlte das Fernsehen in der Bundesrepublik den ersten deutschen Film zu diesem Thema, „Zärtlichkeit und Rebellion", erst im August 1973 aus. Eine der jüngeren Gründerinnen von L. 74 hatte darin den Mut, öffentlich zu erklären, daß sie Frauen liebt, und ihr Gesicht offen zu zeigen. Alle anderen Darstellerinnen versteckten ihr Gesicht vor der Kamera.

Im Jahre 1977 suchten lesbische Frauen in der Bundesrepublik immer noch einen sicheren Boden unter ihren Füßen. Ihre Sehnsucht nach internationaler Solidarität mit anderen lesbischen

Frauen war vermutlich einer der Gründe, warum mein Buch über weibliche Homosexualität bei ihnen einen so großen Anklang fand und sie den persönlichen Kontakt mit mir suchten. Der Gedanke, deutsche Feministinnen und Lesbierinnen zu treffen, gefiel mir. Ich wollte ihre Persönlichkeiten, ihre Wünsche und Hoffnungen kennenlernen. Durch eine lebhafte Korrespondenz mit zwei Frauen von L. 74 wurde dieser Wunsch konkreter, und eines Tages machte ich den Vorschlag, sie zu besuchen. Er stieß auf begeisterte Zustimmung. Ich weiß nicht, warum ich so schnell bereit war, die jahrzehntelange Ablehnung alles Deutschen aufzugeben und den Entschluß zu fassen, Berlin wiederzusehen. Ich vermute, mein Geisteswandel hing mit der Tatsache zusammen, daß ich mich bei lesbischen Feministinnen „sicher" fühlte, so als ob mir in ihrer Mitte nichts geschehen könne. Doch deutschen Boden zu betreten, bedeutete auch, *anderen* Deutschen zu begegnen, die Sprache zu hören und zu sprechen, die Vergangenheit wieder zu „fühlen", die viele meiner Familienangehörigen ermordet und mich fast in ihrem Netz der Zerstörung gefangen hatte. Obwohl oder weil ich dieses merkwürdig drängende Bedürfnis, Deutschland wiederzusehen, empfand, erfüllte mich meine vorgesehene Reise nach Berlin mit widersprüchlichen Gefühlen. Immer wieder verwarf ich meinen Plan, doch meine Neugier und eine unerklärliche Sehnsucht waren stärker als alles, was mich hätte hindern können. Berlin begann in meiner Vorstellung eine „Schatzinsel" zu werden, auf der ich etwas Kostbares wiederfinden wollte, das ich verloren geglaubt hatte.

Durch meine Korrespondenz mit den Berliner Frauen erfuhr ich von einem Projekt, an dem sie mich beteiligen wollten. Sie hatten nach Dokumenten des Lebens lesbischer Frauen in den 20er Jahren gesucht, eine Zeit, die sie zurecht als „lesbisches Paradies" betrachteten. Von 1924 bis 1933 hatte es in Berlin eine Zeitschrift namens „Die Freundin" gegeben, und Eva Rieger hatte entdeckt, daß es in der Westberliner Stiftung Preußischer Kulturbesitz noch alle Nummern vollständig gab. Sie hatte daraufhin von allen Ausgaben eine Kopie gemacht. Es grenzt schon an ein Wunder, daß eine ganze Sammlung dieser „degenerierten" Literatur die Nazizeit überleben konnte. Jedenfalls hielt ich eines Tages 30 Fotokopien der „Freundin" in meinen Händen. Sie sollten in Buchform wieder veröffentlicht werden, und ich willigte ein, das Vorwort zu schreiben. Da ich selbst für die Gruppe ein „Stück Zeitgeschichte“ repräsentierte, wollten die Frauen mich während meines Besuches interviewen. Sie wollten einiges über meine lesbischen Erfahrungen wissen, über die Atmosphäre in den Nightclubs, Tanzdielen und anderen Treffpunkten lesbischer Frauen in den 20er Jahren. Ich las diese Zeitschriften – ein eigenartiges Stück deutscher Kulturgeschichte vor der Hitlerzeit – amüsiert, ungläubig und fasziniert. Zu der Zeit, als „Die Freundin“ erschienen war, hatte ich nie eine Ausgabe davon in die Hände bekommen, ein sicheres Zeichen dafür, mit welcher Geheimniskrämerei sie sich umgab, obwohl doch homosexuelle Filme und Theaterstücke zu der gleichen Zeit „en vogue“ waren. „Die Freundin“ war damals offensichtlich ein „uneheliches Kind“, das sein Gesicht nicht offen zeigen durfte. Die lesbische Welt, die sie darstellt, hatte wenig Gemeinsamkeiten mit den homosexuellen Frauen, die ich damals kannte, und der Welt, in der ich mich bewegte. Ihre Leserschaft muß einer anderen Klasse angehört haben, in einer anderen Welt geliebt, getrunken und getanzt haben. Sie traf sich jede Woche in den Lokalen auf dem Alexander Platz und in dem umgebenden Bezirk, wo die ärmeren Menschen lebten. Die folgende Anzeige in der „Freundin“ illustriert, wie sich Lesbierinnen damals vergnügten: „Sonnabend, 30. Juli, 1927. *Nur Damen* treffen sich jeden Mittwoch und Sonnabend im Alexander-Palais. 'Ein Sommernachtstraum'.“

„Die Freundin“ veröffentlichte alle Arten von Anzeigen weiblicher und männlicher Homosexueller, auch von „Heteros“. Ihre Ankündigungen betrafen nicht nur Amüsierlokale, sondern auch Vorlesungen über Homosexualität von Magnus Hirschfeld, von Psychiatern und Rechtsanwälten. Es war ein sehr gemischtes Publikationsorgan, dessen einzelne Zutaten nicht zueinander paßten. Kurzgeschichten, Gedichte und Zeichnungen waren von unglaublicher, lächerlicher Maniriertheit und der größte Kitsch, den man sich vorstellen kann. „Die Freundin“, die in ihren Anzeigen beide Geschlechter ansprach, folgte damit einem Brauch der damaligen Zeit. Männer und Frauen wurden unverändert als „zusammengehörig“ betrachtet, sogar in homosexuellen Klubs.

Homosexuelle Frauen und Männer haben eine Sehnsucht nach

ihrer eigenen Geschichte, und vermutlich war dies auch der Grund, warum meine Berliner Briefpartnerinnen auf die Suche nach ihren „Wurzeln" gegangen waren. „Die 70er Jahre begegnen den 20ern" war der Schlachtruf junger Deutscher, nicht nur der Homosexuellen. Sie wollten die Zeit vor Hitler kennenlernen, besonders alle Aspekte des damaligen kulturellen Lebens, um ihre Zukunft auf einem Deutschland aufzubauen, das einmal das Modell einer freiheitlichen Gesellschaft gewesen war. So etwas wie „Die Freundin" wieder zu veröffentlichen, traf auf ein allgemeines Bedürfnis. Die Annahme des Vorschlages, daran mitzuarbeiten, machte mir die Entscheidung leichter, nach Berlin zu fahren. Leider mußte dieses gut durchdachte und gut vorbereitete Projekt aufgeschoben werden, weil Eva Rieger, die daran mitarbeitete, Berlin verließ. Dennoch gab ich den einmal gefaßten Entschluß nicht auf. Der letzte „Hebel" war eine Einladung des Berliner Frauenbuchladens Labrys und der Gruppe L. 74, in der Amerikanischen Gedenk-Bibliothek aus meinen Büchern „Flickwerk" und „Innenwelt und Außenwelt" zu lesen. Diese Einladung gab mir das Gefühl, daß mein Besuch für diese Frauen wirklich eine Bedeutung hatte. Doch immer noch waren Zweifel und Furcht nicht verschwunden. Zufällig besuchte mich Sybille Bedford zehn Tage vor meinem geplanten Abreisetermin. Ich schilderte ihr meinen Konflikt, und ihre Worte setzten meiner Unentschlossenheit ein Ende. „Du mußt im Triumph zurückkehren", sagte sie. „Es wird Dir guttun. Geh'!" Doch noch am Morgen meiner Abreise, am 5. April 1978, war ich unschlüssig, ob ich das ganze Unternehmen nicht absagen sollte. Dann plötzlich waren meine Ängste verschwunden, ich sah dem Besuch freudig entgegen und konnte es kaum erwarten, in Berlin anzukommen.

Als ich auf dem im Vergleich zum Londoner Flughafen Heathrow geradezu gemütlich wirkenden Berliner Flughafen Tegel ankam, hielt ich Ausschau nach Ilse Kokula, eine meiner beiden Briefpartnerinnen und ihrer Freundin S., die versprochen hatten, uns zu der Pension zu bringen, wo wir uns einquartieren sollten – nur einen Steinwurf vom Kurfürstendamm entfernt. Meine Freundin Audrey begleitete mich, weil ich nicht allein nach Deutschland fahren und sie gern einmal Berlin kennenlernen wollte. Blitzartig erfaßte ich zwei lächelnde Gesichter hinter der Absperrung; es waren Ilse und ihre Freundin. Beide winkten uns zu. Als wir hinter die Absperrung gelangt waren, übergab mir Ilse einen Strauß Lilien, und nachdem S. unser Gepäck im Kofferraum ihres Autos verstaut hatte, machten wir uns auf den Weg zur Pension Arkona in der Meinekestraße. Die Straßen, durch die wir fuhren, nahm ich kaum wahr. Unsere beiden Begleiterinnen waren in den 30ern. Ilse, eine extravertierte Frau, freute sich offensichtlich darüber, mich persönlich kennenzulernen, S. war freundlich, aber zurückhaltend. Ihre präzisen Fragen paßten zu dem beobachtenden Blick, mit dem sie mich betrachtete. Schließlich erreichten wir die Pension, ein altes Gebäude, das den Krieg überlebt hatte. Sein Stil und Komfort war der gleiche wie zu meiner damaligen Berliner Zeit. Als wir schließlich die Tür unseres Hotelzimmers hinter uns geschlossen hatten, ließ ich mich erschöpft auf das Bett fallen. Doch ich war entschlossen, mein Versprechen einzuhalten, noch am gleichen Abend die Gruppe L.74 zu besuchen. Der Tag unserer Ankunft fiel auf einen Mittwoch, und das bedeutete: Heute Abend hatte die Gruppe ihr wöchentliches Treffen. Wir wurden erwartet. Zwei Stunden später fuhren Ilse und S. uns zur Mariannenstraße 334 in Kreuzberg, wo L.74 in der dritten Etage eine kleine, aber geräumige Wohnung gemietet hatte. Zu diesem Zeitpunkt hatte ich etwas von meiner Verwirrung abgeschüttelt, *tatsächlich* in Berlin zu sein. Im Vorbeifahren erkannte ich vage die schäbigen Häuser im Armenviertel Kreuzberg, ein Stadtteil der an Neukölln angrenzt. Es war die Gegend, in der früher mein Arbeitsplatz lag.

Unsere beiden Begleiterinnen verließen uns, nachdem sie uns an der Tür abgesetzt hatten. Käthe Kuse, eine hübsche, über 70jährige Frau, begrüßte uns. Sie führte uns in den „Salon“, wo die Frauen der Gruppe uns erwarteten. Etwa 20 Frauen in legerer Freizeitkleidung saßen an den Tischen, Bierflaschen und Plastikbecher vor sich. Käthe überreichte mit einen Blumenstrauß, und wir setzten uns an einen der Tische. Unsere Gastgeberinnen brachten uns Kaffee und Kekse. Neben mir saß eine beeindruckende alte Frau mit grimmigem Gesichtsaudruck, die ich schon erkannt hatte, bevor ich ihr vorgestellt wurde. In der Weimarer Republik war sie Stadträtin gewesen, den Krieg hatte sie in einem im Wald versteckten ausrangierten Eisenbahnwagen überlebt. Sie war zwar keine Jüdin, dennoch mußte sie während der Nazizeit um ihr Leben fürchten, denn sie war Kommunistin. Sie sprach nur wenig, daher wandte ich mich bald von ihr ab und fragte laut: „Ist Eva Rieger hier?" Ich hatte kaum den Namen ausgesprochen, da sprang eine lächelnde junge Frau auf und gesellte sich zu uns. Ihre Spontaneität und ihre Art, wie sie ihre Freude zum Ausdruck brachte, mich zu sehen, erfüllte mich mit Wärme. Ich betrachtete ihre dunklen, intelligenten Augen in einem schönen Gesicht und mir war, als würde ich sie schon lange kennen. Von dem Augenblick an fühlte ich mich bei dieser Gruppe zu Hause und begann, mich systematisch umzusehen. Die Gruppe war bunt gemischt: Krankenschwestern, Lehrerinnen, Dozentinnen, Wirtschaftswissenschaftlerinnen. Eine dicke, gemütliche Frau war früher Köchin in einem psychiatrischen Krankenhaus in England gewesen; sie unterhielt sich mit Audrey auf englisch. Sie alle wollten wissen, wie es um die lesbischen Frauen in London steht, welche Organisationen es für sie gibt und was sie tun. Einige Frauen aus dem Lesbischen Aktions-Zentrum (L.A.Z.) kamen vorbei, um mich „mal zu sehen". Sie stellten Fragen mit einem leicht aggressiven Tonfall, so als wären sie sich unsicher, ob ich auch in allen Punkten mit ihnen übereinstimmte. Aber nach unserem Dialog änderte sich ihr Tonfall, und zur Überraschung der Gruppe L.74 luden sie mich ein, in ihr Zentrum zu kommen, um mit der Gruppe zu diskutieren. Damit war ich einverstanden, und es wurde ein Abendtermin vereinbart.

Zwei Stunden waren in angenehmer Atmosphäre vergangen. Wir hatten diskutiert, und ich hatte viele Fragen beantwortet. Der Kontakt mit L.74 und der „Patrouille" des L.A.Z. war zu unser aller Zufriedenheit hergestellt. Eva Rieger nahm uns in ihrem Auto mit zur Pension zurück und schlug vor, uns am nächsten Morgen zu einem Besuch Ostberlins abzuholen. Vor Erschöpfung fielen Audrey und ich in unsere Betten, doch kurz vor dem Einschlafen bemerkte ich noch die sorgfältig gearbeiteten Doppelfenster und den Messinggriff an der Tür. All das war genauso, wie ich es noch von früheren Zeiten her kannte.

Als ich am nächsten Morgen aufwachte, fragte ich mich, wie ich wohl die nächsten sechs Tage überstehen sollte, die mit Terminen vollgestopft waren. Der Flug nach Berlin, die Begegnung mit Ilse und S., der Besuch bei L. 74 – alles an einem Tag, das war ich nicht gewohnt. Ich hätte mich nicht zu sorgen brauchen. Meine Vitalität wuchs bei solchen Gelegenheiten, vor allem wenn es sich um erfreuliche und ungewöhnliche Ereignisse handelte. Den nächsten Tag verbrachten wir in Ostberlin. Eva Rieger fuhr uns mit dem Auto zum Checkpoint Charlie, wo wir einen Vorgeschmack auf die Grenzgepflogenheiten eines kommunistisch gelenkten Landes bekamen. Das langwierige Verfahren, ausländische Besucher auf Herz und Nieren zu überprüfen, nahm eine Stunde in Anspruch. In einem Schuppen von der Größe einer Gefängniszelle, der als Büro diente, standen etwa 50 Menschen, die eine Hälfte von der anderen getrennt durch einen schmalen Tisch, auf dem man Formulare ausfüllen mußte. Alle möglichen Einzelheiten hatte man anzugeben, etwa den exakten Geldbetrag, den man im Portemonnaie und am Körper mit sich führte. Man mußte seinen Paß einer jungen blonden Frau in die Hand drücken, die nie lächelte und einen gelangweilten und erschöpften Eindruck machte. Wie konnte sie nur mit dieser Menschenmenge fertig werden, die dort eng aneinandergedrängt in der stickigen Luft stand? Die Pässe verschwanden in einer Art Rohrpost und mußten in einem anderen, ebenso widerwärtigen Büro abgeholt werden. Wir mußten das Visum in DM bezahlen und DM 6,50 in ostdeutsche Währung umtauschen; ein guter Verdienst für das ostdeutsche Wechselbüro; man bekam die Anweisung, das Geld in Ostberlin auszugeben. Wir vergaßen jedoch die Unannehmlichkeiten, sobald wir die Friedrichstraße betraten und zum früheren Schloßplatz fuhren. Dies ist das Herz von Ostberlin, entweder ist es glücklicherweise verschont oder geschickt wieder aufgebaut worden. Die Humboldt-Universität steht noch so, wie sie immer dort gestanden hat – unversehrt. Dort hatte ich Albert Einstein über seine Relativitätstheorie reden hören, Vorträge des Kunsthistorikers Heinrich Wölfflin und die des Begründers der wissenschaftlichen Graphologie, Ludwig Klages besucht. Der Schloßplatz, jetzt: Marx-Engels-Platz, lag vor uns in seiner perfekten Geometrie. Mit Erleichterung und Freude erspähte ich die gründe Patina des Domes. „Der Dom hat den Krieg überlebt", sagte ich zu Eva. „Nein, aber man hat ihn exakt so wieder aufgebaut, wie er war. Sogar die Sarkophage der Hohenzollernkönige sind noch in seinem Innern aufbewahrt." Das Kaiserliche Schloß ist zerstört worden, Regierungsgebäude stehen heute an seiner Stelle. Die Illusion einer glanzvollen Vergangenheit war immer noch vorhanden. Der frühere Schloßplatz hatte eine Atmosphäre würdevoller Stille. Doch wenn man zu der Straße „Unter den Linden" zurückschaute, konnte man die Veränderung vieler Ostberliner Straßen bis zur Unkenntlichkeit nicht leugnen. Die berühmten Linden waren abgeschlagen wurden, und die kleinen Bäumchen, die man statt dessen auf beiden Seiten der Allee gepflanzt hatte, waren ein schmählicher Ersatz für ihre damalige Schönheit. Eva Rieger nahm uns mit zum besten Restaurant in Ostberlin im Ermeler Haus auf dem Märkischen Ufer an der Spree. Diese Straße hat eine romantische Atmosphäre, mit ihren Trauerweiden, die sich im Wasser spiegeln. Das Restaurant und das Essen hatten die Qualität des besten ihrer Art überall auf der Welt. Nach einem Blick auf die Karl Marx Allee, früher die Große Frankfurter Straße, kehrten wir zum Checkpoint Charlie zurück und hatten weniger Schwierigkeiten bei der Aus- als bei der Einreise.

Am Nachmittag ging ich zum ersten Mal zu Fuß durch Westberlin. Der heutige Kurfürstendamm hat ein ganz anderes Aussehen als früher, ich hätte genauso gut in einer mir völlig unbekannten Stadt sein können. So erging es mir mit einigen Straßen und Plätzen, die ihre typische Eigenart von früher verloren hatten. Das Nebeneinander von Alt und Neu verwirrte und faszinierte mich zugleich. Dies war ein außergewöhnlicher erster Tag, und noch lag ein bedeutender Abend vor mir: ein Fest zu meinen Ehren im Frauenbuchladen Labrys, wo ich eine Reihe von Frauen treffen sollte, die mir meinen Besuch in Berlin ermöglicht hatten.

Christiane fuhr uns mit dem Auto nach Kreuzberg. Ich hatte schon am Abend zuvor einen Blick auf die Straßen Berlins geworfen, diesmal betrachtete ich sie genauer. Ich war auf der Suche nach Orientierungspunkten, um die Gegenwart mit der Vergangenheit zu verbinden. Mit Befriedigung erkannte ich den Bülowbogen wieder, ein bedeutendes Wahrzeichen. Ich sah die hohe Stahlmauer um eine U-förmige Kurve, wo früher die U-Bahn ein Stück weit über der Erde fuhr. Heute führt ihr Weg dort unter der Erde weiter, und ihre alten Waggons, die immer noch auf dem leeren Platz stehen, sind in Trödelläden umgewandelt worden.

Warum haben wir das verzweifelte Bedürfnis, nach Dingen Ausschau zu halten, die wir schon kennen? Sie bilden die Geometrie festgefügter Muster, in denen wir uns sicher fühlen. Ohne das Wiedererkennen unserer Umgebung „hängen wir in der Luft". Der Orientierungssinn gibt uns das Gefühl, festen Boden unter den Füßen zu haben – die Grundlage körperlichen und geistigen Gleichgewichts. Wir müssen wissen, wo wir sind, um zu wissen, wer wir sind.

Es beruhigte mich, mir die Homo-Bar vorzustellen, die es einst unter dem Bülowbogen gegeben hatte und in der ich die wilden Tänze gleichgeschlechtlicher Paare in der Begleitung von Helen und Franz Hessel hatte genießen können.

Wir betraten den Buchladen Labrys, wo Feministinnen, berufstätige Frauen, Künstlerinnen und ältere Frauen auf mich warteten. Eine alte Dame war schon über 80 Jahre alt und beeindruckte mich sehr. Sie war kaum über 1,50 Meter groß, hatte leuchtend graue Augen und weiße Locken über einer hohen Stirn. Sie hatte Deutschland während des Hitler-Regimes nicht verlassen, sondern ihr selbst auferlegtes „Schicksal" mit eisernem Willen durchstanden. Ihr Name: Gertrude Sandmann, Jüdin und Malerin, eine Schülerin von Käthe Kollwitz. Sie wurde von einer seltsamen Frau begleitet, die ihren Kopf so steif hielt, daß ich mich fragte, ob sie starke Schmerzen hatte. Sie lächelte die ganze Zeit ein rätselhaftes Lächeln, ihre Augen strahlten Charme und Freundlichkeit aus – sie hatte das „gewisse Etwas". Ich erfuhr, daß Tamara, die lächelnde, unter schwerer Arthritis litt. Dennoch übte sie ihren Beruf als Lastwagenfahrerin weiter aus, obwohl sie immer stärkere Schmerzen hatte und Hände und Füße immer schlechter bewegen konnte. Ich schloß aus ihrem Aussehen, daß sie bereits das Pensionsalter erreicht hatte; ich erriet, daß sie immer noch fuhr, weil sie Angst davor hatte „stillzustehen". „Sie ist die Güte selbst" hatte Christiane mir gesagt. „Niemand weiß etwas über sie. Sie spricht nie über sich. Wir wissen nur, daß sie einmal Tänzerin und Akrobatin war". Die Malerin Gertrude Sandmann saß neben mir. Sie hatte die

Begeisterungsfähigkeit einer Jugendlichen, trotz ihrer 84 Jahre. Ihren wachen Augen entging nichts. Ihre Freundin Käthe Kuse hatte sie während der Schrecken der Nazizeit beschützt und ihr viele Male das Leben gerettet. Als die Gestapo anrief, hatte sie Käthe Kuse in der großen Schublade eines riesigen Schrankes versteckt. Das gut gehütete Geheimnis ihres Überlebens wurde mir von Ilse gelüftet. Hier war ich auf Menschen getroffen, die sich auf ungewöhnliche Weise einander gewidmet hatten, Menschen mit wirklichem Mut. Es hat eine Menge Menschen wie Käthe gegeben, die ihr Leben für ihre jüdischen Freunde aufs Spiel setzten. Diese drei alten Frauen hatten mir schon die Reise nach Berlin wert gemacht.

Die 13 oder 14 jüngeren Frauen waren alle Feministinnen. Einige waren lesbisch; sie hatten einen harten Kampf gegen Familie und Ehebande hinter sich auf dem Weg, ihre Identität zu finden. Alle waren entschlossen, aus der Bundesrepublik ein Land zu machen, in dem befreite Frauen leben können. Ihr Engagement für die Veränderung der Rolle der Frauen in der bundesdeutschen Gesellschaft hat eine besondere Intensität aufgrund der Unterdrückung, die lesbische Frauen unter Hitler erlitten. Kinder, Küche, Kirche – diese Bestimmung der Frau mußte verändert werden. „Frauen schaffen eine neue Welt!“ Dies ist der Schlachtruf aller Feministinnen in anderen Ländern, bei deutschen Frauen ist er gleichzeitig die Erinnerung an vergangenen Schrecken und die Hoffnung auf eine Zukunft, in der die Frauen die Zügel in der Hand halten. Sie sind darauf vorbereitet, jedes Zurückfallen in den Faschismus von Anfang an zu bekämpfen. Sie haben den männlichen Chauvinismus nur zu gut kennengelernt, so daß sie radikaler sind als Feministinnen in anderen demokratischen Ländern. Sie halten die Augen offen, denn die Gefahr der Konzentrationslager und sogar des Todes war den lesbischen Frauen einmal zu nahe, als daß sie diese Zeit vergessen könnten.

Die Frauen, die ich bei Labrys traf, waren entweder Freundinnen, oder sie hatten untereinander Liebesbeziehungen, oder beides. War es ihre Intimität, die diese außerordentliche Atmosphäre in dem kerzenerleuchteten Raum ausmachte? Obwohl ihre persönlichen Bindungen auf die emotionale Atmosphäre des Abends einen positiven Einfluß gehabt haben mochte, kam doch die Begeisterung und die Wärme meiner Freundin und mir gegenüber aus einer anderen Quelle. Deutsche haben einen Hang zum Feiern, eine Eigenart, die Bestandteil ihres sozialen Trainings zu sein scheint und völlig unabhängig ist von dem jeweiligen Regime, unter dem sie leben. So war denn der Abend ein reines Fest für die „verlorene Kollegin“, die zurückgekommen war, um von einem anderen Leben und einer anderen Welt zu erzählen. Niemals zuvor hatte ich mich in der Gegenwart anderer Frauen so erwünscht gefühlt. Die Wärme, mit der sie mich – eine Fremde – empfingen und umarmten, könnte man nach konventionellen Deutungsmustern als übertrieben demonstrativ bezeichnen. Doch ihre Küsse waren so natürlich wie ihre Begeisterung. Sie hatten eine emotionale Direktheit, die in der britischen Gesellschaft tabu ist. Diese Freundlichkeit und Wärme meiner Gastgeberinnen zählten für mich mehr als unsere gemeinsamen Ziele. Sie schufen die richtige Temperatur, in der ich „aufblühen“ konnte, wahrscheinlich war dies das Geheimnis meiner wiedergewonnenen Vitalität.

Der folgende Tag, Freitag, der 7. April, war der Höhepunkt meiner Reise, ihr eigentlicher Zweck: die Lesung in der Amerikanischen Gedenk-Bibliothek aus meinem Roman und meiner ersten Autobiografie. Sie sollte um 20 Uhr stattfinden, doch die Stunden vorher wollte ich nicht vertrödeln. Es gab zu viel zu sehen, zu entdecken und wiederzuentdecken. Ich wollte Berlin, die internationale Metropole, noch einmal kennenlernen. Gemeinsam mit Ilse nahmen wir uns ein Taxi und fuhren zum Museum Dahlem, das vor etwa 16 Jahren erbaut worden war. Der Taxifahrer bemerkte gleich, daß ich wohl zu den „Heimkehrern“ gehörte, und gab freiwillige Erläuterungen und Erklärungen auf meine vielen erstaunten Fragen und Ausrufe. Ich konnte mir nicht erklären, wo all die Straßen geblieben waren, die ich zu meiner Zeit gekannt hatte. Mir war unverständlich, wie wir nach einer so kurzen Fahrzeit im Grunewald, oder was davon übriggeblieben war, ankommen konnten. Daß wir nur wenige Minuten nach der Abfahrt aus der Meinekestraße bereits den Hohenzollerndamm passiert hatten und in Steglitz angekommen waren, verwirrte und bestürzte mich. Ich konnte nicht begreifen, wo ich war, noch warum Berlin ein meiner 45jährigen Abwesenheit in seinen Proportionen so „geschrumpft“

war. Doch so war es – ich mußte Schritt für Schritt eine neue Sprache der Topographie erlernen.

„Warum ist Berlin so klein geworden?" fragte ich Ilse. Sie starrte mich an und wußte keine Antwort. „Es ist die Mauer" antwortete statt ihrer der Taxifahrer. „Natürlich nicht", gab ich zurück. „Ich habe nie in *dem* Stadtteil gewohnt. Meine Straßen sind alle verschwunden oder sehen völlig anders aus." Ich weinte fast vor Enttäuschung. Ich fühlte mich wie eine Fünfjährige bei ihrem ersten Leseunterricht. Jedes Wort war ein neues Wort, das ich mit Hilfe von Bildern lernen mußte. Doch „ganze Sätze" begriff ich noch nicht – die Straßen von Berlin.

Erschöpft von der Enttäuschung, daß die Dimensionen dieser Stadt für mich noch keinen Sinn ergaben, setzte ich mich im Museum Dahlem auf die erste erreichbare Bank. Doch ich durfte unmöglich versäumen, mir die Skulpturen von Tilman Riemenschneider anzusehen. Ich hatte nur Augen für die schmale Gestalt seines „Papstes". Riemenschneider lebte im 15. und 16. Jahrhundert in Würzburg und war einer der größten Bildhauer der Gotik. Sein „Papst" steht auf einem kleinen Sockel, als ob er kurz davor wäre, davonzufliegen; er ist eine würdevolle, graziöse Figur, die aussieht, als sei sie nicht von dieser Welt. Ich erinnere mich an die durchdringenden Augen in seinem aufwärtsblickenden Gesicht. Er scheint durch einen hindurchzusehen mit einem so durchgeistigten Ausdruck, wie man ihn selten bei einer Skulptur findet. Ich bemerkte übergroße byzantinische Gestalten in der gleichen Halle, die Riemenschneiders Skulptur wie schwere Möbel wirken ließ. Auf dem Rückweg fuhren wir mit dem Taxi den Südwest Korso entlang, wo ich mehrere Jahre gelebt und praktiziert hatte. Im Haus Nr. 53 A hatte ich damals meine Wohnung. Die lange Reihe der Häuser sah noch genauso aus wie früher. Oder waren es Imitationen? Wie dem auch sei, ich hatte ein weiteres Erkennungszeichen gefunden. Die andere Straßenseite bestand früher aus Schrebergärten. Inzwischen hatte man sie durch eine weitere Reihe von Häusern ersetzt, die sich ähnlich sahen wie ein Ei dem anderen. Ich empfand keine innere Verbundenheit mehr zu dieser Straße und dem Haus, in dem ich gelebt hatte. Ich wollte so schnell wie möglich wieder weg.

Vielleicht war es die Riemenschneider-Skulptur, die mir die Energie für die abendliche Lesung wiedergab. Merkwürdig, ich hatte mich kaum darauf vorbereitet! Noch unverständlicher war es, daß ich mich vorher gedanklich gar nicht auf das bedeutendste Ereignis meines Besuches eingestellt hatte. Nur die Vorstellung, ich könnte vielleicht zu müde sein, um den Text gut vorzutragen, machte mir von Zeit zu Zeit Sorgen. Lampenfieber stellte sich allerdings nicht ein. Beinahe gleichgültig suchte ich einige Passagen aus meinem Roman heraus. Aus meiner Autobiografie wählte ich die Schilderungen meiner Begegnungen mit Virginia Woolf und Walter Benjamin. Virgina Woolf war zur Heroine deutscher Feministinnen geworden, und Walter Benjamin galt bei deutschen Studenten und Intellektuellen inzwischen als eine Art Kultfigur. Eine Stunde bevor Ilse und S. kamen, um uns zur Gedenk-Bibliothek abzuholen, wurde ich erst richtig nervös. Ich wußte, diese Aufgeregtheit war die beste Garantie für einen erfolgreichen Abend. Dieser seelische Extremzustand öffnete mir die Augen für meine Umgebung. Noch einmal fuhren wir durch den Bezirk Kreuzberg. Die Bibliothek am Blücher Platz liegt in der Nähe des Landwehrkanals, in den 1917 Rosa Luxemburgs Mörder ihre Leiche geworfen hatten. Der Blücher Platz liegt in der Nähe der Berliner Mauer und wurde aus diesem Grund für den Sitz der Gedenk-Bibliothek ausgewählt. Die Bibliothek wurde 1954 als Geschenk der Amerikaner an das deutsche Volk erbaut.

Als ich mich abends in diesem zweigeschossigen Gebäude wiederfand, wurde ich in einen Hörsaal im Parterre geführt, dessen sanftes Licht diskrete Wärme verbreitete; ein Eindruck, der durch die dunkelbraune Farbe der Wände noch unterstrichen wurde. Christiane stellte mich den Zuhörern vor – es waren 400 Menschen gekommen, die meisten davon Frauen. Ich setzte mich auf meinen Platz auf dem Podium, vor mir zwei Mikrophone. Einige Frauen kamen vor dem Beginn der Lesung zu mir hoch und baten mich um ein Autogramm. Damit war das Eis gebrochen. Christiane sprach einige einführende Worte, danach hatte ich keine Angst mehr vor dem, was nun kommen sollte, und vor den vielen Menschen, die auf den Stühlen, der Fensterbank und dem Fußboden saßen. Die Atmosphäre in der Bibliothek führte diese vielen Menschen näher zusammen, und es breitete sich ein Gefühl der Privatheit in dem öffentlichen Raum aus. Dies mag auch an der Farbe der Wände gelegen haben, die sich diskret zurückgezogen zu haben schienen, und an dem sanften Licht, das die Zuhörer weniger sichtbar machte. Ich hatte niemals in einer solch ästhetisch angenehmen Umgebung eine Lesung erlebt. Da mein Roman größtenteils autobiografischen Charakter hat, kündigte Christiane vor der Lesung an, daß ich im Anschluß – wenn dies gewünscht sei – Fragen über mein Leben beantworten würde. Doch nachdem ich meine Lesung aus dem Roman beendet hatte, kamen keine Fragen. Ich gönnte mir ein paar Minuten Pause, bevor ich mit den Passagen aus „Innenwelt und Außenwelt" fortfuhr, die über Virginia Woolf und Walter Benjamin handelten. Im Anschluß daran schienen die Zuhörer bereit, mir Fragen zu stellen. Besonders wollten sie alles wissen, was ich über Virgnia Woolf zu erzählen wußte. An Walter Benjamin dagegen zeigten sie sich weniger interessiert. Mehrere Zuhörer stellten mir Fragen zu meiner Forschung über die menschliche Hand. Ich erzählte ihnen von dem Handlese-Kursus, den Julius Spier damals in Berlin abgehalten hatte und der mich auf die Idee gebracht hatte, über dieses Thema wissenschaftlich zu arbeiten. Ich sprach von meinen Forschungen in Paris und London und erwähnte auch meine Untersuchungen an verschiedenen Affenarten im Londoner Zoo. Eine junge Frau stellte mir daraufhin ziemlich abrupt die Frage, wie und warum ich Deutschland verlassen hätte und ob ich in England glücklich sei. Ihre Frage bewegte mich tief, und ich wurde mir bewußt, daß ich einen echten Kontakt zu meinen deutschen Zuhörern bekommen hatte. Dies war der Augenblick, sich der Situation gewachsen zu zeigen, so wie ich es mir vorher gewünscht hatte. Ich erzählte ihnen, was ich über Hitler und die Nazis dachte und wie ich mich Deutschland entfremdet hatte. Und leidenschaftlich fuhr ich fort, ich sei einer der wenigen Menschen, die nicht nur überlebt, sondern auch ein neues Leben mit solchen Möglichkeiten gefunden haben, wie sie es in Deutschland nie finden könnten. Und weiter: „Es hat mir wehgetan, daß Ihr großartiges Land durch Hitler, diesen Wahnsinnigen, in den Abgrund von Sadismus und Unmenschlichkeit gestürzt wurde. Sie haben die Hälfte Ihres Landes verloren, und die Juden verloren sechs Millionen Menschen

– und das alles durch den Wahnsinn eines Mannes, der an die Regierung kam." Die Reaktion auf meine Worte war vollständige Stille. Waren die Zuhörer niedergeschmettert? Ich fühlte mich recht schwach nach einigen Minuten. Ich wußte, daß ich diese Dinge sagen mußte, sonst hätte ich mich wie eine Verräterin an meinem eigenen Volk gefühlt. Nachdem ich dies gesagt hatte, fühlte ich mich frei, über meine glücklichen Tage in der Weimarer Republik zu sprechen, eine Zeit, von der das Publikum gar nicht genug hören konnte. So hatte der Abend einen glücklichen Ausklang. Viele Frauen kamen zu mir herauf, um eine persönliche Frage zu stellen oder um ein Autogramm zu erbitten. Unter ihnen befand sich die Tochter von Julius Spier, eine sanfte, weißhaarige Dame, die mir auf Anhieb sympathisch war. Ich erzählte ihr, wie wichtig ihr Vater für den Weg, den mein Leben im Exil genommen hatte, gewesen war. Eine junge Frau schenkte mir einen Strauß Veilchen, den sie auf dem Weg zur Lesung gepflückt hatte. Eine andere nahm ein Lederetui aus ihrer Handtasche; es enthielt zwei Photos von mir, die sie aus meinen Büchern ausgeschnitten hatte. Sie alle ließen mich nicht gehen, bis die Lichter ausgingen und wir gebeten wurden, den Raum zu verlassen. Die Aufmerksamkeit und Begeisterung der Zuhörer gaben mir das Gefühl, ein anderer Mensch zu sein. Ich war nach Berlin zurückgekehrt – so, wie Sybille Bedford es vorausgesagt hatte.

Christiane, Ilse und einige ihrer Freundinnen führten uns aus, in ein pittoreskes Restaurant in der Güntzel Straße, wo wir bis zum frühen Morgen fröhlich zusammensaßen und uns unterhielten. Gegen Mitternacht stießen Gertrude Sandmann und Tamara zu uns, die trotz der späten Stunde und der Tatsache, daß sie sich verfahren hatten, nicht aufgegeben hatten, uns zu suchen. Gertrudes leuchtende Augen verrieten mir mehr noch als ihre Worte, wie sehr sie sich freute, daß ich nach Berlin gekommen war, um jungen deutschen Frauen von meinem Leben und meiner Arbeit zu erzählen. An diesem Abend erlebte ich eine Art emotionale Wiedergeburt. Um zwei Uhr morgens kehrten wir zur Pension zurück, aber ich war noch viel zu aufgeregt, um schlafen zu gehen, und für eine weitere Stunde blätterte ich in den Büchern, die man mir geschenkt hatte.

Am nächsten Abend um acht Uhr kam Eva Rieger, um uns zum Diskussionsabend im L. A. Z. zu bringen. In der Kuhlmann Straße in Schöneberg betraten wir ein altes, schäbiges Haus und gingen geradeaus durch die Hintertür in einen großen Hof, der drei Hinterhäuser beherbergt. Die Räume des L. A. Z. befanden sich im dritten, also im billigsten. Ich fragte mich, ob sie einmal Teil eines Lagerhauses gewesen waren, denn wir wurden in einen Raum geführt, der wie ein Speicher aussah. Etwa 200 Frauen erwarteten uns – ich hatte wieder einmal ein großes Publikum. Die Frauen aus dem L. A. Z. begannen die Diskussion, indem sie mir persönliche Fragen stellten: Warum war ich Ärztin geworden, wo ich doch Literatur bevorzugt hätte? Könnte ich ihnen etwas über meine Beziehung zu der Freundin erzählen, die mit mir gekommen war? Ohne Umschweife begannen sie mich zu „taxieren". In erster Linie lag ihnen etwas daran festzustellen, ob ich auch eine wirklich lesbische Beziehung zu einer anderen Frau hatte, und dies galt als Test meiner Solidarität mit ihnen. Wenn ich die Prüfung nicht bestanden hätte, wären sie vielleicht aus dem Raum gestürmt. Aber alles ging gut, und so durfte ich mich friedlich zu ihnen setzen. Die anwesenden Frauen waren hauptsächlich Studentinnen und einige Hochschullehrerinnen; eine Frau war dabei, die eine hohe Position im Staatsdienst innehatte. In der Nähe des kleinen Tisches, an den ich mich setzen durfte, war eine improvisierte Bar aufgebaut. Limonade und alkoholische Getränke wurden serviert, bevor die Diskussion begann. Der Alkoholkonsum muß sich durchaus im Rahmen gehalten haben, denn obwohl die Atmosphäre erhitzt wurde, lag dies nicht an künstlichen Stimulanzien, sondern an der natürlichen Aggressivität der jungen Leute, die gelegentlich dazu neigen, älteren Menschen zu mißtrauen. Außerdem gehen sie ohnehin keiner Auseinandersetzung aus dem Weg. Doch es war die ältliche Staatsdienerin, die mich besonders „unter Beschuß" nahm. Sie griff mich heftig wegen meines Buches „Die Psychologie der lesbischen Liebe" an. Mit allen Anzeichen des gerechten Zornes widersprach sie der Vorstellung, daß die hormonelle Ausstattung eines Menschen irgend etwas mit Homosexualität zu tun haben könnte. Sie erklärte kategorisch, dies sei völlig falsch. Ich wiederum erklärte, es gebe eine Reihe von Beweisen dafür, daß Hormone eine gewisse Rolle bei vielen, jedoch keineswegs allen Menschen spielen, die homosexuell werden, und bat sie, mein Buch daraufhin noch einmal zu lesen, weil genau diese Differenzierung in ihm enthalten sei. Diese Frau war eine gläubige Anhängerin des Behaviorismus, und das Gleiche galt für die Mehrzahl der anwesenden Studentinnen, von denen mehrere ihre Argumentation unterstützten, indem sie etwa sagten: „Die Umwelt formt die Menschen, wir werden das, was die Gesellschaft uns lehrt." Ich wies darauf hin, daß Individualitiät, Intelligenz und Kritikfähigkeit mächtige Kräfte zur Verteidigung gegen äußere Einflüsse darstellen, die einem „gegen den Strich" gehen. Ich fragte sie: „Wie glaubt Ihr denn, daß Ihr lesbisch geworden seid, in einer Umwelt, die lesbische Liebe verachtet?" „Protest", riefen sie, „wir protestieren". Ich ließ es dabei bewenden, denn die Diskussion hatte sich auf den schwankenden Boden des Irrationalen begeben. Zu meiner Erleichterung brachte eine sanfte Stimme das Thema wieder zum Persönlichen zurück. „Würde es Ihnen etwas ausmachen, mir von Else Lasker-Schüler zu erzählen? War sie lesbisch, was meinen Sie?" „So weit ich weiß, waren alle ihre Liebhaber männlichen Geschlechts, doch sie liebte Frauen emotional – eine Liebe, die sie in einigen ihrer Gedichte gefeiert hat. Ich halte sie für bisexuell." Dies war das Stichwort für die nächste Frage: „Warum haben Sie ein Buch über Bisexualität geschrieben?" Ich erklärte es kurz, und zu meiner Überraschung wurden keine weiteren Fragen zu diesem Thema gestellt. Im folgenden gingen die Fragen hin und her, vom Allgemeinen zum Persönlichen und zurück. Eine Frau fragte mit unverhohlener Neugier, ob ich Schwierigkeiten mit meinen Eltern aufgrund meiner Liebe zu Frauen gehabt hätte. Als ich berichtete, daß ich aus einer liebevollen Familie stamme, die mich so akzeptiert hatte, wie ich war und nie danach gefragt hatte, wen oder wie ich liebte, wurde ich heftig unterbrochen von einer Frau, die ausrief: „Eine liebevolle jüdische Familie? Das kannst Du mir nicht weismachen! Die Juden verachten Mädchen. Sie beten alles Männliche an, und nie würden jüdische Eltern eine lesbische Tochter dulden. Die Männer sprechen Dankgebete, daß sie nicht als Frau geboren sind!" Mit diesen Worten stürmte sie aus dem Raum. War sie eine Antisemitin, fragte ich Eva. Nein, antwortete sie mir, sie ist nur eine leicht erregbare

Frau, die einen Groll mit sich herumträgt, allerdings nicht gegen Juden.

Wir fuhren fort, uns zu streiten und übereinzustimmen. Ich konzedierte den überaus wichtigen Einfluß der Umwelt, gab jedoch zu verstehen, daß der Behaviorismus völlig veraltet ist. Eine Frau rief aus: „Ich will mich nicht von einer übermächtigen Gesellschaft bedrohen lassen. Wir müssen wir selbst sein!“ Ich applaudierte, und andere Frauen ebenfalls. Als der Abend zu Ende ging, baten mich die Frauen aus dem L.A.Z., einige Worte in ihr Gästebuch zu schreiben. Ich schrieb: „Kinder, Ihr seid auf dem richtigen Weg.“ Das schien ihnen zu gefallen, denn sie baten mich wiederzukommen, wenn ich wieder einmal nach Berlin käme. Dieses harmonische Ende meines Abend im L.A.Z. erleichterte mich.

Eva fuhr uns zurück in die Pension. Als wir die Tauentzienstraße entlangfuhren, war ich immer noch hellwach. Ich starrte die Ruine der Gedächtniskirche an und erinnerte mich daran, wie schön sie vorher ausgesehen hatte. Aber auch so wirkte sie mächtig. Man sollte sie an Stelle des Bären zum Wahrzeichen Berlins erklären, sagte ich zu Eva.

Ich hatte den Kampf und die Harmonie im L.A.Z. genossen. Diese jungen Lesbierinnen waren furchtlos und fest entschlossen, sich nicht in ihr Leben dreinreden zu lassen. Ich hatte eine ähnliche Freiheit bei älteren Lesbierinnen nicht beobachten können, die beispielsweise als Schriftstellerinnen ein Pseudonym benutzten oder ihre lesbische Neigung verstecken mußten, um ihre berufliche Postition zu wahren. Professor Rüdiger Lautmann bestätigte mir später, daß dieses Versteckspiel der homosexuellen Frauen eher die Regel als die Ausnahme ist. Mehrere Autoren und Autorinnen des von ihm herausgegebenen Buches „Seminar: Gesellschaft und Homosexualität“ hatten es nicht gewagt, unter ihrem eigenen Namen zu schreiben. Auch Ilse Kokula hatte ein Pseudonym: Ina Kuckuc, für ihr Buch „Kampf gegen Unterdrückung“ gewählt, das sich mit der Diskriminierung lesbischer Frauen in Beruf und Gesellschaft beschäftigt.

Der Abend im L.A.Z. rundete den offiziellen Teil meines Berlin-Besuches ab. Den Nachmittag des letzten Tages verbrachten Audrey und ich mit Christiane und Heidi, die uns die ärmeren

Bezirke Berlins zeigen wollten. Wieder einmal erschrak ich darüber, wie sehr die Geschwindigkeit eines Autos riesige Entfernungen – den Kurfürstendamm, Schöneberg, Kreuzberg, Neukölln – zusammenschrumpfen läßt. Ich kam zu dem Schluß, daß die Teilung Berlins durch die Mauer die Topographie seiner Stadtteile *geistig* verändert hat. Auf mich übte die Stadt eine klaustrophobische Wirkung aus, die zu meiner Schwierigkeit, noch erhaltene Straßen und Plätze wiederzuerkennen, hinzukam.

In Kreuzberg fuhren uns die beiden „Stadtführerinnen“ in eine von ihnen bevorzugte Gegend, wo sich West- und Ostberlin im Angesicht der Mauer begegnen. Wir erreichten den Chamisso Platz, der für mich von eigenartigem Reiz war. Es ist ein schöner und gleichzeitig grauenhafter Platz. Die Mauer starrte uns an, doch keine Soldaten waren zu sehen, als wir sie aus dem Innern des Wagens heraus betrachteten. Man konnte die Häuser auf der anderen Seite erspähen. Sie schienen verlassen zu sein, und man hatte den Eindruck, sich in einem Niemandsland zu befinden; die unmittelbare Umgebung beiderseits der Mauer war totenstill. Doch der sanft ansteigende Chamisso Platz selbst strahlte eine Ruhe und Schönheit aus, die keineswegs tot wirkte. Im Gegenteil, der Platz war auf eine gewalttätige Art lebendig. Auf den schmutzigen Mauern standen Parolen wie „Nieder mit dem Faschismus“ – „Es lebe der Kommunismus“. Die Atmosphäre der Stille trotz dieser „Gewaltschreie“ schien ein Widerspruch zu sein. Dies war eine der wenigen Gegenden in Berlin, wo ich mich fast heimisch fühlte. Dem Platz war die Zerstörung durch Bomben erspart geblieben, und die alten Gebäude erinnerten merkwürdig unverändert an das alte Berlin, obwohl sie nicht so instand gehalten wurden, wie es sein sollte. Die schweren Eingangstüren starrten vor Schmutz, genauso wie die Außenwände. Die Bewohner, meist türkische Gastarbeiter, waren wahrscheinlich froh, überhaupt ein Dach über dem Kopf zu haben und nahmen den verwahrlosten Zustand der Häuser in Kauf. Einige türkische Frauen in Kopftüchern gingen ein und aus, Kinder spielten auf einem schäbigen Hof, den ihre Eltern in einen ärmlichen Spielplatz verwandelt hatten, mit einer Schaukel in der Mitte und einem Trapez, das von der Decke eines offenen Schuppens herabhing. An einer Hauswand hatte jemand mit großen schwarzen

Buchstaben antifaschistische Parolen gemalt. Innen befand sich das Chamisso Café, ein bekannter Intellektuellen- und Künstlertreff. Hier fühlte ich mich auf Anhieb wohl. Die Phantasie eines Künstlers hatte den langen, schmalen Raum mit seinen pastellfarbenen Gemälden an den Wänden in Dämmerlicht getaucht. Es gibt eine romantische Ader bei deutschen Menschen; weder die heutige Politik noch der Materialismus konnte sie beseitigen. In ihr liegt so viel Emotionalität, daß die Phantasie angeregt wird. Sie verleiht einem Ort wie diesem den spiritus loce und die Atmosphäre des Ungewöhnlichen oder Mysteriösen. Diese romantische Grundhaltung hat sehr viel mit Sehnsucht zu tun. Man möchte wiedersehen, was man wehmütig in der Erinnerung bewahrt hat. Kein Wunder, daß Orte wie das Chamisso Café in dem Besucher den Wunsch wecken, dorthin zurückzukehren. Mir war klar, daß ich bei der nächsten sich bietenden Gelegenheit wieder hierhin kommen würde.

Auf dem Weg zurück zum Hotel fuhren wir am Frauenbuchladen Labrys vorbei, wo Heidi ausstieg, um mir ein Geschenk aus dem Laden zu holen. Voller Bewunderung betrachtete ich die weichen und doch kraftvollen Bewegungen dieser androgynen Frau. Ihre großen, graublauen Augen, verträumt und introvertiert, verraten Intelligenz und eine Tiefe des Gefühls, doch frühe traumatische Erfahrungen haben sie reserviert in ihrer verbalen Ausdrucksweise gemacht. Als Heidi wiederkam, legte sie einen enormen Kunstband auf meinen Schoß: „Tendenzen der Zwanziger Jahre, 15. Europäische Kunstausstellung, Berlin 1977". Dies ist weit mehr als ein Katalog; der Band untersucht auf mehreren 1000 Seiten die Hauptströmungen der Kunst in den 20er Jahren, die lebendig werden durch zahlreiche Illustrationen und präzise biografische Skizzen der wichtigsten Künstler. Dieses Buch ist eines der kostbarsten Geschenke, die ich je erhielt. Im Laufe meines Berliner Aufenthaltes hatte ich Christiane und Heidi näher kennengelernt. Sie sind die „Seele" des Buchladens Labrys, den sie 1975 gründeten und in dem bald ein Frauen-Kollektiv mehr zu bieten hatte als eine Auswahl feministischer Literatur. Die Frauen pflegen einen persönlichen Kontakt zu ihren Kundinnen, beraten sie, falls dies erwünscht ist, spenden Trost, wenn eine Frau Trost benötigt.

Die Gehälter, die sie sich auszahlen, müssen niedrig gehalten werden, um das Projekt finanziell am Leben zu erhalten. Verschiedene Frauen arbeiten dort auch nur zeitweise, weil sie noch eine andere Arbeit haben. Bei Labrys arbeiten Lehrerinnen, Dozentinnen, Journalistinnen, sogar eine Ärztin. Sie alle haben es sich zur Aufgabe gesetzt, feministisches Wissen zu verbreiten.

Die Großzügigkeit meiner Gastgeberinnen und Zuhörerinnen war beinahe überwältigend. Bei meinem Besuch der Gruppe L. 74 hatten mir die Mitglieder dieser Gruppe die erste veröffentlichte Ausgabe der U. K. Z. geschenkt, in die alle anwesenden Frauen etwas hineingeschrieben hatten. Man drückte mir ein Manuskript in die Hand, ein Buch über den „Rosa Winkel“, den Homosexuelle in Konzentrationslagern tragen mußten, und einen umfangreichen Brief, mit dem es eine besondere Bewandtnis hatte. Das Manuskript ist ein erschütterndes Dokument des Naziterrors. Es schildert, wie Deutsche ihre jüdischen Freunde zu schützen versuchten – bis zu einem gewissen Punkt. An welchem Punkt der Schutz endete, beschreibt die Dokumentar-Geschichte „Sie vergessen keinen“: Ein Gestapo-Offizier kommt, um eine alte jüdische Frau zu verhaften, von der er weiß, daß sie in einem deutschen Haus versteckt wird. Dessen Bewohner beteuern, die Frau nie gesehen zu haben. Daraufhin schreit er sie an: „Ich werde jeden, der hier lebt, ins Konzentrationslager schicken, wenn diese jüdische Sau sich nicht morgen auf dem Sammelplatz in der Hamburger Straße zeigt.“ Diese Drohung schüchtert die Hausbewohner ein. Doch sie machen ihrer jüdischen Freundin heftige Vorwürfe, als diese auf der Schwelle des Hauses erscheint. Die Jüdin hat schon erraten, was geschehen ist, schenkt ihnen all ihr noch verbliebenes Geld dafür, daß sie sie bis dahin geschützt haben. Sie geht ohne Groll – und verschwindet für immer. Die Autorinnen dieses Manuskriptes wollten damit ihr Entsetzen vor dem Nazideutschland zum Ausdruck bringen. Sie wollten mich wissen lassen, daß sie nie etwas mit dem Faschismus zu tun gehabt hatten.

Noch stärker als die dokumentarische Geschichte berührte mich der 16seitige Brief, den mir eine Frau aus der Gruppe L. 74 gab. Sie schilderte darin eine Busfahrt im Jahre 1939, als sie ein Hitler-Mädchen in Uniform war. Eine alte Frau bestieg den Bus, der bis auf den letzten Platz besetzt war. Das Mädchen stand auf und bot der Älteren den Sitzplatz an. Daraufhin wurde sie von den anderen Mitfahrenden beschimpft: „Wie kannst Du es wagen, einer Jüdin den Platz zu überlassen!“ Sie sah den gelben Stern auf dem Mantel der alten Frau, die an der nächsten Haltestelle ausstieg. Und sie – so jung wie sie war – fühlte sich gedemütigt. Sie vergaß dieses Ereignis nie, das sie das ganze Leben beschäftigte. Der Brief bezieht sich auch auf die antifaschistische Einstellung ihrer Familie. Sie zitiert darin einen Ausspruch ihres Vaters: „Wenn Hitler den Krieg gewinnt, werden wir auf dem Bauch kriechen müssen, um am Leben zu bleiben. Wir sind bereits verdächtig.“ Der Brief endet mit der Information, daß nicht nur homosexuelle Männer, sondern auch lesbische Frauen dem Konzentrationslager nicht entrinnen könnten, obwohl es keine Berichte über ihr Schicksal gibt. Das Buch „Der Rosa Winkel“ schildert ausschließlich die Leiden und das Sterben männlicher Homosexueller und erwähnt mit keinem Wort, daß auch Lesbierinnen körperlich und geistig erniedrigt, geschlagen und vergewaltigt wurden. Als ich Fragen zu deren Schicksal stellte, antwortete meine Informantin, daß es darüber nur Gerüchte gebe, die aber weder bewiesen noch widerlegt werden könnten.

Beim Rückflug dachte ich darüber nach, daß sich mir das neue Berlin noch nicht erschlossen hatte. Zwar war ich einigen Straßen und Häusern wiederbegegnet, die sich nicht bis zur Unkenntlichkeit verändert hatten. Aber von vielen Plätzen war nur mehr der Name vorhanden. Namen sind die letzte Station der Erinnerung, wenn das Leben aus ihr verschwunden ist. Was letztendlich von der Geschichte übrig bleibt, sind Namen. Sie sind es, die das Buch des Lebens registriert und die Gott kennt – sagt die Bibel. Ich war in der Lage gewesen, einen vagen Plan zu skizzieren, der sich aus den wenigen vertrauten Punkten dieser Stadt ergab. Ich versuchte, sie vor meinem geistigen Auge als pointillistische Skizze zu entwerfen, die sich vielleicht eines Tages in ein richtiges Gemälde verwandeln ließ, wenn ich mir die Stadt auf eigene Faust erobern würde. Ich hatte gerade begonnen, wieder eine Welt zu betreten, in der ich einmal gelebt hatte. Obwohl sie sich verändert hatte, sogar größtenteils verschwunden war, hatte ich einen Schatz gefunden, junge deutsche Frauen, mit denen ich – und da war ich mir so sicher, wie man nur sein kann – in Kontakt bleiben würde.

Kaum war ich in London zurück, dachte ich daran, wie schön es wäre, wieder nach Berlin zu fahren. Eine lebhafte Korrespondenz mit einer wachsenden Zahl deutscher Frauen hielt die Kommunikation in Gang. Die Kontakte wurden sogar noch durch Besuche einiger dieser Frauen in London verstärkt. Sie halfen mir dabei, beginnende Freundschaften und den Wunsch zu festigen, weiterhin zusammenzuarbeiten. Christiane war die häufigste Besucherin, sie kam dreimal, bevor ich mich auf meine zweite Berlinreise begab. Bei ihrem letzten Besuch schlug sie vor, ich solle auf Einladung von Labrys an der Sommeruniversität für Frauen teilnehmen, die in der ersten Oktoberwoche stattfinden würde. Bei dieser Gelegenheit könne ich aus meiner im August 1979, also kurz vorher, erscheinenden deutschen Übersetzung von „Bisexualität" lesen. Ich nahm diese Einladung freudig an, denn sie stimmte mit meinen Wünschen überein.

Anderthalb Jahre lagen zwischen meinem ersten und zweiten Berlin-Besuch. Mit dem Alter verändert sich auch das Zeitgefühl. Man kann dann die Veränderung der Umstände und der Menschen, die viel jünger sind als man selbst, nicht einschätzen. Diejenigen, die 1978 Herzen und Arme für mich geöffnet hatten, könnten 1979 ganz anders empfinden. Ich wußte, daß die deutsche Frauenbewegung Veränderungen durchgemacht hatte, und auch die Gruppe L.74 war nicht mehr die alte. Einige der Gründungsmitglieder hatten die Gruppe verlassen. Das L.A.Z. hatte seine Räume verloren und schien in die Irre zu gehen. Auch ich hatte mich verändert, doch meine „Bewegung" war eine Aufwärtsbewegung: die Kurve der Lebenserwartung hinunter. Meine Zukunftserwartungen waren auf ein Jahr ausgerichtet, oder zwei oder fünf, die Zukunft jener Frauen aber war meistenteils auf Jahrzehnte geplant. „Sie sind jung, und ich bin alt" – der Unterschied machte mir zu schaffen. Vielleicht würden wir uns nicht mehr verständigen können? Die Besuche einiger Frauen in London beruhigten mich bis zu einem gewissen Grad. Doch Zweifel an meinem Besuch kamen, gingen, kehrten zurück. Mit dem Alter werden die körperliche und emotionale Haut empfindlicher, faltiger. Die Sensibilität ist erhöht, die Toleranzschwelle niedriger. Und ich konnte nicht umhin, mich an einen gewissen Opportunismus der Deutschen zu erinnern, ihre Überbewertung des sozialen Status, die eine emotionale Ambivalenz einem eher zweifelhaften Loyalitätsgefühl hinzufügte. Loyalität – ein Charakterzug, den ich in England schätzen gelernt habe. Durch die Treue und Verläßlichkeit meiner englischen Freunde hatte ich endlich inneren Frieden gefunden.

Mein erster Berlinbesuch war perfekt, voller Überschwang, Wärme und Harmonie gewesen. Jetzt fühlte ich mich wie eine Verliebte, die sich vor der zweiten Begegnung mit dem Objekt ihrer Begierde fürchtet, weil sie Angst hat, die Magie könnte nicht mehr da sein – nicht ein zweites Mal. Die deutschen Frauen, so froh sie gewesen waren, mich in ihrer Mitte zu wissen, waren mir noch keine Freundinnen geworden, denn es waren noch keine Konflikte, keine Schwierigkeiten gemeinsam zu überwinden gewesen, die unseren fröhlichen Kontakt in solide Freundschaftsbande hätten umwandeln können.

In der Zeit zwischen den beiden Reisen nach Berlin hatte ich begonnen, mein Leben noch einmal zu durchleben – ich schrieb meine neue Autobiografie, und das verstärkte meine ohnehin vorhandene Introversion noch. Dennoch wußte ich, daß ich nach Deutschland zurückkehren mußte. Ich war nach wie vor auf der Suche nach dem Schatz, den ich beinahe, aber nicht ganz, in den fünf Tagen meines ersten Berlinbesuches in Händen gehalten hatte. Diesmal sollte einiges anders sein, entschied ich. Ich wollte mich mehr darauf konzentrieren, Ideen und Vorstellungen kennenzulernen, als weitere Menschen. Begeisternde Höhepunkte in der persönlichen Begegnung würden mir nicht genügen, auch wenn sie – was ich bezweifelte – wiederkehren würden. Und ich wollte auf eigene Entdeckungsreise in Berlin gehen, mir sorgfältig Dinge notieren, die ich wiederentdecken und solche, die mir neu sein würden. Die Lesung aus meinem neuen Buch war nicht mehr als der „Aufhänger" meiner Reise. Die Frauen von Labrys hatten mich gebeten an einer Podiumsdiskussion mit drei anderen Frauen teilzunehmen und diese interessierten mich mehr als mein eigener Auftritt.

Die Veranstaltung war angekündigt als „Werkstattgespräch"

unter dem Titel: „Allein lebende Frauen – Lesben – Mutterschaft – und die Richtung, in die die Frauenbewegung gehen sollte". Dieses Seminar sollte mir mehr Kenntnisse darüber verschaffen, welche Ideen und Reaktionen bei deutschen Feministinnen zur Zeit vorherrschten. Ich erwartete, dort in eine Arena divergierender Ziele und Emotionen einzutreten – und auch, daß bei den Zuhörerinnen mehr Aggressivität als Konsens vorherrschen würde. Ich wollte die Reaktionen deutscher „heterosexueller" Feministinnen auf Lesbierinnen kennenlernen und beobachten, ob das Trauma der 30er Jahre einen Einfluß auf Vorstellungen und Lebensweise dieser Frauen hatte. Und schließlich wollte ich meinen vage skizzierten Stadtplan in Berlin ergänzen, indem ich weiter Gegenden dieser Stadt aufsuchte. Ich mag es nicht, wenn etwas kaum Begonnenes unvollendet in meinem Kopf herumliegt.

Am 1. Oktober 1979 kam ich mit Audrey ein zweites Mal auf dem Flughafen Tegel an. Diesmal erwarteten uns Christiane und Heidi mit Rosen. Sie fuhren uns zu einem in der Nähe ihrer Wohnung gelegenen Hotel in der Pariser Straße, die in meinem Leben einmal eine große Rolle gespielt hat. Ganz in der Nähe hatte ich einmal bei den Arinsteins gewohnt, und Lisas Haus war nur zehn Minuten entfernt. Es schien ein gutes Omen, daß ich wieder einmal in die Szenerie meines allerersten Berlinbesuchs im Alter von 16 Jahren eintauchte, als ich damals dem Ruf der Liebe gefolgt war.

Einen Tag vor unserer Ankunft, am 30. September, hatte ich Geburtstag. Eigentlich sollten wir bereits an diesem Tag nach Berlin fliegen, aber wir bekamen an diesem Tag keinen Flug. Doch die beinahe 40 Gäste, die die beiden eingeladen hatten, konnten fast alle auch noch einen Tag später kommen. Die Berliner Luft ist berühmt für ihre Spritzigkeit. Schon sie allein kann die Lebensgeister wecken. Wir gingen die Pariser Straße entlang und betraten ein altes Berliner Haus. Wir durchquerten die Eingangshalle und gingen durch die Hintertür zum Gartenhaus, wo meine Freundinnen lebten. Jedes Haus, das etwas auf sich hielt, hatte früher nach hinten heraus einen Garten, aber da Platz in Berlin immer schon etwas Kostbares gewesen war, baute man Gartenhäuser. In meiner Studentenzeit hatte ich häufig in solchen Gartenhäusern gewohnt, und ich erinnerte mich an die schweren Türen, die sich einem beim

Öffnen entgegenzustemmen schienen, an die breiten Treppenfluchten, in denen zwar kein Teppich lag, die aber trotzdem nicht unter den Füßen knarrten. Beim Gedanken an diesen schönen Teil meiner Vergangenheit freute ich mich wie ein Kind, das ein Weihnachtsgeschenk erhält.

Wie eine Schlafwandlerin ging ich die Treppe hinauf bis zum obersten Stockwerk. Dort befanden sich zwei Wohnungen, aber es war unschwer zu erraten, welche die richtige war. Sprachlos vor Freude und Erstaunen sah ich, daß die Eingangstür der Wohnung eine überdimensionale Titelseite von „Innenwelt und Außenwelt" darstellte: weißer Hintergrund, grasgrüner Rahmen, in der Mitte der schwarze Handabdruck von Maurice Ravel; selbst die Titelzeile und mein Name waren exakt reproduziert worden. Die Tür war angelehnt, von drinnen hörten wir die Stimmen der Gäste, die bereits eingetroffen waren. Ich brauchte einige Zeit, um diesen phantasievollsten Willkommensgruß, der je an mich gerichtet wurde, in mich aufzunehmen. Er machte mich sprachlos und verlegen vor Stolz und Freude. Und er weckte mich aus meinem tranceähnlichen Zustand.

Wir gingen hinein. Christiane und Heidi waren schon damit beschäftigt, die Gäste zu bewirten und lächelten uns fröhlich an. Ich deutete wortlos auf die Tür, man merkte mir wohl an, daß ich von Gefühlen überwältigt war. Ich brachte nur die Frage heraus: „Wer hat das gemacht?" Es war Christianes Idee, sagte man mir, aber die Ausführung hatten zwei Mitglieder des Labrys-Kollektivs übernommen. Die Überraschung an der Tür machte den Abend schon von Anfang an zu einem Fest.

Der erste Gast, den ich sah, war Käthe Kuse, die mich mit einem Rosenstrauß begrüßte, wie vor 18 Monaten bei L.74. Sie überbrachte mir Grüße von Gertrude Sandmann, die nicht kommen konnte, weil Tamara schwerkrank im Krankenhaus lag. Gertrude ging alle zwei Tage in die Klinik am Wannsee, um sie zu besuchen – sie mußte dazu jedesmal eine große Entfernung überbrücken. Ich sprach sehr lange mit Käthe und stellte ihr Fragen über die Nazizeit, als sie Gertrude beschützt hatte. Nun, Gertrude war ihre Freundin, gab sie mir zur Antwort, und es war selbstverständlich, daß sie alles in ihrer Macht Stehende für sie tat. „Es war für mich nicht so schwer wie für andere, jüdischen Freunden zu helfen", fuhr sie fort. „Mein Vater war ein guter Mensch. Er war Zimmermann, und einige Arbeiter halfen ihm im Geschäft. Alle waren sie Antifaschisten, und einer war immer abgestellt, nach der Gestapo Ausschau zu halten und konnte mich warnen, wenn sie sich dem Haus näherten." Sie erzählte mir, daß sie den Auftrag hatte, bei ihrer Rückkehr Gertrude anzurufen, um ihr alles über den Abend zu erzählen. „Mit Menschen wie Euch kann man alles überleben", sagte ich am Ende unseres Gespräches.

Christianes Altbauwohnung besaß die Vorteile fast vergessenen Komforts: große Räume mit hohen Decken, solide Doppelfenster in riesigen Holzrahmen. Den ganzen Abend verbrachte ich auf dem Sofa, wo ich mich mit vielen Frauen unterhielt, oder man führte mich von Zimmer zu Zimmer, um mich neuen Menschen vorzustellen. Es war mir unmöglich, jedes Gesicht und jeden Namen zu behalten. Um Mitternacht prosteten alle mir zu – mit rosa Champagner, den ich noch nie in meinem Leben getrunken hatte. Und, als sei dies alles noch nicht genug, überreichte man mir sechs Handabdrücke mit dem Autogramm ihrer Besitzerinnen – der Frauen vom Labrys-Kollektiv. Dann war es an mir, das Fest mit einer kleinen Rede zu beenden, in der ich mich für die phantasievollen Geschenke bedankte, die mich – wie ich sagte – an ein unschätzbares Geschenk erinnerten: daß ich mich wieder deutschen Frauen zugehörig fühlen konnte.

Um ein Uhr fuhr uns Christiane wieder zum Hotel zurück. Sie hatte uns einen ereignisreichen und festlichen Tag beschert, von unserer Ankunft in Tegel bis zu der Geburtstagsfeier in ihrer Wohnung. Diese bemerkenswerte Frau beschäftigte mich in Gedanken diesen und die folgenden Tage. Ihre Freundinnen und Berufskolleginnen bewunderten ihren erfinderischen Geist. Wie wenig auf den ersten Blick ihre äußere Erscheinung von ihren Talenten verrät! Sie ist eine hübsche, rundliche Frau, doch schnell in ihren Bewegungen und in ihrer Beobachtungsgabe. Die tiefliegenden blauen Augen in ihrem runden Gesicht verraten Freude, Witz und Intelligenz. Ihre rasche Auffassungsgabe läßt sie sehr sensibel auf ihre Umgebung reagieren. Wie ein Seismograph registriert sie, ob Harmonie oder Unruhe in der Luft liegen. Ihre

Vorstellungskraft paart sich mit Sportlichkeit, und ihre Klugheit zeigt sich an Gedanken und Handlungen. Ihre komplexe Persönlichkeit gibt ihr und anderen Rätsel auf. Sie verbindet Virilität und körperliche Kraft mit einer Zartheit an Gefühlen und mütterlicher Fürsorge. Sie ist die geborene Kämpferin *für* die rechte Sache und *gegen* Ungerechtigkeit und Diskriminierung. Kein Wunder, daß sie einen bedeutenden Platz in der Frauenbewegung einnimmt.

Nachdem Christiane uns am Hotel abgesetzt hatte, entschied ich, mir einen Ruhetag zu gönnen und den Versuch zu unternehmen, Berlin näher zu erkunden.

Der 3. Oktober war *der* Tag. Ilse Kokula veranstaltete von zwölf bis 14 Uhr ein Seminar in der Sommeruniversität für Frauen zum Thema „Lesbianismus und frühe Frauenbewegung". Audrey und ich wurden von einer Freundin Ilses abgeholt, Anke, einer Familienrichterin aus Hamburg. Während der Fahrt hatte ich nur Augen für diese erstaunliche Frau, die Sozialarbeit mit ihrer Tätigkeit als Richterin verband. Offenbar übernahm sie auch Aufgaben einer Bewährungshelferin. Solch eine progressive Einstellung auf dem Gebiet der Rechtsprechung war mir neu, das Gleiche galt für die Tatsache, daß eine junge Frau Anfang 30 bereits das hohe Amt eines Richters bekleiden konnte.

Als wir das Gebäude der Freien Universität in Dahlem erreichten, das im Volksmund „Rostlaube" heißt, wußte ich sofort, woher dieser Name kommt. Dieses riesige, häßliche Gebäude sieht aus wie ein überdimensionales Fertighaus aus verrostetem Eisen. Die Flure im Innern bilden ein solches Labyrinth, daß ich mich nie ohne Hilfe dort zurechtgefunden hätte. Aber Anke führte uns zielsicher zu Ilses Seminarraum, wo die Veranstaltung bereits begonnen hatte. Der ganze Raum stand voller Tische, an denen dicht gedrängt Frauen aller Altersgruppen saßen, die sich Notizen machten. Jeder Platz war besetzt – Ilses Thema war von zentralem Interesse bei der „4. Sommeruniversität für Frauen". Die Zuhörerinnen waren eine gemischte Gruppe aus Studentinnen, Sozialarbeiterinnen, Lehrerinnen, Universitätsdozentinnen und anderen berufstätigen Frauen, die hierher gekommen waren, um zu lernen und zu diskutieren. So gut wie alle waren Lesben, die sich sicher genug fühlten, sich auch als solche zu bekennen. Schon allein diese

Tatsache faszinierte mich. Ilse berichtete über ihre Ergebnisse, beantwortete Fragen, diskutierte über zweifelhafte Punkte. Doch insgesamt hatte ich den Eindruck, daß diese Veranstaltung nicht anders war als die meisten ihrer Art – ein Laborexperiment, dem das Fleisch und Blut des Lebens fehlt. Sie erinnerte mich an meine Enttäuschung beim Ansehen von Truffauts Film „Jules et Jim". Die dargestellten Charaktere waren einmal meine Freunde gewesen. Die Schauspieler konnten sie nicht im geringsten als die Menschen wieder erschaffen, die sie waren, und der Film war eher eine ungenaue Zeichnung als ein Portrait. Bei diesem Seminar wurden zahlreiche Namen und Taten großer Frauen in der Frauenbewegung des späten 19. Jahrhunderts und frühen 20. Jahrhunderts berichtet und diskutiert. Der frühe deutsche Feminismus, der vor etwa 100 Jahren begann, war ein eigenartiges Modell. Die Bedeutung des Lesbianismus für die Bewegung wurde anerkannt, und das Wissenschaftlich-Humanitäre Komitee, daß 1897 gegründet wurde, betrachtete weibliche Homosexualität als „normal". Die Emanzipation der Homosexuellen hatte begonnen. „Lesbianismus muß akzeptiert werden", hieß die Parole, eine recht unglückliche Formulierung wegen ihres herabsetzenden Untertons. Bereits 1829 hatten deutsche Rechtsanwälte verlangt, daß homosexuelle Handlungen bei Frauen nicht länger strafbar sein sollten. Doch lesbische Frauen benötigten Mut, wenn nicht gar Tollkühnheit, um in der Öffentlichkeit ihren Gefühlen Ausdruck zu verleihen. Am Ende des 19. Jahrhunderts wagten dies Käthe Schumacher und Klara Schlecker. Wenige Jahre später gingen Helene Truschkow und Johanna Gebenkor, lesbische Mitglieder der Frauenbewegung, noch ein paar Schritte weiter. Sie forderten die „Endlösung" für Männer, die alle miteinander von diesem Planeten verschwinden sollten.

Das alles war sehr interessant, wurde aber so vorgetragen, daß man sich diese Frauen nicht recht vorstellen konnte. Ihre Persönlichkeiten verschwanden hinter einer Aufzählung ihrer Taten und bestimmter Fakten ihres Lebens. Es war wie in einer Geschichtsstunde, wo die Kenntnis der Daten bestimmter Schlachten noch gar nichts über deren tatsächlichen Verlauf aussagt. Die lange Liste früher Feministinnen enthielt auch die bekannten Namen von

Dr. Helene Stöcker, Anna Rule und Hedwig Dohm. Aber über sie als Menschen wußte man nach dieser Aufzählung nicht mehr als zuvor.

Einige Fakten, die Ilse vortrug, waren mir allerdings neu. So zum Beispiel die Tatsache, daß damals die Feministinnen aus der Arbeiterklasse die lesbische Liebe leugneten – so, als existiere sie gar nicht. Wenn ihnen ein konkreter Fall begegnete, deckten sie den Mantel des Schweigens darüber.

Trotz der offenkundigen Schwierigkeit dieser Veranstaltung, Geschichte zum Leben zu erwecken, waren die Zuhörerinnen wach und aufmerksam. Sie stellten der Vortragenden Fragen und diskutierten lebhaft mit ihr. Auch ich konnte nicht still sitzenbleiben. Ich stellte den genannten Anfangszeitpunkt des Feminismus in Frage, der doch in Wirklichkeit über 2500 Jahre alt ist und seine Wurzeln in der weiblichen Gesellschaft um Sappho auf Lesbos hat. In der westlichen Welt ist Deutschland das Modell des Feminismus gewesen. Ich erinnerte die Zuhörerinnen daran, daß sich die soziale Evolution in Wellen fortsetzt, wie Ebbe und Flut. Die gewalttätige Reaktion gegen Feministinnen und Lesbierinnen vor dem Ersten Weltkrieg beweist das. Ilse stimmte mir zu und sprach von den ungeheuren Anstrengungen, die das Wissenschaftlich-Humanitäre Komitee unter der Schirmherrschaft von Magnus Hirschfeld, Helene Stöcker und anderen unternahm, um die Situation zu retten. Denn sonst wäre ab 1912 das Gesetz gegen männliche Homosexualität auch auf lesbische Frauen angewendet worden. In der Weimarer Republik wurde der berühmte Paragraph 175, der Homosexuellen-Paragraph, weitgehend reformiert. Damals schien das goldene Zeitalter sexueller Freizügigkeit gekommen. Und dann, 1933, erschien Hilter auf der deutschen Bildfläche und mit ihm die Konzentrationslager. Homosexuelle wurden als „Degenerierte" eingestuft und in diese Lager geworfen, wahrscheinlich waren auch lesbische Frauen darunter. Ich fügte hinzu, daß der heutige deutsche Feminismus Teil der größten internationalen Revolution dieses Jahrhunderts ist, was die gesamte Szenerie verändert und die erste wirkliche Chance für ihr Überleben bedeutet. Ich wunderte mich darüber, daß sich die deutschen Feministinnen 1979 mehr als 1978 vor rechtsgerichteter Politik fürchteten, insbesondere weil die

Sommeruniversität mit ihren 7000 Teilnehmerinnen vom Berliner Senat gefördert, ja sogar Bildungsurlaub dafür gewährt wurde.

Die Veranstaltung war zu Ende. Die Frauen standen auf, einige kamen auf mich zu. Auf den Gängen wimmelte es von Frauen, viele von ihnen standen an den zahlreichen Buch- und Zeitschriftenständen. Als wir schon auf dem Weg nach draußen waren, kam eine schlaksige, blonde Frau lächelnd auf mich zu. Es war Brigitte Classen, Herausgeberin der Zeitschrift „Die Schwarze Botin". Sie führte mich zu ihrem Stand, wo ich ihre Partnerin Gabriele Goettle kennenlernte. Sie luden mich ein, sie Ende der Woche bei sich zu Hause zu besuchen. Ihre Zeitschrift ist das Sprachrohr der radikalen Feministinnen mit einem Hang zum Anarchismus. Obwohl Exzentrik ein Hauptmerkmal der graphischen und literarischen Produkte der „Schwarzen Botin" sind, zählen einige der besten Schriftstellerinnen und Künstlerinnen zu den Mitarbeiterinnen.

Auf unserem Rückweg warnten mich Ilse und die Fotografin Edeltraud Veidt vor einer zu optimistischen Einschätzung des deutschen Feminismus. Sie meinten, daß die deutschen Feministinnen sich ihrer selbst nicht so sicher seien, wie es ihr Verhalten vermuten ließe. Edeltraud ist Psychologiestudentin, sie sprach über das schwankende Identitätsgefühl deutscher Frauen, die *nachdenken.* „Wie können wir uns nach Hitler jemals unserer selbst sicher sein?" sagte sie. Christiane und Heidi hatten ähnliche Zweifel geäußert, nicht über ihre eigenen Überzeugungen, sondern über die ihrer Umwelt, die wieder einmal Frauen in eine neue Sklaverei führen könnte – Feminismus oder Tod. Weit davon entfernt, eine Götterdämmerung hereinbrechen zu sehen, nahm ich diese verschiedenen Zweifel und Befürchtungen als ein gesundes Anzeichen eines Selbstfindungsprozesses, in dem sich radikale deutsche Feministinnen heute befinden.

Bis dahin hatte ich den Gedanken an meinen eigenen Beitrag zur Sommeruniversität, den ich am Abend leisten sollte, unterdrückt. Die Ereignisse dieses Tages hatten meine Aufmerksamkeit total absorbiert, ich hatte neue Menschen kennengelernt und Eva Rieger wiedergetroffen. Doch die nächsten Stunden mußte ich allein sein, mich konzentrieren und auf den kommenden Abend warten. Obwohl ich meine Lesung vorbereitet hatte, befiel mich Lampenfieber. Ilse und ihre Freundin fuhren mich nach einem frühen Abendessen zur Universität. Nachdem ich vorher zur Eile gedrängt hatte, bat ich sie nun, langsam zu fahren, damit ich mir die Straßen noch einmal etwas genauer ansehen konnte. Immer noch gelang es mir nicht, mit den neuen Entfernungen fertig zu werden. Hilflos starrte ich aus dem Fenster auf den breiten Hohenzollerndamm. Noch verwirrter war ich, als wir durch die Straßen von Steglitz fuhren, dem Schauplatz meiner vergangenen Abenteuer. Zu meiner Zeit war Steglitz ein ärmerer Bezirk gewesen, doch inzwischen war das Aschenbrödel zur Prinzessin geworden. Der schäbige Vorort galt jetzt als bevorzugtes Wohnviertel der Reichen und barg exquisite Restaurants in schwach beleuchteten Straßen und Sackgassen. Ich beobachtete die zahlreichen Autos, in denen Feministinnen saßen, die alle an den Abendveranstaltungen der Sommeruniversität teilnehmen wollten.

So häßlich das Universitätsgebäude von außen aussieht, innen war es an diesem Abend warm und schön. Die labyrinthartigen Korridore zu durchqueren war diesmal ein Vergüngen, denn bei jedem Schritt gab es Neues zu sehen und zu entdecken. Frauen lagen auf den Teppichböden, einige allein, schlafend oder lesend; Paare küßten sich, redeten oder sangen miteinander. Mitten auf dem Hauptweg saß eine große Frau, die herzhaft ein obszönes Lied über „das männliche Chauvinistenschwein" sang. Sie schien dabei persönlich ihren eigenen Mann anzusprechen, der sieben Kinder in ihren Bauch „gestoßen" habe, eine Tatsache, die sie ihm nicht vergeben konnte. Aber in ihrem Haßlied lag Rhythmus und die Kraft der Wut.

Die Tausende von Frauen, die sich aus Anlaß der Sommeruniversität nach Berlin begeben hatten, waren kein schlechter Beweis für das Selbstbewußtsein der Frauenbewegung in Deutschland. Diese Frauen schienen darauf zu vertrauen, daß die Frauenbewegung eine dauerhafte Bewegung sein wird. Die Atmosphäre war geprägt von einem starken Gefühl der Zusammengehörigkeit. Ich wurde an meine Besuche in einer lesbischen Diskothek vor Jahren erinnert, als ich von der erotischen Atmosphäre fasziniert war, die diese Frauen ausströmten. Sie tanzten, als ob sie in Trance wären, und ihr Zusammengehörigkeitsgefühl ließ keinen Raum für einen Mann, hinzuzukommen oder gar eine Frau zu ersetzen. Das Gefühl unter deutschen Feministinnen zusammenzugehören, hatte etwas ganz Ähnliches. Viele von ihnen waren Lesbierinnen, und die Mehrzahl der Veranstaltungen beschäftigte sich mit dem Thema Homosexualität.

Die Feministinnen, die sich hier versammelten, spiegelten sehr akzentuiert jeden Frauentyp wider. Sie kamen in Jeans, flatternden Kaftans, eleganten Kleidern. Einige hatte die Haare streichholzkurz geschnitten, andere ließen sie bis zu den Schultern oder länger herunterwallen. Man hätte bei ihrer Erscheinung keine allgemeinen Merkmale feststellen können. Einige hatten eines oder zwei Kinder mitgebracht, sogar ein paar Hunde erschienen auf den Fluren und in den Seminarräumen. Die Abwesenheit von Männern war nicht nur kein Mangel, sondern eine wahre Befreiung. Der „Eindringling" Mann hätte jedoch den Geist dieser Sommeruniversität nicht ändern können. Das kollektive Band zwischen Frauen ist eines der größten Verdienste des Feminismus und hat ungezählte Konsequenzen. Es hat tatsächlich bewiesen, daß die vorurteilsbehaftete Vorstellung der vom Mann abhängigen Frau nichts weiter ist als eine überalterte soziale Konvention. Das Verständnis dafür, daß die Unterschiede zwischen Männern und Frauen bis zur Absurdität karikiert worden sind, bildet die Grundlage für eine *soziale* Homophilie zwischen Frauen. Die meisten von ihnen erkennen, daß polarisierte sexuelle Einstellungen sich gewandelt haben und einem besseren Gleichgewicht menschlicher Reaktionen gewichen sind. Dies war bei diesem Treffen offensichtlich, auch wenn die Streitgespräche zwischen hetero- und homosexuellen Feministinnen die beiden Fraktionen in heißblütigen Zorn brachten. Die Grenzen zwischen ihnen beginnen zu verschwimmen, je mehr das Wissen um die menschliche Bisexualität an Boden gewinnt. Bisexuelle Gefühle spielen ihre Rolle bei allen Beziehungen, und Frauen sind immer weniger dazu bereit, sie in ihren Beziehungen zueinander zu verleugnen. Diese Erkenntnis ist für den Erfolg der Frauenbewegung von grundsätzlicher Bedeutung, denn sie sichert die Unabhängigkeit und Kreativität von Frauen, die ihr hauptsächliches Ziel sind. Wenn Frauen erkannt haben, daß sie von den Fesseln befreit sind, in denen die Gesellschaft sie gefangen hielt, gehört die Welt ihnen. Der Feminismus ist auf dem Weg, die Frau von einem Artefakt in das Individuum zu verwandeln, das sie ist: auf eigenen Füßen stehend und ihr *eigenes* Leben führend.

Der lange Spaziergang durch die Korridore und die ihn begleitenden Gedanken waren mir eine willkommene Ablenkung von meiner Erwartungsangst. Als ich im Hörsaal ankam, war ich immer noch eine Stunde zu früh. Ich fühlte mich verloren in diesem riesigen Raum mit seinen steil ansteigenden Sitzreihen. Der ganze Hörsaal war in einem häßlichen Gelb gestrichen. Allein schon die Farbe störte mich und raubte mir das behagliche Gefühl, das ich so genießen konnte, als ich in der Amerikanischen Gedenk-Bibliothek gelesen hatte. Zwei Mikrophone vor mir und eine junge Frau in der ersten Reihe waren alles, auf das ich meine Augen richten konnte. Die Akustik sei nicht besonders gut, und ich solle mich so nahe wie möglich an beide Mikrophone setzen, meinte ein Techniker. Nein, ich hatte nicht allzu viel Vertrauen in meinen zweiten Auftritt in Berlin. Und meine Müdigkeit wuchs mit jeder verstreichenden Minute. Dann betraten Christiane und Heidi den Raum, und gleich fühlte ich mich ruhiger, dennoch aber war ich nicht in der rechten Stimmung für die Lesung. Mit der Zeit kamen immer mehr Frauen, bis der Hörsaal mit etwa 500 Frauen fast bis auf den letzten Platz gefüllt war. Meine Stimmung besserte sich; jetzt wußte ich, daß ich zu einer großen Zuhörerschaft sprechen würde. Christiane sagte ein paar einleitende Worte, und es wurde still im Raum. Ich hatte einen sehr persönlichen Abschnitt aus meinem Buch „Innenwelt und Außenwelt“ gewählt, die Reise nach Rußland. Beim Lesen erlebte ich die damaligen Gefühle noch einmal, und ich vergaß die Zuhörerinnen. Der Beginn des Abends mit einem persönlichen Text bildete den passenden Kontrast zum zweiten Teil, der Lesung aus „Bisexualität“. Man hatte mir geraten, vorher dazu ein paar einführende Worte zu sprechen. Zu diesem Zeitpunkt hatte ich nicht nur mein inneres Gleichgewicht wiedergefunden, sondern war geradezu in Hochstimmung, meine Müdigkeit war vergessen. Ich las Auszüge aus dem ersten Kapitel vor und war angenehm berührt, als meine Kommentare zu einzelnen Textpassagen von Applaus begleitet wurden. Mitten in einem Zitat der autobiografischen Schilderung einer bisexuellen Frau, die durch das Ausleben ihrer lesbischen

„Seite“ eine Spontaneität und Neuheit der Liebe gefunden hatte, die in ihren Beziehungen zu Männern fehlte, hielt ich inne. Ich erzählte den Zuhörerinnen, daß ich diese Passage aus einem bestimmten Grund ausgewählt hatte: Ich wollte falsche Vorstellungen über den körperlichen Ausdruck der Liebe zwischen Frauen entgegentreten. Ich wies darauf hin, daß es ein Fehler ist, wenn lesbische Frauen versuchen, heterosexuelle Techniken nachzuahmen. Imitation ist eine Form von Schmeichelei und macht die lesbische Liebe für Männer zum Gespött. Ich bin nicht sicher, ob ich diesen wichtigen Gedanken jeder Frau ans Herz legen konnte, aber ich hoffe, daß die Mehrheit ihn verstand.

Dann las ich eine andere dokumentierende Passage vor, um den wenig bekannten Gesichtspunkt über die Bedeutung der Phantasie für die Liebe und ihre Stellung zu beleuchten, die sie als Substitut für tatsächliche Erfahrungen einnehmen kann. Wieder einmal hatte ich Raum und Zeit vergessen, und das stellte sich als Vorteil heraus. Es gab keine Zeit mehr für Diskussionen, die Lichter wurden gelöscht und wir mußten den Hörsaal verlassen, aber auf Verlangen der Zuhörerinnen wurde die Diskussion auf den folgenden Tag angesetzt.

Die Diskussion am nächsten Nachmittag unter der Leitung von Ilse Kokula dauerte zwei Stunden. Da gleichzeitig eine „lesbische Stadtrundfahrt“ stattfand, war die Zuhörerschaft auf 150 Frauen verringert, die in den ersten Reihen, aber auch auf dem Fußboden um mich herum saßen. Dadurch entstand eine Atmosphäre der Intimität, aber die Diskussion war keineswegs behaglich. Die Fragen kreisten um die Hauptthemen, die ich angeschnitten hatte: den Unterschied zwischen geschlechtlicher und sexueller Identität, zwischen Bisexualität als Bestandteil der Persönlichkeit und als Lebensform. Jede einzelne Frage war gut durchdacht und auf den Punkt gebracht. Ich hatte keine Mühe, meinen Zuhörerinnen die grundlegende Bisexualität in allen Menschen, ja sogar in der gesamten Natur, verständlich zu machen. Doch die Vorstellung einer bisexuellen Gesellschaft rief Erstaunen und Diskussionen hervor. Zweifel wurden geäußert über die Möglichkeit, mit patriarchalischen Einflüssen innerhalb einer solchen Gesellschaft fertig zu werden. Die Atmosphäre war gespannt. Am Ende jedoch schienen die Zuhörerinnen und ich in einer fröhlichen Schwesternschaft miteinander verschmolzen zu sein. An diesem Nachmittag habe ich die schönsten Augenblicke von allen öffentlichen Auftritten erlebt. Er war sicherlich der Höhepunkt meines gesamten Besuches.

Den Abend verbrachten Audrey und ich mit Ilse Kokula, die uns mehr über die Sommeruniversität für Frauen und die Hintergründe der deutschen Frauenbewegung erzählte. Die Sommeruniversität stand diesmal ausdrücklich unter dem Thema „Lesbische Liebe und die Frauenbewegung". Dazu gab es unzählige Veranstaltungen, Cabaret-Vorführungen, Theaterstücke, Lesungen und Seminare. Die meisten Veranstalterinnen waren homosexuelle Frauen. Der gleiche Kampf und Antagonismus zwischen hetero- und homosexuellen Frauen wie in anderen Ländern bestand auch in der Bundesrepublik, vielleicht sogar noch stärker. Und die Vorurteile auf beiden Seiten waren der Effizienz der Frauenbewegung abträglich. Dieses Mal hatten die Lesben ihren Kuchen, aber es blieb zweifelhaft, ob sie ihn auch genießerisch essen konnten.

Schwerpunkt auf Seiten der Veranstalterinnen war der lesbische Einfluß auf die gegenwärtige Kultur. Mich beeindruckte, wie umfangreich dieses Thema behandelt wurde, es reichte von Diskussionen über die Notwendigkeit einer „Frauenpartei" über Schwierigkeiten in Liebesbeziehungen homosexueller Frauen, Psychoanalyse und Mystizismus, bis hin zu lesbischer Kultur, Literatur und Malerei.

Die deutschen Feministinnen haben begonnen, sich schwerpunktmäßig mit „Weiblichkeit" und Mutterschaft, mit einer Feminisierung von Gedanken und Sprache zu beschäftigen. Sie proklamieren die Notwendigkeit, „ganzheitliche" Frauen zu werden, was immer sie damit meinen mögen. Ein weiterer Schlachtruf heißt: „Zurück zur Natur"! Viele Feministinnen haben sich freiwillig auf das Land zurückgezogen. Andere entwickeln einen Hang zum Mystizismus, der, so sagen sie, dem „weiblichen" Pfad intuitiver Gedanken folgt. Der Weiblichkeits-Kult ist wahrscheinlich dafür verantwortlich, daß so viele Kinder auf den Fluren und in den Seminarräumen zu sehen waren. Der Anblick schwangerer Frauen, die strickend den Veranstaltungen beiwohnten, vervollständigte die Skala feministischer Weiblichkeit auf der Sommeruniversität.

Ich erhielt eine weitere Gelegenheit, mir aus erster Hand einen Eindruck von deutschen Feministinnen zu verschaffen, und zwar bei dem Werkstattgespräch am 5. Oktober. Diskussionsthemen waren: Lesbianismus, Mutterschaft, Spaltung der Frauenbewegung und ihre zukünftige Entwicklung. Ich saß auf dem Podium zusammen mit drei lesbischen Feministinnen. Wir hatten die Aufgabe, zu den wesentlichen Punkten Einleitendes zu sagen und die folgende Diskussion zu führen. Heidi aus dem Buchladen Labrys hatte das Seminar initiiert und eine Psychologie-Dozentin, eine Rundfunkredakteurin und mich ausgewählt, mit ihr zusammen auf dem Podium zu sitzen. Heidi eröffnete die Veranstaltung mit den Worten: „Dies ist eine Konferenz, die sich hauptsächlich gegen die Unterdrückung der Lesben richtet. Aber abgesehen von diesem Thema, werden wir uns mit zahlreichen Aspekten des Feminismus beschäftigen, zum Beispiel den politischen Tendenzen in diesem Land, die alle Feministinnen bedrohen." Ich betrachtete die Zuhörerinnen in diesem Hörsaal, in dem ich zwei Tage vorher aus meinen Büchern gelesen hatte. Diesmal fühlte ich mich ruhiger, brannte aber vor Neugier, die Reaktionen des Auditoriums kennenzulernen. Von Anfang an konnte man die gespannte Atmosphäre spüren; die Frauen schienen geistig die Muskeln für einen Kampf anzuspannen. Warum, fragte ich mich, sehen sie so aus, wenn sie doch alle den gleichen Überzeugungen anhängen? Sie machten den Eindruck, als ob sie Angst davor hätten, daß wir – die vier Frauen auf dem Podium – sie attackieren würden. Ich genoß die „dicke Luft" der Kampfeslust; ich war bereit, mein Bestes zu geben – falls... Der erste Ausbruch von Feindseligkeit kam, als Heidi argumentierte, daß viele Lesben zu sehr auf sich selbst konzentriert seien, auf ihre individuellen Probleme statt darauf, sich selbst einer radikalen Politik als Kollektiv zu verpflichten. Es war ein Protestgemurre zu hören, aber die offene Auseinandersetzung fand erst statt, als Heidi von Spaltungen innerhalb der lesbischen Gruppen sprach: „Da gibt es diejenigen, die sich aufs Land zurückziehen oder sich sonst wie ausklinken", sagte sie. Rüde gab man ihr zur Antwort, daß die Lesben auf dem Land die größten Schwierigkeiten hätten, sich emotional und sozial über Wasser zu halten. Und außerdem könne sie nicht die Situation in der Provinz mit Berlin vergleichen, wo die gesellschaftlichen Bedingungen für Lesben günstiger seien; in Berlin könne man noch seine kollektive Identität finden.

An dieser Stelle äußerte ich eine Warnung: „Ob in der Stadt oder auf dem Land, homosexuelle Frauen müssen sich in einer Gemeinschaft zusammenfinden und überall im Land miteinander in Kontakt bleiben. Sie müssen darauf vorbereitet sein, kollektiv gegen politische Unterdrückung anzukämpfen, sonst befinden sie sich möglicherweise eines Tages in der gleichen Lage wie die Juden unter Hitler. Ihr solltet nicht vergessen", fuhr ich fort, „daß homosexuelle Männer und wahrscheinlich auch Frauen in Konzentrationslager geworfen wurden, und man kann nie wissen, was die Zukunft für uns bereithält." Damit rief ich einen Tumult hervor. Eine Gruppe Frauen rief: „Wir wollen keine Angst eingejagt bekommen. Unsere Situation ist ganz verschieden von der der Juden." Auch zwei Frauen auf dem Podium widersprachen mir, die nicht einsehen konnten, welche Relevanz meine Aussage für das Thema hatte. Nur Heidi unterstützte mich. Die Proteste nahm ich gelassen hin.

Die Rundfunkredakteurin stoppte weitere Wutausbrüche, indem sie sagte, daß lesbische Frauen als Minorität betrachten werden, aufgrund ihrer „sexuellen" Abweichung, daß sie sich sogar selbst oft so definierten, und daß dies ein idiotischer Standpunkt sei. Sexualität sei nur *ein* Aspekt der Persönlichkeit. Die Mehrheit stimmte dem zu. Doch Heidi fand es richtig, daß Lesben sich in dieser Gesellschaft als Außenseiterinnen definieren und sich in keiner Weise integrieren. Die Psychologie-Dozentin Tina Türmer-Rohr verwirrte die Situation jedoch wieder, indem sie bezweifelte, daß Lesben wirklich wissen, was sie wollen. Ihrer Ansicht nach sei es schwierig für Lesben, ihre Identität aufrechtzuerhalten, wenn sie mit anderen Frauen – im Vergleich zu Männern – zusammenarbeiten. Ich widersprach ihr und kam zu meinem Lieblingsthema, indem ich behauptete, daß Lesbianismus die Grundlage des Feminismus bildet. Diese Erkenntnis hat das Selbstbewußtsein homosexueller Frauen in der Vergangenheit gestärkt und sollte auch in der Gegenwart nicht in Vergessenheit geraten. Meine enthusiastischen Worte wurden mit lautem Applaus der anwesenden Lesben quittiert, fanden aber keine Anerkennung bei den heterosexuellen

Feministinnen. Diese fühlten sich alleingelassen und beschuldigten mich, ich haben ihnen gegenüber Vorurteile. Die Diskussion wurde erhitzt, da meine Aussage den Widerspruch zwischen hetero- und homosexuellen Feministinnen offen zutage gebracht hatte. Die letzteren beschwerten sich darüber, daß die Unterstützung in Frauenkämpfen einseitig auf ihre Kosten gehe. Lesben gingen auf Demonstrationen gegen den „Abtreibungsparagraphen" 218, aber rührten die „Heteros" für sie auch nur einen Finger? Demonstrierten sie etwa gegen die Unterdrückung ihrer lesbischen Schwestern? Nein. Eine Amerikanerin meldete sich und sagte: „Ich komme aus San Franzisco. Lesbische Frauen unterstützen dort alle feministischen Aktivitäten und gehen dafür auf die Straße, aber ihre Loyalität wird nicht erwidert. Sie müssen allein für sich selbst kämpfen. Heterosexuelle Frauen gehen nicht auf lesbische Demonstrationen. Sie wollen nichts mit Lesben zu tun haben, denn man könnte ja argwöhnen, sie seien selbst lesbisch."

„Wie können wir diese Situation verändern?" fragte eine Frau daraufhin. Dies war das Stichwort für das Thema Bisexualität. Ich berichtete über die Anstrengungen einiger feministischer Arbeitsgruppen in England, die versuchten, heterosexuelle Frauen zu einem emotionalen Annäherungsversuch an lesbische Frauen zu „erziehen", eine intelligente Methode, um jede Frau auf ihre bisexuelle Natur hinzuweisen. Eine Frau fragte mit zynischem Unterton: „Wie läuft diese Erziehung ab?" und „Ist das wirklich möglich?" Ich gab zu, daß ich keine persönlichen Erfahrungen in diesen Gruppen gemacht hatte, aber wußte, daß beide „Fraktionen" in einer sehr emotionsgeladenen Angelegenheit zusammenarbeiteten, nämlich dem Kampf gegen Vergewaltiger und in der Unterstützung für ihre Opfer.

Als ich von meinen Forschungen berichtete, die gezeigt hatten, daß viele lesbische und bisexuelle Frauen sich in Ehen gestürzt hatten, ohne sich ihrer wahren Natur bewußt zu sein, schwiegen die Zuhörerinnen wie versteinert. Ich betonte den überwältigenden Einfluß der Konventionen, die das Bewußtsein der Menschen über ihre gesamte Sexualität verzögert und behindert. Ich fuhr fort, daß Bisexualität als Vorstellung und Lebensform den meisten Menschen in der westlichen Welt aufgegeben worden ist. Doch jeder Mensch kann zu der Erkenntnis kommen, daß man Menschen beiderlei Geschlechts lieben kann. Dann erzählte ich von einigen verheirateten Frauen mittleren Alters, die sich plötzlich in eine andere Frau verliebt hatten. Von da an betrachteten sie sich als Lesben oder Bisexuelle, je nachdem. Die Stille wurde daraufhin von einem Wutausbruch unterbrochen. Ilse Kokula behauptete, es gäbe keine bisexuellen Frauen; alle verheirateten Frauen seien Lesben, die nur aus konventionellen Gründen geheiratet hätten. War ich vorher taub gewesen, daß ich solche Worte bei ihr völlig überhört hatte, die doch meinen Forschungsergebnissen eklatant widersprachen? Eva Rieger unterstützte mich mit der Bemerkung, daß die Grenze zwischen Hetero- und Homosexualität verschwommen sei und sich mit der Zeit immer mehr verwische. Ihre Worte blieben unbeachtet. Statt dessen schrie ein kleiner Chor von Frauen mich an, ich sollte aufhören, ihnen unnötig Angst zu machen, so als ob sie nicht selbst wüßten, was ihre sexuellen Bedürfnisse wären. Ich erwiderte: „Ihr habt nicht zwischen gesunder und neurotischer Angst unterschieden. Sich vor der Bisexualität zu fürchten, ist keine gesunde Angst. Das Bewußtsein der eigenen Bisexualität kann nur zu innerer Bereicherung und einer Erweiterung der Erfahrungen führen. Warum erlaubt ihr Euch nicht eine erweiterte Sicht Eurer selbst und anderer?“ Die Vorstellung zweier verschiedener Arten von Angst wurde leidenschaftlich von zwei lesbischen Frauen aufgegriffen, die den Punkt erweiterten, indem sie ihren Kampf schilderten, den sie um das Sorgerecht für ihre Kinder geführt hatten.

Die Attacken aus dem Publikum stimulierten mich mehr, als daß sie mich deprimierten. Daß man mir den Fehdehandschuh vor die Füße geworfen hatte, amüsierte mich. Aggressivität kann von beträchtlichem Wert sein, wenn sie das Ergebnis eines Kampfes gegen ein dämmerndes Bewußtsein ist, das der bewußte Geist sich weigert zu akzeptieren. In diesem Hörsaal wurde mir klar, wie sehr Homo- und Heterosexuelle gleichermaßen die Vorstellung von der natürlichen Bisexualität des Menschen noch ablehnen.

Eine alte lesbische Frau wies ärgerlich darauf hin, daß die proletarischen Frauen nicht genug in die Frauenbewegung einbezogen werden. „Es ist Zeit, daß ihr Euren Horizont erweitert und nicht in Eurer Mittelklassen-Isolation verharrt.“ Ihre berechtigte

Äußerung ließ das Auditorium kalt. Wahrscheinlich waren die Frauen zu sehr mit ihren eigenen Reaktionen auf das vorher Gehörte beschäftigt. Sie verließen den Hörsaal, gedankenverloren und ängstlich, verwirrt und besorgt. Ich hatte eine neue Erfahrung mit den deutschen Feministinnen gemacht, und ich war insgesamt angenehm überrascht über die Argumente, die Kälte und die Erregung der Zuhörerinnen.

Alte Bekannte begrüßten mich, und einige Frauen, die ich nie zuvor gesehen hatte, stellten sich mir vor. Ich verließ das Podium, um mich zu meinen Freundinnen zu gesellen. Als wir in einer größeren Gruppe beim Abendessen zusammensaßen, meinte Ilse Kokula, die noch vor wenigen Minuten die Existenz von Bisexualität so emphatisch geleugnet hatte, auf einmal zu mir: „Ich wollte Dich nicht angreifen“. Ich merkte mir diese Äußerung, reagierte aber nicht auf die widersprüchlichen Gefühle, die sie verriet.

Mit der Podiumsdiskussion war mein Beitrag zur Sommeruniversität beendet. Wie verschieden in Stimmungen und Ereignissen war mein zweiter Berlinbesuch im Vergleich zum ersten! Ich hatte ganz unterschiedliche Reaktionen von Zuhörerinnen erlebt, und ich hatte den wahren Charakter einiger meiner Bekannten und Freundinnen kennengelernt. Unter meinen Füßen war kein weicher Teppich mehr, sondern harter, solider Boden. Ich war dennoch zufrieden, wenn ich die neuen Kenntnisse, die ich in Berlin gewonnen hatte – speziell über die deutschen Feministinnen – zusammenrechnete, denn sie waren eine unschätzbare Erweiterung meines Wissens. Beim ersten Besuch hatte ich mich von individueller Begeisterung davontragen lassen. Mein Kopf war in den Wolken gewesen, und die Euphorie, die ich empfunden hatte, wurde von jenen geteilt, die ihre Ursache gewesen waren. Für sie war ich möglicherweise nichts weiter als eine Heimkehrerin, aber sie öffneten ihre Herzen für mich und glaubten an meine Arbeit, die ihnen eine andere Sicht ihrer eigenen Ziele gab und anscheinend ihr Vertrauen und ihre Zuversicht stärkte, in ihren Anstrengungen fortzufahren. Sie mußten einiges aufholen, weil ihr Zeitplan des Fortschritts durch die unglückliche Geschichte ihres Landes in Verzug geraten war. Diese zeitliche Verzögerung war vermutlich auch der Grund, warum sie mich vor 18 Monaten so freudig in ihren

Reihen aufgenommen hatten. Sie empfingen mich wie ein Geschenk des Himmels, und ich empfand genau das Gleiche für sie.

Die nächsten beiden Tage verbrachte ich damit, meiner Vergangenheit nachzuspüren. Einmal sah ich mich plötzlich wieder, wie ich vor 46 Jahren am frühen Abend zu Lisa ging und sie spät in der Nacht wieder verließ. Wonach suchte ich, fragte ich mich. Jagte ich einer Sache nach, die zu einem Museum geworden ist und nur noch in meiner Phantasie lebt? Doch ich hatte eine durchaus gesunde Absicht bei meiner Erinnerungstournee: Ich wollte mich versichern, wie ich mich fühlte, wenn ich die Museumstücke von gestern sah, die in einem neuen, stromlinienförmig gestalteten Berlin erhalten geblieben waren. Mein Leben war inzwischen von beidem weit entfernt, aber es nährte sich immer noch von der Vergangenheit. Das zu meinem Entsetzen völlig vernachlässigte Haus in der Duisburgstraße 7, wo Lisa einst unter dem Dach gelebt hatte, war ebenso erhalten geblieben wie mein damaliges Domizil im Südwest Korso 53 A, und das auf dem Laubenheimer Platz Nr. 3, wo an der Außenmauer neben der Eingangstür einmal das Emailleschild geprangt hatte: *Dr. med. Lotte Wolff, Praktische Ärztin.* Inzwischen war der Platz umbenannt worden in „Ludwig Barnay Platz“. In der Nähe meiner Wohnung am Südwest Korso war noch an derselben Stelle wie früher die Bushaltestelle, an der ich oft gestanden hatte. Hier hatte ich Anfang 1933 auf den Bus gewartet und mich in Lebensgefahr gefühlt. Ich erinnerte mich daran, daß ich immer ängstlich über die Schulter zu sehen pflegte und nach der Gestapo Ausschau hielt. An dieser Stelle war es, wo ich die Entscheidung fällte, Deutschland so schnell wie möglich zu verlassen. Die Bushaltestelle war mein Wegweiser zu einem neuen Leben gewesen. Hier hatte ich erkannt, daß ein weiteres Zuwarten für mich verhängnisvolle Folgen haben würde. Zum ersten Mal packte mich jetzt meine Vergangenheit emotional. Ich wurde blaß, als ich diese entscheidenden Momente meiner Vergangenheit noch einmal durchlebte, und ich mußte mich auf meine Begleiterinnen stützen. Schon am Morgen hatte sich durch Halsschmerzen eine Erkältung angekündigt. Sie warf mich für die nächsten zwei Tage aufs Bett, was ich allerdings genießen konnte, denn die Zuneigung und Fürsorge meiner Freundinnen, die Blumen und Anrufe von

Bekannten waren es schon wert, sich einmal krank zu fühlen. Doch wir entschieden, den Besuch abzukürzen und flogen einen Tag früher als geplant nach London zurück. Christiane und Heidi, die uns bei der Ankunft in Tegel abgeholt hatten und die zentralen Figuren unseres Besuches geblieben waren, brachten uns wieder zum Flughafen.

Diesmal hatte ich wieder Boden unter den Füßen gefunden. Ereignisse, die mir warm ums Herz werden ließen, hatten mich so überwältigt, daß die wenigen störenden Erlebnisse dagegen trivial erschienen. Deutsche Frauen haben eine Dynamik und Vitalität, die mit ihrer Rasse zusammenhängt. Dadurch erhalten ihre menschlichen Beziehungen eine Farbe, die denen in England so fehlt. Diese Frauen haben mir einmal mehr die Versicherung gegeben, daß ich erwünscht war, daß man meine Freundschaft suchte. Berlins neuer Glanz hatte mich beeindruckt, und einige meiner alten Lieblingsorte hatte ich wiedergefunden. Ich hatte Stadt und Menschen mit einer Freude und Begeisterung erkundet, deren ich mich noch vor einem oder zwei Jahren nicht für fähig gehalten hatte. Die Beziehungen mit neuen Freundinnen waren gestärkt und gefestigt worden, zwei von ihnen besuchten mich bereits 14 Tage nach unserer Abreise in London. Die 1976 begonnene Kommunikation würde nicht nur fortgesetzt und ausgebaut werden. Ein dritter Berlin-Besuch beschäftigte mich bereits am gleichen Tag, als ich wieder in Heathrow landete.

Berlin war wieder ein Ort auf meiner emotionalen Landkarte geworden. Es hatte mir ein neues Leben gegeben.

Personenregister

Wissenschaftler, Künstler und Denker sowie persönliche Freundinnen und Freunde, denen Charlotte Wolff begegnet ist und die für ihren Lebensweg wichtig waren.